普通高等教育交通运输类专业系列教材

铁路线路与站场

主　编　王秋平
副主编　耿　娟
参　编　王肇飞　张　娟
　　　　马　兰　左精力

内容简介

全书共分两篇。第一篇铁路线路，共分4章，系统阐述了铁路线路设计的基本理论和方法。内容包括：铁路的组成与构造，铁路线路平面、纵断面和横断面设计的基本知识。第二篇铁路站场，共分7章，系统阐述了铁路站场设计的基本理论和方法。内容包括：道岔种类和特点，线路连接及计算，铁路站场站型和站场设计方法，车站设备数量及通行能力计算，车站调车设备，站坪和站线的平、纵断面及站场路基、排水，接轨站、港口车站、工厂编组站及其他车站（线）布置。

本书可作为高等院校交通运输、交通工程等专业的教材或教学参考书，也可供从事铁路工程设计、管理的工程技术人员参考。

图书在版编目（CIP）数据

铁路线路与站场/王秋平主编. —西安：西安交通大学出版社，2020.6（2023.9重印）
ISBN 978-7-5693-1336-9

Ⅰ.①铁… Ⅱ.①王… Ⅲ.①铁路线路 ②铁路车站
Ⅳ.①U21 ②U291

中国版本图书馆CIP数据核字（2019）第213716号

书　　名　铁路线路与站场
主　　编　王秋平
策划编辑　刘雅洁
责任编辑　刘雅洁

出版发行　西安交通大学出版社
（西安市兴庆南路1号　邮政编码710048）
网　　址　http://www.xjtupress.com
电　　话　（029）82668357　82667874（市场营销中心）
（029）82668315（总编办）
传　　真　（029）82668280
印　　刷　西安日报社印务中心

开　　本　787mm×1092mm　1/16　印张　21.5　字数　534千字
版次印次　2020年6月第1版　2023年9月第3次印刷
书　　号　ISBN 978-7-5693-1336-9
定　　价　50.00元

如发现印装质量问题，请与本社市场营销中心联系。
订购热线：（029）82665248　（029）82667874
投稿热线：（029）82664954
读者信箱：85780210@qq.com

前 言

随着我国经济高速发展，铁路建设也得到了快速发展，高速铁路、城际铁路、客货共线铁路、重载铁路都分别迎来了快速发展期。与之相应的设计规范、标准陆续颁布或修订。同时，随着交通运输专业、交通工程专业培养方案的修订及铁路线路与站场课程教学改革，课程教学大纲也进行了修订。基于此，迫切需要按新的规范、标准及修订后的教学培养方案及课程教学大纲要求编写本教材。

本书是根据交通运输（总图设计与工业运输）专业、交通工程专业教学培养方案和铁路线路与站场课程教学大纲编写的，是在王秋平编著的《工业铁路站场及枢纽》（陕西科学技术出版社）、赵晓光编著的《工业铁路线路》（陕西科学技术出版社）基础上，参考最新颁布的规范、标准修改编写完成。

本书由西安建筑科技大学教师王秋平主编，负责全书的整体规划和内容编排。参加本书编写的教师有王肇飞（第一篇第1、2章），张娟（第一篇第3、4章），耿娟（第二篇第1、2、3章）、马兰（第二篇第4、5章）、左精力（第二篇第6、7章）。学生杜康、高铃希、任奕、柳淼淼、杨鑫协助进行了基础资料的整理，陈璐、沈嘉莹、杨仲琪、刘静辉、刘雨洁、李柯凡、曾翔宇、程柳青、郭鑫、代繁、王珊、郭真、王禹涵、朱凌霄、李率、安晨、汪承翔等同学参与了书中插图的绘制，在此对他们的辛勤付出表示衷心的感谢！

在本书的编写中，引用和参考了大量文献资料，在此谨向这些文献的作者们表示诚挚的谢意！本书的出版得到了西安建筑科技大学的大力支持，在此表示衷心的感谢。

由于编者知识水平有限，以及收集资料的局限性，书中不妥之处在所难免，敬请读者批评指正。

编 者

2019年12月

目　　录

第一篇　铁路线路

第二篇　铁路站场

第一篇

铁路线路

第 一 章

光 绪 前 期

第1章 铁路轨道

铁路是由轨道、路基和桥隧构筑物所组成，它是铁路运输的物质基础。

铁路轨道由钢轨、轨枕、道床、联结零件、道岔等设备组成。这些组成部分，组成一个整体工程结构，供机车车辆运行，共同承受机车车辆作用的垂直力等，并传之于路基。

机车车辆的自重和载重是很大的，如果把钢轨直接铺在路基上，由于钢轨和路基的接触面积很小，路基承受不了这么大的压力，就会发生沉陷，火车无法运行。我们把钢轨钉在轨枕上，轨枕嵌在道床里，道床铺在路基上，这样，钢轨顶面所受到的巨大压力，通过轨枕、道床逐步分散传递到路基面上去，经过这样的传递，接触面积增大，单位面积上的压力大大降低，路基就能承载很大的重量了。

根据测定，一列货车一般要装载 2000 t 以上的货物，再加上机车、车辆的自重，车轮与钢轨的接触应力可达 700～900 MPa，钢轨对轨枕面的压应力减小到约 2 MPa，道床顶面所受的压应力平均只有 0.15～0.3 MPa，经道床传到路基面上的压应力则只有 0.08～0.1 MPa。由此可见，目前的铁路轨道结构形式，从力的传递来看是合理的，从建筑费用来看也是比较经济的。

铁路轨道应作为一个整体，根据铁路的等级、货运量、使用的机车车辆的最大轴重以及最高行车速度等运营条件分成若干类型，每种类型用钢轨质量、轨枕类型和每公里铺设数量、道床种类和厚度来表示。铁路主要技术标准如表 1－1 所示。

表 1－1 铁路主要技术标准

高速铁路、城际铁路	客货共线铁路	重载铁路
铁路等级 设计速度 正线数目 正线线间距 最小曲线半径 最大坡度 动车组编组辆数(城际铁路) 到发线有效长度 列车运行控制方式 调度指挥方式 最小行车间隔	铁路等级 旅客列车设计速度 正线数目 最小曲线半径 限制坡度 牵引种类 机车类型 牵引质量 到发线有效长度 闭塞类型	铁路等级 货物列车设计速度 正线数目 设计轴重 最小曲线半径 限制坡度 牵引种类 机车类型 牵引质量 到发线有效长度 闭塞类型

铁路等级应根据其在路网中的作用、性质、设计速度和客货运量确定，分为高速铁路、城际铁路、客货共线铁路、重载铁路。

1. 高速铁路

根据国际铁路联盟(UIC)的定义,高速铁路是指通过改造原有铁路,使运营速度达到200 km/h以上,或者专门修建新的"高速新线",使运营速度达到250 km/h以上的铁路系统。我国《铁路线路设计规范》(TB 10098—2017)规定:高速铁路设计速度为250 km/h(含预留)及以上、运行动车组列车、初期运营速度不小于200 km/h的客运专线铁路。高速铁路设计速度包含三个速度级别,分别为350 km/h、300 km/h、250 km/h。

2. 城际铁路

城际铁路指专门服务于相邻城市间或城市群,设计速度为200 km/h及以下的快速、便捷、高密度客运专线铁路。城际铁路设计速度包含三个速度级别,分别为200 km/h、160 km/h、120 km/h。

3. 客货共线铁路

客货共线铁路是指旅客列车与货物列车共线运营,旅客列车设计速度为200 km/h及以下的铁路。客货共线铁路旅客列车设计速度划分为200 km/h、160 km/h、120 km/h、100 km/h、80 km/h。

客货共线铁路的年客货运量为重车方向的货运量与由客车对数折算的货运量之和,1对/天旅客列车按1.0 Mt年货运量折算。客货共线铁路分为Ⅰ、Ⅱ、Ⅲ、Ⅳ级,其划分应符合下列规定。

(1)Ⅰ级铁路:铁路网中起骨干作用的铁路,或近期年客货运量大于或等于20 Mt者。

(2)Ⅱ级铁路:铁路网中起联络、辅助作用的铁路,或近期年客货运量小于20 Mt且大于或等于10 Mt者。

(3)Ⅲ级铁路:为某一地区或企业服务的铁路,近期年客货运量小于10 Mt且大于或者等于5 Mt者。

(4)Ⅳ级铁路:为某一地区或企业服务的铁路,近期年客货运量小于5 Mt者。

注:近期为交付运营后第10年,远期为交付运营后第20年。

4. 重载铁路

重载铁路运输因其运能大、效率高、运输成本低而受到世界各国的广泛重视,目前,重载铁路运输在世界范围内迅速发展,重载运输已被国际公认为铁路货运发展的方向,重载运输代表了铁路货物运输领域的先进生产力。2005年国际重载运输协会(IHHA)修订标准要求重载铁路必须满足以下三条中至少两条:

(1)重载列车牵引质量至少达到8000 t;

(2)轴重(或)计划轴重为27 t及以上;

(3)在至少150 km线路区段上年运量超过40 Mt。

特别要指出,重载铁路可能是货运专线铁路也可能是客货共线铁路,而客货共线铁路中的Ⅲ、Ⅳ级铁路也可能是货运专线铁路。客货共线的重载铁路按相应标准划分等级,货运专线重载铁路往往货运量巨大,铁路基础设施均按较高标准设计,故货运专线重载铁路不分级。

设计速度是铁路运输质量的重要标志之一,关系到铁路的运输能力、动车组和机车车辆运用等一系列运营指标,也关系到工程投资、机车车辆购置费、客货在途损失、列车能时消耗、运输成本、投资效益等一系列经济指标。高速铁路、城际铁路、客货共线Ⅰ级和Ⅱ级铁路、重载铁路的设计速度应根据运输需求、工程条件等因素综合技术经济比选确定，宜按表 1-2 规定的数值选用。当沿线运输需求或地形差异较大，并有充分的技术经济依据时，可分路段选定设计速度，路段长度不宜过短。改建既有线和增建第二线的路段设计速度，应根据运输需要并结合既有线特征等因素经技术经济比选确定。

表 1-2　设计速度　　单位：km/h

铁路等级	高速铁路	城际铁路	客货共线Ⅰ级	客货共线Ⅱ级	客货共线Ⅲ级		客货共线Ⅳ级		重载铁路
					旅客列车	货物列车	旅客列车	货物列车	
设计速度	350、300、250	200、160、120	200、160、120	120、100、80	120、100、80、60	≤80	100、80、60、40	≤80	100、80

最高设计速度是确定线路平面最小曲线半径、缓和曲线长度、夹直线和圆曲线最小长度以及竖曲线半径等标准的主要技术参数，也是确定轨道类型、移动设备、信联闭及列控系统设备的主要依据。因此，设计速度是铁路最重要的技术标准，是体现铁路技术装备、技术标准、运营管理水平的重要标志，也是铁路重大技术政策之 。

正线有砟轨道设计标准如表 1-3 所示，站线有砟轨道设计标准如表 1-4 所示。

1.1　钢　　轨

1.1.1　钢轨的功用

钢轨的功用是支持并引导机车车辆运行，承受来自车轮的压力、冲击和震动并传至轨枕；在电气化铁道或自动闭塞信号线路上，钢轨还可作轨道电路。

机车要牵引列车前进是靠其动轮与钢轨顶面之间的摩擦，因此要求钢轨顶面适当粗糙。但对列车来说，为减少运行阻力，又要求钢轨顶面应相当光滑。光滑是主要的，粗糙可以临时采取措施(主要是火车起动时要有足够的摩擦力，可以撒砂解决此问题)。

钢轨承受的车轮压力很大，钢轨好似一个弹性支点上的连续梁被支承在轨枕上，在动荷载作用下，钢轨产生弹性挠曲，为了抵抗挠曲，要求钢轨具有足够的刚度。但钢轨承受的又是冲击运动，为了减少车轮对钢轨的冲击作用，减少车辆走行部分及钢轨的损耗，又要求钢轨有适当的可挠性。

车轮与钢轨的接触面甚小而压力又很大，为使钢轨不致压陷或磨耗太快，要求钢轨有足够的硬度。但又为了使钢轨不致受冲击作用而折损，钢轨又不宜太硬，而应有一定的韧度。

上述这些相互矛盾的要求，给钢轨的设计和制造带来了困难。钢轨的强度、耐磨性及抵抗冲击的性能，主要取决于钢轨的材质，即钢的化学成分、金属组织、钢轨的生产工艺过程和热处理质量，以及钢轨的断面形状等。国家铁路有关单位正不断总结经验，深入调查研究，进行科学实验，为提高我国的钢轨质量而努力。

表 1-3 正线有砟轨道设计标准

项目			单位	高速铁路	城际铁路			客货共线铁路				重载铁路				
								Ⅰ级铁路			Ⅱ级铁路					
运营条件	年通过总质量		Mt	—	—	—	—	≥20			10～20	＞250	101～250		40～100	
	列车轴重 P		t	≤17	≤17	≤17	≤17	≤25	≤25	≤25	≤25	25～30	30	27、25	30	27、25
	旅客列车设计速度 V_K		km/h	≥250	200	160	120	200	160	120	≤120	—	—	—	—	—
	货物列车设计速度 V_H		km/h	—	—	—	—	≤120	≤120	≤80	≤80	≤100	≤100	≤100	≤100	≤100
轨道结构	钢轨		kg/m	60	60	60	60	60	60	60	60/50	75	75/60	60	60	60
	扣件		—	弹条Ⅳ或Ⅴ型	弹条Ⅱ、Ⅲ Ⅳ、Ⅴ型	弹条Ⅱ或Ⅲ型	弹条Ⅱ或Ⅲ型	弹条Ⅱ、Ⅲ、Ⅳ或Ⅴ型	弹条Ⅱ或Ⅲ型	弹条Ⅱ或Ⅲ型	弹条Ⅱ或Ⅰ型	与轨枕匹配的弹性扣件				
	混凝土枕	型号	—	Ⅲ	Ⅲ	Ⅲ	Ⅲ	Ⅲ	Ⅲ	Ⅲ或新Ⅱ	Ⅲ或新Ⅱ	满足设计轴重要求的混凝土轨枕				
		间距	mm	600	600	600	600	600	600	600或570	600或570	600	600	600	600	600
	道床厚度及材质	土质路基（双层道床）面砟	cm	—	—	30	25	—	30	30	25	35	35	30	35	30
		土质路基（双层道床）底砟	cm	—	—	20	20	—	20	20	20	20	20	20	20	20
		土质路基（单层道床）道砟	cm	35	30	30	30	30	30	30	30	35	35	35	35	30
		硬质岩石路基、隧道 道砟	cm	35	35	30	30	35	35	35	30	35	35	35	35	35
		桥梁 道砟	cm	35	35	30	30	35	30	25	25	35	35	35	35	35
		道砟材质 面砟	—	特级	特/一级	一级	一级	特/一级	一级	一级	一级	特级	特/一级	特/一级	一级	一级

表1-4 站线有砟轨道设计标准

项目				单位	到发线									驼峰溜放部分线路	其他站线	
					无缝线路				有缝线路						高速、城际	重载、客货共线
					高速铁路	城际铁路	客货共线铁路		城际铁路	客货共线铁路		重载重车	重载轻车			
钢轨				kg/m	60				50	60、50		60	50	50	50	
扣件				—	弹条Ⅱ型				弹条Ⅰ型	弹条Ⅱ型、Ⅰ型		重载专用	弹条Ⅰ型	弹条Ⅰ型	弹条Ⅰ型	
轨枕	混凝土枕	型号		—	Ⅲ	新Ⅱ	Ⅲ	新Ⅱ	新Ⅱ	Ⅲ	新Ⅱ	重载专用	新Ⅱ	新Ⅱ	新Ⅱ	
		铺枕根数		根/km	1667	1760	1667	1760	1520	1760～1520		1680	1600	1520	1440	
道床	道砟材质			—	一级				一级					一级	一级	
	顶面宽			m	3.4	3.3	3.4	3.3	2.9	3.0	2.9	3.1	2.9	2.9	2.9	
	厚度	土质路基	双层 面砟	cm	—		—		—	20		—	—	25	—	
			双层 底砟		—		—		—	20		—	—	20		
			单层 道砟		35	30	35		30	35		35	35	35	25	
		硬质岩石路基	单层 道砟		35	30	30		30	25		25	25	30	25	20
		级配碎石或级配砂砾石路基	单层 道砟		35	30	30		30	25		25	25	—	—	
	边坡			—	1∶1.75				1∶1.5					1∶1.5	1∶1.5	

注:(1)钢轨系指新轨或再用轨。

(2)到发线还包括到达线、出发线、编发线等。

(3)当重载铁路到发线铺设无缝线路时,道床顶面宽度、边坡等设计参数应满足无缝线路设计的有关规定。

(4)驼峰溜放部分线路系指自峰顶至调车线减速器出口的一段线路。

(5)其他站线系指到发线及驼峰溜放部分线路以外的站线。

(6)当站线采用大型养路机械养护维修时轨枕根数不应小于1600根/km。

1.1.2 钢轨的断面与分类

车轮作用于钢轨上的力,主要是垂直力,其作用的主要结果是钢轨的挠曲,钢轨作为一个弹性支点上的连续梁,其最佳断面应为工字形。钢轨头部应适合车轮滚动和具有足够的抗磨能力,故多集中一些材料,以保证钢轨有较长的使用寿命。断面中部即轨腰,既不与车轮直接接触,又不与轨枕相连,故断面可窄些。轨底部分应有足够的宽度,以使钢轨稳定和便于扣紧在轨枕上。于是形成目前采用的宽底大头式的工字形断面,如图 1-1 所示。

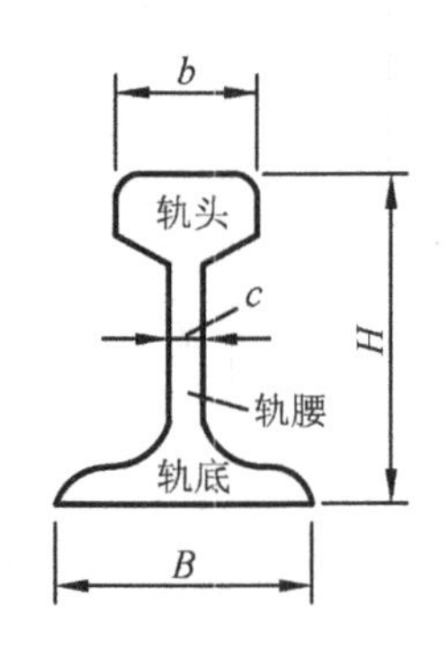

图 1-1 钢轨断面示意图

钢轨的类型是按每米长的质量(kg/m)表示。我国钢轨类型按标准《43 kg/m～75 kg/m 热轧钢轨订货技术条件》(TB/T 2344—2003)分为 43 kg/m、50 kg/m、60 kg/m、75 kg/m 四种类型,以适应不同运营条件的使用要求。目前国内钢轨生产企业已经完全拆除了 43 kg/m 钢轨生产线。根据我国铁路轮轨接触关系存在的问题,并借鉴国外经验,我国开展了铁路钢轨轨头廓型优化工作,成功研发出具有新轨头廓型的 60 N 和 75 N 钢轨,已取得良好使用效果。根据《60 N、75 N 钢轨暂行技术条件》(TJ/GW 142—2015),规定正线铁路钢轨及道岔基本轨采用 60 N 和 75 N 两种廓形断面钢轨,新廓形断面钢轨与车轮接触时的接触点基本在轨头踏面中心区域,有效改善了轮轨接触关系。铺设 60 N 钢轨的试验结果表明:采用新廓形断面钢轨可以减少甚至避免钢轨在轨距角部位出现飞边、剥离掉块和损伤,无须进行钢轨预打磨廓形设计,大幅度减少了钢轨打磨工作量。

高速、城际和客货共线Ⅰ级铁路正线应采用 60 kg/m 钢轨,客货共线Ⅱ级铁路正线可采用 60 kg/m 钢轨或 50 kg/m 钢轨,重载铁路正线应采用 60 kg/m 及以上钢轨。正线钢轨及道岔基本轨为 60 kg/m 及以上钢轨时,宜采用 60 N、75 N 钢轨。

目前我国高速铁路均采用 60 kg/m 钢轨,城市轨道交通除个别城市的少数线路采用 50 kg/m钢轨外,也普遍采用了 60 kg/m 钢轨,城际铁路正线钢轨均采用 60 kg/m 钢轨,城际铁路站线宜采用 50 kg/m 钢轨,城际铁路到发线铺设无缝线路时宜采用 60 kg/m 钢轨。

上述钢轨类型、特征和尺寸见表 1-5。

表 1-5 国产标准钢轨主要尺寸

钢轨类型/(kg·m^{-1})	75	60	50
每米质量/kg	74.414	60.640	51.514
总断面积/cm^2	95.037	77.450	65. 800
轨高 H/mm	192.0	176.0	152.0
头宽 b/mm	75.0	73.0	70.0
底宽 B/mm	150.0	150.0	132.0
腰厚 C/mm	20.0	16.5	15.5
惯性矩/cm^4	4489	3217	2037

钢轨断面轮廓的设计,为适应轮轨的相互作用、结构强度的要求和制造工艺的需要等,采用了一些直线、斜线和一定的弧形相连接,其具体的尺寸可参见《铁路轨道设计规范》(TB

10082—2017)，下面仅给出 60 kg/m 钢轨的横断面图，如图 1-2 所示。

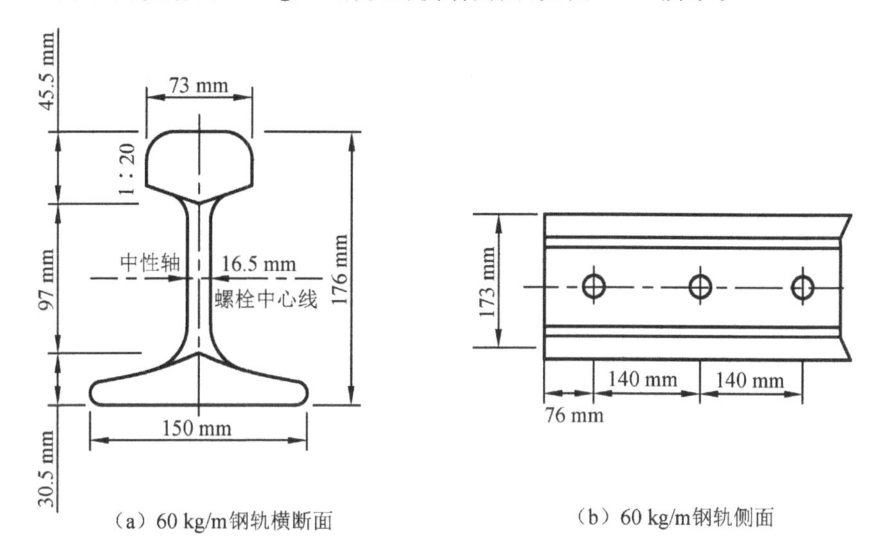

(a) 60 kg/m钢轨横断面　(b) 60 kg/m钢轨侧面

图 1-2　60 kg/m 钢轨横断面及侧面图

1.1.3　钢轨的标准长度和轨缝

钢轨的标准长度为 12.5 m 和 25 m，此外，用于曲线上的标准缩短轨有比 12.5 m 标准长度短 40 mm、80 mm 和 120 mm 三种，有比 25 m 标准长度短 40 mm、80 mm 和 160 mm 三种。

一般线路为适应钢轨的热胀冷缩，在钢轨接头处，预留轨缝。预留的轨缝不应太小，以免在高温时钢轨膨胀而无伸缩余地，造成线路连续的瞎缝甚至涨道。另一方面预留轨缝也不能太大，否则列车通过时冲击太大，在低温时甚至会使接头螺栓拉断。

铺轨时应留有轨缝的数值按下式计算：

$$\lambda=0.0118(T_{max}-t)L-C \tag{1-1}$$

式中：λ 为计算轨缝(mm)；T_{max} 为最高轨温(℃)，其值一般为当地历年最高气温+20 ℃；t 为铺轨时轨温(℃)；L 为钢轨长度(m)；C 为接头及钢轨基础阻力限制钢轨自由伸缩的数值，当采用 12.5 m 标准轨使用三级螺栓时，C 取 1～2 mm；当采用 25 m 标准轨使用二级螺栓时，C 取 7 mm；当采用 25 m 标准轨且使用三级螺栓时，C 取 3～4 mm；0.0118 为钢轨的膨胀系数，即当轨温升降 1 ℃时，每米长的钢轨将伸缩 0.0118 mm。

由于生产出的钢轨有一定的长度，就要预留轨缝，这使线路上出现很多钢轨接头，而钢轨接头是线路主要弱点之一，它增大线路冲击作用和行车阻力，还增加线路和机车车辆的维修费。为了减少接头，《铁路轨道设计规范》(TB 10082—2017)规定有缝线路轨道宜采用 25 m 定尺长钢轨，从而使接头数量减少一半，改善了线路状态。

由于长定尺钢轨生产时可减少矫直和探伤盲区，可显著提高钢轨端部质量，且减少了焊接接头的数量，有利于提高轨道的平顺性和使用安全性。国外发达国家均采用长定尺钢轨，如日本为 50 m 长定尺钢轨、法国为 80 m 长定尺钢轨，德国为 120 m 长定尺钢轨。考虑到我国钢轨生产的现状以及与既有 25 m 钢轨定尺长成倍数关系，我国铁路钢轨定尺长主要有 100 m、75 m、25 m、12.5 m 四种。

1.1.4 无缝线路

无缝线路是将许多根标准钢轨焊接起来的相当长的长钢轨线路，因而又称为连续焊接长钢轨轨道。

与普通线路比较，无缝线路的钢轨接头大大减少，因而使行车平稳，旅客舒适，可延长轨道和机车车辆部件的使用寿命，降低养护维修工作量，适应高速、重载行车要求，是轨道发展的方向。

普通线路在钢轨接头处留有轨缝，以便在轨温变化时，钢轨能自由伸缩。无缝线路上长钢轨的两端是被“锁定”的。当温度变化时，钢轨不能自由伸缩，于是钢轨就要受力了，这个力是由温度变化引起的，叫做温度应力。夏天温度升高时，钢轨受温度压力；冬天温度降低时，钢轨受温度拉力。这种线路，称为温度应力式线路，我国目前广泛铺设的就是这种无缝线路。

根据胡克定律，钢轨内部的温度应力(σ_t)(即每单位面积上所受的温度力)和应变(ε)(即每单位长度的伸长或缩短)成正比，即

$$\sigma_t = E \cdot \varepsilon = E \cdot \frac{\alpha l \Delta t}{l} = E\alpha\Delta t(\mathrm{MPa}) \tag{1-2}$$

式中：E 为钢的弹性模量，$E=2.1\times10^5$ MPa；α 为钢轨的线膨胀系数，$\alpha=1.18\times10^{-5}$ m/℃，即钢轨轨温变化 1 ℃时，每米钢轨伸缩 0.0000118 m；Δt 为轨温变化数(℃)；l 为钢轨长度(m)。

将 E、α 的值代入上式，得

$$\sigma_t = (2.1\times10^5\ \mathrm{MPa})\times(1.18\times10^{-5}\ \mathrm{m/℃})\times\Delta t = 2.5\Delta t(\mathrm{MPa})$$

由上式可见，温度应力的大小和钢轨长度无关，只要轨温变化一样，不论钢轨长度是多少，所受的温度应力是相同的。根据这个原理，无缝线路可以焊接成无限长。但是在实际上，为了更换钢轨、道岔和施工的方便，及设置自动闭塞分区的绝缘接头等原因，无缝线路的一般长度是 1000～2000 m。这种长钢轨，通常是在工厂用电阻焊接的方法先焊成 125～500 m 的轨条，再运到现场用铝热焊或气压焊焊接而成。

在无缝线路上，两端要拧紧扣件，按设计增设防爬设备，使两端“固定”，所以也叫锁定线路。锁定时的轨温称为锁定轨温。

锁定轨温是无缝线路铺设和养护维修的依据。锁定轨温偏高，冬天产生的温度拉力大，夏天产生的温度压力小；锁定轨温偏低，则冬天产生的温度拉力小，夏天产生的温度压力大，这都对轨道强度和稳定不利。选定锁定轨温，以冬天钢轨不折断，夏天不发生胀轨跑道为原则，根据一个地区的轨温变化情况进行验算和调整。一般以稍高于该地区的中间轨温为锁定轨温，比较适宜。例如，北京地区最高轨温为 62.6 ℃(最高轨温等于该地区最高气温加 20 ℃)，最低轨温－22.8 ℃，中间轨温就是 19.9 ℃，而设计锁定轨温一般采用 24 ℃。

无缝线路轨道采用的钢轨定尺长越长，焊接接头越少，不仅可以减少焊接接头不平顺，还可减少钢轨焊接的强度薄弱点。我国铁路主要技术政策要求积极采用长定尺钢轨。60 kg/m、60 N 钢轨宜选用 100 m 定尺长钢轨；75 kg/m、75 N 钢轨宜选用 75 m 或 100 m 定尺长钢轨。

1.1.5 钢轨的材质

钢轨的强度、耐磨性及韧性在很大程度上取决于钢轨的材质，即取决于钢轨钢的化学成分、金属组织以及生产工艺过程和热处理的质量。

钢轨钢的材质中除含大量的铁(Fe)外，还含有碳(C)、锰(Mn)、硅(Si)、磷(P)、硫(S)等元素。碳含量增加，钢的抗拉强度、耐磨性及硬度均迅速增加。但含碳愈多，钢轨愈脆，并且钢的延伸率、断面收缩和冲击韧性则显著下降。所以目前钢轨中的含碳量最高为0.82%。

锰可提高钢的强度和韧性，并可除去钢中有害的氧化铁和硫夹杂物。锰含量为0.6%～1.0%。钢中含锰量超过1.2%时被称为中锰钢，其抗磨性能很高。

硅易与氧化合，能除去钢中的气泡，增加密度，使钢轨密实而细致。钢中含有限硅能提高钢的强度、硬度，而不影响塑性。

磷、硫都是钢中有害成分。磷含量大于0.1%时，轨材具有冷脆性，在寒冷气候条件下，钢轨容易发生突然折断。硫会使金属在800～1200 ℃时发生热脆，在轧制及热加工时易出次品，故应严格控制磷、硫的含量。如在钢轨的化学成分中增加铬(Cr)、镍(Ni)、钼(Mo)、铌(Nb)、钒(V)、钛(Ti)或铜(Cu)等元素，制成合金钢轨，可提高钢轨的抗拉强度和疲劳强度，以及耐磨和耐腐蚀的性能。

我国生产的普通钢轨和合金钢轨的化学成分见表1-6。

表1-6 国产钢轨化学成分表

钢轨品种	化学成分/%									抗拉强度/MPa	应用轨型/(kg·m^{-1})
	碳(C)	锰(Mn)	硅(Si)	磷(P)	硫(S)	铜(Cu)	钒(V)	钛(Ti)	稀土		
平74	0.67～0.80	0.70～1.00	0.13～0.28	≤0.04	≤0.05	—	—	—	—	≥800	50及43
平75	0.70～0.80	0.70～1.00	0.13～0.28	≤0.04	≤0.05	—	—	—	—	≥800	50及43
BP1(稀土)	0.70～0.80	0.70～0.80	0.15～0.30	≤0.04	≤0.04	—	—	—	≤0.13		50及60
AP1(低锰)	0.65～0.77	1.10～1.40	0.15～0.30	≤0.04	≤0.04	—	—	—	—	≥900	50及60
PD1(顶吹纯氧)	0.58～0.70 0.67～0.77	0.77～1.00	0.15～0.30	≤0.04	≤0.05	—	≤0.04	≤0.02	—	≥900	50
AP11(中硅)	0.65～0.77	0.70～1.10	0.40～0.60	≤0.04	≤0.04	—	—	—	—	≥900	50
WP1(含铜)	0.65～0.77	0.70～1.00	0.15～0.30	≤0.05	≤0.04	0.18～0.40	—	—	—	≥900	
WP2(含铜高硅)	0.65～0.77	0.80～1.20	0.70～1.10	≤0.04	≤0.04	0.18～0.40				平均997	
U-Cu(铜轨)	0.62～0.71	1.03～1.16	0.21～0.27	0.04～0.06	0.014～0.020	0.22～0.50	—	—	—	≥970	
含铜中锰	0.720	1.520	0.355	0.021	0.016	0.455	—	—	—	977	

注：表中"B""A""P""W"分别表示钢轨生产工厂(包钢、鞍钢、攀钢、武钢)的代号。平74、平75为通用钢种，各厂均生产。

为加强钢轨接头处的抗磨性能，应对其进行轨端淬火，即在钢轨两端各30～70 mm范围进行电感应淬火处理。

淬火后的钢轨硬度：轨端淬火 $\sigma_b>785$ MPa，HB280～350 N/mm²；$\sigma_b>883$ MPa，HB301～370 N/mm²。25 m全长淬火轨：淬火后表面硬度为HB331～390 N/mm²。目前，攀钢试制的50 kg/m全长淬火轨化学成分及机械性能见表1-7。

表1-7 全长淬火铜轨化学成分及机械性能(攀钢)

化学成分/%					抗拔强度/MPa	屈服点/MPa	延伸率/%	收缩率/%
C	Mn	Si	P	S				
0.74～0.82	0.70～1.00	0.15～0.35	≤0.04	≤0.04	≥1176	≥802	≥12	≥33

我国钢轨正向重型化方向发展，大型钢铁联合企业也是如此。从延长钢轨使用寿命角度出发，60 kg/m、75 kg/m钢轨应一律经过全长淬火再使用。

1.1.6 钢轨的使用期限及延长使用期限的措施

钢轨在使用过程中失效的原因是，钢轨的伤损(如钢轨裂纹、轨底横向裂纹、纵向裂纹、半圆形裂纹)、腐蚀及磨耗。其中最主要因素是磨耗。

在正常运营条件下，因伤损而失效的钢轨是很少的，约占失效钢轨总数的1%～2%，但是由于它是突然发现和暴露的，对行车安全危害很大，因此绝不可忽视。

伤损分内伤和外伤，常见的外伤是穿过螺栓孔的裂纹和折损；轨头裂缝和劈裂，轨头下纵向裂纹；钢轨头部压溃及顶面擦伤；轨底裂纹及折断等。内伤最危险的一种是钢轨的斑痕。钢轨伤损的原因主要是材质及制造工艺的缺陷，或由于养护线路不良和轮对的缺陷，以致在运营中受到额外的冲击动力而造成损伤。为确保行车安全，应对线路上的钢轨进行定期性和经常性的检查。目前各工务段均成立钢轨探伤小组，配备专用的超声波钢轨探伤仪，定期进行线路上钢轨的探伤工作。

钢轨因腐蚀而达到不能用的则更少，只是在隧道内、盐渍地区或运量很少的线路上，才有这种情况。

钢轨失效的主要原因在于磨耗。磨耗是由列车在运行中轮轨之间发生滚动摩擦而引起的，特别是车轮的滑动，如列车制动、曲线上车轮在外轨滑动等，更使轮轨的磨耗增加，在小半径曲线上磨耗尤其严重。

钢轨的磨耗量，决定于很多因素，主要有：

(1)通过线路的运量多少；

(2)线路平纵断面，曲线地段的外轨超高情况；

(3)钢轨的材质和制造工艺；

(4)列车的质量和运行速度；

(5)轨道构造和机车车辆的结构和状态；

(6)钢轨和车轮的断面形状。

钢轨的使用期限主要是由钢轨的磨耗程度来决定的。钢轨的磨耗使轨头横断面积减少，当磨耗到一定程度时，要考虑钢轨是否还有足够的截面模量来抵抗挠曲，轨头是否受力过大而劈裂，还要考虑到由于外力的反复作用，使疲劳过程和应力集中发展而引起钢轨伤损。当干线上的钢轨强度降到不能满足该线的运量、速度和轴重要求时，应将钢轨换下，经过整修后，改铺到次一级的线路上去，继续使用以充分发挥其作用。当钢轨磨耗到极限量时，极限磨耗的车轮缘，可能碰到接头螺栓等凸出部分，致使车轮爬上钢轨，这时钢轨就不能在线路上继续使用了。

《铁路轨道设计规范》(TB 10082—2017)对钢轨垂直磨耗时钢轨断面参数规定，如表1-8所示。

表1-8 钢轨垂直磨耗时钢轨断面参数表

钢轨垂直磨耗/mm	钢轨断面参数	单位	钢轨类型				
			50 kg/m	60 kg/m	60 N	75 kg/m	75 N
	轨底宽度 B	mm	132	150	150	150	150
0	断面积 F	mm^2	6580	7745	7705	9504	9456
	上部断面系数 W_1	mm^3	250000	339400	334000	432000	427000
	下部断面系数 W_2	mm^3	289000	396000	394000	509000	507000
	对水平轴惯性矩 I_x	mm^4	20370000	32170000	31840000	44890000	44490000
3	上部断面系数 W_1	mm^3	242000	318000	316000	420000	408000
	下部断面系数 W_2	mm^3	283000	385000	384000	496000	496000
	对水平轴惯性矩 I_x	mm^4	19460000	30690000	30002000	43280000	42341000
6	上部断面系数 W_1	mm^3	230000	291000	298000	405000	389000
	下部断面系数 W_2	mm^3	275000	375000	373000	482000	483000
	对水平轴惯性矩 I_x	mm^4	18270000	28790000	28178000	40890000	40119000
9	上部断面系数 W_1	mm^3	216000	264000	279000	390000	370000
	下部断面系数 W_2	mm^3	264000	363000	362000	480000	471000
	对水平轴惯性矩 I_x	mm^4	17020000	26900000	26364000	38980000	37922000

延长钢轨使用期限的措施有：

(1)轧制高硅、含铜、含铬或含其他化学元素的耐腐蚀及抗磨性能好的合金钢轨；

(2)轨顶全长淬火，以提高钢轨耐磨和抗压性能；

(3)加强和改进线路结构，以改善钢轨的工作条件；

(4)小半径曲线上的钢轨，应定期涂油以减少磨耗；

(5)对有伤损的钢轨及时进行焊补、修理，或改铺到次要线路上使用。

1.2 轨枕

1.2.1 轨枕的功用

轨枕的功用是：

(1)承受钢轨及钢轨通过联结零件(包括防爬器)等传来的垂直力和纵横向水平力，并将其分布在道床上；

(2)保持钢轨的方向、位置和轨距。

轨枕应当坚固耐用并有一定的弹性,以缓冲动力荷载对钢轨的冲击。轨枕应便于与钢轨联结,也要具有足够的位移阻力系数,以免在列车作用下发生纵横向移动。

轨枕的种类很多,按材料来分,主要是木枕、预应力钢筋混凝土枕及钢枕。此外还有轨枕板及整体道床等新型轨下基础。除普通常用的轨枕外,还有用于道岔下的岔枕,用于桥梁上的桥枕。由于混凝土枕具有强度高、道床纵横向阻力大、稳定性好、使用寿命长等特点,可减少现场的养护维修工作量,并节省大量的优质木材,所以我国目前主要使用混凝土枕。

1.2.2 木枕

木枕通称枕木,是自有铁路以来直到目前仍然被普遍采用的一种轨枕。其优点很多,主要有:(1)弹性好,可缓和列车的动力冲击作用;(2)容易加工,也便于运输、铺设、养护和修理;(3)与钢轨的联结比较简单,易于保持轨道的稳定;(4)绝缘性能好,可直接用于自动闭塞及电气化线路区段上。

制作木枕的木材必须是坚韧富有弹性,坚实良好,纹理顺直,没有过多、过大的节疤及裂缝,并无蛀孔及腐烂的好木料。在中国,以红松、落叶松、马尾松、云杉和冷杉等最常用。

木枕的缺点主要是每根木枕的强度和弹性都不一致(因材质、加工成型的尺寸、铺入线路的年代不一致,运行及养护方面也有差别),在列车运行时,轨道会出现不平顺,从而产生较大的附加动应力,加速轨道各部分的损坏。此外木枕的机械强度较低,容易裂缝和机械磨损,容易虫蛀、腐朽,使木枕的使用寿命缩短。特别是木枕要消耗大量的优质木材,这也是一大缺点。

木枕应有足够的长度,以保证道床的稳定性和有足够的支承面积,也要保证在列车作用下,当木枕产生挠曲变形时,轨底坡不变化,从而保持固定的轨距。如图 1-3(a)所示,木枕过长,轨底坡偏大;如图 1-3(b)所示,木枕过短,轨底坡不足;而图 1-3(c)中轨枕长度适中,其轨底坡较合适。根据实践经验,轨距为 1435 mm 时,木枕长度 2.5～2.6 m 比较合适,我国现定为 2.5 m。

木枕的顶面应具有足够宽度,以设置垫板保证钢轨在木枕上有足够的承压面积,木枕的底面也应有足够宽度,使道床受到的压力不致过高,但不宜过宽,以免妨碍捣固道砟。

木枕的厚度,应使其具有必要的惯性矩及截面模量(应考虑到使用期间木枕厚度被削弱的可能),并能保证道钉或其他扣件的固定,不致劈裂木枕。

我国用于标准轨距铁路的木枕有两种断面形式,如图 1-4 所示。正线中型及以上轨道应采用Ⅰ类木枕,轻型及站线可采用Ⅱ类木枕。

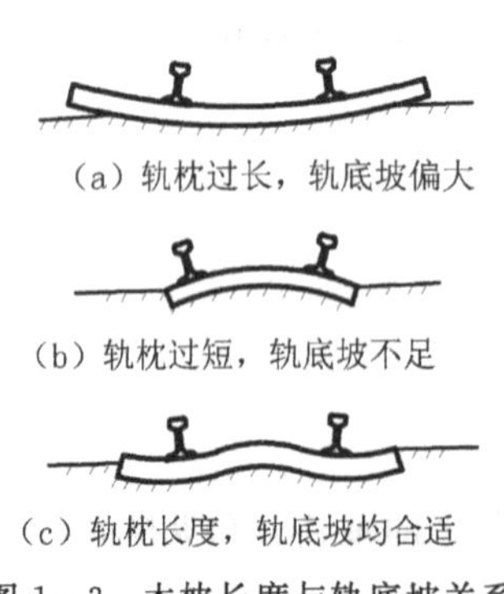

图 1-3 木枕长度与轨底坡关系

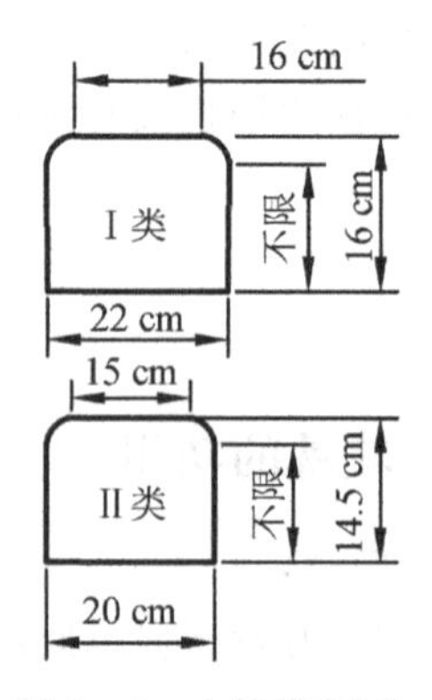

图 1-4 木枕横断面

木枕的尺寸及断面形状根据标准《木枕》(GB 154—2013)选用。

木枕的使用寿命较短,其失效原因很多,主要是腐朽、机械磨损及裂缝。三者之间互为因果,腐朽及裂缝会加剧机械磨损,而机械磨损又会加剧腐朽。为了节约木材,必须设法尽量延长木枕的使用寿命,对此应作综合处理。

木枕的防腐处理是延长其使用寿命的主要措施。未经防腐处理的木枕通称素枕,素枕容易腐朽,使用寿命很短。根据我国南方各地使用马尾松素枕的经验,其使用寿命不过2～4年。经过防腐处理后的木枕通称油枕,使用寿命可达12年左右或更长一些。

防腐处理的原理主要是防止枕木内腐朽菌类的生长。通常在枕木防腐厂里将菌类的养料从木材中除去,即抽出木材中的有机汁液、压入足量的防腐剂(我国目前采用木材防腐油和煤焦油混合的油剂作为防腐剂),制成防腐枕木。

木枕的机械磨损主要有:轨底或垫板切割枕木顶面;垫板振动在木枕顶面发生左右前后的摩擦,磨损了木枕顶面的纤维,当垫板之下嵌有沙粒或污物时,磨损更大;木枕的挠曲使木枕顶面产生摩擦;道钉孔的扩大从而使木枕失去持钉能力而失效等。机械磨损使木枕断面削弱,其惯性矩及截面模量降低,严重时将使木枕断裂。在磨损范围内还形成积水现象,弱化木质,促使机械磨损进一步发展,并为木材腐朽提供条件,此外水分还会锈蚀道钉和垫板。

为减少机械磨损,除加强养护外,在构造上可采取措施如铺设垫板、预钻钉孔、采用分开式扣件或弹性扣件,以减少垫板的振动和每个道钉上的横向挤压力。

防止木枕开裂,即要严格控制素枕防腐处理前的含水量。如果已经形成裂缝,可根据裂缝大小用防腐浆膏混以麻筋填塞;裂缝过大,灌入防腐膏后,应采用夹紧、钉上扒钉、S形钉或用铁丝捆扎等措施。

为节约木材,可采用胶合方法镶补及拼接枕木,拼接应牢固,材质应相同,并尽量采用齿接。胶合剂一般用掺有硬化剂的酚醛树脂。

1.2.3 钢筋混凝土轨枕

1. 钢筋混凝土轨枕的优缺点及主要类型

早期的混凝土轨枕,主要是普通钢筋混凝土轨枕,由于它抗裂性能差,在重复荷载下容易产生裂纹,引起轨枕失效。因此普通钢筋混凝土轨枕使用期限短,逐渐淘汰。

自从预应力混凝土结构出现以后,因其采用了高强度材料,在抗裂强度方面得到显著提高,给钢筋混凝土轨枕的发展创造了条件。由于预应力的作用,使轨枕受拉区的混凝土未承受荷载以前,就预先受到压应力,从而提高了混凝土轨枕的抗裂能力,虽其会在特大荷载下出现裂纹,但荷载消失后,又由于预应力的作用,裂纹能够自己闭合,这就延长了钢筋混凝土轨枕的使用期限。

目前,我国广泛采用预应力钢筋混凝土轨枕代替木枕,实践表明,钢筋混凝土轨枕具有下列优点:(1)钢筋混凝土轨枕材料来源多,能节省大量木材;(2)尺寸一律,弹性均匀,强度大,能提高轨道强度和稳定性;(3)不受气候、腐朽、虫蛀等影响,使用寿命长。

钢筋混凝土轨枕的缺点主要是质量大,弹性差。一根混凝土轨枕重220～250 kg,约为一根木枕质量的4倍,这就给混凝土轨枕的搬运、铺设、养护带来了困难。混凝土轨枕的弹性很差,在同样的荷载作用下,轨枕受到的力要比木枕大25%左右,冲击作用也要比木枕的大。所以要求道床质量高,铺设厚度大,并在钢轨底部增设缓冲垫层。

我国混凝土枕可分为Ⅰ型、Ⅱ(新Ⅱ)型,Ⅲ型枕。不同类型的混凝土枕,其设计使用条件各不相同,承载能力也不同。新Ⅱ型枕与Ⅰ型枕相比,其轨下断面承载能力提高了13%,枕中断面负弯矩承载能力提高了40%;Ⅲ型枕与新Ⅱ型枕相比,其轨下断面承载能力提高了43%,枕中断面负弯矩承载能力提高了65%。随着我国铁路客货运量及行车速度的提高,Ⅰ、Ⅱ型枕不能满足运营需求,目前已不再使用,新Ⅱ型和Ⅲ型枕成为目前我国主型轨枕。

《铁路轨道设计规范》(TB 10082—2017)对我国常用轨枕主要涉及参数说明见表1-9。

表1-9 常用轨枕主要设计参数

型号	长度/mm	轨下高度/mm	质量/kg
新Ⅱ型钢筋混凝土轨枕	2500	205	290
Ⅲa型钢筋混凝土轨枕	2600	230	370
Ⅲb型钢筋混凝土轨枕	2600	230	360
新Ⅲ型钢筋混凝土桥枕	2600	210	440
Ⅲc型钢筋混凝土轨枕	2600	230	370
Ⅲqc型钢筋混凝土桥枕	2600	210	440
Ⅲ型电容枕	2600	230	368
新Ⅱ型电容枕	2500	205	290

我国先后投产的钢筋混凝土轨枕有十多种型号,大部分为先张法预应力钢筋混凝土轨枕。所谓"先张法",就是在灌注混凝土前对所配钢筋(或钢丝)施加拉力,待混凝土凝结并获得一定强度后(一般为设计强度的70%),从轨枕两端将配筋切断,这时钢筋给混凝土压力,钢筋则受到拉力。当列车通过时,受拉区混凝土不会因挠曲拉应力而产生破损,充分发挥了混凝土的抗压及钢筋的抗拉性能,从而提高了轨枕抗裂性及疲劳强度。

2. 钢筋混凝土轨枕断面尺寸及使用范围

混凝土轨枕的耐压强度较高,故顶面可窄一些,其底面则必须保证足够的支承面积,使之不超出道床的容许应力,所以轨枕要有一定宽度。为了便于捣固和脱模,轨枕下棱切成45°斜角。

S-2型混凝土枕,如图1-5所示。

混凝土轨枕的长度,应能保证其在道床上有足够的支承面积,由于轨枕的刚度大,承受荷载以后,最大下沉量或最大的压应力出现在轨枕两端。轨枕越短,两端道床应力越大,道床容易流散,线路稳定性降低。根据计算,当轴重为20 t时,轨枕长2.5 m,枕端道床压应力为0.418 MPa;而轨枕长2.3 m时,枕端道床压应力为0.526 MPa,超过碎石道床0.5 MPa的容许压应力。因此我国选定混凝土轨枕长度与木枕一致,为2.5 m。混凝土轨枕端部埋入道床深度为150 mm,受力后沿轨枕长度的弯矩如图1-6所示。轨枕中部出现负弯矩,轨下断面的正弯矩最大。因此,沿轨枕长度的轨枕高度并不一致,轨下断面厚度大(轨下高200 mm),使钢轨断面下的混凝土有较大的预压力,并使轨下断面有一定的正偏心矩e_1,即预应力钢筋合力线在轨下断面形心之下。相反,轨枕中部受力小,断面厚度可小些,如"筋69"断面厚度为155 mm。为了避免轨枕中部顶面产生过大的负弯矩,使该处产生裂纹,预应力钢筋合力线应在

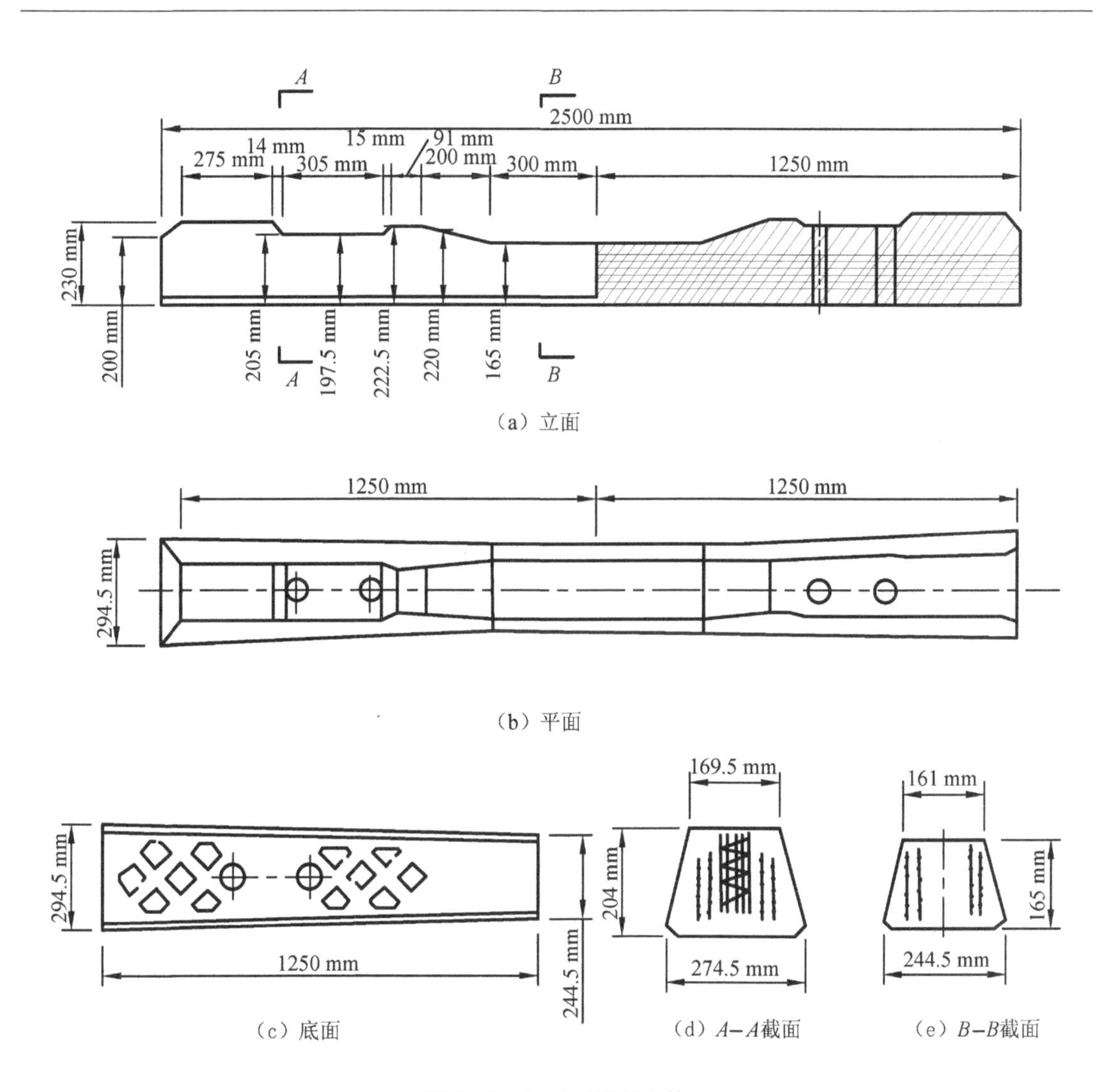

（a）立面

（b）平面

（c）底面

（d）A–A截面

（e）B–B截面

图1－5 S－2型混凝土枕

断面形心之上（偏心矩为 e_2），以利于提高该处的抗弯能力。在维修轨枕时，要求轨枕中部600 mm范围内底面道床串空，使道床低于枕底20 mm，以防顶面开裂，但串空长度不宜太长，免使道床反力急剧地移向轨枕两端，造成轨枕中部底面因承受正弯矩而开裂。为了尽量减少负弯矩，轨枕底面做成双楔形，使道床反作用力的合力接近钢轨作用线位置。

混凝土轨枕承轨槽直接做成坡度为1∶40坡面，既要有足够的支承面积，又要有固定钢轨扣件的位置。承轨槽两边设挡肩（两肩均高20 mm），以承受横向水平推力。考虑到养路、巡道方便，轨枕两端顶部钢轨外侧设平坡。断面变化处设过渡坡面，以免突然变化产生应力集中。在

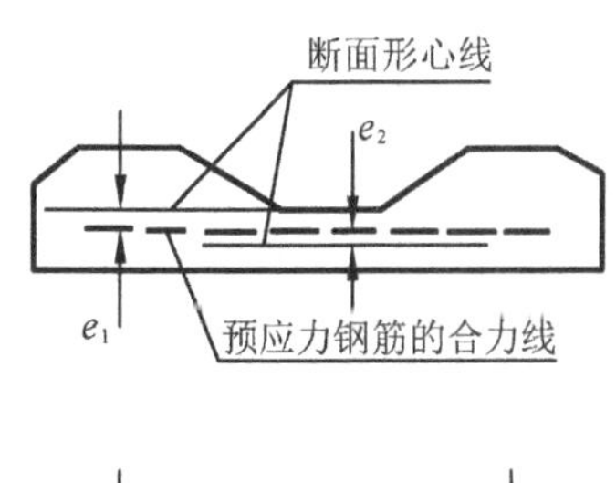

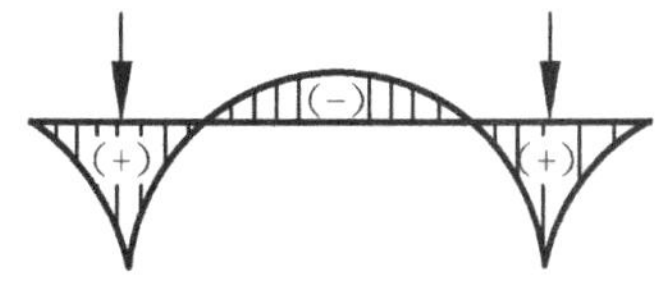

图1－6 钢筋混凝土轨枕受力示意图

轨枕底部,制作花纹或凹槽,以增加其与道床顶面的摩阻力,提高线路稳定性。

混凝土轨枕质量较大,本身缺乏弹性和电气绝缘性能,外形也和木枕不同。因此,在使用维修中应注意下列问题:

(1)混凝土轨枕质量较大,在搬运、装卸和维修过程中,要使用适当的工具,尽量避免砸、摔、碰、撞;

(2)混凝土轨枕缺乏弹性和电气绝缘性能,在使用维修中,要注意钢轨下面铺设的弹性垫板是否完整,如发现缺损,要及时补充和更换;

(3)混凝土轨枕截面为梯形,不便安装防爬器,在使用维修中要注意拧紧扣件,增加钢轨与轨枕的联结强度,防止钢轨爬行;

(4)在下列地段,不宜使用混凝土轨枕(特殊设计者除外):

①有护轮轨的桥面;

②半径为 150 m 以下的曲线。

(5)道岔及明桥挡碴墙两端,至少应铺 15 根木枕,作为过渡,以维持这段范围内轨道的弹性一致。

由于国家木材资源短缺,工业企业厂内的小曲线半径轨道也多采用混凝土轨枕。

1.2.4 轨枕的配备数量与排列

每千米配置轨枕的数量,关系到轨道各部分的使用寿命和稳定性。一般来说,在运量大、轴重大、车速高的线路上,轨枕配置应多些,这样轨道各部分所承受的应力较小,强度高,同时纵横阻力增加了,列车稳定性好。但也不宜过密,净距若小于 20 cm 时,不便捣固,并且过密也不经济。

《铁路轨道设计规范》(TB 10082—2017)规定,各级铁路轨道的轨枕配备数量标准如表1-3和表1-4所示。由表1-3和表1-4可见,每千米钢筋混凝土轨枕的数量比每千米木枕的数量少,这是由于:(1)混凝土轨枕没有机械磨损,无虫蛀腐朽现象,失效极少,而木枕线路有的轨枕失效率达 10%以上,起不了支承作用;(2)就钢轨应力而言,适当增加混凝土轨枕间距,轨道的弹性可以得到改善,而对道床应力、路基面应力影响不大;(3)经计算,对于 50 kg/m 钢轨、1760 根/km 轨枕,混凝土轨道轨底边缘应力比木枕还小;(4)很多干线多年来铺设 1760 根/km混凝土轨枕、50 kg/m 钢轨的实践证明,此条件下轨道的轨距、方向、水平、高低变化很小,线路状态好、捣固方便等。

轨枕的间距应排列均匀。但在钢轨接头处,钢轨的沉陷较大,且因有冲击力,这是线路的弱点,所以钢轨接头轨枕间距 c 应比钢轨中间的间距 a 小(见图1-7),其值根据钢轨、轨枕类型而定。

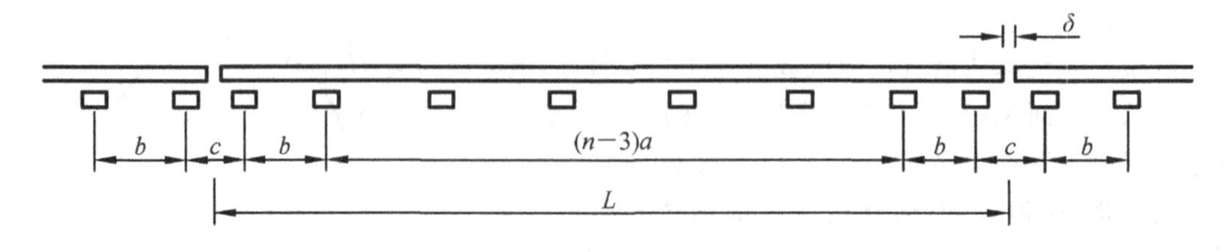

图1-7 轨枕排列间距

如图 1 - 7 所示，设 L 为钢轨长度(包括一个轨缝)，b 为 a 与 c 之间过渡间距，n 为每节钢轨下的轨枕根数。要求：

$$a>b>c$$

当 c 值已知，假定 b 值后，可求出 a 值

$$a=\frac{L-c-2b}{n-3} \tag{1-3}$$

如果 $b=\frac{a+c}{2}$，则

$$a=\frac{L-2c}{n-2}$$

将所计算出的 a 值取整，再根据 a 及 c 求出 b 值

$$b=\frac{L-c-(n-3)a}{2} \tag{1-4}$$

按上述计算方法算出的轨枕排列间距见表 1 - 10。

表 1 - 10　标准钢轨轨枕间距表

钢轨类型 $/(kg \cdot m^{-1})$	钢轨长度 /m	每千米轨枕根数/根	每节钢轨下轨枕根数/根	木枕间距/mm			混凝土枕间距/mm		
				c	b	a	c	b	a
60 或 50	12.5	1600	20	440	594	640	540	587	635
		1680	21	440	544	610	540	584	600
		1760	22	440	524	580	540	569	570
		1840	23	440	534	550	540	544	544
		1920	24	440	469	530	—	—	—
	25.0	1600	40	440	537	635	540	579	630
		1680	42	440	487	605	540	573	598
		1760	44	440	497	575	540	549	570
		1840	46	440	459	550	540	533	544
		1920	48	440	472	525	—	—	—

1.2.5　其他轨下基础

目前，世界各国轨下基础的结构形式，都是有碴道床横向轨枕。轨道结构中钢轨以下的部分称为轨下基础。钢筋混凝土轨枕的广泛采用，对节约木材具有重大的意义。但这种线路结构，基本与木枕线路相同，仍保留着木枕线路的一系列缺点，如轨枕仍是点支承式地支承着钢轨，在机车车辆的荷载作用下，经轨枕传递到道床的压力比较集中，轨道的沉陷较大，线路容易出现不平顺现象，不利于高速行车，也使线路维修费用增大。其他轨下基础结构形式可归纳为轨枕板、纵向轨枕、整体道床和沥青道床等。

高架轻轨线宜采用新型轨下基础，这种新型的轨枕结构不同于传统的道砟道床上铺设木

枕或混凝土的轨下基础，而是以混凝土道床为主的构造形式，如上海明珠轻轨高架线，采用承轨台、支撑块整体式道床。因为轻轨车辆轴重小，可以直接采用常规铁路强度最低的预应力混凝土枕，如J－1型轨枕。

1. 轨枕板

轨枕板又称宽轨枕，是用预应力混凝土轨枕板，密排铺设在经过压实的道床上，板缝间用沥青或其他材料填封所修筑的轨下基础。其优点有：(1)支承面积大(约为混凝土轨枕的一倍)，能有效地降低道床应力，减少道床变形，当轨枕板间的缝填封后，能防止道床脏污，减少清筛；(2)质量大，底部摩擦力增加，轨道变形比木枕或混凝土枕轨大为减少，可提高轨道横向稳定性，所以轨枕板配合无缝线路，既可以保证行车平稳，又可以增加抗拉涨轨跑道的能力；(3)维修工作量少，线路质量高(轨距、方向、水平变化小)，能减轻体力劳动强度，一般仅为钢筋混凝土轨枕维修工作量的1/2～1/3。

轨枕板虽有上述优点，但还有些问题待进一步试铺和总结，如轨枕板结构形式，密排铺设出现裂缝问题等。因此轨枕板一般铺设在下列情况较为有利：(1)繁忙线路上，行车密度大，列车间隔时间少，维修作业困难，轨道质量不易保持，在这种情况下，铺设轨枕板以解决运输繁忙与维修时间短的矛盾；(2)长隧道内，如果地质不良或施工条件限制，不适合修筑整体道床时，可采用轨枕板，以减少维修工作量；(3)大桥桥头、大型车站正线和到发线，有客运任务时，为减少养护工作量，铺设轨枕板也是有利的。

轨枕板的主要类型有：65－A型、65－B型、筋72型、筋76型、弦76型、筋82型、丝82型预应力混凝土宽枕。轨枕板一般长2500 mm，底宽550 mm左右，每块自重约500 kg。如图1－8所示为筋82型预应力混凝土宽枕。

轨枕板底面积大，道床应力小，故道床厚度可比钢筋混凝土轨枕薄些，一般大于250 mm，其端部埋入深度为80 mm。轨枕板线路由于刚度大，要求板下道床均匀支承，避免应力集中，所以板底再铺50 mm厚的两条碴带(粒径5～20 mm)，碴带宽950 mm，这层垫碴层起调平作用，也防止养护垫砂时小碴漏入下层。轨枕板中部600 mm长不设碴带，留作道砟槽，以避免轨枕板中部出现负弯矩。

2. 纵向轨枕

纵向轨枕(见图1－9)顺着两股钢轨铺设在经过碾压的道床上，左右两纵向轨枕中间，用型钢或混凝土预制块成对地联结起来，形成整体刚性框架(也可以用铰接)。钢轨铺在纵向轨枕上，如果采用强有力扣件，可将钢轨与纵向轨枕扣紧，形成叠合梁，对钢轨工作是有利的。

我国纵向轨枕通过试铺试验，效果并不理想，其主要缺点是：底面较宽，捣固不易均匀。道床仍会脏污，轨距不好保持，线路质量难以保证。此外，扣件缺乏弹性，扣压力不够，以及纵向轨枕接头处道床压力与轨道沉陷均较其中部为大，使得纵向轨枕的优越性不能充分发挥，钢轨产生爬行等。由于这些缺点，我国已很少使用纵向轨枕。

3. 整体道床

整体道床是一种在坚实基底上直接浇筑混凝土以取代传统的道砟层的新型轨下基础。常用于铁路隧道、无碴桥梁、有特殊需要的线路上。根据多年运营实践，其优点：(1)线路整体性强，稳定性好，轨道几何状态容易保持，有利于为高速行车铺设无缝线路；(2)轨道变形小，而且发展缓慢，可大大减少养护维修工作量，改善劳动条件，对行车速度高和运量大的线路与通风

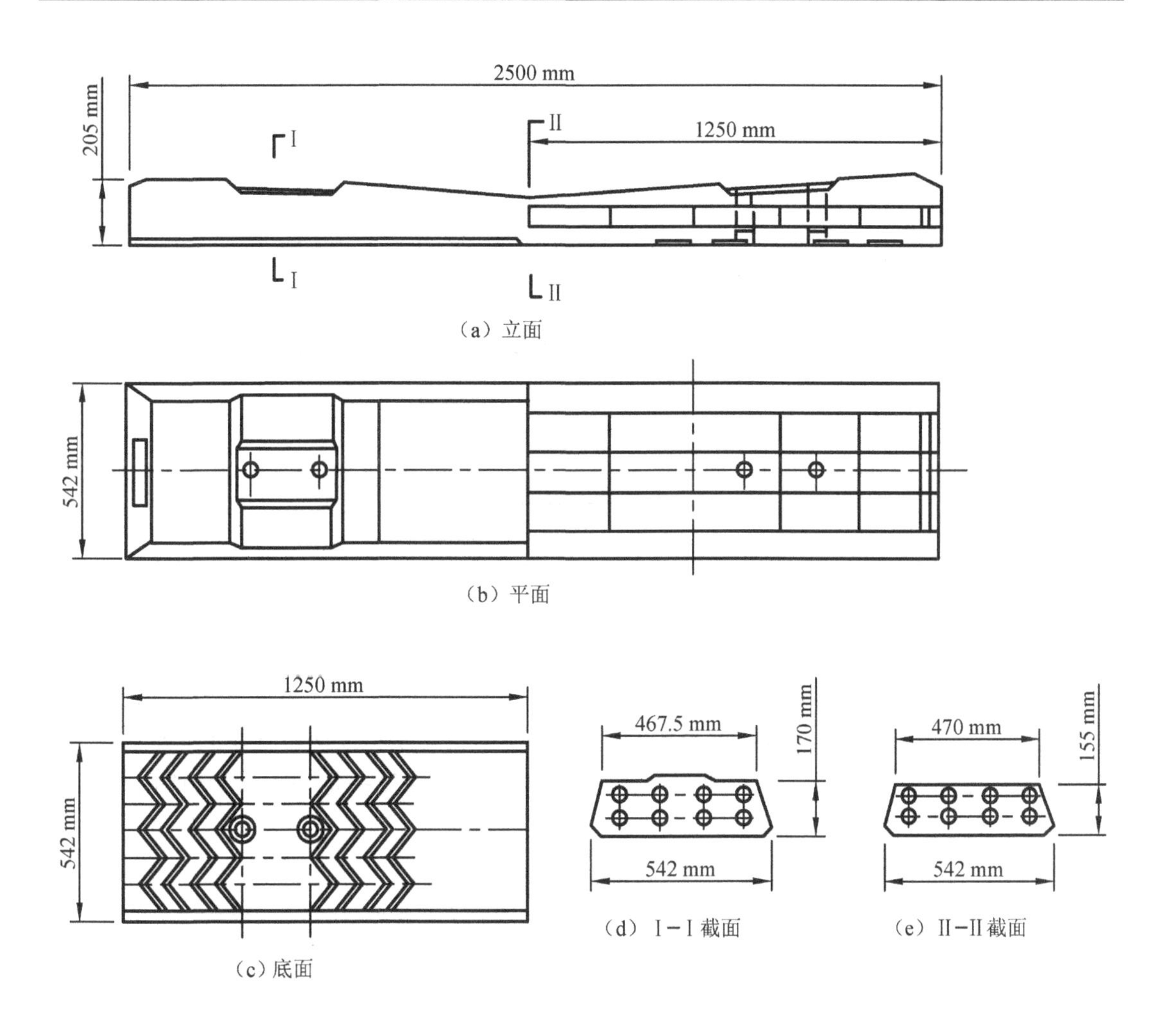

图 1-8　筋 82 型预应力混凝土宽枕

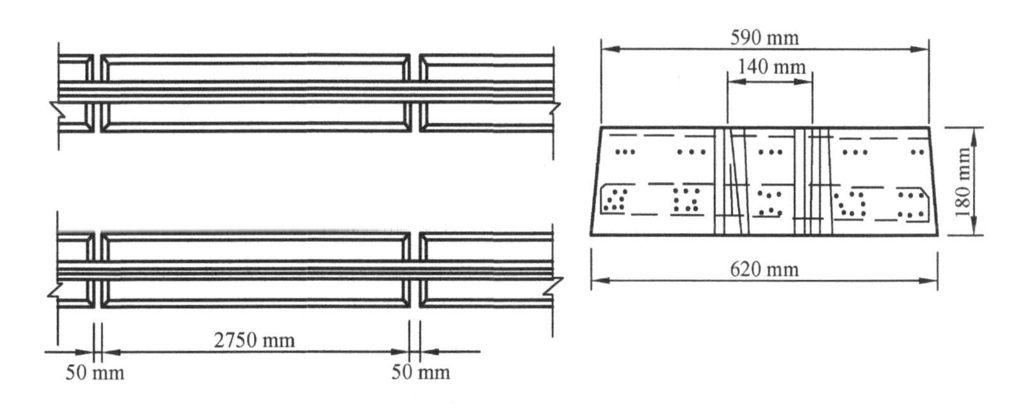

图 1-9　纵向轨枕

照明条件差的长大隧道，效果更为显著；(3)在隧道内铺设整体道床，可减少隧道开挖面积；(4)外形美观，表面平整，易于清扫。但是整体道床由于本身刚度大、弹性差，所以对钢轨扣件及垫层的弹性要求较高。另外，其施工精度要求高，施工进度较慢，铺设整体道床投资较高。

目前，我国铺设的整体道床的类型有钢筋混凝土支承块式(见图 1－10)及钢筋与混凝土整体道床直接联结式。

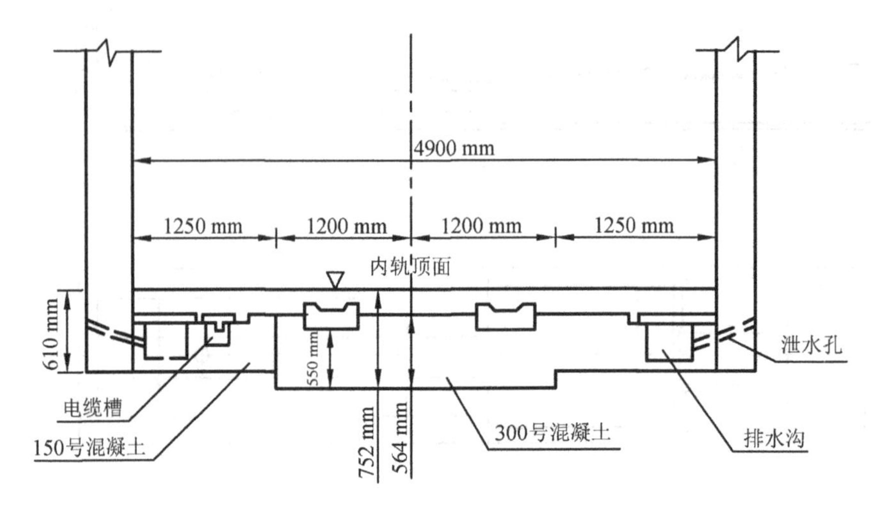

图 1－10 整体道床

按规定，整体道床的预制支承块强度不应低于 500 级钢筋混凝土，其铺设数量列于表 1－11。整体道床厚度，是指轨下 300 级混凝土的总厚度(不扣除 500 级钢筋混凝土支承块埋入的深度)，规范要求为 350 mm。人行道为整体道床横向支撑，承受一定的振动力，所以，规定用 100 级混凝土，其厚度为 150 mm。

表 1－11 整体道床铺设支承块数目

钢轨类型 /(kg · m^{-1})	铺设支承块数目/(对 · km^{-1})	
	线路平面直线	线路平面曲线(包括缓和曲线)
50	1680	1760
43	1600	1680

直接联结式整体道床，是在道床混凝土中预埋联结套管或预留锚固孔，待铺轨时把螺旋道钉和联结套管相连或锚固于预留锚固孔内，再用扣件固定钢轨。它解决了道床混凝土与钢筋混凝土支承块的粘接问题，从而可大大提高混凝土道床的整体性。

4. 沥青道床

所谓沥青道床，是用沥青材料作为黏合剂，将散粒道砟固结为一体，或用沥青混凝土、沥青砂代替碎石道床。沥青道床和混凝土整体道床具有共同的优点。此外，沥青材料便于加工，沥青道床更适合铺于土质路基上，即使路基发生下沉变形，整治道床产生的病害也较容易。

沥青道床按道床结构形式可分为：灌注式、路面式、整体式；按沥青处理方式不同可分为：热沥青、沥青混凝土、乳化沥青水泥砂浆等。

灌注式沥青道床是在原来碎石道床上，填充沥青混合材料使道床固结。这种道床的填充材料，可以是热沥青混合物，也可以是乳化沥青或乳化沥青水泥砂浆。热沥青可以不中断行车施工，但有可塑性；乳化沥青水泥砂浆强度高，但需要养生时间。

路面式沥青道床是指道床承重层沥青混凝土的结构与公路路面的结构相同的一种道床。这种结构在沥青混凝土承重层与轨下混凝土构件(轨枕或轨枕板)之间,有一层调整层,这一层调整层既是为了铺设时调整轨面方向和水平,又是一层承重结构,同时也起缓冲作用,不但要求有很好的工艺性,还要求有一定的强度和弹性,较好的调整层是乳化沥青水泥砂浆。这种道床在制作路面式承重层时,施工比较麻烦,封锁线路时间很长。

整体式沥青道床在调整层以下的承重层,是沥青混凝土整体结构,它没有石碴层与路面层,其底变形后修复困难,其他特点与路面式沥青道床相似。

1.3 钢轨联结零件

钢轨联结分为钢轨与轨枕的联结和钢轨接头联结两种,其作用是长期有效地保证钢轨与钢轨以及钢轨与轨枕间的可靠连接,尽可能地保持钢轨的连续性与整体性,阻止钢轨相对于轨枕的纵向移动,确保轨距正常,并在机车车辆的动力作用下充分发挥缓冲减振性。

1.3.1 钢轨与轨枕的联结

钢轨与轨枕(或其他形式的轨下基础)的联结是通过中间联结零件(或简称扣件)来实现的。中间联结零件把钢轨扣紧在轨枕上,保持钢轨在轨枕上的位置和稳定,防止钢轨倾覆和纵横向移动。

扣件应具备的基本条件:

(1)足够的强度,使扣压力始终保持在基本要求以上,有效地防止钢轨爬行;

(2)足够的弹性和耐久性,能持久地抵抗钢轨因受力挠曲及温度变化所引起的各方向的位移,始终有力地扣紧钢轨并将相应的力弹性地传于轨枕;

(3)构造简单,零件数量少,便于装卸、检查及养护,能调节必要的轨距及水平;

(4)成本低,寿命长,耗钢量少。

枕木常用的扣件是道钉与垫板。

道钉有两种,一为普通道钉,一为螺纹道钉,如图1-11和图1-12所示。

垫板的主要作用是传布压力于木枕的较大面积上,以免木枕被压坏;垫板的双肩顶住轨底侧面以保持轨距;垫板设有坡度,使钢轨有适当的轨底坡,保证钢轨受力合理。为减少垫板对木枕的切割,垫板底面边缘做成半径为5 mm的圆弧。50 kg/m钢轨用垫板如图1-13所示。

木枕线路的中间联结形式可分为不分开式和分开式两种。

(1)不分开式扣件是用道钉将钢轨、垫板共同钉在木枕上,如图1-14所示。当列车通过不分开式扣件时,钢轨与木枕之间的铁垫板发生振动,易磨损木枕。

(2)分开式扣件是将钢轨和垫板、垫板和木枕分别地联结起来,如图1-15所示。分开式扣件扣压力大,可以防止线路爬行,在桥上线路使用更为合适,尤其在桥上无缝线路上使用效果更佳。这种扣件分为紧扣轨底和不紧扣轨底两种。分开式扣件零件多,用钢量大,更换钢轨非常麻烦。

钢筋混凝土轨枕和其他轨下基础扣件,除与木枕扣件有共同点外,还有其特殊要求。

(1)钢筋混凝土轨枕缺乏弹性,扣件应该富有弹性,以吸收由列车传来的冲击力,防止混凝土的破损;

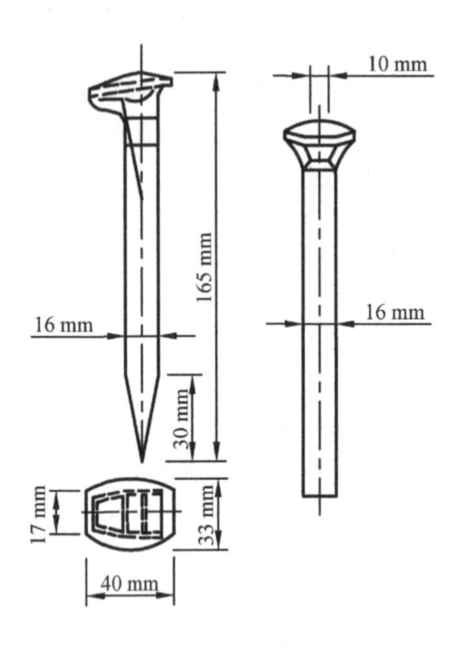

图 1-11 普通道钉

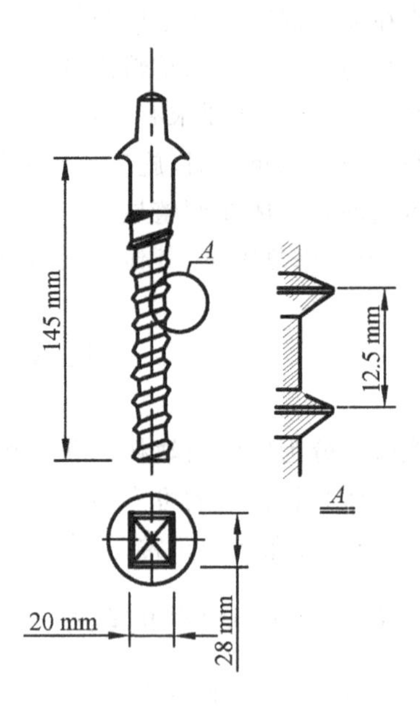

图 1-12 螺纹道钉

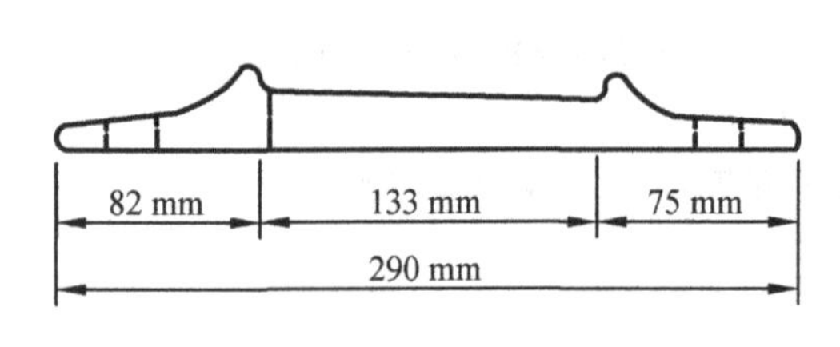

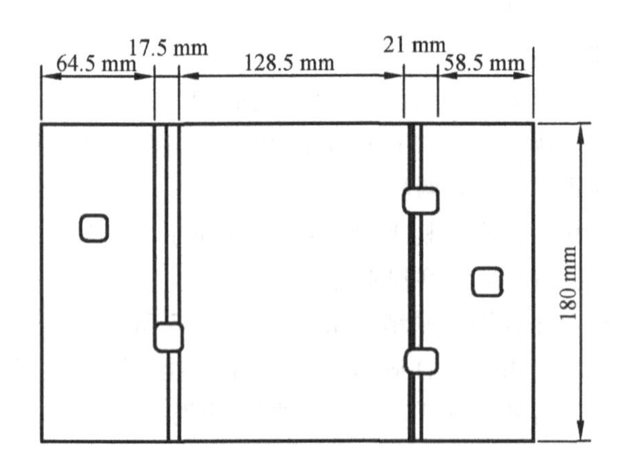

图 1-13 50 kg/m 钢轨用垫板

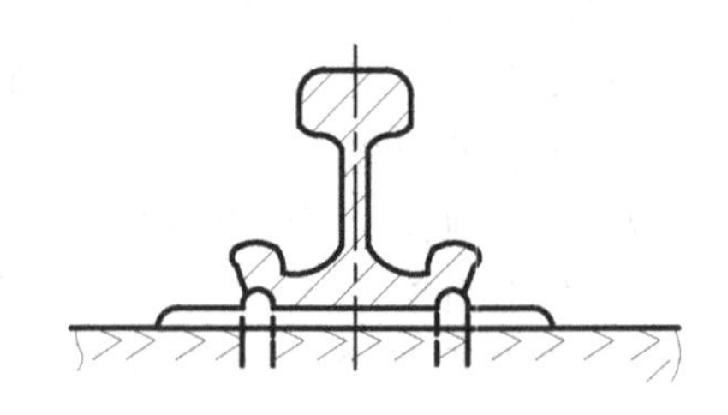

图 1-14 不分开式扣件

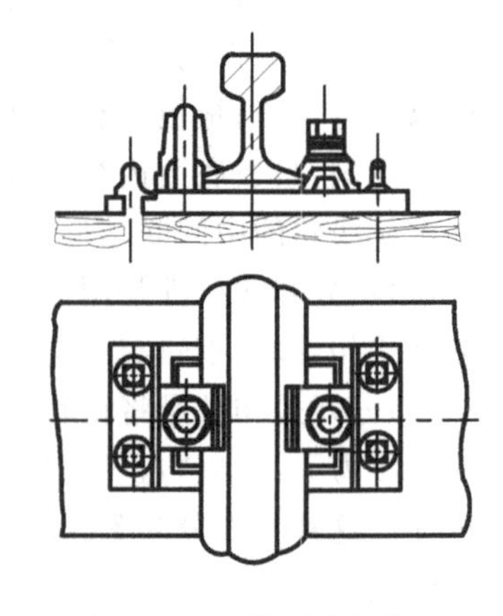

图 1-15 分开式扣件

(2)扣件与轨枕的联结不能过于削弱轨枕的断面；

(3)混凝土轨枕的绝缘性能不如木枕，故在自动闭塞或电力牵引区段上，应有安装绝缘设备的可能；

(4)在不扰动轨枕的情况下，能调整轨距、水平，并能适应几种类型钢轨的扣紧；

(5)由于混凝土缺乏韧性，装钉扣件不宜锤击。

混凝土枕扣件，按其结构分为弹条扣件、扣板式扣件、弹片式扣件三种。

弹条扣件扣压力大、弹性好、防爬能力强，适用于标准轨距铁路直线及半径大于或等于 300 m 的曲线铁路上联结 50 kg/m、60 kg/m 钢轨与预应力混凝土枕、预应力混凝土宽枕与直线地段整体道床。其联结组装如图 1－16 所示，它由螺纹道钉、螺母、平垫圈、A 型弹条、中间轨距挡板、接头轨距挡板、挡板座、橡胶垫板和衬垫等组成。

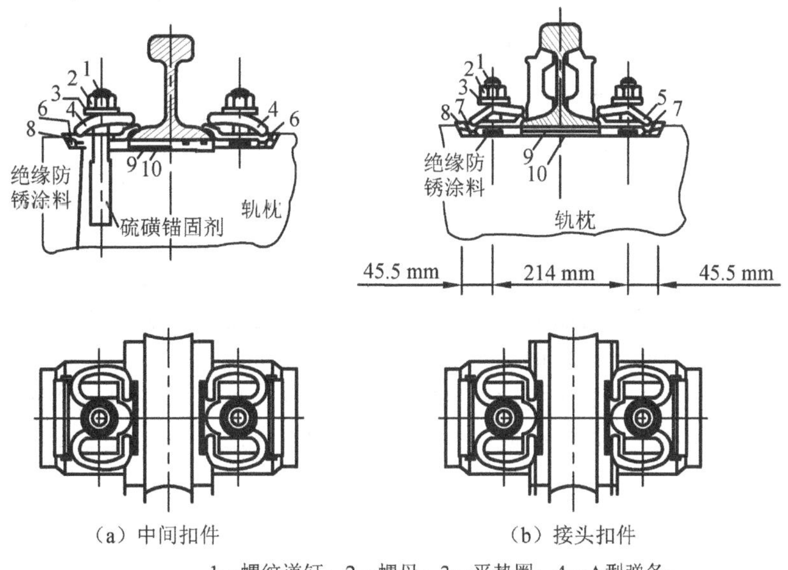

(a) 中间扣件　(b) 接头扣件

1—螺纹道钉；2—螺母；3—平垫圈；4—A型弹条；5—B型弹条；6—中间轨距挡板；7—接头轨距挡板；8—挡板座；9—橡胶垫板；10—衬垫。

图 1－16　弹条扣件

刚性的 70 型扣板式扣件可用于运量较小，行车速度较慢的 43 kg/m 及以下的钢轨的轨道上。其扣紧方式和结构如图 1－17 所示。它由螺纹道钉、螺母、平垫圈、弹簧垫圈、扣板、铁座、绝缘缓冲垫片、绝缘缓冲垫板和衬垫等组成，其中扣板有各种不同规格的号码，用来调整轨距。

拱形弹片式扣件，扣压力较差，今后不再发展，新建铁路不应采用。其扣紧方式和结构如图 1－18 所示。它由螺纹道钉、螺母、平垫圈、弹片、轨距挡板、绝缘缓冲垫板和绝缘缓冲垫片等组成，其中轨距挡板作调整轨距之用。

钢轨联结零件在轨枕中的固定方式是关键问题。过去在轨枕中预埋木螺栓借以固定螺纹道钉，但实践证明这种方式不好，容易发生腐朽、松动和滑扣等。我国广泛采用硫黄锚固来固定螺纹道钉。硫黄锚固由硫黄、水泥、砂子和石蜡配制而成，质量比为 1∶(0.3～0.6)∶(1～1.5)∶(0.01～0.03)。硫黄锚固是以硫为主体的结合剂，当加热至 130～160 ℃时会变成熔融

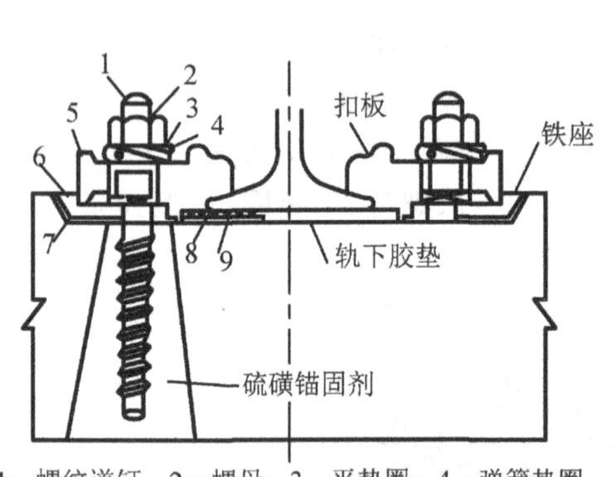

1—螺纹道钉；2—螺母；3—平垫圈；4—弹簧垫圈；
5—扣板；6—铁座；7—绝缘缓冲垫片；
8—绝缘缓冲垫板；9—衬垫。

图 1-17　刚性扣板式扣件

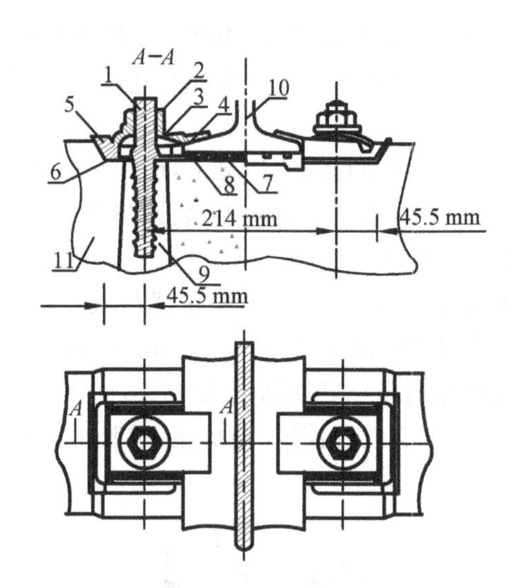

1—螺纹道钉；2—螺母；3—平垫圈；4—弹片；5—轨距挡板；
6—绝缘缓冲垫片；7—绝缘缓冲垫板；8—衬垫；
9—硫黄锚固剂；10—钢轨；11—轨枕。

图 1-18　67 型弹片式扣件

液体，适宜灌注，凝固后有很高的抗拔力。实践证明，其对于螺纹道钉的抗拔力可达60 kN以上，有的可达到 100 kN，能牢固地锚固螺纹道钉于混凝土轨枕内。硫黄锚固的持久性也较好，还具备绝缘性能，成本只是木螺栓的 1/10。

为了增加扣件弹性，在混凝土轨枕与钢轨之间设置弹性垫层，常采用的橡胶或塑料弹性垫层，垫层上下两面有槽纹，以利排水，同时在受压后垫层有变形的余地，更好地发挥弹性垫层的作用。

1.3.2　钢轨接头联结

钢轨受生产及运输等条件的限制，一般为定尺长钢轨（标准长度 12.5 m 或 25 m），铺设时两钢轨的联结处即为钢轨接头。钢轨接头与接头以外钢轨的强度、刚度应接近；钢轨接头处应具有一定的阻力，以阻止钢轨伸缩；而在构造上又要求有一定的缝隙，以满足钢轨伸缩的要求；两根钢轨应对齐，错位小，基本保持平齐；结构应简单，以便于制作及养护维修。

1. 钢轨接头的型式

接头是线路的弱点。据统计，当钢轨长度为 12.5 m 时，40%的线路维修费用与接头有关；同时还增加 25%左右的行车阻力，因此要注意接头的维修和选用有利的接头型式。

按钢轨对轨枕的位置，钢轨接头可分为悬接式（见图 1-19）和承垫式（见图 1-20）两种。

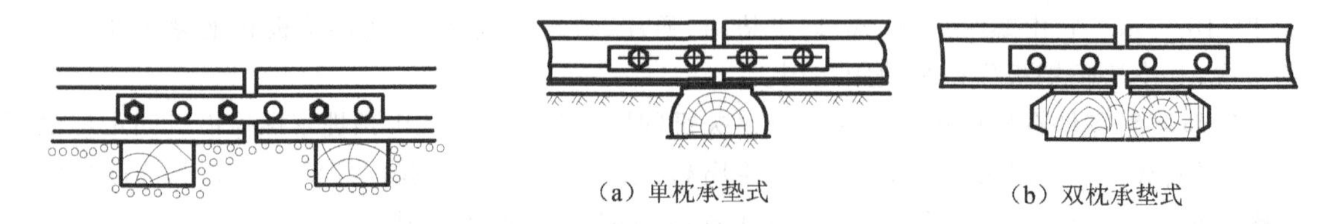

（a）单枕承垫式　　（b）双枕承垫式

图 1-19　悬接式

图 1-20　承垫式

悬接式接头的特点是钢轨接头悬于两轨枕之间，铁路上大部分采用悬接式接头。其受力条件好，结构简单，便于维修。当车轮通过时，钢轨挠曲、轨端下落、夹板与轨端的挠度和弯矩均较大。为了加强接头、减少弯矩，可适当把接头轨枕间距缩小些。

钢轨接头压于轨枕之上，为承垫式接头，有单枕承垫式（见图1-20(a)）及双枕承垫式（见图1-20(b)）两种。单枕承垫式接头当车轮通过时，由于传到轨枕上的压力时前时后，且前后不匀，使轨枕左右摇动，轨枕稳定性差，不能保证轨枕本身的稳定性，已不使用。双枕承垫式接头与悬接式接头比较，钢轨挠度小、应力小、夹板受力条件较好，但主要缺点是刚性大，捣固作业困难，主要用于加强线路接头的地方，以保证接头位置稳定，如用在绝缘接头和异形接头上。悬接式和双枕承垫式接头国外都有采用，我国除道岔的个别部位外都是采用悬接式接头。

钢轨接头按其两股轨线上的相互位置可分为相对式（对接）——两股钢轨接头左右相对；相错式（错接）—— 一股钢轨接头与另一股钢轨中部相对。图1-21(a)表示相对式接头，图1-21(b) 表示相错式接头。

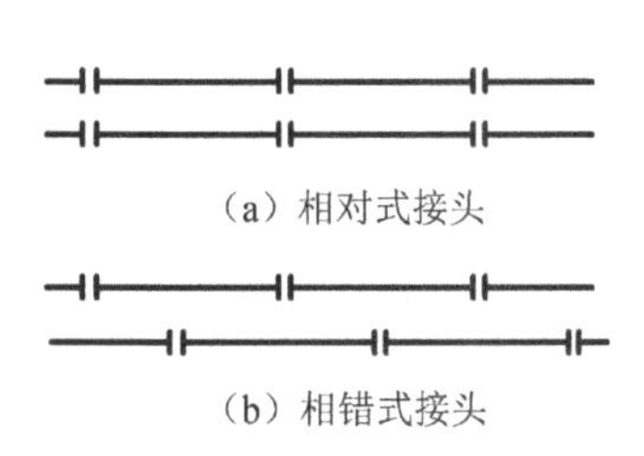

图1-21　接头形式

根据我国运营实践，认为对接优点较多，理由：(1)车轮同时冲击钢轨，冲击次数比错接少一半；(2)错接情况下的冲击力是偏心的，时左时右；(3)用对接时，可用双枕承垫来加强线路对接，不会增加线路的不平顺性；(4)可以采用铺轨机拆除和铺设轨道。

我国干线铁路采用对接式接头。工厂厂内铁路的曲线，因其曲线半径很小，若采用对接式钢轨接头，则铁路很难铺设与养护得十分圆顺，容易出现折线形，因此厂内铁路在曲线上多采用错接式接头。

钢轨接头按其性能还可以分为以下三种。

(1)过渡接头，如图1-22所示，用它联结不同类型的钢轨，采用异形夹板，异形夹板的一半吻合一端钢轨断面，另一半吻合另一端钢轨断面；

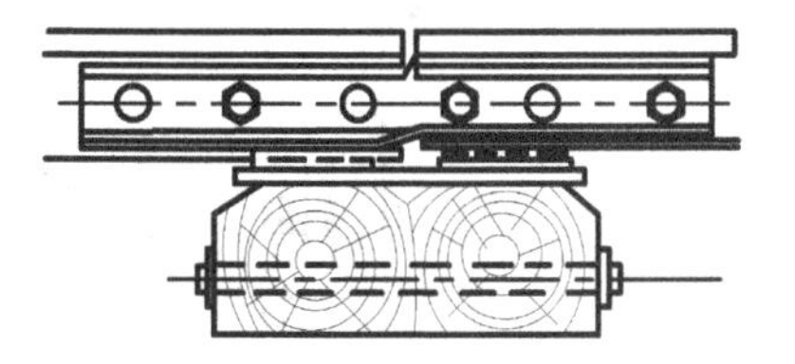
图1-22　过渡接头

(2)导电接头，如图1-23所示，在自动闭塞区段，信号电流靠钢轨传导，钢轨接头处设轨间传电联结装置，它由两根直径5 mm的镀锌铁丝组成。在电力机车牵引区段上，为了保证牵引电流回路由钢轨通过，并且阻力最小，可用断面为100 mm^2的铜丝来设置接头处轨道传电联结装置（见图1-24）。

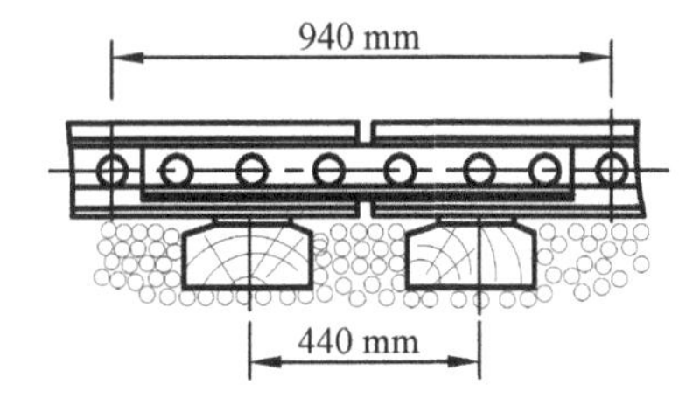

图1-23　自动闭塞区段导电接头

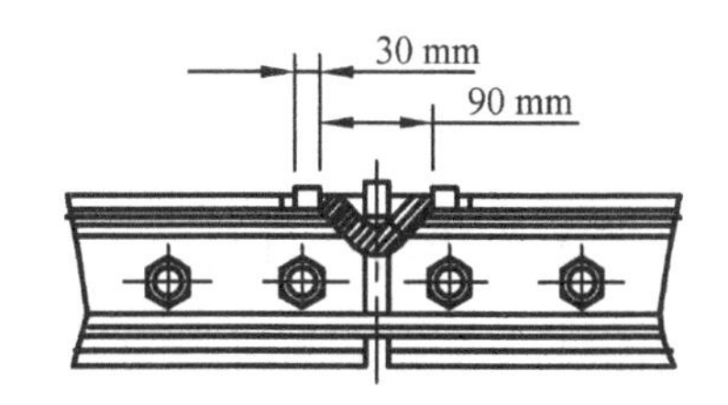

图1-24　电力机车牵引区段导电接头

(3)绝缘接头,如图1-25所示,在自动闭塞区段上,为使信号电流不能从这一闭塞分区传到另一闭塞分区,在闭塞分区两端的钢轨接头处,设绝缘接头。在钢轨和夹板之间,夹板与螺栓帽之间,钢轨螺栓孔四周以及轨端之间,均填以绝缘材料,以免电流通过。

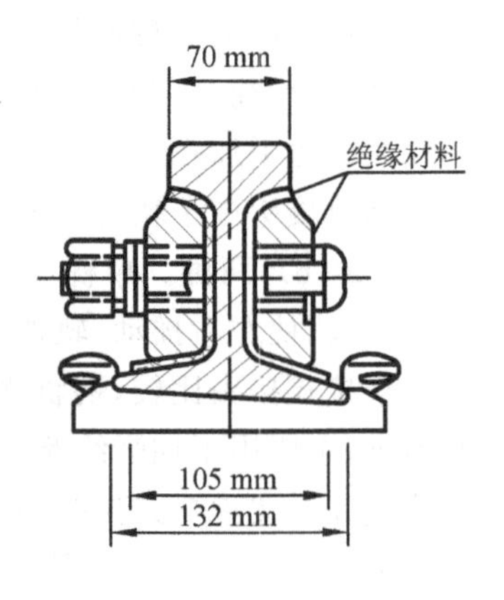

图1-25 绝缘接头

2. 钢轨接头零件

接头联结零件的作用是保持钢轨的连续性,并传递和承受钢轨的挠曲力。接头联结零件是由夹板和接头螺栓等组成。

图1-26是夹板的几种类型。图1-26(a)为平板式,图1-26(b)为角钢式,图1-26(c)为吊板式,这三种是比较老的型式。我国采用斜坡支承双头对称型夹板(简称双头式夹板),如图1-26(d)所示。

双头式夹板断面简单,全长断面一致,用优质钢制造并加热处理,因此提高了支撑面上的硬度和抗磨性。双头式夹板上部和下部都与钢轨倾斜面一致,当拧紧螺栓后,并不与轨腰相接触,因而增加了接头的弹性。

现在采用的双头式夹板为六孔式的,其长度为820 mm。

接头螺栓、螺帽及弹簧垫圈如图1-27所示。螺栓直径越大,则固紧力越强,但加大螺栓直径,势必加大钢轨和夹板的螺栓孔,由此削弱钢轨和夹板的强度,故螺栓要用高碳钢制造并加热处理。螺栓颈为椭圆形,与夹板上椭圆孔相合,使在旋紧螺帽时,螺栓不随着转动。

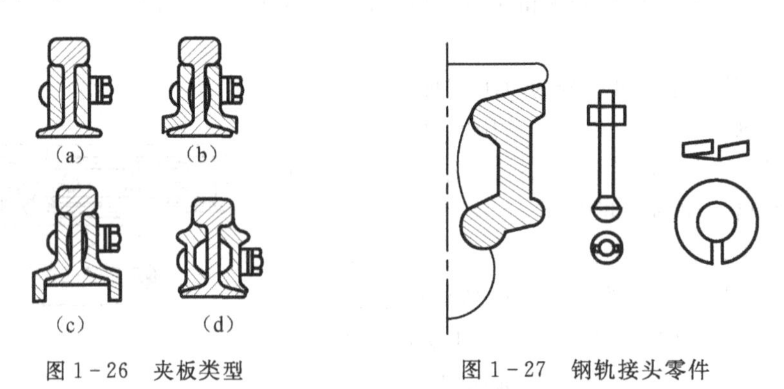

图1-26 夹板类型

图1-27 钢轨接头零件

1.4 道　　床

1.4.1 道床的功用及材料

道床即道砟层,是轨枕的基础,其功用如下:

(1)均匀传布机车车辆荷载于较大的路面上;

(2)阻止轨枕受列车作用而发生纵向及横向的移动;

(3)排除线路上的地表水和阻止水分自路基向轨枕上升;

(4)使轨道具有弹性,借以吸收机车车辆的大部分冲击动力;

(5)便于校正轨道的平面和纵断面。

道床是轨道的重要组成部分。随着轴重、运量和行车速度的提高,其他轨道组成部分都在结构、材质和制造工艺上做了重大改进,设备质量有了很大提高,而占轨道绝大多数的碎石道床,无论在材质还是状态方面提高都不大,这已成为制约轨道承载能力的重要因素。在轨道修理的全部工作量中,用于道床的占60%～70%,随着行车密度的提高,利用行车间隙进行线路维修越来越困难,因此提高道砟材质,改进道床的状态就显得非常重要。

轨道状态的好坏,轨道各部分的使用寿命的长短,路基面状态的好坏,以及养护维修费用的多少,均与道床是否坚实而富有弹性有关。因此作为道床的道砟应具备下列性质:

(1)质地坚韧;

(2)排水良好,吸水度小;

(3)不易被磨碎捣碎;

(4)耐冻性强,不易风化,不易被风吹动及被水冲走。

我国铁路上主要的道床材料是碎石、天然级配卵石、筛选卵石、粗砂、中砂及熔炉矿渣等。

碎石道砟是用坚韧的火成岩(花岗岩、玄武岩等)或水成岩(砂岩、石灰岩等)为材料,用人工或机械破碎筛分而成,碎石道砟具有粗糙的表面和尖锐的棱角,相错结合,阻力很大,据实验轨枕在碎石道床中位移阻力系数分别比在卵石和砂道床中大30%和50%,故能较好地保持轨枕的位置,线路稳定性好。

道床颗粒不宜过大,否则将不利于保持轨道弹性和进行捣固作业,过小也影响排水。碎石道砟的粒径,一般分为三种规格:20～70 mm,标准道砟,应用于新线、大修和维修;15～40 mm,供维修用;3～20 mm,细道砟,应用于垫碴起道。碎石应是粗糙的多面体,粒径大小应均匀,不许含有薄片,因薄片碎石在捣固中容易被击碎或压碎。

天然级配卵石是天然卵石和砂砾的混合物。筛选卵石道砟是卵石和碎石的混合物,卵石是经过筛选天然卵石获得的,碎石是由开采石山或将大块卵石打碎后获得的。该道床的质量较差,故只用在运量、速度均较小的线路上,或在碎石供应困难的地段。

砂子道砟是由开挖砂场获得砂子,主要组成部分是0.5～3 mm的颗粒,也容许存有卵石。砂道床质量最差,虽价格低廉,且易排水,但易污脏,易被水冲走、大风吹扬,其承压力和阻力均小,难使线路稳定。砂石道床的容许压应力仅为0.27 MPa,所以一般不选用砂道床。

熔炉矿渣道床是利用冶炼钢铁或有色金属的熔炉矿渣作为道砟,是一种很好的道床材料,应尽可能加以利用。消除和改造“三废”,大搞综合利用,注意环境保护,这是我们必须重视的,在道床材料选择上,也应以此为依据。矿渣道砟按颗粒大小配置成下列组合:20～70 mm;15～40 mm;3～20 mm。

1.4.2 道床横断面

合理的道床断面,与保持道床本身和整个线路的稳定以及减少线路维修工作量有很大关系。

道床横断面,主要包括道床厚度、道床顶面宽度及道床边坡坡度三个尺寸,见图1-28。它们取决于轨道的类型、路基土质、道床材料及线路平面等条件。道床厚度是指直线上钢轨或曲线内轨中轴线下轨枕底面至路基顶面的距离。道床应有足够的厚度,使得由钢轨、轨枕传下来的车辆压力经过道床的扩散而大大减小,道床对路基面的压力小于路基土壤的容许承载能力，同时要求路基面上的压力均匀，防止路基发生不均匀的永久变形。道床厚度应根据运量、轴重、行车速度等运营条件和道砟质量、路基强度及轨枕间距等轨道条件计算确定。道床中压力分布如图 1－29 所示。

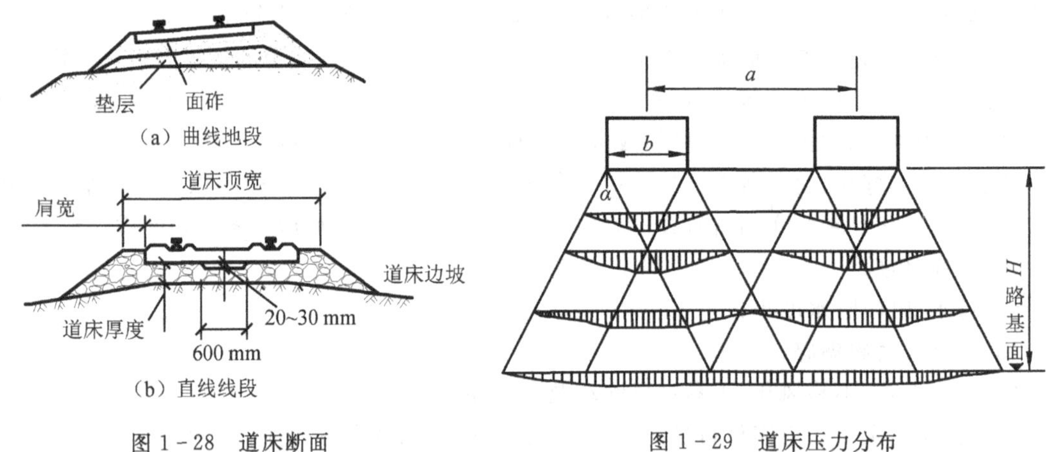

图 1－28 道床断面

图 1－29 道床压力分布

由图 1－29 可见，当相邻两根轨枕中间的路基面处于有道砟压力的临界状态，道床的最小厚度可按下式计算：

$$H=\frac{a-b}{2\tan\alpha} \tag{1-5}$$

式中：H 为道床厚度(mm)；a 为轨枕中心间距(mm)；b 为轨枕底支承面的平均宽度(mm)；α 为道床压力扩散角，碎石道床 $\alpha=35°$。

例如：50 kg/m 钢轨，轨枕配置 1600 根/km 木枕轨道($b=200$ mm)的道床最小厚度为 314.3 mm，在同样条件下，如使用钢筋混凝土轨枕时，$b=290$ mm，则 $H=250$ mm。这就说明，底宽较大的钢筋混凝土轨枕，在线路纵向传布道砟压力方面比底宽较小的木枕更为有利。

根据式(1－5)计算所得的道床厚度为最低值。一般情况下，所有道床厚度都要大于最低值，以免因道床厚度不足，引起路基面压应力超过容许值，使石碴压入路基面内，泥土上冒，加速道床和路基异常变形，使轨道不能保持稳定而提前进行大中修，造成浪费，影响运输。但道床过厚也不经济，还会给线路维修造成困难，影响道床稳定，因此道床厚度要适度。根据国外的实践经验，沿线路方向的路基面压力均匀是不必要的，因线路横断面内，即沿轨枕方向压力仍为不均匀的。故只要求其压力值不超过路基面土壤的容许应力就可以了。铁路设计规范规定的各级线路的道床厚度见表 1－3 和表 1－4。

如果不是砂石路基而是一般普通土路基则在铺用碎石道砟(面砟)前，可在它下面铺一层 200 mm 厚的砂垫层(底砟)，其功用是使面碴传来的荷载均匀分布在路基上，防止面砟被路基的土所沾污，并起反滤作用，避免不良土质的路基发生翻浆冒泥，保持线路稳定，同时也可以节约碎石道砟。

道床顶面宽度，主要决定于轨枕长度。道床宽出轨枕两端的部分称为道床肩宽，道床应有适当的肩宽，使砟肩石经常处于稳定状态，阻止石砟受到列车振动作用而从轨枕底下挤出，以保持道床紧密状态和足够的横向阻力，从而减少拨道工作量，这对于曲线地段尤其重要。但也不宜太宽，以免耗费过多石砟并阻碍排水。一般道床肩宽为 200 mm。

道床边坡坡度的大小，对保证道床的坚固稳定十分重要，道床边坡的稳定性取决于道砟材料的内摩擦角和黏聚力，边坡坡度与道床的肩宽有一定联系。理论计算及实践表明，道砟材料的内摩擦角越大，黏聚力越高，边坡的稳定性就越好。同样，道床肩宽越大，允许采用的边坡可越陡。当道床肩宽用 150 mm、道床边坡用 1∶1.5 坡度时列车振动的情况下不能维持稳定，轨枕端头的道砟塌落很多。当肩宽增至 200 mm，并将边坡坡度放缓到 1∶1.75 时，情况就得到基本改善。若再继续增加肩宽，效果并不显著，反而多用道砟。

《铁路轨道设计规范》(TB 10082—2017)规定的道床宽度如表 1-12 所示。

表 1-12 单线碎石道床顶面宽度

铁路等级	路段列车设计行车速度/(km·h^{-1})	道床顶面宽度/m	
		无缝线路轨道	有缝线路轨道
高速铁路	250≤v≤350	3.60	—
重载铁路	v≤100	3.50	—
城际铁路 客货共线铁路	160<v≤200	3.50	—
	v≤160	3.40	—
	100<v≤120	3.40	3.10
客货共线铁路	v≤100	3.40	3.00

道床边坡应保证列车往复振动下，不使道床断面发生变化。据实验，道床边坡坡度当采用 1∶1.5时，铺设初期道砟塌落较快，引起轨距水平的变化，经过一个时期以后，边坡逐渐稳定，这时的自然边坡坡度多数在 1∶1.8 左右。所以《铁路轨道设计规范》(TB 10082—2017)规定重要线路边坡坡度采用 1∶1.75；而为了节约道砟，在运量、轴重和速度较小的轻型线及站线仍可采用1∶1.5的边坡坡度。

为了防止道床表面水分锈蚀钢轨和扣件，并避免传失轨道电路的电流，道床顶面应比轨枕顶面稍低，规定木枕轨道道床顶面比轨枕顶面低 3 cm。

混凝土枕刚性较大，在列车动荷载的作用下，中间部分将承受道床的支承反作用力产生的负弯矩，从而引起顶面裂缝，所以在铺设时，应将该部分的道砟掏空，使之失去支承作用，以改善混凝土枕的工作条件，延长轨枕的使用寿命，同时还可以节省道砟用量。因此，规定混凝土枕中部 60 cm 范围内道床应低于枕底 3 cm。

为增加混凝土枕轨道横向稳定性，规定混凝土枕端部埋入道床深度为 15 cm。道床主要参数指标如表 1-13 所示。

表 1-13 道床主要参数指标(平均值)

铁路等级	轨枕类型	道床横向阻力/(kN/枕)	道床纵向阻力/(kN/枕)	道床支承刚度/(kN·mm^{-1})	道床密实度/(g·cm^{-3})
高速铁路	Ⅲ型混凝土轨枕	≥12	≥14	≥120	≥1.75
重载铁路	专用轨枕	≥12	≥14	≥120	≥1.70
城际铁路、客货共线铁路	Ⅲ型混凝土轨枕	≥10	≥12	≥100	≥1.70
	新Ⅱ混凝土轨枕	≥9	≥10	≥70	≥1.70

1.5 线路防爬及曲线加强

1.5.1 钢轨的爬行

列车在运行时，车轮作用于钢轨的纵向水平力，使钢轨沿着轨枕或带动轨枕发生纵向移动，这种现象称为线路爬行，使钢轨产生爬行的纵向水平力称为爬行力。

形成爬行的原因很多，也比较复杂，如：钢轨在动荷载下的挠曲，列车运行的纵向力，钢轨的温度变化，车轮在接头处撞击钢轨以及列车的制动等。其中以钢轨在行驶车轮下的波浪形挠曲是最基本和决定性因素，其余因素只影响爬行量及爬行力的大小。

如图1－30所示，以a、b表示钢轨某一断面的上下两点，当列车驶近，钢轨断面发生转动，b点向前，a点向后；当车轮滚过钢轨恢复挺直时，b点向后收缩，但前面已被车轮压住，无法收缩，于是钢轨被迫向前移动，造成钢轨与列车运行方向一致的爬行。

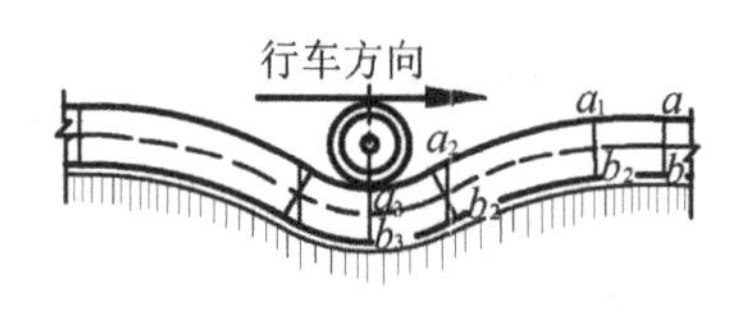

图1－30 钢轨挠曲

实践表明，下列因素也影响线路的爬行。

(1)列车制动。在长大下坡地段，特别是在车站地段，列车减速、限速或停车常引起同列车运行方向相同的线路爬行。

(2)运量。单线铁路，运量较大的方向，线路爬行量也较大，在复线铁路上，爬行方向与列车运行方向一致。

(3)轴重及速度。轴重及速度大的列车所引起的爬行量大，因此高速行车的干线更应防止线路爬行。

(4)线路状态。钢轨轻、轨枕根数少、道床不足或捣固不实，引起的爬行严重。在曲线地段，如外轨超高与速度不相适应，则由于两股轨线受力不均等，其爬行量也不一致，如超高不足，外轨受力大，其爬行量也较大；反之，超高过大，内轨受力大，形成内轨爬行较严重。

线路爬行对铁路的危害很大，它会引起轨枕的位置歪斜、间隔不正，钢轨的接缝不匀，一端形成瞎缝，另一端则拉宽轨缝造成接头螺栓拉断。线路爬行常使轨枕离开捣固坚实的基础，造成线路沉落，产生低接头等。在某钢铁厂内，翻车机重车场内线路的爬行，致使室内的翻车机不能转动，影响生产的正常进行。根据资料分析，线路病害30％以上与爬行有关，因此要采取措施，防止线路爬行。

1.5.2 防爬措施

防止爬行最根本的办法是采用强有力的中间扣件，使钢轨不能在垫板或轨枕上移动。钢筋混凝土轨枕的自重大，其扣件的扣着力也大，所以防爬能力较强，在一般情况下，钢筋混凝土轨枕的线路可不必另外采取措施防爬，只在其坡度大于6‰的制动地段或新铺线路尚未稳定时可适当地加设防爬设备。

在木枕地段及爬行力较大的地段，单靠加强钢轨与轨枕之间的联结是不够的，必须加设特制的防爬设备。我国目前常用的防爬设备是穿销式防爬器(见图1－31)。

穿销式防爬器由穿销及带挡板的轨卡组成。轨卡的边紧紧地卡住轨底的一边,其另一边与轨底的另一边之间用楔形穿销楔住,牢固地卡在轨底,挡板应靠紧轨枕侧面(混凝土轨枕时,可在挡板与轨枕侧面之间另加木楔以承力)。如果挡板与轨枕侧面不密贴,则防爬器传不了力。由于楔子形状的穿销一端断面小,另一端断面大,小头插入轨卡及轨底之间,列车运行时产生向前方的爬行力,使楔形穿销愈紧,爬行力由轨卡挡板传到轨枕上,钢轨保持稳定而不爬行。

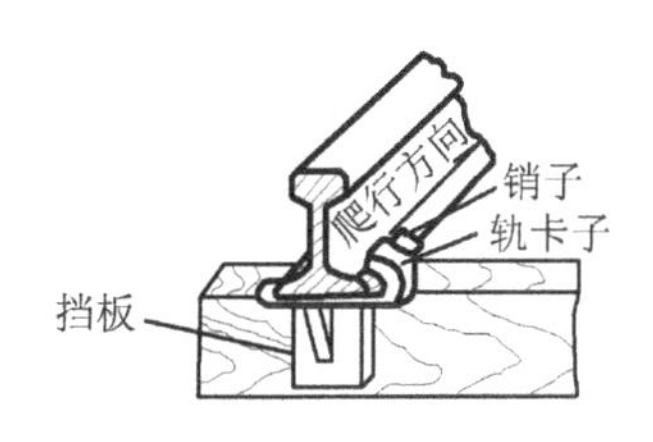

图 1-31 穿销式防爬器

由于碎石道床阻止一根轨枕沿线路方向位移的阻力远小于每个防爬器可承受的爬行力,因此直接承受防爬器挡板的轨枕稳定不住,发挥不了防爬器的全部抗爬能力。为此,在轨枕之间安装防爬支撑,把3~5根轨枕联系起来,共同承受一对防爬器传来的爬行力(统称防爬设备)。防爬支撑可用木制,或用石料、钢筋混凝土等制造,安装在钢轨底下距轨底边缘300 mm的道心内。

1.5.3 钢轨接头病害

钢轨接头是线路上最薄弱的环节之一。由于钢轨在接头处中断,造成线路天然的不平顺,列车通过时给行车造成很大阻力并对线路产生额外的冲击作用,因而引起线路的一系列接头病害。例如在冲击动力作用下,轨端顶面受到很大的接触应力(可达10~15 MPa),而产生塑性变形,淬火的轨端由于淬火与不淬火部分硬度不同,形成鞍形打塌;未淬火的轨端则出现压塌或两根钢轨高低错开,钢轨和夹板发生永久变形,造成硬弯,形成低接头。

此外冲击动力引起轨枕下道床的松动和沉陷,也导致低接头和空吊板、钢轨的破损、夹板的折损、轨枕损裂、道床坍塌、路基翻浆冒泥等,这些病害与线路不平顺互为因果,造成恶性循环。在不平顺和永久变形的共同影响下,冲击动力越来越大,接头破坏越来越严重,致使轨道各部分发生破坏,甚至危及行车安全。根据统计资料,接头维修费用约占普通线路总维修费40%;而钢轨在夹板部位的损坏比其他部位的损坏要多25倍左右。因此,除采用无缝线路来大大减少接头外,对一般线路的接头病害,要采取预防和及时整治措施。

(1)锁定钢轨,防止爬行,不使轨缝拉大;

(2)经常上紧接头螺栓,保持接头牢固;

(3)增加中间扣件和垫层的弹性,以便吸收部分冲击,尤其是混凝土轨枕地段;

(4)加强接头捣固,保持道床丰满,并加以夯实;

(5)及时清筛接头范围的污脏道床,以免刚度过大或造成翻浆冒泥;

(6)做好路基的排水,防止路基发生永久变形;

(7)已发生马鞍形磨耗,可堆焊和研磨,对低接头初期就应加强捣固,以恢复其水平。

总之,养护好接头是提高线路质量的一项关键工作。

1.5.4 曲线轨道加强

列车通过曲线时,由于离心力的作用,发生横向水平力,特别是通过小半径曲线时,横向水平力就更大,致使钢轨在轨枕上横向移动,扩大轨距、钢轨磨耗,造成曲线不圆顺,增大曲线养护工作量，因此小半径曲线应予以加强。

根据实践资料，当曲线半径从 600 m 减小到 250 m 时，横向力系数约增加 34%，而曲线半径大于 600 m 时，横向力系数与直线近似。半径小于 600 m 时，钢轨磨耗也严重。

《铁路轨道设计规范》(TB 10082—2017)规定：半径在 400 m 及以下的曲线轨道应采取以下措施加强。

(1)增加每节钢轨下的轨枕根数(每千米增铺：木枕 160 根，钢筋混凝土轨枕 80 根)，以增加轨枕的位移阻力；

(2)设置轨距杆，保持轨距不变。当曲线半径为 150～300 m 时，每节 12.5 m 长的钢轨安装轨距杆 4 根；当曲线半径在 150 m 及以下时，每节 12.5 m长的钢轨应安装轨距杆 5 根；

(3)铺设重型钢轨，加强线路的强度和横向刚度；

(4)铺设防磨护轨或采用耐磨合金钢轨，以减少外轨头部侧面磨耗；

(5)安装轨撑，固定钢轨在枕木上的位置。

轨距杆由铁卡、杆、垫圈、弹簧垫圈及螺母等五种部件组成，其组装形式如图 1－32 所示。

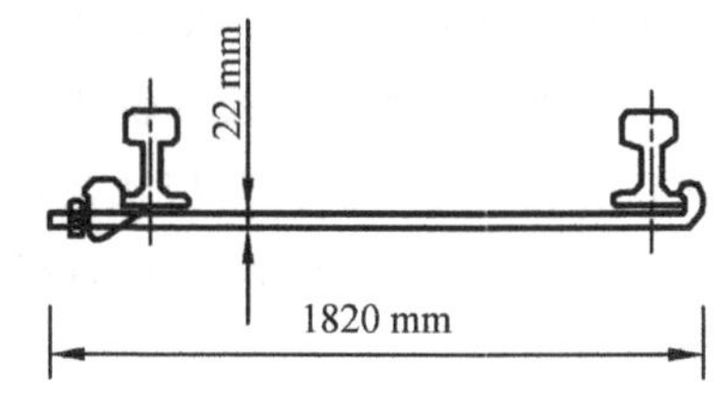

图 1－32 轨距杆

1.6 道口与车挡

1.6.1 平交道口

(1)道口铺设有关规定。

铁路与道路平交时，应设置道口。道口应尽可能设在对铁路有良好瞭望条件的地点。

平交道口应铺以易于翻修的铺砌层。道口铺面宽度原则上应与道路路面宽度相同。厂外线通行机动车的乡村道路，应不小于 4.5 m；通行非机动车的乡村道路，应不小于 2.5 m。

道口护轨采用旧钢轨、角钢等材料制作。采用旧钢轨作为卧式护轨时，护轨两端应做成喇叭口(将轨头轨腰全切掉)，距护轨终端 300 mm 处弯向线路中心，其终端距基本轨工作边不小于 150 mm，见图 1－33。道口处排水必须良好。

(2)道口铺面。

道口铺面分为钢筋混凝土铺面板(见图 1－34)和石铺面板两种。设计时选用有关标准图集。

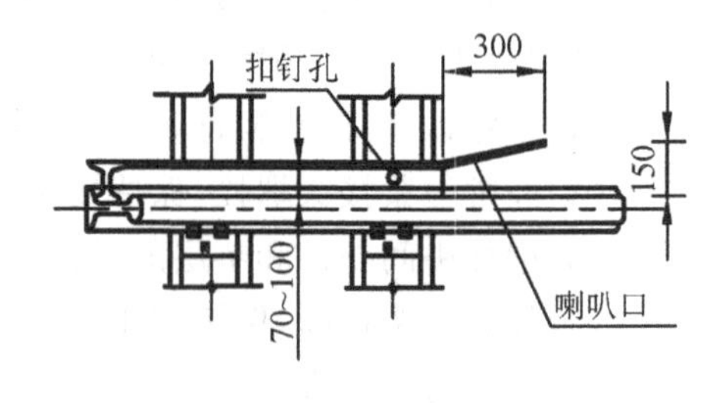

图 1－33 护轨两端喇叭口图

(注：图中长度单位为 mm)

(3)道口防护设备在铁路线路上距道口两端各 500～1000 m 处，厂内线在适当位置、列车运行方向的左侧，应设置司机鸣笛预告标。

通向道口道路的右侧、距道口外侧钢轨不小于 20 m 处应设置道口警标。

有人看守的道口应修建道口看守房。距道口最外股钢轨不小于 3 m 处应设置带有标志的栏木或栏门，并应备有必要的防护信号用具以及钟表、唤话器等。

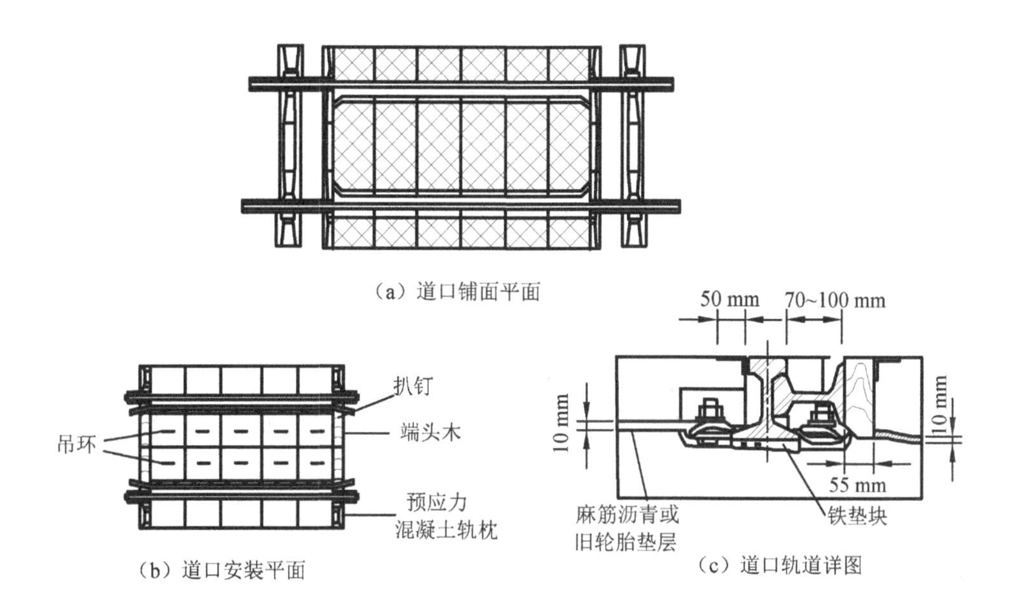

图 1-34 钢筋混凝土轨枕道口铺面

交通繁忙及重要的道口，根据需要装设照明、电话、电铃、自动信号或自动栏木，必要时设置遮断色灯信号机。

在电气化铁路上，道口通路两面应设限界架，用以限制通过道口的公路车辆装载高度不超限(即不得超过 4.50 m)。

1.6.2 车挡

车挡设在尽头线末端。车挡有土堆式车挡和金属车挡两种形式。土堆式车挡见图 1-35。

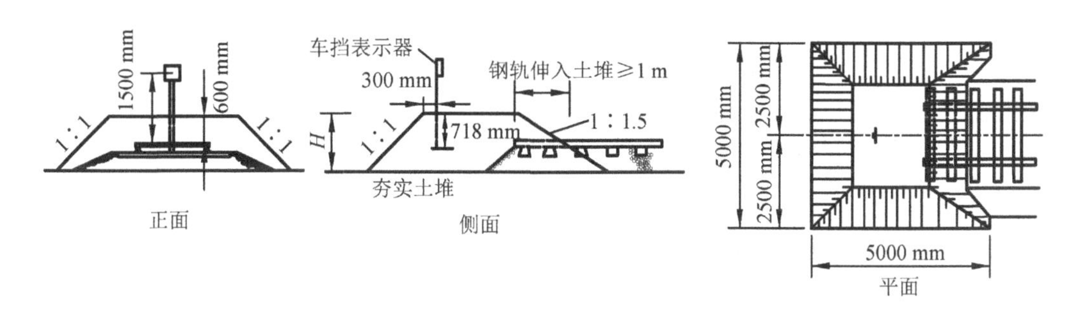

图 1-35 土堆式车挡

1.7 冶金工厂厂内铁路的轨道

冶金企业铁路具有运量大、厂区运输繁忙、车辆轴重大、灼热货物(如铁水、铁块、钢锭、炉渣等)运输多和小半径曲线多等特点。随着我国铁路运输事业的快速发展，为了与国家铁路网划分的Ⅰ、Ⅱ、Ⅲ、Ⅳ级铁路相统一，将原铁路网中的Ⅲ级铁路、地方铁路、工业企业铁路统一划分为Ⅲ、Ⅳ级铁路。

Ⅲ、Ⅳ级铁路等级的划分按《Ⅲ、Ⅳ级铁路设计规范》(GB50012—2012)的规定如下:

(1)为某一地区或企业服务的铁路,近期年客货运量小于10 Mt且大于或等于5 Mt者,应为Ⅲ级铁路;

(2)为某一地区或企业服务的铁路,近期年客货运量小于5 Mt者,应为Ⅵ级铁路;

(3)近期年货运量大于或等于10 Mt,服务于地区或企业的铁路,可根据其性质和作用按相应标准设计。

年客货运量应为重车方向的货运量与由客车对数折算的货运量之和。1对/天旅客列车应按1.0 Mt年货运量折算。

Ⅲ、Ⅳ级铁路应与Ⅰ、Ⅱ级铁路网接轨,并应形成国家统一的客货共线铁路网。

铁路设计行车速度应根据运输需求、铁路等级、地形条件、远期发展等因素综合确定。旅客列车设计行车速度,Ⅲ级铁路应按120 km/h、100 km/h、80 km/h、60 km/h划分选用,Ⅳ级铁路应按100 km/h、80 km/h、60 km/h、40 km/h划分选用;Ⅲ、Ⅳ级铁路(含货运专线)货物列车设计行车速度,应等于或小于80 km/h。

客货共线Ⅲ、Ⅳ级铁路正线轨道类型如表1-14所示。

表1-14 正线轨道类型

<table>
<tr><td rowspan="3">选用条件</td><td colspan="3" rowspan="2">项目</td><td rowspan="2">次重型</td><td rowspan="2">中型</td><td colspan="2">轻型</td></tr>
<tr><td>A</td><td>B</td></tr>
<tr><td colspan="3">年通过总质量/Mt</td><td>＞15</td><td>15～8</td><td>8～4</td><td>＜4</td></tr>
<tr><td rowspan="5">轨道结构</td><td colspan="3">钢轨/(kg·m^{-1})</td><td>50</td><td>50</td><td>50</td><td>50</td></tr>
<tr><td colspan="3">混凝土轨枕数量/(根·km^{-1})</td><td>1667或1760</td><td>1600或1680</td><td>1520或1600</td><td>1440或1520</td></tr>
<tr><td rowspan="3">道床厚度/cm</td><td rowspan="2">土质路基双层道砟</td><td>表层道砟</td><td>25</td><td>20</td><td>20</td><td>15</td></tr>
<tr><td>底层道砟</td><td>20</td><td>20</td><td>15</td><td>15</td></tr>
<tr><td colspan="2">土质路基单层道砟</td><td>30</td><td>25</td><td>25</td><td>25</td></tr>
</table>

注:计算年通过总质量应包括净载、机车和车辆的质量,并计入旅客列车的质量,单线按往复总质量计算,双线按每一条线的通过总质量计算。

Ⅲ、Ⅳ级铁路站线轨道类型应根据用途并配合正线标准按表1-15选用。

钢轨类型主要按轴重和行车速度来决定。厂内运输作业行车速度一般较低,但由于厂内铁路经常遭受砸撞、烧烫、水泡、土埋以及车体遗漏矿粉、废土等影响,道床不易保持整洁,加之排水不良等因素的影响,降低了轨道的强度。厂内铁路小半径曲线多,初始应力大,在列车运行时,小半径曲线的钢轨内应力较直线地段大很多,钢轨易磨耗。由于厂内铁路基本上都是使用质量较差的工业轨,因此,按不同铁路等级对钢轨类型做了相应的规定。

特重线的轨道类型,是根据多年来的实际情况而规定的。当前,已有不少钢铁厂的铁水、渣罐、铸锭等冶金车辆的轴重在25 t以上,宝钢350 t宽幅铸锭车轴重为46 t,冲击轴重高达65 t。行驶这种特重车辆的线路,自1969年起,部分企业采用50 kg/m钢轨,结合国内钢轨生产情况,宝钢采用了60 kg/m钢轨。由于这些线路直接关系着钢铁生产,一旦发生事故(如钢轨折断),其后果很严重。因此,对特重线的轨道类型,规定采用 50 kg/m 及以上的钢轨,并应校核轨道各组成部分的应力。

表 1-15 站线轨道类型

<table>
<tr><td colspan="5" rowspan="2">线别</td><td colspan="2">到发线</td><td rowspan="2">驼峰溜放部分线路</td><td rowspan="2">其他站线</td><td rowspan="2">次要站线</td></tr>
<tr><td>Ⅲ级</td><td>Ⅳ级</td></tr>
<tr><td colspan="5">钢轨/(kg·m^{-1})</td><td colspan="5">50</td></tr>
<tr><td rowspan="6">轨道</td><td rowspan="2">轨枕/(根·km^{-1})</td><td colspan="3">混凝土枕</td><td>1520</td><td>1440</td><td>1520</td><td>1440</td><td>1440</td></tr>
<tr><td colspan="3">木枕</td><td>1600</td><td>1520</td><td>1600</td><td>1440</td><td>1440</td></tr>
<tr><td rowspan="4">道床厚度/cm</td><td rowspan="3">土质路基</td><td colspan="2">单层道砟</td><td>30</td><td>25</td><td>35</td><td>25</td><td>20</td></tr>
<tr><td rowspan="2">双层</td><td>表层道砟</td><td>20</td><td>15</td><td>20</td><td>—</td><td>—</td></tr>
<tr><td>底层道砟</td><td>15</td><td>15</td><td>20</td><td>—</td><td>—</td></tr>
<tr><td colspan="3">硬质岩石路基、级配碎石或级配砂砾石基床单层道砟</td><td>25</td><td>20</td><td>30</td><td>20</td><td>20</td></tr>
</table>

注:(1)表中铁路等级指正线选用的轨道类型所属的等级标准。

(2)站线可采用单层道床。在路基土质不良地段或多雨地区的到发线,宜采用双层道床。

(3)Ⅳ级铁路轨道的调车线、牵出线、机车走行线的轨枕,如行驶轴重为 16 t 以下的机车时,除木枕轨道仍采用 1440 根/km 外,均可采用 1360 根/km 混凝土枕。

(4)位于到发场内的机车走行线轨道类型,应采用相应铁路等级轨道到发线的标准;机务段或整备场内的机车走行线可采用其他站线的轨道类型。

(5)驼峰推送线在经常有摘钩作业一侧的道床宽度应为 2 m,另一侧应为 1.5 m。

(6)其他站线指调车线、牵出线、机车走行线及站内联络线,次要站线指除到发线及其他站线外的站线。

移动线路的钢轨类型及轨枕根数的规定可参照Ⅰ级铁路标准。这是因为移动线路没有条件按固定线路的要求铺设道床,轨下基础的弹性差。在翻卸车时,对钢轨产生的偏侧荷载和冲击力较大,移动频繁,稳定性差。这就要依靠采用重轨和适当增加轨枕来保持轨道的强度,以保证行车的安全。

在半径为 300 m 以下的曲线上不铺设混凝土轨枕。实践证明,多数冶金企业厂内铁路在半径为 300 m 以下的曲线上铺设混凝土轨枕后,其使用效果不良,普遍产生挤坏挡肩和铁座、轨距不易保持等现象。但为了尽可能扩大其使用范围,对正线、联络线以外速度较低的其他线,则规定在半径为 200 m 以下的曲线上不铺设混凝土轨枕。必须使用时,可特殊设计。对于易砸、烧的地段也规定不铺设混凝土轨枕。这是由于收不到节省轨枕的经济效果,而且在被砸、烧后,给修复线路带来了困难。

为了延长木枕寿命,规定木枕须经注油防腐处理后才能铺设。由于油枕易燃,因此规定除易燃、易损的线路外,不得铺设素枕。

道床材料的选择与道床质量的关系很大。对同一种材料来说,如级配不同,其稳定性也不同。因此,采用的道床材料和级配,必须符合技术标准。矿渣是冶金企业的副产品,应综合利用,变废为宝,就地取材,在符合道砟技术标准的条件下,尽量地使用冶金矿渣。

为了有利于排水，避免发生路基翻浆冒泥等病害，规定在多雨地区及土质不良地段，要尽量采用双层道床。

冶金企业铁路有些特殊地段的线路易受外来的损害。例如：脱模车间的轨道经常受到钢锭的砸撞；铁水线和铸锭线经常遭受铁水、钢锭的烧烫；水渣线和铸铁线则长期被水浸泡，造成路基松软。这都严重影响线路的完好状态，甚至威胁行车安全。对于这些特殊线路，在新建或技术改造时，应根据其特点，研究、采用相适应的防砸、防烧、防泡等新型轨道或防护装置。例如，对长期受水浸泡的线路采用整体道床；对脱模等易受砸、受撞的线路采用整铸轨道等。此外，有些线路还可铺设轨枕板等各种板式轨道。

总之，应使铁路线路保持完好的状态，使列车能安全、平稳和不间断地运行，从而保证工业企业特别是冶金企业的生产顺利进行。

第 2 章　轨道构造

上一章分别讨论了铁路轨道的各个组成部分，现在来说明它们构成轨道时的技术要求。由于铁路轨道直接支持机车车辆并引导其前进，机车车辆的车轮直接与钢轨接触，因此铁路轨道的许多标准和尺寸，是根据机车车辆的有关尺寸和性能确定的，它们之间有密切的关系。

2.1　机车车辆轮对的构造特点

机车是牵引车辆的动力来源，按其原动力可分为蒸汽机车、内燃机车、燃气轮机车和电力机车。以车轴数量和排列形式表示的，称为轴列式机车。通常，蒸汽机车以三个数字分别表示其导轮、动轮和从轮的对数，如 1－5－1 或 2－3－1 等。内燃机车和电力机车的轴列式系以3_0-3_0（或 C_0－C_0）表示内燃机车或电力机车的前后两台转向架上各有三对由牵引电动机驱动的动轮。

车辆是运载客货的工具，按其轴数可分为二轴、四轴、六轴及多轴车。车辆是由车体、转向架、车钩及缓冲装置、制动装置等四部分组成，与机车一样都是依其走行部分在轨道上运行，而走行部分的基本部件为轮对。轮对由一根车轴和固定在车轴上的两个车轮组成，如图 2－1 所示。轮轴被水压机以强大压力压入轮心，并由轴键固定左右两轮的相互位置。由于车轮被压装在轮轴上，所以仅能随车轴一起转动。车轮由轮心及轮箍组成，轮箍用热套法安装在轮心上。

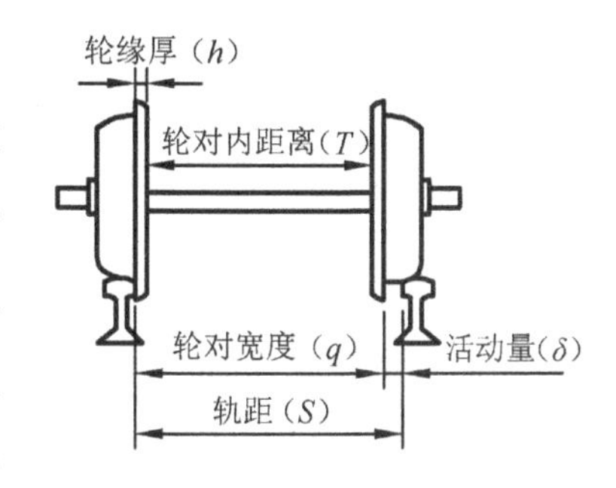

图 2－1　轮对和钢轨的相对关系

轮箍和钢轨接触的面称为车轮踏面，内燃机车和电力机车动轮的踏面外形和尺寸如图 2－2 所示。

踏面外形为圆锥体，其锥度分为 1∶20 和 1∶10 两段。1∶20 的一段是经常和钢轨顶面接触的部分，1∶10 的一段，仅在小半径曲线上才与钢轨顶面接触。最外侧的圆弧部分在车轮顺着轨尖方向运行时，能沿基本轨滚动而顺利地通过道岔。

车轮踏面的主要部分做成锥度 1∶20 的圆锥面，比圆柱形踏面有以下优点：(1)可减少横向水平力对车轮的影响，增加车辆行驶的平稳性；(2)当车辆行驶在直线轨道上，如车辆中线偏离轨道中线时，由于左右两轮的滚动半径不同，能较快地返回轨道中线的位置上；(3)车轮的锥形踏面，在略被磨耗时，仍可使车轮平稳地通过道岔，不致发生剧烈震动；(4)当一轮对经行曲线时，由于外轨曲线的半径大于内轨曲线的半径，沿外轨滚动的车轮所经的距离应当大于沿内轨滚动的车轮所经的距离，但因两个车轮是压装在车轴上的，必须完成相同次数的转动。故如车轮踏面成圆柱形，则两轮所经距离长短之差，要完全以两轮的滑行取得平衡。如车轮踏面成圆锥形，则由于沿外轨滚动的车轮的轮缘贴靠于外轨，外轮的滚动比内轮所经的距离略长，可以减小些车轮的滑动。车轮踏面为圆锥形也有一些缺点，它将使机车车辆车轮产生蛇行运动，

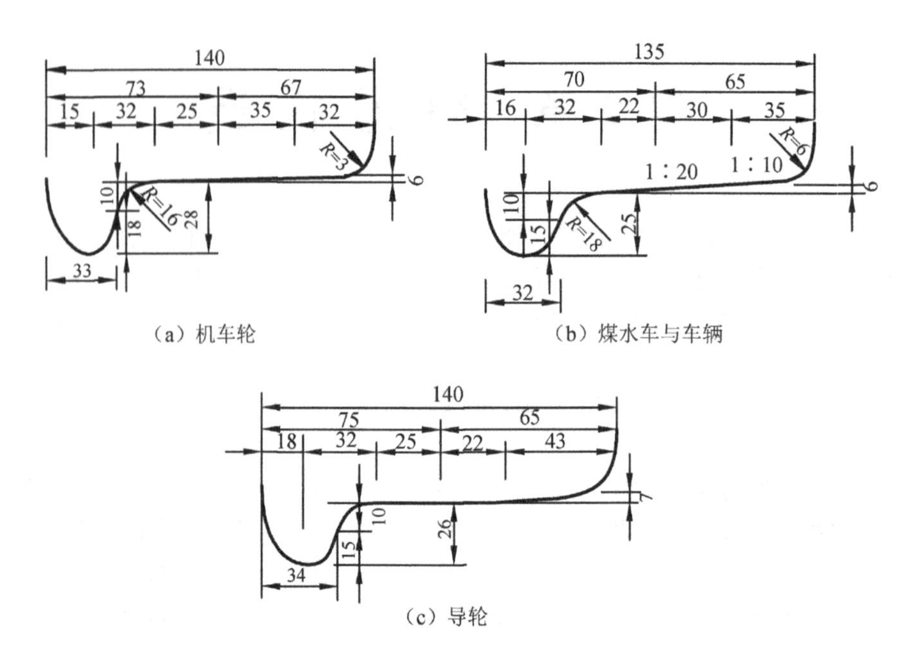

（a）机车轮　　（b）煤水车与车辆

（c）导轮

图 2－2　轮踏面

（注：图中长度单位为 mm）

也是车轮滑动的原因之一。另外钢轨不能竖直放置，须有一定的轨底坡，使扣件结构大大地复杂化并提高了线路经常维修的费用。但是它能保证车轮的平稳运行，其重要性远远超过了上述缺点。

近年来，我国和世界上一些国家，正在研究和试验把车轮踏面改成曲线型踏面，亦称为磨耗形踏面，即与钢轨顶面形状基本吻合的曲线形状，使其具有磨耗小、轮轨接触应力小，以及通过曲线时转向性能得以改善等优点。

为防止车轮滚动时脱轨，在踏面内侧制有凸缘，称为轮缘。在距轮缘顶点 18 mm（机车车轮）或 15 mm（车辆车轮）处量测轮缘厚度。但为了改善机车通过曲线的条件，有些机车的主动轮的轮缘较薄，也有些机车的主动轮没有轮缘。

轮缘左侧竖直的一面，称为车轮内侧面，踏面锥度（1∶10）终端的竖直面，称为车轮外侧面，两侧面之间的距离，称为车轮宽度或轮辐宽。

轮对两车轮内侧面之间的距离，称为轮对内距或轮背内侧距，以 T 表示，如图 2－1 所示。轮对内距加上两个轮缘厚度之和，称为轮对宽度，以 q 表示。即：

$$q=T+2h \tag{2-1}$$

式中：q 为轮对宽度（mm）；T 为轮对内距（mm）；h 为轮缘厚度（mm）。其主要尺寸如表 2－1 所示。

内燃机车、电力机车及车辆的轴箱，装在两轮外侧轴颈上，车轴受荷载后向上挠曲，轮对宽度因而略有减小。其增加或减小值，随轴箱的位置及荷载的大小而异，一般取 $\varepsilon=\pm 2$ mm。

表 2-1　轮对宽度表

车轮名称	轮对宽度 q/mm		
	最大	正常	最小
机车轮	1422	1419	1396
车辆钢轮	1424	1421	1394
车辆冷铸铁轮	1426	1425	1393

轮对安装在机车车辆的车架上，无论在直线或曲线上转动时，车轴之间始终保持互相平行。这固定在同一车架上始终保持平行的最小车轴间的距离，称为固定轴距或刚距，如图 2-3(a)所示。

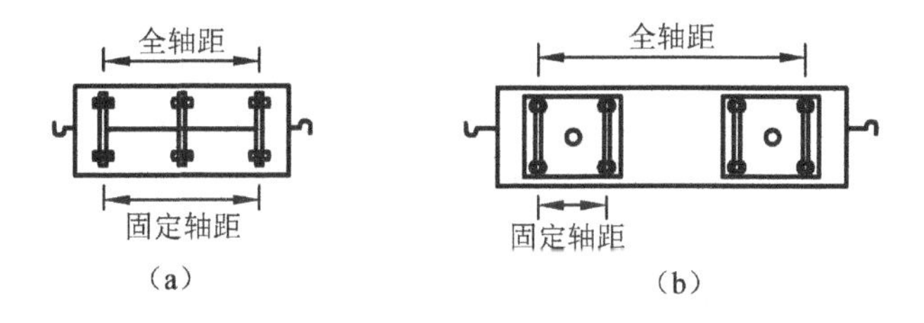

图 2-3　固定轴距

当固定轴距较大的车辆要顺利地通过半径较小的曲线时，要么把曲线的轨距相应地加宽，要么把原有车辆的固定轴距适当地缩短。为了改善车辆通过曲线的条件，车轴不固定在车架上，而固定在转向架上，并用中心销将转向架同车架相连，如图 2-3(b)所示的四轴车，共用了两台转向架。这样，既使固定轴距大为缩短，又使两转向架在平面上可互不关联地各自改变方向。由于蒸汽机车的几个动轮轴系安装在同一车架上，故它的固定轴距远较车辆的大，因此，蒸汽机车的固定轴距就成为确定可能通过最小半径的曲线和计算曲线轨距加宽的主要依据。

2.2　直线线路的轨道构造

直线线路轨道的技术标准主要反映在轨距、水平及轨底坡上。

2.2.1　轨距

轨距是两股钢轨顶面下 10～16 mm 内作用边之间的最小距离。我国铁路直线轨距为 1435 mm，称为标准轨距。

目前，全世界将近有三十多种不同的轨距，其中比较普遍的有以下几种：600 mm、750 mm、762 mm、891 mm、900 mm、1000 mm、1050 mm、1067 mm、1372 mm、1435 mm、1500 mm、1524 mm、1600 mm 和 1676 mm。马来西亚、缅甸、泰国、越南和中国云南部分地区采用 1000 mm轨距；日本大部分地区、菲律宾、南非和中国台湾与海南岛部分地区采用 1067 mm 轨距；中国其他地区、朝鲜、欧洲各国、美国、墨西哥和埃及采用 1435 mm 轨距；澳大利亚和巴西采用 1600 mm 轨距。大于 1435 mm 的轨距称为宽轨距，小于 1435 mm 的轨距称为窄轨距，两者各占世界铁路总数的 20%，而标准轨铁路占 60%。轨距如有误差，其最大容许误差不得大于表 2-2规定。轨距的递变率不得大于 2‰。因在短距离内如有显著变化，即使不超过轨距的容许误差，也会加剧列车的摇摆并增大轮轨间的磨耗。所以，限制轨距变化率，对保证行车平稳，保持轨道方向良好是非常重要的。

表 2-2 轨距的最大容许误差

线路类别 正线、联络线及桥梁上线路	轨距的最大容许误差/mm	
	有砟轨道	无砟轨道
$v \leqslant 120$ km/h	+6，-2	+3，-2
120 km/h $< v \leqslant$ 160 km/h	+4，-2	±2

为使列车在轨道上顺利运行，轨道都应略大于轮对宽度，两者间留有的空隙，称为活动量或游间，以 δ 表示，如图 2-4 所示。

游间过小，轮对易被两股钢轨楔住，增加行车阻力和轮轨间的磨耗。但也不能过大，以免列车运行时产生剧烈的摇晃，影响行车的平稳性和稳固性。

轨距、轮对宽度和游间三者的关系为

$$S = q + \delta \tag{2-2}$$

式中的符号意义同前。

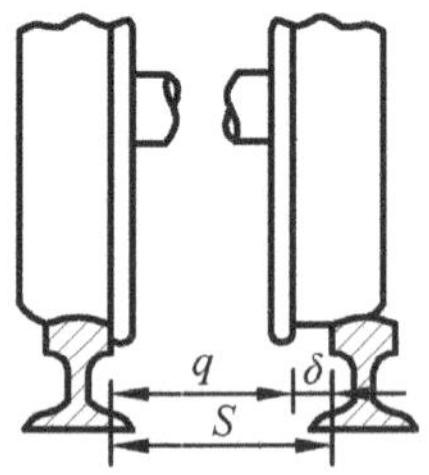

图 2-4 游间示意图

游间的最大值和最小值分别为

$$\delta_{\max} = S_{\max} - q_{\min}$$

$$\delta_{\min} = S_{\min} - q_{\max}$$

直线轨道的最大、最小和正常的游间数值如表 2-3 所示。

表 2-3 轮轨游间表

车轮名称	轮轨游间值 δ/mm		
	最大	正常	最小
机车轮	45	16	11
车辆轮	47	14	9

必须指出，表 2-3 中所列游间值，没有考虑车轴挠曲后对轮对宽度的影响以及轨道的弹性展宽。因此，世界各国在高速铁路上，已把轨距宽度适当减少 2～6 mm，以使行车平稳和轨道稳固。

2.2.2 水平

为了保证行车平稳，并使两股钢轨受力均匀，直线轨道两股钢轨顶面应保持同一水平，如有误差，不大于表 2-4 规定值。同时两轨顶面的水平变化不应太急，在 1 m 的距离内，这个变化不可超过 3 mm(即变化率 3‰)，否则，即使两股钢轨在横向的水平不超过容许误差，但在纵向却将引起车体的剧烈振动。

表 2－4　轨顶水平的最大容许误差

线路类别	最大容许误差/mm	在 18 m 范围内最大容许三角坑/mm	每米最大容许变化值/mm
正线、联络线及桥梁上线路	6	8	3
其他线路	8	10	3
移动线路	15	15	5

有两种性质不同，对行车的危害程度也不相同的钢轨水平误差；第一种是在一段相当长的距离内，一股钢轨始终保持较另一股钢轨为高的水平差；第二种如图2－5 所示的三角坑，即在一段不很长的距离内，先是左股钢轨较右股高，后是右股钢轨较左股高，且这两个最大水平误差点之间的距离，在车辆最大轴距 18 m 的范围内。前者只是引起列车摇晃和两股钢轨的受力及磨耗不均，但在延长不足 18 m 的距离内出现水平差超过规定值的三角坑，必然会使车辆两转向架最前和最后的四个车轮中，有三个正常压紧钢轨而另一个悬空。这时如在该悬空的车轮上出现强大的横向力，就有可能使它只以其轮缘贴紧钢轨，在最不利的情况下甚至爬上钢轨，造成脱轨事故。因此，三角坑一经发现，就应立即消除。

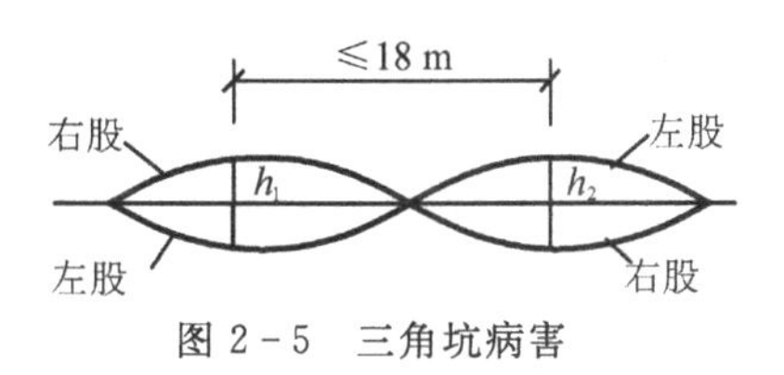

图 2－5　三角坑病害

客货共线铁路、重载铁路正线有砟轨道线路静态平顺度应符合表 2－5 的规定。

表 2－5　客货共线铁路、重载铁路正线有砟轨道线路静态平顺度

序号	项目		容许偏差		
			160 km/h<v≤200 km/h	120 km/h<v≤160 km/h	v≤120 km/h
1	轨距	相对于标准轨距	±2 mm	+4 mm −2 mm	+6 mm −2 mm
2	轨向	弦长 10 m	3 mm	4 mm	4 mm
3	高低	弦长 10 m	3 mm	4 mm	4 mm
4	水平		3 mm	4 mm	4 mm
5	扭曲	基线长 6.25 m	3 mm	4 mm	4 mm

注.(1)轨距偏差不含曲线上按规定设置的轨距加宽值。
(2)轨向偏差不含曲线。
(3)水平偏差不含曲线、缓和曲线上的超高值。
(4)扭曲偏差不含缓和曲线上由于超高顺坡造成的扭曲量。
(5)设计时速 200 km/h 及以上线路正线道岔轨距变化率容许偏差为 1/1500。

客货共线铁路、重载铁路正线有砟轨道道岔静态平顺度应符合表 2－6 的规定。

表 2-6 客货共线铁路、重载铁路正线有砟轨道道岔静态平顺度

序号	项目		容许偏差		
			160 km/h<v ≤200 km/h	120 km/h<v ≤160 km/h	v≤120 km/h
1	轨距	尖轨尖端	±1 mm	±1 mm	±1 mm
		其他	±2 mm	+3 mm −2 mm	+3 mm −2 mm
2	轨向	直线(弦长 10 m)	3 mm	4 mm	4 mm
		支距	2 mm	2 mm	2 mm
3	高低	弦长 10 m	3 mm	4 mm	4 mm
4	水平		3 mm	4 mm	4 mm
5	扭曲	基线长 6.25 m	3 mm	4 mm	4 mm

注:设计时速 200 km/h 线路正线道岔轨距变化率容许偏差为 1/1500。

2.2.3 轨底坡

由于车轮踏面的主要部分为锥度 1∶20 的圆锥面,故在直线上的钢轨不应竖直铺设,而要适当地向道心倾斜,这种倾斜坡度称为轨底坡。如果钢轨竖直铺设,车轮的压力将离开钢轨的中线而偏于道心一侧,且微向外斜,从而导致钢轨磨耗不匀,腰部弯曲,轨头与轨腰连接处发生纵裂、甚至折损。

设置轨底坡后,不但可使车轮压力更集中于钢轨的中轴线,减少荷载的偏心距,降低轨腰应力,而且还可减小轨头由于接触应力而产生的塑性变形,因为在轨头中部塑性变形的积累远较两侧缓慢。

我国铁路部门根据运营实践,规定轨底坡为 1∶40。这是因为,在机车车辆的动力作用下,轨道被弹性挤开,轨枕产生挠曲和弹性压缩,加上垫板与轨枕不密贴,道钉的扣压力不足等因素的影响,使车轮踏面经过一段时期的运行后,原来 1∶20 的锥度也被磨耗接近1∶40,故将直线轨道的轨底坡标准定为 1∶40,如图 2-6 所示。

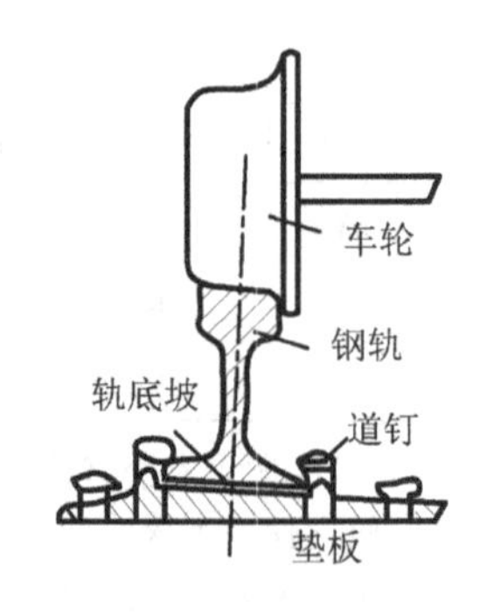

图 2-6 轨底坡

轨底坡是否正确,可从钢轨顶面的光带位置判断,光带如偏向内侧,则说明轨底坡不足;反之,则说明轨底坡过大。在任何情况下,轨底坡的容许误差,不应大于 1∶12 或小于 1∶60,否则,都会使轨头偏磨,故应及时进行调整。

轨道为木枕的轨底坡系用带倾斜度的铁垫板做成。混凝土枕的轨底坡,一般在灌注混凝土枕时直接做在承轨台上。

在曲线地段,内股钢轨的轨底坡,由于轨枕随外轨超高而抬高,所以有时需要根据外轨的超高度,通过垫楔形木垫板或砍削枕木作相应的调整,以保证内轨不至向轨道外方倾斜。

为了使道岔结构简单和减少零件种类,道岔钢轨一般不设轨底坡。

2.3 曲线轨距加宽

2.3.1 曲线线路轨道结构的特点

在工业企业铁路专用线上，曲线轨道占有很大比重，特别是在山区铁路中所占比重更大。在工厂内部，由于工厂占地范围一定，各车间组成一定，线路中曲线地段数目较多，特别是曲线半径往往小于200 m。曲线又是轨道薄弱环节之一，因此，研究曲线轨道特点及其养护维修方法，对保证列车安全、平稳和不间断地运行，满足工厂内生产运输的需要，具有特别重要的意义。

铁路曲线一般由圆曲线和缓和曲线组成，如图2-7所示。

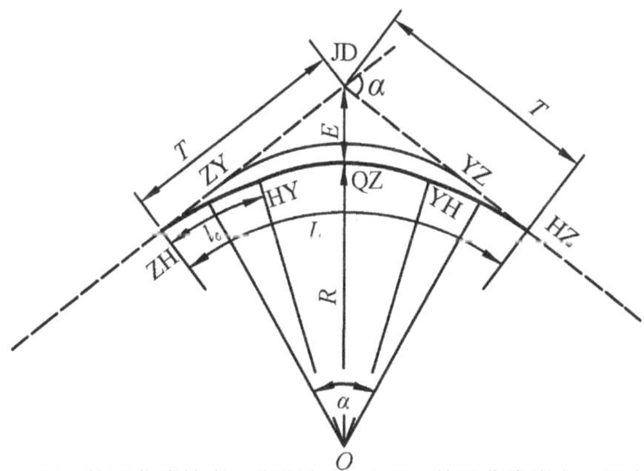

ZY—单圆曲线始点（直圆点）；YZ—单圆曲线终点（圆直点）；
ZH—缓和曲线始点（直缓点）；HZ—缓和曲线终点（缓直点）；
HY—缓和曲线接圆曲线之交点（缓圆点）；
YH—圆曲线接缓和曲线之交点（圆缓点）；
QZ—整个曲线的中央点（曲中点）；JD—交点；
α—偏角；T—切线长；L—曲线长；E—外矢距；l_0—缓和曲线长；
R—圆曲线半径。

图2-7 曲线各要素

列车进入曲线要产生离心力，轮轨关系发生变化，加重了对线路的破坏。为此，曲线轨道结构要比直线轨道结构复杂，有下列几个特点：

(1)在小半径的曲线上，轨距要稍比直线地段加宽，以便有较大固定轴距的机车车辆能顺利地通过曲线，不致在曲线内楔住；

(2)曲线外轨应设置超高度，以平衡列车行驶于曲线上所产生的离心力，使内外轨受力均匀，减轻对外轨的磨耗，并保证旅客舒适；

(3)在直线与圆曲线之间设置缓和曲线，使列车进入或驶出曲线时能以平稳状态运行，不致发生突然出现的横向冲击力；

(4)在曲线内轨上铺设缩短轨，以便钢轨接头按对接方式布置；

(5)在曲线上的建筑接近限界，须进行适当加宽，以使列车安全运行。

2.3.2 曲线轨距加宽计算

1. 轮轨内接条件

列车运行时，机车车辆固定轴距间车轮互相不能转动与错动，始终以一矩形刚体前进，这样，当机车车辆运行在曲线中时，固定轴距间车轮轮缘的连线与钢轨轨线之间就形成一矢距 f，如图 2-8 所示。曲线半径越小，固定轴距越大，矢距 f 也越大。当 f 较大时，若曲线轨距仍与直线轨距一样，不予加宽，车轮就不能顺利通过曲线，增加轮、轨磨耗，严重时甚至有楔住车轮的危险。所以，曲线半径小于一定的数值时，其轨距应予以加宽。

曲线轨距加宽多少，除与曲线半径、机车车辆固定轴距、车轴有无横动量和车轮有无轮缘等有关外，还与机车车辆通过曲线时的内接形式（车架或转向架与轨道的相对位置）有关。轮轨的内接按形成的力学性质不同，分为动力内接和静力内接。

动力内接也称为力学内接。它是当机车车辆行经曲线时，由于各种横向力的作用所形成的轮轨几何关系，如图 2-9 所示（实线）。动力自由内接时转向架的旋转中心 C 的几何位置，随横向作用力的不同而沿转向架中线移动，当 C 点处于固定轴距中点时，四个车轮都紧靠钢轨，成为内接的极限状态，称为动力强制内接，也称楔形内接，如图 2-9 所示（虚线）。

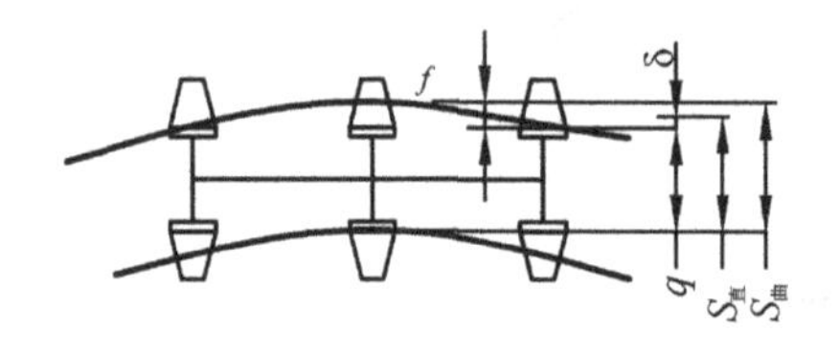

图 2-8 矢距示意图

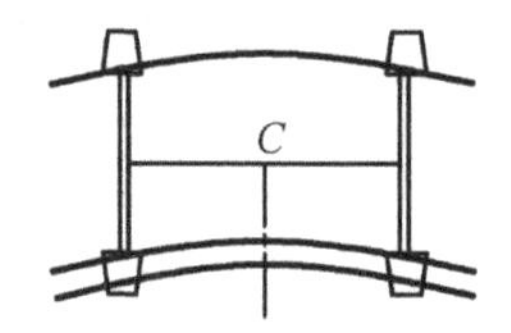

图 2-9 动力内接

静力内接也称几何内接。它是当机车车辆进入曲线，由于钢轨的导向作用所形成的轮轨间的几何关系。转向架前轴外轮导向，后轴处于曲线半径方向，且内轮轮缘紧靠内轨时的几何位置，如图 2-10 所示，称为自由内接。

如果轨距不够大，则内轨将会挤压后轴的内轮，把后轴推向外侧，使转向架一面前进，一面由于钢轨的强制导向作用绕着前后轴间的 C 点旋转。C 点称为旋转中心，其极限位置是固定轴距的中点，此时，转向架的四个车轮都紧靠钢轨，如图 2-11 所示，轮轨间没有活动量（游间），称为楔形内接，很显然，楔形内接需要的轨距最小，但轮轨间将有很大的相互作用力。如果轨距比楔形内接所需的轨距增大 $\delta_{min}/2$ 时，这样的内接称为静力正常强制内接，如图 2-12 所示。这时，车体的旋转中心 C 已从后轴向固定轴距中心移动。

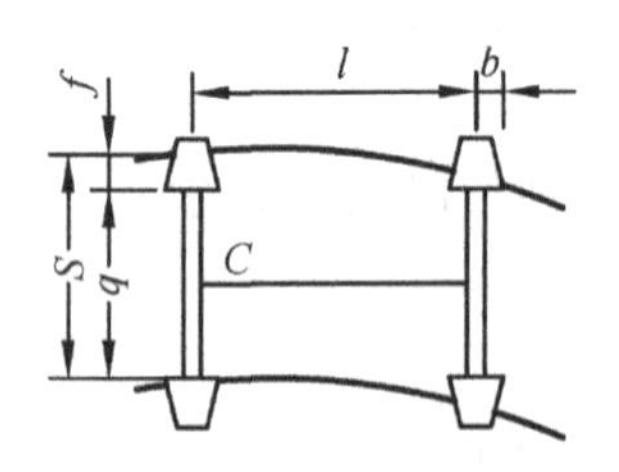

图 2-10 静力自由内接

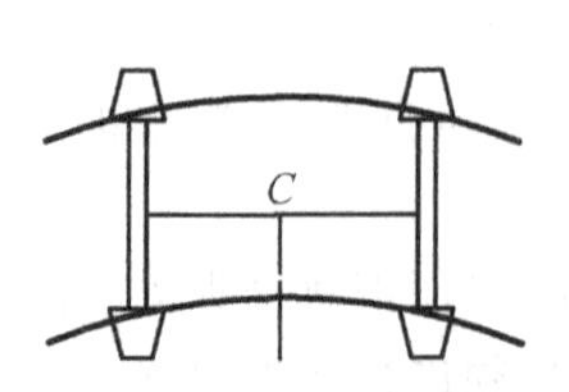

图 2-11 静力楔形内接

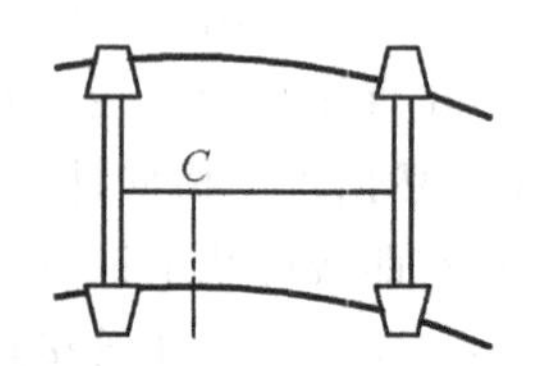

图 2-12 静力正常强制内接

楔形内接不论是静力的，还是动力的，它所形成的轮轨间几何位置都相同，因而它需要的轨距也都是最小的。动力自由内接由于考虑了横向水平力的作用，在相同条件下，它所需要的轨距与静力自由内接是不相同的，且比楔形内接都要大。

2. 曲线轨距计算

(1)以静力自由内接通过曲线的轨距情况如图 2 - 13 所示。以线路上运行最多的四轴货车的双轴转向架为例，按自由内接的特点，前轴外轮轮缘紧靠外轨，后轴位置在半径方向，内轨与后轴的内轮轮缘相切。

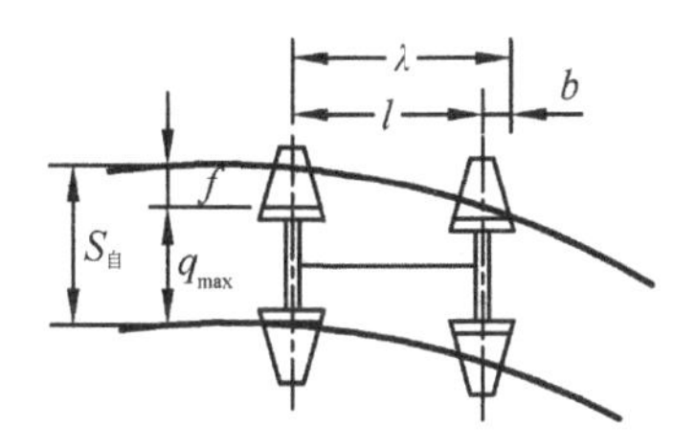

图 2 - 13 双轴转向架轮对通过曲线情况示意图

于是，自由内接的轨距

$$S_{自}=q_{max}+f+\Delta S \tag{2-3}$$

式中：q_{max}为最大轮对宽度(mm)；f 为矢距，$f=\dfrac{\lambda^2}{2R}$。其中，R 为曲线半径(m)，$\lambda=l+b$，l 为固定轴距，b 为轮缘与钢轨的接触点到轮对轴线的距离，此距离可按下式计算：

$$b=\frac{l(r+t)\tan\tau}{R}$$

式中：r 为车轮的半径(mm)；t 为轮轨接触点距轨顶距离，一般 $t=10$ mm；τ 为轮缘工作边的倾斜角，$\tau=60°\sim70°$。由于 b 与 l 相比甚小，对轨距的影响可忽略不计，所以一般计算 f 值时，按 $\lambda=l$ 进行计算。ΔS 为轨距负误差，一般为 2 mm 或 4 mm。

以 S_0表示直线轨距，则曲线轨距加宽值 e 应为

$$e=S_{自}-S_0$$

现以我国某型客车“202”型转向架为例计算如下。

设 $R=350$ m，$l=2.4$ m，$q_{max}=1424$ mm，则

$$f=\frac{l^2}{2R}=\frac{(2.4\times1000\ \text{mm})^2}{2\times(350\times1000\ \text{mm})}=8.2\ \text{mm}$$

$$S_{自}=q_{max}+f+\Delta S=1424\ \text{mm}+8.2\ \text{mm}+2\ \text{mm}=1434\ \text{mm}$$

说明，当其行驶在半径 350 m 及以上的曲线时，轨距不用加宽。

(2)以静力正常强制内接通过曲线时的轨距计算。

由于静力正常强制内接所需的轨距比静力楔形内接所需的轨距宽 $\delta_{min}/2$，所以需计算静力楔形内接所需轨距。

以四轴机车为例，如图 2 - 14 所示。机车在曲线上形成楔形内接，其第一轴和第四轴的外轮轮缘与外

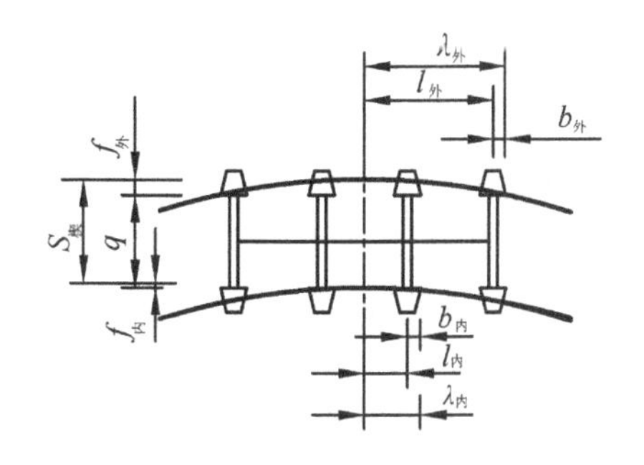

图 2 - 14 机车轮对通过曲线情况示意图

轨靠紧，第二轴和第三轴的内轮轮缘紧靠内轨，曲线半径方向在中部。已知固定轴距为L，于是楔形内接轨距按如下计算：

$$S_{楔}=q_{max}+f_{外}-f_{内}$$

式中：

$$f_{外}=\frac{\lambda_{外}^2}{2R}=\frac{(l_{外}+b_{外})^2}{2R}\approx\frac{l_{外}^2}{2R}=\frac{\left(\frac{L}{2}\right)^2}{2R}=\frac{L^2}{8R}$$

$$f_{内}=\frac{\lambda_{内}^2}{2R}=\frac{(l_{内}-b_{内})^2}{2R}\approx\frac{l_{内}^2}{2R}=\frac{\left(\frac{L}{6}\right)^2}{2R}=\frac{L^2}{72R}$$

式中：$\lambda_{外}$、$\lambda_{内}$ 为外轮或内轮与钢轨接触点到垂直纵轴的半径的距离；$l_{外}$、$l_{内}$为紧靠外轨或内轨的车轴到垂直纵轴的半径的距离；$b_{外}$、$b_{内}$为轮轨接触点与车轴中线的距离，一般忽略不计。

所以，正常强制内接所需的轨距：

$$S_{正常}=S_{楔}+\frac{\delta_{min}}{2}=q_{max}+f_{外}-f_{内}+\delta_{min}/2 \tag{2-4}$$

(3)机车通过小半径曲线的办法。

以上是一般机车车辆通过曲线时的计算轨距办法，可以看出，固定轴距越长，或曲线半径越小，则所需的轨距越宽，但轨距不能无限制的增加，于是固定轴距较长的机车就很难通过小半径曲线。为了改善机车通过曲线的条件，在构造上采取了一些措施，如使机车动轮轴有若干毫米的横动量，把中间动轮轮缘削薄，甚至把中间动轮做成无轮缘的车轮，这些措施都可改善机车运行条件，使所需的曲线轨距减小。

若车轴有横动量，则

$$S_{曲}=q_{max}+f_{外}-f_{内}+\delta_{min}/2-\sum Y \tag{2-5}$$

式中：$\sum Y$ 为内外弦线上的车轴横动量及轮缘减薄量的总和(mm)。

无轮缘的车轮，在计算曲线轨距时，可不予考虑，但需检算此轮在通过曲线时是否会掉道。

(4)曲线轨道最大允许轨距的确定。

曲线上和直线上一样，轨距如有误差，宽不过 6 mm，窄不过 2 mm。曲线的最大允许轨距为 1450 mm＋6 mm＝1456 mm，最小为 1435 mm－2 mm＝1433 mm。

轨距过宽，车轮在钢轨顶面上的掩盖宽度过小，可能发生危险，危及行车安全。例如一个最不利的轮对，在最不利的条件下通过曲线，即一个轮缘已被磨到最薄的最窄轮对，当其一侧轮缘紧贴钢轨通过曲线的情况下，要保证行车安全，使车轮不掉道的必需条件是：此轮对的另一侧车轮踏面锥度的 1∶20 与 1∶10 的变坡点，必须在钢轨头部的小圆弧内(见图 2－15)。为此，使最不利车轮不掉道的最大轨距为

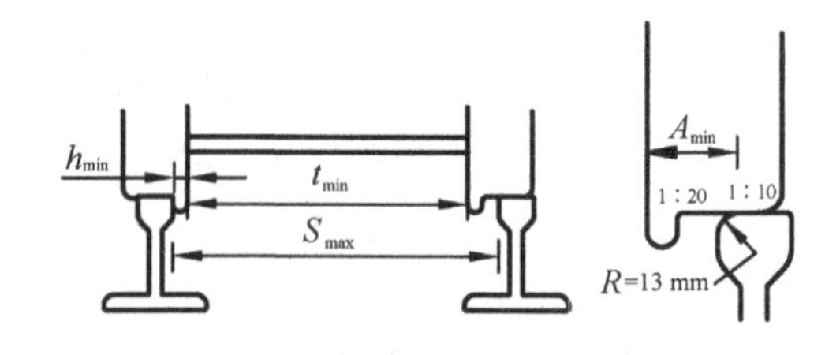

图 2－15　最大轨距

$$S_{max}=t_{min}+h_{min}+A_{min}-r \tag{2-6}$$

式中：t_{min}为车轮最小的内侧距(mm)；h_{min}为车轮最小轮缘厚度(mm)；A_{min}为车轮内侧面至 1∶20与 1∶10 变坡点的最小距离(mm)；r 为钢轨头部圆角半径。

蒸汽机车导轮是最不利车轮，其 $t_{min}=1350$ mm，$h_{min}=22$ mm，$A_{min}=97$ mm，$r=13$ mm。于是

$$S_{max}=1350\ \text{mm}+22\ \text{mm}+97\ \text{mm}-13\ \text{mm}=1456\ \text{mm}$$

3. 曲线轨距加宽标准

根据《Ⅲ、Ⅳ级铁路设计规范》，曲线轨距加宽值可参考表 2-7。

表 2-7　曲线轨距加宽值

曲线半径/m	加宽值/mm	轨距/mm
$R\geqslant350$	0	1435
$300\leqslant R<350$	5	1440
$R<300$	15	1450

曲线轨距加宽，是用移动内轨设置，一般在缓和曲线范围内完成；如未设缓和曲线时，则应在圆曲线两端的直线上完成。正线加宽的变化率应不大于 2‰，即在每米长度内变化不大于 2 mm，站线变化率不得大于 3‰。

对曲线半径较小的线路，由于轨距加宽值受最大轨距的限制而不可能再增大，为适应行驶固定轴距较大的机车车辆，防止车轮越轨和减少外轨磨耗，可在曲线内轨内侧铺设护轮轨，其护轨槽宽度一般是曲线轨距加宽值再加上 42～44 mm。

2.4　曲线外轨超高

2.4.1　外轨超高的原因

机车车辆在圆曲线上行驶时，由于惯性作用，产生离心力

$$J=\frac{mv^2}{R}=\frac{Gv^2}{gR}$$

式中：J 为离心力(N)；m 为车辆的质量，其所受重力为 G(N)；v 为车辆的运行速度(m/s)；R 为曲线半径(m)；g 为重力加速度，按 9.81 m/s^2 计算。

如果曲线上两股钢轨位于同一水平面，则当列车运行时，由于离心力的作用，将产生下列的不良后果：

(1)使外轨所受的垂直压力大，内轨所受的垂直压力小，结果使两股钢轨的垂直磨耗不均；

(2)外轨受车轮的横向挤压力，从而使轨道容易破坏；

(3)乘车旅客感觉不舒适，货物列车中的货物发生位移；

(4)由于离心力的作用，尤其当有与离心力方向相同的风力作用于车辆上时，情况更为严重，有时甚至可能使车辆脱轨或倾覆。

为此，在线路的曲线部分，要设置外轨超高，即把曲线外股钢轨抬高，使其略高于内轨，造成运行在曲线上的车体向里倾斜，用车体重力的向心分力平衡离心力，消除或减轻上述的不良后果。曲线外轨比内轨的抬高量，就是曲线外轨的超高度。

2.4.2 外轨超高的计算

我国采用的外轨超高计算公式，是在曲线内外两股钢轨承受的垂直压力相等的基础上确立的，以期内外轨的磨耗均等。

为了平衡离心力，使内外两轨所受的垂直压力相等，应把曲线外轨抬高到使车辆所受的重力 G 与离心力 J 的合力 N 正好通过线路的中心线，如图 2-16 所示。

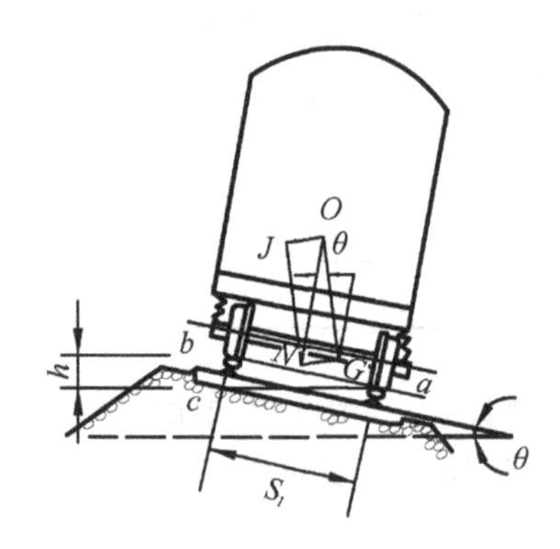

图 2-16 离心力与外轨超高的关系

于是

$$\frac{J}{G}=\tan\theta$$

由于 θ 角甚小，$\sin\theta\approx\tan\theta$，在$\triangle abc$ 中，$\sin\theta=\frac{h}{S_1}$，所以

$$\frac{J}{G}=\frac{h}{S_1}$$

$$h=\frac{S_1J}{G}=\frac{S_1Gv^2}{G\cdot gR}=\frac{S_1v^2}{gR} \tag{2-7}$$

式中：h 为曲线外轨超高度(mm)；v 为列车运行速度(km/h)；S 为曲线内外轨顶中线间距(mm)；R 为曲线半径(m)；g 为重力加速度。

把 v 的单位由 km/h 换成 m/s 时须乘以 1/3.6，并把 $S_1=1500$ mm，$g=9.81$ m/s^2 代入上式得

$$h=\frac{S_1v^2}{gR}=\frac{1500\left(\frac{1}{3.6}v\right)^2}{9.81\times R}=11.8\,\frac{v^2}{R}(\text{mm}) \tag{2-8}$$

由上式可以看出，h 与 v 关系很密切，一个超高度 h 就对应着一种速度 v。但是通过同一段曲线的列车速度是不同的，曲线上设置的超高度却不能随速度的不同而变化。为了使超高能满足所有列车作用在两股钢轨上总的作用力相等的要求，我们用一个平均速度 v_P 来求算超高度。即

$$h=11.8\,\frac{v_P^2}{R} \tag{2-9}$$

影响轮轨磨耗有两个基本因素，列车速度和列车质量。所以在计算平均速度 v_P 时，也应考虑这两种因素，一般按下式计算：

$$v_P = \sqrt{\frac{\sum NPv^2}{\sum NP}} \tag{2-10}$$

式中：v 为各列车运行速度(km/h)；P 为以速度 v 运行的列车质量(t)；N 为列车次数。

由于各次列车质量不大好统计，也可简单地把列车质量视为常数计算平均速度

$$v_P = \sqrt{\frac{\sum N v^2}{\sum N}} \tag{2-11}$$

或取平均值

$$v_P = \frac{\sum v}{N} \tag{2-12}$$

实践证明，超高度设置的是否合适，在很大程度上取决于平均速度选用的是否恰当。所以在运营线上设置超高度时，一定要先实测通过曲线的列车速度，然后算出平均速度，定出一个合理的超高度来。

在新线设计中，根据将要采用的机型及其最大行车速度，假定 $v_P = 0.8\,v_{max}$，代入前式，就得到新线超高度计算公式：

$$h = 11.8\frac{v_P^2}{R} = 11.8\frac{(0.8v_{max})^2}{R} = 7.6\frac{v_{max}^2}{R}(\mathrm{mm}) \tag{2-13}$$

2.4.3　未被平衡的超高度

列车的实际运行速度，总是或大于平均速度，或小于平均速度，外轨超高不可能与速度完全适应。因此，列车通过曲线时都会产生未被平衡的横向加速度。当列车速度大于平均速度时，则觉超高度过小，车身会向外倾，使旅客受到一种向外甩的力量和相应的离心加速度；当列车速度小于平均速度时，则觉超高过大，车身会向内倾，使旅客受到一种向内甩的力量和相应的向心加速度。这种未被平衡的离心加速度或向心加速度作用于旅客，如超过了某一定限度，就会使旅客感到疲劳和不舒适，因此，需要加以限制。

由前面的公式可知，当列车以最大速度 v_{max} 通过曲线时，它所要求的平衡超高度为 $\frac{S_1 v_{max}^2}{gR}$，而实际设置的超高度为 h，所以未被平衡的超高度(也称欠超高)为

$$\Delta h = \frac{S_1 v_{max}^2}{gR} - h$$

如以横向加速度来考虑，当列车以 v_{max} 通过曲线时的离心加速度为 $\frac{v_{max}^2}{R}$，而因外轨设有超高度 h 所产生的向心加速度为 $g \cdot \tan\theta = \frac{gh}{S_1}$，所以，由于外轨超高不足而引起的未被平衡的离心加速度为 $\alpha = \frac{v_{max}^2}{R} - \frac{gh}{S_1}$。即

$$\frac{S_1}{g}\alpha = \frac{S_1 v_{max}^2}{gR} - h$$

于是

$$\Delta h = \frac{S_1}{g}\alpha = 153\alpha \tag{2-14}$$

根据我国铁路运营经验，当 $\alpha=0.2\ m/s^2$ 时，旅客毫无感觉；当 $\alpha=0.4\ m/s^2$ 时，旅客稍有感觉；当 $\alpha=0.6\ m/s^2$ 时，旅客有较大感觉，坐着时要有意识地支持身体，在车厢中行走时必须注意扶持；当 $\alpha=0.8\ m/s^2$ 时，旅客受到很大推力，站着时无准备无依靠，就会被晃倒。所以，从保证旅客的舒适要求出发，在一般情况下，未被平衡的横向加速度 α 值应限制在 $0.4\sim0.5\ m/s^2$，特殊情况允许达到 $0.6\ m/s^2$。

与此相应的未被平衡的超高度：

一般情况：$\Delta h=153\times(0.4\sim0.5)=61.2\sim76.5$ mm；

特殊情况：$\Delta h=153\times0.6=91.8$ mm。

《Ⅲ、Ⅳ级铁路设计规范》(GB 50012—2012)规定：曲线欠超高与过超高允许值应满足表2-8的规定。

表 2-8 曲线欠超高与过超高允许值

工程难易程度	欠超高允许值 h_q/mm	过超高允许值 h_g/mm
一般	≤75	≤30
困难	≤90	≤50

注：过超高允许值不宜超过欠超高允许值，$h_q>h_g$，h_g 不宜大于 50 mm。

列车通过曲线时，由于允许有一定数量的未被平衡的离心加速度存在，即允许有未被平衡的超高度存在，因而，可用下式检算曲线允许的最高行车速度：

$$v_{max}=\sqrt{\frac{(h+h_0)R}{11.8}} \tag{2-15}$$

式中：v_{max} 为允许的最高行车速度(km/h)；R 为曲线半径(m)；h 为实设超高度(mm)；h_0 为允许最大未被平衡的超高度(mm)。

2.4.4 外轨超高的设置

外轨超高通常用加厚曲线外侧道床的办法来设置，内轨仍保持原来水平，这种办法的缺点是增加了线路纵坡度。另一种办法是将外轨抬高超高的一半，同时将内轨降低超高的一半，这样线路纵坡不变，但路基面应筑成与轨顶面平行的斜面，否则内轨下的道床厚度就不够了。这种办法一般用在整体道床的线路上。

外轨超高应在缓和曲线的范围内逐渐递增。厂内铁路行车速度较低，外轨超高较小，不设缓和曲线时，可把超高在曲线两端的直线上顺坡递增设置；也可把超高顺坡延伸到圆曲线内，但其长度不应超过顺坡全长的三分之一。

设置曲线超高度后，运行在曲线上的车辆将向里倾斜，车辆重心不通过线路中心线而向里侧偏移 b 值(偏心距 b)(见图 2-17)。显然，若超高度太大，则 b 值太大，当列车在曲线上低速运行或停车时，将会出现未被平衡的过超高，车辆就有向里倾覆的危险，所以必须限制超高度数值。

由图 2-17 可知

$$\frac{h}{S_1}\approx\frac{b}{H}$$

式中：H 为车辆重心距轨顶的高度，$H=2220$ mm；S_1 为两轨中心线间距，$S_1=1500$ mm。

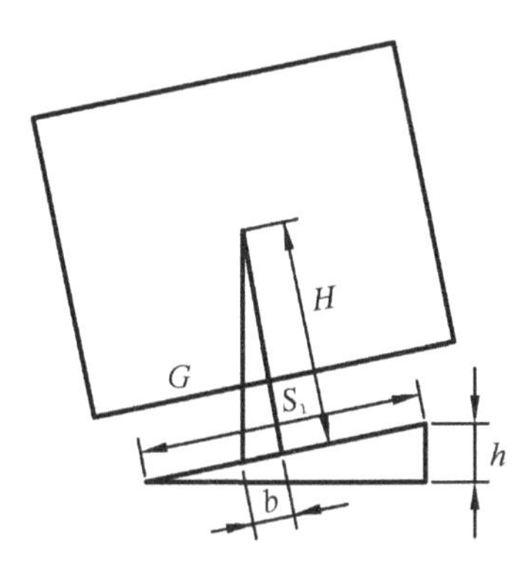

图 2-17 最大外轨超高

当 $b=S_1/2$ 时，车辆处于临界状态，稍有一点外力即可倾覆车辆。因此，必须使其有一定的安全系数，一般采用 3。这样，使列车万一在曲线上停车仍能保持稳定的 b 值应为

$$b=\frac{S_1}{2\times 3}=\frac{S_1}{6}$$

代入上式得

$$h=\frac{S_1^2}{6H}=\frac{(1500\ \text{mm})^2}{6\times 2220\ \text{mm}}=169\ \text{mm}$$

考虑到轨道不平顺等不利因素，为安全计，目前规定，超高度最大不得超过 150 mm。单线上下行车速度相差悬殊时，超高度不得超过 125 mm。

工厂的排弃渣、土等移动线路与一般行车线路不同，根据翻卸车的实际情况确定其超高度。在曲线地段，向外侧翻卸车时，外轨超高度不大于 125 mm、不小于 40 mm；向内侧翻卸车时，根据情况可设置 60 mm 以内的反超高。在直线地段翻卸车时，根据情况可将翻卸车一侧的钢轨抬高，但不得大于 80 mm。由于线路作业情况复杂，路基的坚实程度相差很大，各企业还应根据各自的实际情况妥善设置。其超高坡的超高部分，每米最大变化值不应超过 5 mm。

2.5 缓和曲线

2.5.1 缓和曲线的功用

列车运行在圆曲线时，有离心力作用在车体上，为平衡此离心力，圆曲线外轨要超高；为使列车顺利通过圆曲线，小半径曲线轨距要加宽。而在直线上，既无离心力作用在车体上，又无外轨超高与轨距加宽。如果使直线直接与圆曲线相连，当列车由直线驶入或驶离圆曲线时，就会使离心力突然产生或消失，造成列车振动、行车不稳、旅客不适，同时超高度与轨距也突然变化，车轮在联结处剧烈地冲击钢轨，加剧钢轨磨损。为此，我们在直线与圆曲线间设置一个叫做缓和曲线的过渡曲线，使离心力在缓和曲线范围内逐渐增减，轨距与外轨超高度在缓和曲线范围内均匀递变。

2.5.2 缓和曲线方程

缓和曲线要起到其应有的过渡作用，必须具有如下的特点。

(1)在缓和曲线范围内,由于离心力必须由零逐渐变化到圆曲线的离心力$\frac{Gv^2}{gR}$,同一列车通过曲线,可以认为G、g、v为常数,则要满足这一要求,必须使缓和曲线的半径由无穷大逐渐变化到R。若用ρ代表缓和曲线的变半径,则ρ应由无穷大逐渐减小到R。这就是缓和曲线应具有的第一个特点。

如图 2 - 18 所示,该缓和曲线是用来衔接半径为600 m的圆曲线。如果将这个曲线分为六个相等的段落,在 0 点半径是无穷大,第 1 点半径是 3600 m,第 2 点半径是1800 m,第 3 点半径是 1200 m,第 4 点半径是 900 m,第 5 点半径是 720 m,最后第 6 点半径是 600 m,就和圆曲线半径相同。

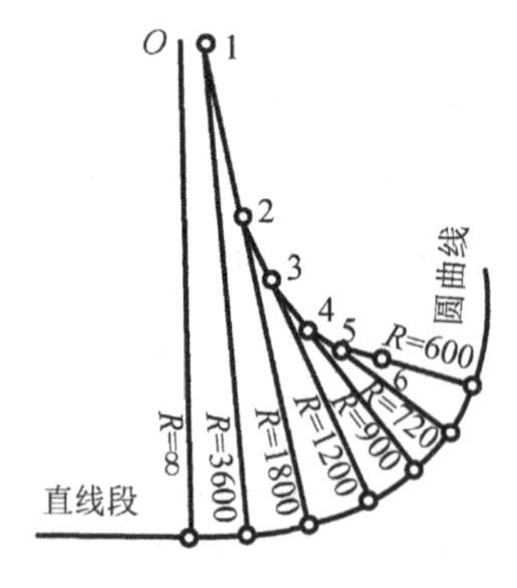

图 2 - 18 缓和曲线

(注:图中长度单位为 m)

(2)由于要求曲线超高度应在缓和曲线范围内均匀递减,则缓和曲线长度应满足如下条件:

$$l=\frac{h}{i} \tag{2-16}$$

式中:i 为超高顺坡度(‰);h 为相应的超高度(mm)。

参照超高公式 $h=\frac{S_1v^2}{g\rho}$,则 $l=\frac{S_1v^2}{g\rho i}=\frac{S_1v^2}{gi}\cdot\frac{1}{\rho}$。

由于同一列车通过同一曲线,可以认为$\frac{S_1v^2}{gi}$是常数,并令$\frac{S_1v^2}{gi}=C$,则

$$l=\frac{C}{\rho} \tag{2-17}$$

即缓和曲线长度 l 与曲率半径 ρ 成反比,这是缓和曲线的又一特点。具有这一特点的曲线为螺旋线型曲线。

图 2 - 19 为螺旋线形曲线,AB 一般因为很小,可看成一个小圆弧,其对应的中心角为 $\mathrm{d}\varphi$,A、B 点的曲率半径可认为相等,都为 ρ。

则

$$\mathrm{d}\varphi=\frac{\mathrm{d}l}{\rho}$$

因为 $\rho=\frac{C}{l}$,所以 $\mathrm{d}\varphi=\frac{l\mathrm{d}l}{C}$,则

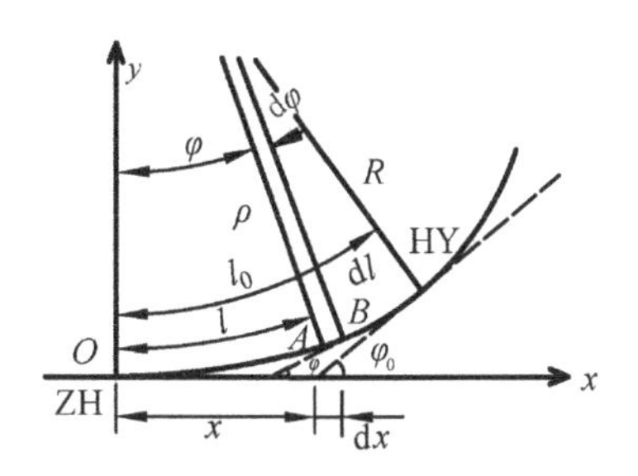

图 2-19 螺旋线形曲线

$$\varphi=\int_0^{\varphi}\mathrm{d}\varphi=\int_0^{l}\frac{l\mathrm{d}l}{C}=\frac{l^2}{2C} \tag{2-18}$$

而放射螺旋线的参数方程为

$$\begin{cases}\mathrm{d}x=\cos\varphi\cdot\mathrm{d}l\\ \mathrm{d}y=\sin\varphi\cdot\mathrm{d}l\end{cases}$$

则

$$\begin{cases}x=\int_0^{l}\cos\varphi\mathrm{d}l=\int_0^{l}\cos\frac{l^2}{2C}\mathrm{d}l\\ y=\int_0^{l}\sin\varphi\mathrm{d}l=\int_0^{l}\sin\frac{l^2}{2C}\mathrm{d}l\end{cases}$$

把 $\cos\varphi$ 与 $\sin\varphi$ 展开为幂级数,并把 $\varphi=\dfrac{l^2}{2C}$代入上式进行积分,得

$$\begin{aligned}x&=\int_0^{l}\cos\frac{l^2}{2C}\mathrm{d}l\\ &=\int_0^{l}\left(1-\left(\frac{l^2}{2C}\right)^2\frac{1}{2!}+\left(\frac{l^2}{2C}\right)^4\frac{1}{4!}-\cdots\right)\mathrm{d}l\\ &=l-\int_0^{l}\frac{l^4}{8C^2}\mathrm{d}l+\int_0^{l}\frac{l^8}{384C^4}\mathrm{d}l-\cdots\\ &=l\left(1-\frac{l^4}{40C^2}+\frac{l^8}{3456C^4}-\frac{l^{12}}{599040C^5}+\cdots\right)\\ y&=\int_0^{l}\sin\frac{l^2}{2C}\mathrm{d}l=\int_0^{l}\left[\frac{l^2}{2C}-\left(\frac{l^2}{2C}\right)^3\frac{1}{3!}+\left(\frac{l^2}{2C}\right)^5\frac{1}{5!}-\cdots\right]\mathrm{d}l\\ &=\frac{l^3}{6C}\left(1-\frac{l^4}{56C^2}+\frac{l^5}{7040C^4}-\cdots\right)\end{aligned}$$

缓和曲线应是一个具有高次方程的空间曲线。取表达式第一项

$$\begin{cases}x=l\\ y=\dfrac{l^3}{6C}\end{cases}$$

得

$$y=\frac{x^3}{6C} \tag{2-19}$$

这是三次抛物线方程,其图形见图 2-20。

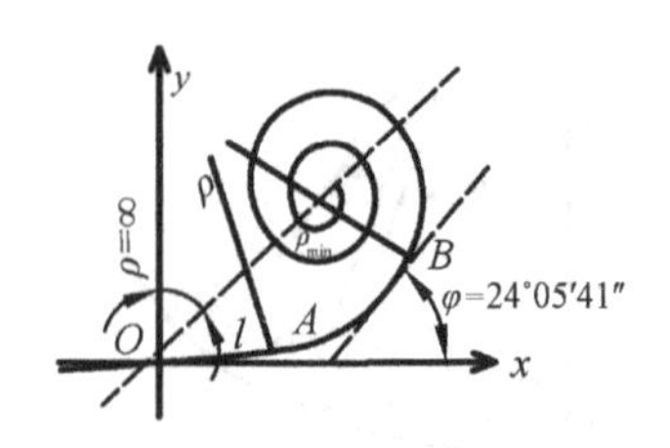

图 2-20 三次抛物线

三次抛物线的曲率半径,在坐标原点处为无穷大,以后逐渐减小,至 B 点处倾角为 $24°05'41''$,所以三次抛物线的起始部分 OB 可以用作缓和曲线。实际上用作缓和曲线的部分 OA 远较 OB 为短,这一段 OA 实际上与螺旋线相合,故三次抛物线是我们常用的缓和曲线。但当缓和曲线较长时,由于它本身的误差,会使缓和曲线终点与圆曲线相接处的平面形状变坏,而破坏曲线的圆顺性,这对于行车和轨道养护都是不利的。因此,当缓和曲线的中心角大于 10°时,采用放射螺旋线作缓和曲线为好。

在三次抛物线方程式中,C 为缓和曲线的半径变更率,用以表示半径变化的快慢。

已知 $l=\dfrac{C}{\rho}$,故 $C=\rho l$。在缓和曲线终点 $l=l_H$(缓和曲线全长),因 $\rho=R$,得 $C=Rl_H$。

由于缓和曲线的全长和圆曲线的半径都需要凑成整数,有利于测设,所以参数 C 也就调整成为一个较大的整数了。

测设曲线时所使用的铁路曲线表,就是按三次抛物线 $y=\dfrac{x^3}{6C}$计算制作的。

2.5.3 缓和曲线的长度

为了保证行车平稳和旅客舒适,减少车辆对钢轨的撞击,缓和曲线不可太短,其长度应满足下列基本要求。

(1)保证车轮轮缘不爬越内轨。

如果不考虑车辆弹簧的作用和轨道的弹性,具有最大固定轴距的车辆运行在曲线上时,所有的外轮将位于有直线顺坡的轨条上,内轮将处于平坡的内轨上,如图 2-21 所示。

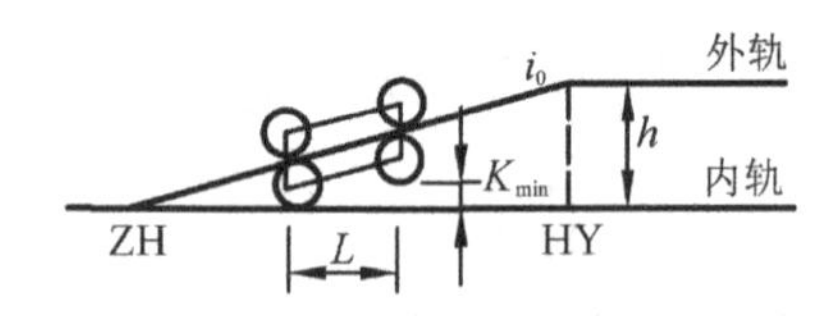

图 2-21 内轮悬空示意图

这样,车架(转向架)一端的两轮贴着钢轨顶面,另一端的两轮,在外轨的车轮沿轨顶滚,在内轨的车轮则是悬空的,它比轨顶高 A:

$$A=i\cdot L_{max}$$

式中:i 为外轨超高顺坡度(‰);L_{max}为机车车辆最大的固定轴距(mm)。

为保证行车安全,车轮的抬高值应不大于轮缘最小高度,以免车轮脱轨掉道。即

$$i\cdot L_{max}\leqslant K_{min}$$

式中:K_{min}为最小轮缘高度(mm)。

因为，$i=\frac{h}{l_H}$，所以$\frac{h}{l_H}\cdot L_{max}\leqslant K_{min}$，则

$$l_H\geqslant\frac{h\cdot L_{max}}{K_{min}}$$

令$\frac{K_{min}}{L_{max}}=i_0$，则缓和曲线长度应为

$$l_H\geqslant\frac{h}{i_0} \tag{2-20}$$

式中：h 为圆曲线上的外轨超高(mm)；l_H 为缓和曲线长度(m)。

我国机车车辆 $L_{max}=6500$ mm，$K_{min}=28$ mm，$i_0=\frac{28}{6500}=4.3‰$，为安全及旅客舒适考虑，一般规定 $i_0=1‰$，困难时也不大于 3‰。

(2)限制外轨上车轮的升高速度，保证旅客舒适。

由于缓和曲线的外轨成一直线斜坡，所以沿外轨滚动的车轮就逐渐升高，若车轮升高得太快，旅客将感到不适，所以外轨上车轮的升高速度应不超过某一规定值 f，即

$$\frac{h}{t}\leqslant f$$

因为 $t=\frac{l_H}{v_{max}}$，所以

$$l_H\geqslant\frac{hv_{max}}{f}$$

式中：h 为圆曲线外轨超高度(mm)；t 为列车通过缓和曲线的时间(s)；v_{max} 为列车运行最大速度(km/h)；l_H 为缓和曲线长度(m)；f 为允许的超高增加时变率(mm/s)，根据实验，一般规定在 28～32 mm/s 左右。

如允许值 f 定为 28 mm/s，则上式可写为

$$l_H\geqslant\frac{h\cdot\frac{1}{3.6}v_{max}}{28}\approx\frac{hv_{max}}{100}(\mathrm{m}) \tag{2-21}$$

根据上述两个条件，算出的缓和曲线长度，在应用时应选用其较长者。为了方便测设工作，缓和曲线长度要取 10 m 的整倍数。

在《铁路线路设计规范》(TB 10098—2017)中，列出了缓和曲线长度表，我们可根据曲线半径，结合行车速度和地形条件等按表中的规定来选定缓和曲线长度。高速铁路缓和曲线长度如表 2-9 所示，高速铁路限速地段缓和曲线长度如表 2-10 所示，城际铁路缓和曲线长度如表 2-11 所示，客货共线铁路、重载铁路缓和曲线长度如表 2-12 所示。

有条件时，应尽量采用较长的缓和曲线。从行车平稳考虑，测设了缓和曲线后，余下的圆曲线长度，应能摆下一节车辆，即不能小于 20 m，困难条件下不应小于 14 m，以便于轨道测设、养护和保持列车运行的平稳。

表 2-9 高速铁路缓和曲线长度

设计速度/(km·h^{-1})	超高时变率 f/(mm·s^{-1})	缓和曲线长度/m														
		曲线半径/m														
		12000	11000	10000	9000	8000	7000	6000	5500	5000	4500	4000	3500	3200	3000	2800
350	25	370	410	470	530	590	670 680 *	670 680 *	670 680 *	—	—	—	—	—	—	—
	28	330	370	420	470	530	590 610 *	590 610 *	590 610 *	—	—	—	—	—	—	—
	31	300	330	380	430	470	540 550 *	540 550 *	540 550 *	—	—	—	—	—	—	—
300	25	220	240	270	300	340	390	450	490	540	570 585 *	570 585 *	—	—	—	—
	28	200	210	240	270	300	350	410	440	480	510 520 *	510 520 *	—	—	—	—
	31	180	190	220	250	270	310	370	390	430	460 470 *	460 470 *	—	—	—	—
250	25	140	160	170	190	210	240	280	310	340	380	420	480	480	480 490 *	480 490 *
	28	130	140	150	170	190	220	250	280	300	340	380	430	430	430 440 *	430 440 *
	31	120	130	140	150	170	190	230	250	270	310	340	380	380	380 400 *	380 400 *

注：* 号标志，表示曲线设计超高为 175 mm 时的取值。

表 2-10 高速铁路限速地段缓和曲线长度

设计速度/(km·h⁻¹)	超高时变率 f/(mm·s⁻¹)	缓和曲线长度/m																																		
		曲线半径/m																																		
		12000	11000	10000	9000	8000	7000	6000	5500	5000	4500	4000	3500	3200	3000	2800	2500	2200	2000	1900	1800	1600	1500	1400	1300	1200	1100	1000	900	800	700	600	550	500	450	400
200	25	80	80	90	100	110	130	150	170	180	200	230	260	280	300	330	340	360	360	—	—	—	—	—	—	—	—	—	—	—	—	—	—	—	—	—
	31	70	70	80	80	90	100	120	140	150	160	180	210	230	250	260	270	290	290	—	—	—	—	—	—	—	—	—	—	—	—	—	—	—	—	—
160	25	50	50	50	60	60	70	70	80	90	100	120	130	140	160	160	180	200	230	240	250	270	290	290	—	—	—	—	—	—	—	—	—	—	—	—
	31	40	40	40	50	50	50	60	70	80	80	100	100	120	130	130	150	160	180	190	210	220	230	230	—	—	—	—	—	—	—	—	—	—	—	—
120	25	20	20	20	30	30	40	40	40	40	50	50	60	60	60	70	80	80	100	100	100	120	120	140	140	160	170	190	200	200	—	—	—	—	—	—
	31	20	20	20	30	30	30	30	30	40	40	40	50	50	50	60	60	70	80	80	90	100	100	110	120	130	140	160	170	170	—	—	—	—	—	—
80	25	—	—	—	—	20	20	20	20	20	20	20	20	20	30	30	30	30	40	40	40	40	50	50	50	60	60	70	80	80	100	110	110	120	130	140
	31	—	—	—	—	20	20	20	20	20	20	20	20	20	20	20	30	30	30	30	30	40	40	40	40	50	50	60	60	70	80	90	90	90	110	110

表 2-11 城际铁路缓和曲线长度

设计速度 /(km·h^{-1})	超高时变率 f /(mm·s^{-1})	缓和曲线长度/m 曲线半径/m																										
		12000	11500	11000	10500	10000	9500	9000	8500	8000	7500	7000	6500	6000	5500	5000	4500	4000	3800	3600	3500	3400	3300	3200	3100	3000	2900	2800
200	28	40	40	50	50	60	70	70	80	90	90	100	110	120	130	140	160	180	190	210	210	220	230	240	240	250	260	270
	35	40	40	40	40	50	60	60	70	80	80	80	90	100	110	120	130	150	160	170	170	180	190	200	200	200	210	220
160	28	40	40	40	40	40	40	40	40	40	50	60	60	70	80	80	80	100	100	110	110	120	120	120	120	130	140	140
	35	30	30	30	30	30	30	40	40	40	40	50	50	60	60	70	70	80	80	90	90	90	90	100	100	110	110	110
120	28	20	20	20	30	30	30	30	30	30	30	30	30	30	30	40	50	50	50	50	50	50	50	50	60	60	60	60
	35	20	20	20	20	20	20	20	20	20	30	30	30	30	30	30	40	40	40	40	40	40	40	40	50	50	50	50
100	28	20	20	20	20	20	20	20	20	20	20	20	20	20	20	20	20	30	30	30	30	30	30	30	30	40	40	40
	35	20	20	20	20	20	20	20	20	20	20	20	20	20	20	20	20	20	20	20	30	30	30	30	30	30	30	30
80	28	—	—	—	—	—	—	—	—	20	20	20	20	20	20	20	20	20	20	20	20	20	20	20	20	20	20	20
	35	—	—	—	—	—	—	—	—	20	20	20	20	20	20	20	20	20	20	20	20	20	20	20	20	20	20	20
60	28	—	—	—	—	—	—	—	—	—	—	—	—	—	—	20	20	20	20	20	20	20	20	20	20	20	20	20
	35	—	—	—	—	—	—	—	—	—	—	—	—	—	—	20	20	20	20	20	20	20	20	20	20	20	20	20

设计速度 /(km·h^{-1})	超高时变率 f /(mm·s^{-1})	缓和曲线长度/m 曲线半径/m																										
		2700	2600	2500	2400	2300	2200	2100	2000	1900	1800	1700	1600	1500	1400	1300	1200	1100	1000	900	800	750	700	600	500	450	400	300
200	28	280	290	300	300	300	300	300	300	—	—	—	—	—	—	—	—	—	—	—	—	—	—	—	—	—	—	—
	35	230	240	240	250	250	250	250	250	—	—	—	—	—	—	—	—	—	—	—	—	—	—	—	—	—	—	—
160	28	150	160	160	160	170	180	180	190	200	200	210	220	230	230	230	—	—	—	—	—	—	—	—	—	—	—	—
	35	120	130	130	130	140	140	140	150	160	160	170	180	180	180	180	—	—	—	—	—	—	—	—	—	—	—	—
120	28	60	60	70	70	80	80	80	90	90	90	100	110	110	120	130	140	150	170	170	180	—	—	—	—	—	—	—
	35	50	50	60	60	60	60	70	70	70	80	80	90	90	100	100	110	120	140	140	150	—	—	—	—	—	—	—
100	28	40	40	40	40	40	50	50	50	50	60	60	60	70	70	80	80	90	100	110	120	130	140	150	150	—	—	—
	35	30	40	40	40	40	40	40	40	40	50	50	50	60	60	60	70	80	80	90	100	110	120	120	120	—	—	—
80	28	20	20	30	30	30	30	30	30	40	40	40	40	40	40	50	50	60	60	70	80	80	90	100	100	100	100	—
	35	20	20	20	20	20	20	30	30	30	30	30	30	40	40	40	40	50	50	60	60	70	70	80	80	80	80	—
60	28	20	20	20	20	20	20	20	20	20	20	20	20	20	20	20	30	30	30	30	30	40	40	50	50	60	70	70
	35	20	20	20	20	20	20	20	20	20	20	20	20	20	20	20	20	20	20	30	30	30	30	40	40	50	50	60

注：车站两端减、加速地段或受工程条件控制的限速地段，可采用与行车速度、曲线半径相匹配的缓和曲线长度。

表 2-12 客货共线铁路、重载铁路缓和曲线长度

路段设计速度/(km·h^{-1})	工程条件	缓和曲线长度/m																						
		曲线半径/m																						
		12000	10000	8000	7000	6000	5000	4500	4000	3500	3000	2800	2500	2000	1800	1600	1400	1200	1000	800	700	600	550	500
200	一般	40	50	70	80	90	90	100	120	140	170	180	—	—	—	—	—	—	—	—	—	—	—	—
	困难	40	50	60	70	80	80	90	110	130	150	170	—	—	—	—	—	—	—	—	—	—	—	—
160	一般	40	50	60	70	70	70	70	80	90	90	100	110	140	160	170	—	—	—	—	—	—	—	—
	困难	40	40	50	50	50	60	60	70	70	80	90	100	120	140	160	—	—	—	—	—	—	—	—
120	一般	20	20	30	30	30	40	40	50	50	50	50	60	60	70	70	80	90	120	150	—	—	—	—
	困难	20	20	20	20	20	30	30	30	40	40	40	40	50	60	60	70	80	100	130	—	—	—	—
100	一般	20	20	20	20	20	20	30	30	40	40	40	40	50	50	50	60	60	70	80	100	120	130	—
	困难	20	20	20	20	20	20	20	20	20	20	30	30	40	40	40	40	50	60	70	90	100	110	—
80	一般	20	20	20	20	20	20	20	20	20	20	20	30	30	30	40	40	40	40	50	50	60	60	60
	困难	20	20	20	20	20	20	20	20	20	20	20	20	20	20	20	20	30	30	40	40	50	50	60

注：当采用表列数值间的曲线半径时，其相应的缓和曲线长度可采用线性内插值，并进整至 10 m。

2.6 曲线上铺设缩短轨

我国铁路钢轨接头采用对接式。在曲线上，由于内股轨线比外股轨线短，如果同样用标准长度的钢轨铺设，则内轨的接头必将较外轨的接头超前，外轨的接头落后，越离越远，不能保证接缝相对。为了避免这种情况，在曲线地段内股轨线上需铺设比标准轨短的缩短轨，以保证曲线地段两股钢轨接头对接。

2.6.1 曲线内外轨线相错量的计算

为了解决缩短轨铺设的问题，我们首先计算内股轨线和外股轨线长度的相错量，即内外弧长的差值。如图 2-22 所示，圆弧 AB 表示外股轨线，圆弧 $A'B'$ 表示内股轨线，α 为它们所对的圆心角（以弧度计）。

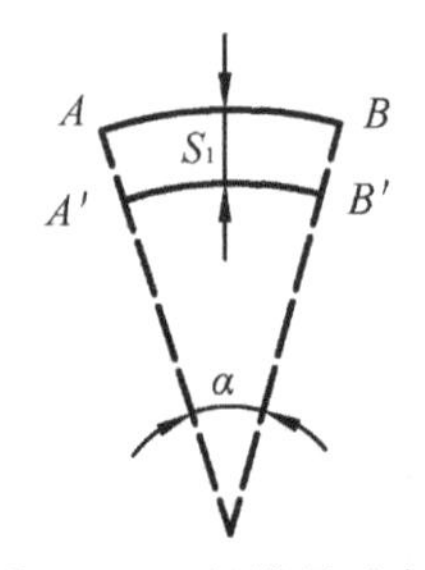

图 2-22 相错量示意图

则

$$AB=\alpha\left(R+\frac{S_1}{2}\right)$$

$$A'B'=\alpha\left(R-\frac{S_1}{2}\right)$$

于是得到相错量

$$\begin{aligned}\Delta l_{圆}&=AB-A'B'\\&=\alpha\left(R+\frac{S_1}{2}\right)-\alpha\left(R-\frac{S_1}{2}\right)\\&=\alpha S_1=\frac{l}{R}\cdot S_1\end{aligned} \tag{2-22}$$

式中：S_1 为两股轨线中心距，约 1500 mm；R 为圆曲线半径，从轨道中心线量起（m）；l 为圆曲线弧长（m）。

则圆曲线的相错量

$$\Delta l_{圆}=\frac{l_k\cdot S_1}{R}$$

式中：l_k 为圆曲线弧长（m）。

这是圆曲线内外轨线相错量的计算公式，缓和曲线的半径是变数 ρ，因而用缓和曲线中点的半径来代替，即得缓和曲线的内外弧长相错量

$$\Delta L_{缓}=\frac{l_0}{2R}\cdot S_1$$

式中：l_0 为缓和曲线的长度(m)。

如果要求缓和曲线上任意一点的相错量，则上式中 l_0 应以 l_1 代替，R 应以 $R\cdot\frac{l_0}{l_1}$代替，即

$$\Delta l_{缓}=\frac{l_1^2}{2Rl_0}\cdot S_1=\frac{l_1^2}{2C}\cdot S_1 \tag{2-23}$$

式中：l_1 为缓和曲线起点至计算点的长度(m)；C 为缓和曲线的参数，$C=Rl_0$。

整个曲线的相错量为圆曲线的相错量与前后两个缓和曲线的相错量之和。

由此可见，如果要使曲线内外钢轨的接头严格相对，即要使两个接头在曲线的半径线上，必须将铺在内轨上的每根钢轨截短，而且截短量又因曲线半径而不同(例如：$R=450$ m 时，每根钢轨的内外轨相错量为 $\Delta l=\frac{12.5\ \text{m}}{450\ \text{m}}\times1500\ \text{mm}=41\ \text{mm}$，即每根钢轨的截短量为41 mm；$R=250$ m 时，每根钢轨的相错量为 75 mm，即每根钢轨的截短量应为 $\Delta l=\frac{12.5\ \text{m}}{250\ \text{m}}\times1500\ \text{mm}=75\ \text{mm}$)，这对钢轨生产甚为不便。因此，我国铁路规定有三种标准缩短轨，它们比标准钢轨缩短40 mm、80 mm 及 120 mm，配合铺设于曲线内轨，使内轨接头的错开距离不超过所用短轨缩短量之半。

2.6.2　短轨的需要量及铺设次序

设圆曲线两端的缓和曲线长度为 l_0，其中间的圆曲线长度为 l_k，则该曲线的内外股轨线总相错量为

$$\Delta l=2\times\frac{l_0^2}{2C}\times S_1+\frac{l_k}{R}\cdot S_1$$

设每根缩短轨的缩短量为 K(如 40 mm、80 mm 或 120 mm)，则曲线所需的缩短轨根数

$$N=\frac{\Delta l}{K}$$

如果得到的 N 不是整数，应把它取成整数。显然，N 应小于曲线内轨所能铺设的钢轨总数 N_0，若 $N>N_0$，这是不合理的，这是由于选用的 K 值较小造成的，因此，需要选用更短的缩短轨。通常根据不同的半径选用不同的缩短轨类型。

《Ⅲ、Ⅳ级铁路设计规范》(GB 50012—2012)规定：

12.5 m 长钢轨：

$R=1000\sim4000$ m 时，选 $K=40$ mm 缩短轨；

$R=500\sim800$ m 时，选 $K=40$ mm 或 80 mm 缩短轨；

$R=250\sim450$ m 时，选 $K=80$ mm 或 120 mm 缩短轨；

$R=200$ m 时，选 $K=120$ mm 缩短轨。

25 m 长钢轨：

$R=1000\sim4000$ m 时，选 $K=40$ mm 或 80 mm 缩短轨；

$R=500\sim800$ m 时，选 $K=80$ mm 或 120 mm 缩短轨；

$R=250\sim450$ m 时，选 $K=120$ mm 缩短轨。

要确定缩短轨的铺设顺序，必须逐根计算在每一钢轨接头处的内轨累计相错量(即自圆曲线起点至该钢轨接头的一段曲线中内轨与外轨相差之量)，当这个相错量超过了缩短轨缩短量

一半时，就铺设一根短轨，以保持内外股接头错开的尺寸小于 $K/2$。设计铁路时因为不知道曲线起点距钢轨接头的长度，故不能做出铺设短轨的布置，只要算出需要的短轨数量即可。在施工时，通常用列表的办法来确定短轨的铺设顺序。

例 2-1 已知圆曲线半径 $R=500$ m，圆曲线长 $l_k=35$ m，缓和曲线长度 $l_0=60$ m，钢轨顶宽 $b=70$ mm，直线上最末一节钢轨进入曲线的长度为 3.0 m，钢轨标准长度 $l=12.5$ m，轨缝为 10 mm，试计算缩短轨的类型及数量，并布置其位置。

解 (1)计算缩短轨的类型及数量：

$$S_1=1435\ \text{mm}+70\ \text{mm}=1505\ \text{mm}$$

圆曲线相错量
$$\Delta l_{圆}=\frac{35\ \text{m}}{500\ \text{m}}\times 1505\ \text{mm}=105.4\ \text{mm}$$

缓和曲线相错量
$$\Delta L_{缓}=\frac{60\ \text{m}}{2\times 500\ \text{m}}\times 1505\ \text{mm}=90.3\ \text{mm}$$

总相错量
$$\Delta l=105.4\ \text{mm}+2\times 90.3\ \text{mm}=286\ \text{mm}$$

内轨铺设钢轨总根数
$$N_0=\frac{35\ \text{m}+2\times 60\ \text{m}}{12.5\ \text{m}}=12.4\ 根$$

内轨需用缩短轨的根数：选 $K=40$ mm，

$$N=\frac{286}{40}=7.2\ 根$$

用 7 根。

(2)计算由曲线起点到各个接头的距离，并列表于表 2-13 第 3 栏。

第一根钢轨现在已知进入曲线的长度为 3.0 m，然后按每节钢轨长为 12.51 m(包括轨缝 10 mm)，逐根计算各个接头在曲线上的位置，缓和曲线内的接头从直缓点算起，圆曲线内的接头从缓圆点算起，在计算第二缓和曲线上的接头位置时，要从缓直点(曲线终点)倒回来计算它们离开曲线终点的距离(例如最后一根钢轨只有 1.88 m 位于曲线上，然后向回倒算)。

这些钢轨接头距离都是指它们在曲线外轨的位置，计算相错量时，本应把它们在外轨的曲线长度，换算为沿轨道中心线的长度，但对计算相错量的结果来说，误差很小，因而不必换算。

(3)计算各个接头地点的相错量(见表 2-13 第 4 栏)。

①第一缓和曲线上的相错量：1～5 号接头的相错量，按照各接头距缓和曲线起点的距离计算。第 6 号钢轨，有 6.96 m 在第一缓和曲线内，有 5.55 m 已进入圆曲线范围，因此第 6 号接头的相错量应为缓和曲线总相错量，再加上 5.55 m 长圆曲线相错量。

②圆曲线范围内各接头总的相错量，包括第一缓和曲线的相错量(6～8 号接头)。

③计算第二缓和曲线上各接头的相错量时，从曲线终点(即缓直点)开始，各个接头的相错量即是用整个曲线的相错量减去由缓和曲线终点(即缓直点)至接头位置长度内的相错量。

(4)布置缩短轨。

采用的缩短轨为 12.46 m，即每根轨缩短量为 40 mm，所以当计算的相错量超过 20 mm 时，即应铺入缩短轨一根。表 2-13 中 4 号、5 号、6 号、7 号、8 号、10 号、11 号轨均为缩短轨。

表 2-13　轨缝相错量计算表

曲线位置	接头顺号	由缓和曲线或圆曲线起至各接头点距离/m	累计的相错量/mm		钢轨类别	实际缩短量/mm	接头错开量/mm	附注
第一缓和曲线	1	3.0	$\Delta l_1=\frac{(3.0)^2\times1505}{2\times500\times60}=(3.0)^2\times0.025$	0.2	标		−0.2	进入缓和曲线 3 m
	2	15.51	$\Delta l_2=(15.51)^2\times0.025$	6	标		−6	
	3	28.02	$\Delta l_3=(28.02)^2\times0.025$	19	标		−19	
	4	40.53	$\Delta l_4=(40.53)^2\times0.025$	41	短	40	−1	
	5	53.04	$\Delta l_5=(53.04)^2\times0.025$	70	短	80	+10	
圆曲线	6	[6.96] 5.55	$((60)^2\times0.025)=91$ $\Delta l_6=91+\frac{5.55}{500}\times1505$	107	短	120	+14	进入圆曲线 5.55 m
	7	18.06	$\Delta l_7=91+\frac{18.06}{500}\times1505$	144	短	160	+16	
	8	30.57	$\Delta l_8=91+\frac{30.57}{500}\times1505$	182	短	200	+18	
第二缓和曲线	9	[4.43] 51.92	$\Delta l_9=286-(51.92)^2\times0.025$	219	标	200	−18	进入缓和曲线 8.08 m
	10	39.41	$\Delta l_{10}=286-(39.41)^2\times0.025$	247	短	240	−7	
	11	26.90	$\Delta l_{11}=286-(26.90)^2\times0.025$	268	短	280	+12	
	12	14.39	$\Delta l_{12}=286-(14.39)^2\times0.025$	281	标		−1	
	13	1.88	$\Delta l_{13}=286-(1.88)^2\times0.025$	286	标		−6	

注：第 9 号接头只有 8.08 m 位于第二缓和曲线中。

2.6.3　厂内铁路的短轨铺设

厂内铁路曲线很多，并且半径很小（一般是 200 m、180 m、150 m，甚至有更小的），如铺设短轨，则短轨需要量很大；由于一根钢轨的内外轨相错量超过 94 mm（$R=200$ m 时，每根钢轨的相错量 $\Delta l=\frac{12.5\ \text{m}}{200\ \text{m}}\times1500\ \text{mm}=94\ \text{mm}$），因此还必须用缩短 80 mm 或 120 mm 的缩短轨，轨缝错开量也比较大（$\frac{80\ \text{mm}}{2}=40\ \text{mm}$ 或 $\frac{120\ \text{mm}}{2}=60\ \text{mm}$），特别是曲线半径很小时，钢轨接头采用对接式的线路很难铺设与养护得十分圆顺，从而出现折形。为此，厂内铁路在曲线上多采用错接式接头，内轨不用铺设缩短轨，仍是铺设标准长度的钢轨，而把整个曲线上的内外轨相错量集中到曲线两端内轨的两个“半节”钢轨上，在锯这两根钢轨时，每根再减去总相错量的一半即可。这样可以简化工作，路线也比较容易养护得圆顺。

例如前面的例 2-1，总缩短量为 286 mm，为了在曲线部分形成错接，在曲线头尾的内轨需用“半轨”,前面后面再分别减去$\frac{286\ \text{mm}}{2}=143\ \text{mm}$钢轨。即曲线头尾各在内轨采用一段6.25 m－0.143 m＝6.107 m长的短轨,其他内轨则均采用标准长度的钢轨。

厂内铁路的连续弯道地段(即夹直线较短的路段),曲线半径又很小时,可连续采用错接式接头(即在夹直线段上也采用错接式接头),这样可以在内外轨上均使用标准长度钢轨,而避免将钢轨锯短。

应该指出,需要锯轨时,要注意利用废旧短轨,防止轻率地将新的好的标准钢轨锯掉。

2.7 曲线限界加宽

2.7.1 限界

为了确保机车、车辆在铁路线路上运行安全,防止机车、车辆撞击邻近的建筑物或其他设备(站台、房舍、隧道、道岔转辙机械等),在每一条线路必须保有一定空间的同时,对于在铁路线路上运行的机车、车辆,也要限制在一定的轮廓范围之内。

铁路限界有两种,一是铁路建筑接近限界,一是机车车辆限界。

建筑接近限界包括:(1)直线建筑接近限界,建限-1(见图2-23)和建限-2(见图2-24);(2)隧道建筑限界(见图2-25);(3)桥梁建筑限界(见图2-26);(4)冶金直线建筑接近限界(见图2-27)。

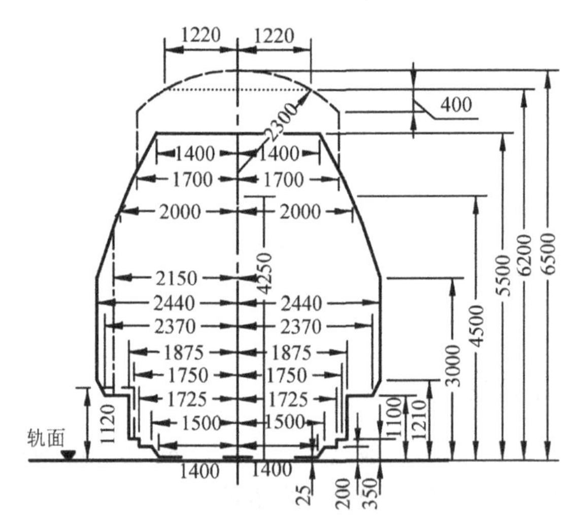

—·— 信号机、水鹤的建筑接近限界(正线不适用);
— — 站台建筑接近限界(正线不适用);
—— 各种建筑物的基本接近限界;
-·-·- 适用于电力机车牵引的线路的跨线桥、天桥及雨棚等建筑物;
········ 电力机车牵引的线路的跨线桥在困难条件下的最小高度。

图2-23 直线建筑接近限界(建限-1)

(注:图中长度单位为mm)

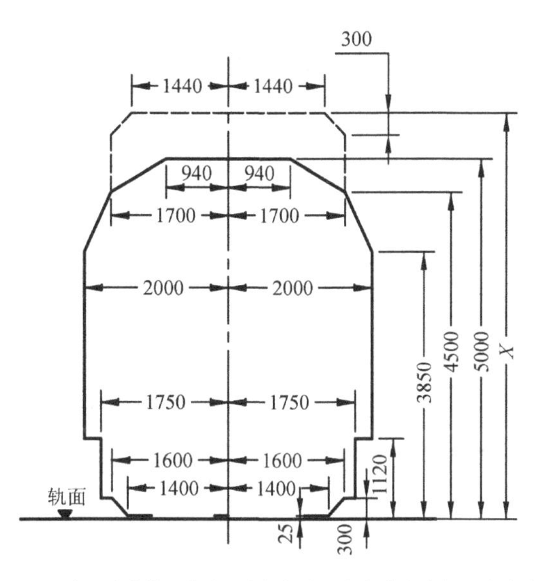

——适用于新建及改建使用蒸汽及内燃机车、车辆的车库门、专车盘、洗车架、专用煤水线、洗罐线、加冰线、机车走形线上各种建筑物，亦适用于旅客列车到发线及超限货车不进入的线路上的雨棚；

－－－适用于使用电力机车的上述各种建筑物，X的值根据接触网的高度（有或无承索力）确定 。

图 2-24　直线建筑接近限界(建限-2)

(注:图中长度单位为 mm)

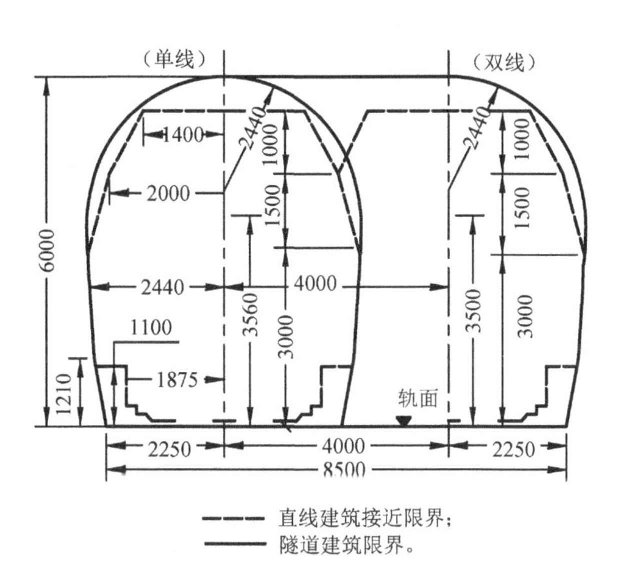

－－－ 直线建筑接近限界；

—— 隧道建筑限界。

图 2-25　隧道建筑限界

(注:图中长度单位为 mm)

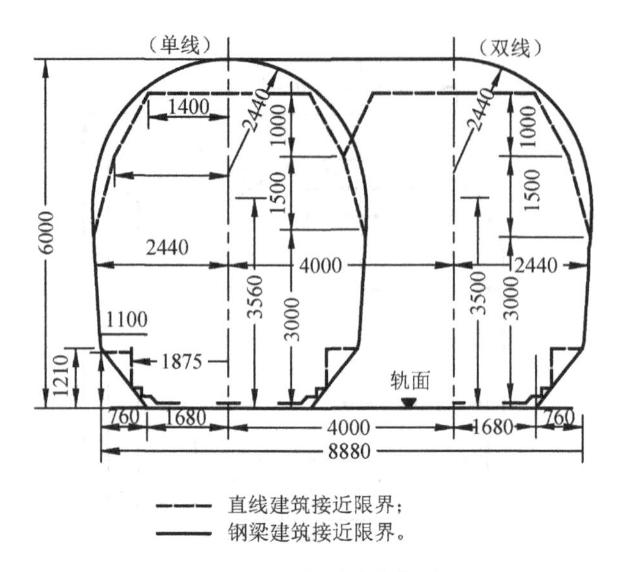

图 2－26 桥梁建筑限界

（注：图中长度单位为 mm）

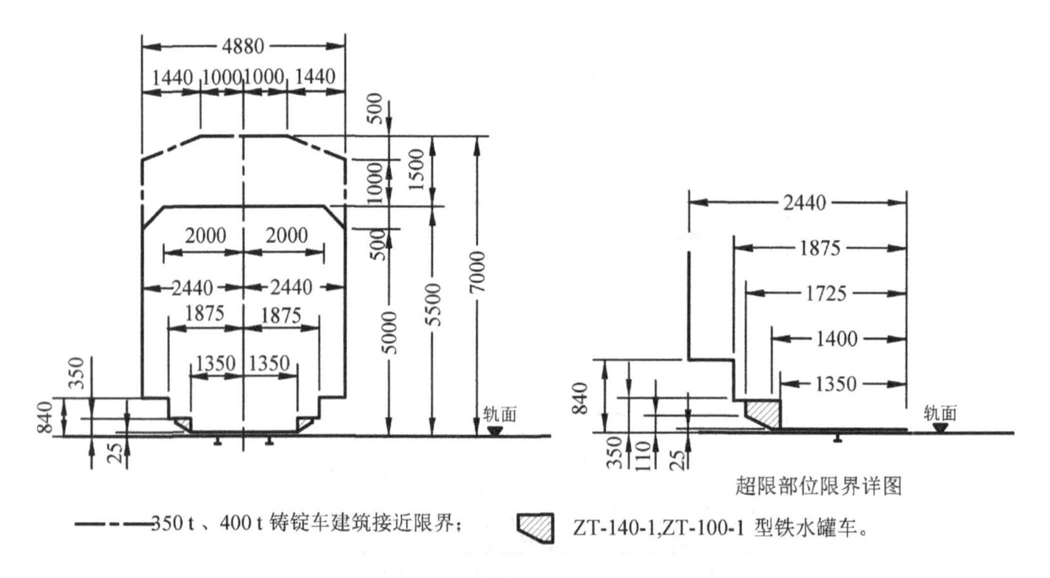

图 2－27 冶金直线建筑接近限界

（注：图中长度单位为 mm）

建筑接近限界是指每一条线路必须保有的最小空间的横断面（和线路中心线垂直）。规定在此限界内，除了机车、车辆与机车、车辆相互作用的设备外，其他设备或建筑物均不准侵入；无论用新钢轨或旧钢轨、加厚道床，从钢轨顶面算起的建筑接近限界尺寸，都必须符合规定的标准。

机车车辆限界是机车车辆横断面的最大极限（规定机车、车辆不同部位宽度、高度的最大尺寸及其零部件至轨面的最小距离）。机车车辆限界和桥梁、隧道等限界是相互适应的，即机车、车辆在装载状态下运行时，虽产生晃动与偏移，但不至于和桥梁、隧道及线路上的其他设备接触，以保证行车安全。

机车车辆限界(车限-1)见图 2-28;冶金车辆限界(冶车限-1)见图 2-29。

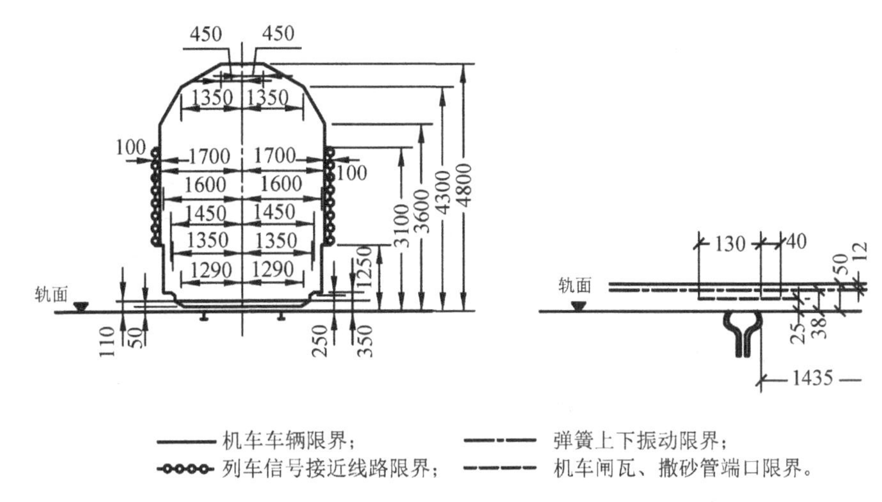

图 2-28 机车车辆限界(车限-1)
(注:图中长度单位为 mm)

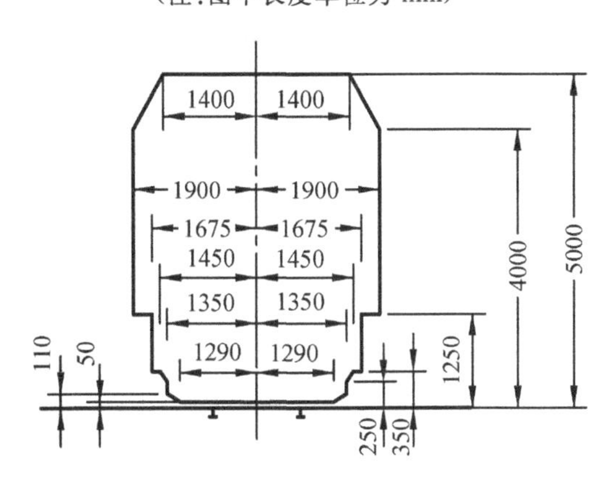

图 2-29 冶金车辆限界(冶车限-1)
(注:本限界不包括 ZT-140-1,ZT-100-1 型铁水车;图中长度单位为 mm)

2.7.2 曲线限界加宽计算

列车在曲线上运行时,因为车体为刚性结构,不能随轨道而弯曲,车体纵向中心线与轨道中心线不相吻合,使车体两端向轨道外侧突出,车体中部向轨道内侧偏移,如图 2-30 所示。

由于曲线外轨超高,车体向内倾斜,也影响内侧限界,如图 2-31 所示。

由图 2-30 可知,车体纵向中心线的中部向轨道中心线内侧偏移的距离为

$$f_{内}=\frac{l^2}{8R}$$

车体纵向中心线两端向轨道中心线外侧突出的距离为

$$f_{外}=\frac{L^2}{8R}-\frac{l^2}{8R}=\frac{L^2-l^2}{8R}$$

式中:l 为车体两转向架竖轴中心之间的距离,$l=18$ m;L 为车体的长度,$L=26$ m。

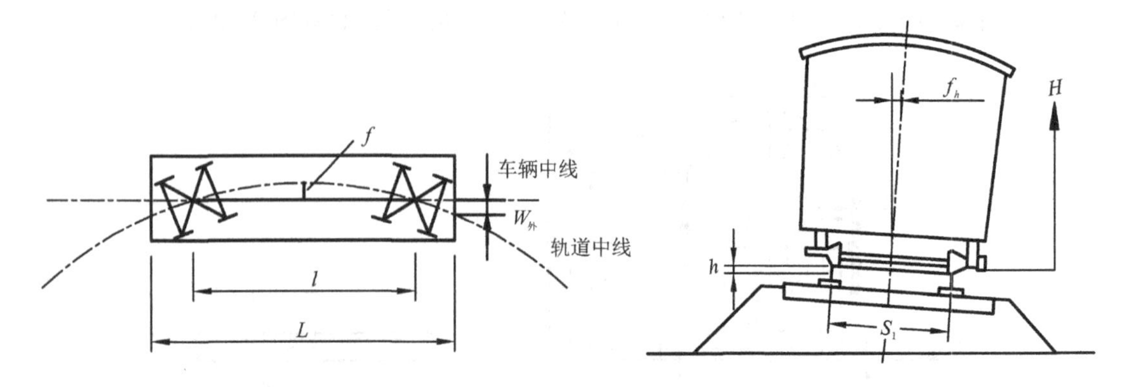

图 2-30 车体偏移轨道中心线　　图 2-31 超高引起车体偏移

在图 2-31 中，由于曲线外轨超高，车体向内倾斜，车体上部影响限界的距离为

$$f_h=\frac{H}{S_1}\cdot h$$

式中：H 为自轨顶至建筑物计算点的高度(m)；S_1 为两轨中心线间距，$S_1=1500$ mm。

根据车体在曲线上的运行情况，曲线限界应按下列各项计算。

单线线路“建筑接近界限”的内侧加宽是由两部分构成，一是车体纵向中心线内移，二是由于外轨超高使车体内倾影响上部限界，因此，内侧加宽为

$$W_{内}=f_{内}+f_h=\frac{l^2}{8R}+\frac{H}{S_1}\cdot h$$

将 l 值代入上式，则

$$W_{内}=\frac{18^2}{8R}\times 1000+\frac{H}{S_1}\cdot h=\frac{40500}{R}+\frac{H}{S_1}\cdot h(\text{mm}) \tag{2-24}$$

单线铁路“建筑接近限界”的外侧加宽是车体两端向轨道外侧突出造成的，按 $f_{外}$ 式计算，即

$$W_{外}=f_{外}=\frac{L^2-l^2}{8R}$$

将 L、l 值代入上式，则

$$W_{外}=\frac{26^2-18^2}{8R}\times 1000=\frac{44000}{R}(\text{mm}) \tag{2-25}$$

上面各式计算的加宽量，均应进整为 5 mm 的倍数。

复线地段为保证行车安全，线间距要予以加宽：

$$\begin{aligned}W&=W_{内}+W_{外}\\&=\frac{40500}{R}+\frac{44000}{R}+\frac{H}{S_1}(h_1-h_2)\\&=\frac{84500}{R}+\frac{3600}{1500}(h_1-h_2)=\frac{84500}{R}+2.4(h_1-h_2)\end{aligned} \tag{2-26}$$

式中：h_1 为外侧曲线外轨超高值(mm)；h_2 为内侧曲线外轨超高值(mm)；h_1 和 h_2 在不同的线路具有不同的数值。

《铁路线路设计规范》(TB 10098—2017)规定，曲线地段的线间距加宽值应符合下列规定：

(1)当曲线两端直线地段的线间距采用表 2－14 规定的数值时，曲线线间距加宽值应采用表 2－15 规定的数值。

(2)当曲线两端直线地段的线间距大于表 2－14 规定的数值时，曲线线间距加宽值应按下式计算确定：

$$W'=(S_{min}\times10^3+W)-S\times10^3$$

式中：W'为曲线地段间线距加宽值(mm)，当小于或等于零时，可不加宽；S_{min}为直线地段最小线间距(m)，采用表 2－14 规定的数值；W 为直线地段为最小间距时曲线地段的线间距加宽值(mm)，采用表 2－15 规定的数值；S 为曲线两端直线地段的线间距(m)。

表 2－14　区间直线地段最小线间距

线别间	路段设计速度/(km·h⁻¹)	区间直线地段最小线间距/m
第一、二线间	160＜v≤200	4.4
	120＜v≤160	4.2
	v≤120	4.0
三线及四线区间的第二线与第三线间	—	5.3
站内正线间	—	5.0

注：区间直线地段两单线铁路并行引入车站时的最小线间距应根据装设信号机和通行超限货物列车情况按需要计算确定。既有线路段设计速度提高到 140～160 km/h 时，可保持 4 m 的线间距。

表 2－15　区间直线地段为最小线间距时曲线线间距加宽值

线别间			第一、二线间						第二、三线间				
			外侧线路曲线超高大于内侧线路曲线超高时					其他情况					
路段设计速度/(km·h⁻¹)			200	160	120	100	80	≤200	200	160	120	100	80
曲线线间距加宽值/mm	曲线半径/m	12000	85	50	35	20	15	10	90	60	40	30	20
		10000	85	60	35	20	15	10	100	70	40	30	20
		8000	90	80	40	25	15	15	105	95	55	30	20
		7000	90	85	50	30	20	15	110	100	65	45	35
		6000	95	90	65	35	25	15	115	105	75	45	35
		5000	95	95	70	40	35	20	130	115	90	55	45
		4500	100	95	80	45	40	20	140	120	100	60	50
		4000	100	100	95	55	40	25	145	130	110	70	50
		3500	135	105	95	65	50	25	195	145	115	85	65
		3000	145	110	95	80	65	30	210	150	125	100	80
		2800	155	120	100	85	65	35	220	160	130	115	85
		2500	—	130	110	100	70	35	—	185	145	125	95
		2000	—	165	120	105	95	45	—	235	160	140	110
		1800	—	175	130	110	100	50	—	250	175	145	125
		1600	—	195	145	125	115	55	—	275	195	165	145

续表

线别间			第一、二线间						第二、三线间				
			外侧线路曲线超高大于内侧线路曲线超高时					其他情况					
路段设计速度/(km·h^{-1})			200	160	120	100	80	≤200	200	160	120	100	80
曲线线间距加宽值/mm	曲线半径/m	1400	—	—	160	135	125	65	—	—	215	180	160
		1200	—	—	175	155	135	75	—	—	230	200	170
		1000	—	—	220	175	155	85	—	—	300	225	195
		800	—	—	265	210	190	110	—	—	355	265	235
		700	—	—	—	260	210	125	—	—	—	340	260
		600	—	—	—	295	235	145	—	—	—	380	290
		550	—	—	—	—	255	155	—	—	—	—	315
		500	—	—	—	—	280	170	—	—	—	—	340

注：(1)采用表列数值间的曲线半径时，曲线线间距加宽值可采用线性内插值，并进整至 5 mm。

(2)两单线铁路曲线线间距加宽值应根据装设信号机和通行超限货物列车情况按实际需要计算确定。

(3)考虑双层集装箱运输需求的线路，曲线加宽应根据双层集装箱运输限界计算确定。

两线并行地段的曲线线间距加宽，一般条件下应采用加长内侧线缓和曲线长度的方法完成，困难条件下可采用增大或减小内、外侧曲线半径的方法完成。

第3章 线路平面和纵断面设计

3.1 概 述

铁路路线是一条空间曲线，一般用铁路线路中心线来表示其空间位置和形状。线路中心线是用路基横断面上 O 点(见图 3-1)纵向的连线表示的；O 点为距外轨半个轨距的铅垂线 AB 与路肩水平线 CD 的交点。

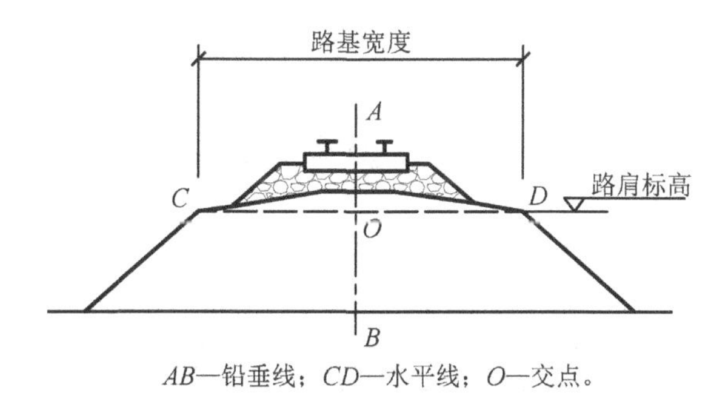

AB—铅垂线；CD—水平线；O—交点。

图 3-1 路基横断面

线路的空间位置是由它的平面、纵断面和横断面决定的。线路平面是线路中心线在水平面上的投影，表示线路平面状况。线路纵断面是沿线路中心线所作的铅垂剖面展直后线路中心线的立面图，表示线路起伏情况，其标高为路肩高度。线路横断面是垂直于线路前进方向的铅垂剖面，表示铁路限界、两根钢轨之间的相互关系和路基横断面。

各个设计阶段都要编制平面图和纵断面图，它们是线路设计的基本文件。各设计阶段的定线要求不同，平面图和纵断面图的详细程度也各有区别。图 3-2 为概略定线的平面图和纵断面图。

概略定线的平面图中，等高线表示地形特征，村镇道路等表示地貌特征。图中粗线表示线路平面，标出里程、曲线要素(转角 α、曲线半径 R、切线长 T_y，曲线长 K_y)、车站、桥隧特征等资料。

概略定线纵断面图的上半部为线路纵断面示意图；下半部为线路基础资料与数据，自下而上顺序标出：里程、线路平面、地面标高、设计坡度、设计标高、地质概况等数据资料。

线路平面和纵断面设计，必须保证行车安全和平顺。行车的安全和平顺主要指：不脱钩、不断钩、不脱轨、不途停、不运缓和旅客乘车舒适等，这些要求均反映在《铁路线路设计规范》(TB 10098—2017)的技术标准中，在设计时要遵守规范规定。

平面与纵断面设计也应当力争节约资金。既考虑减少工程数量、降低工程造价；又要考虑为施工、运营、维修提供有利条件，节约运营开支。从降低工程造价考虑，线路最好顺地面爬行，但因起伏弯曲太多，给运营造成困难；从节约运营开支考虑，线路最好又平又直，但势必增

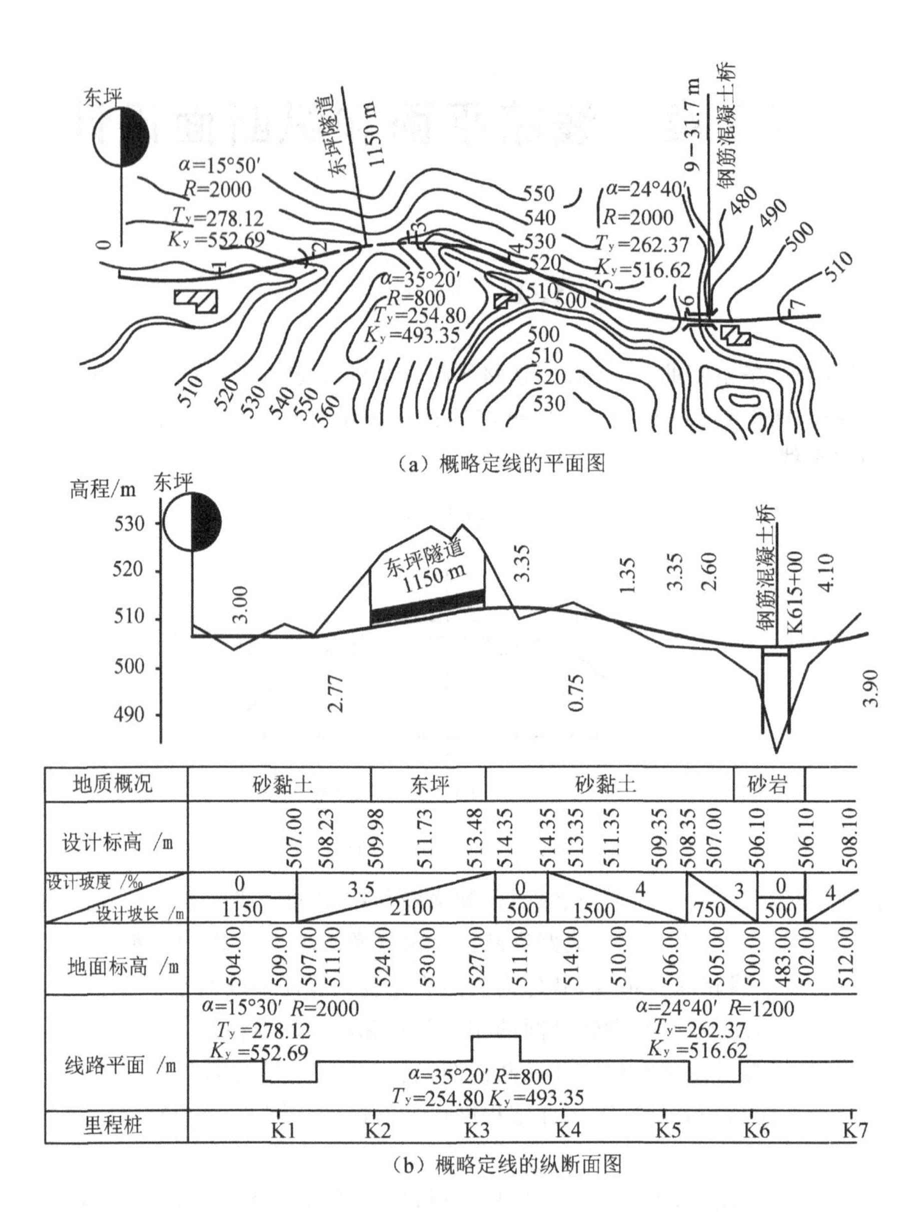

图 3－2 概略定线的平面图和纵断面图

(注:图中长度单位为 m)

大工程数量,提高工程造价。片面强调一个侧面,都不一定是合理的。因此设计时,必须根据设计线的特点,分析设计路段的具体情况,综合考虑工程和运营的要求,通过方案比较,正确处理两者之间的矛盾。

铁路上要修建车站、桥涵、隧道、路基、道口和支挡、防护等大量建、构筑物。线路平面和纵断面设计不但关系到这些建、构筑物的类型选择和工程数量,并且影响其安全稳定和运营条件。因此设计时,既要考虑到各类建、构筑物对线路的技术要求,还要考虑到它们之间的协调配合、总体布置合理。

3.2　线路平面设计

线路平面是铁路中心线在水平面上的投影，表示线路平面位置。

3.2.1　线路平面线形要求

线路平面由直线和曲线组成，曲线由中间的圆曲线和两端的缓和曲线构成。双线及多线铁路还要考虑线间距及线间距加宽。

平面线形应满足列车运行轨迹的以下特点：

(1)列车运行轨迹应当是连续且圆顺的，即在任何一点上不出现中断、错头和破折；

(2)曲率是连续的，即运行轨迹上不出现直弯、折弯，不出现两个曲率值不同的点；

(3)曲率的变化是连续的，即轨迹上任一点不出现两个曲率变化率不同的值，如图 3-3 所示。

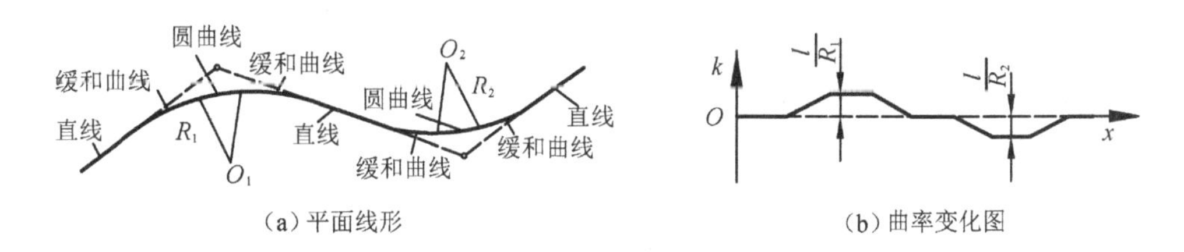

(a) 平面线形　　(b) 曲率变化图

图 3-3　曲率连续的平面

3.2.2　直线

直线作为平面线形要素之一，两点之间直线最短，在铁路线形设计中使用最为广泛，一般在定线时，只要地势平坦，无大的平面障碍，线路都首先考虑使用直线通过。

1. 直线的设计原则

铁路列车的行驶方向是由钢轨引导的而非由列车司机操纵的，且列车在直线条件较优地段的受力情况较曲线地段简单，长直线的行车条件优于曲线地段，因此，在铁路线形平面设计中对直线的最大长度没有做限制性规定。但过长的直线难与地形相协调，也不利于城镇地区既有设施的绕避。因此，在线路设计中，应综合考虑工程和运营两方面的因素，合理选用直线线形。

(1)设计线路平面时，相邻两直线的位置不同，其间的曲线位置也相应改变。因此，在选定直线位置时，要根据地形条件综合考虑，使直线与曲线相互协调，线路所处位置最为合理。

(2)设计线路平面，应力争设置较长的直线段，减少交点个数，以缩短线路长度、改善运营条件。只有当直线前方碰到地形、地质或地物等局部障碍，引起较大工程时，才设置交点绕避障碍。

(3)选定直线位置时，应力求减小交点偏角的度数。偏角大，则线路转弯急，总长大；同时列车行经曲线时克服阻力所做功也要增加，运营支出就相对加大。

转点偏角 α 与每吨列车克服曲线阻力做的功 A_r 的关系式为

$$A_r = w_r \cdot K_y = \frac{7000}{R} \cdot \frac{\pi\alpha}{180} \cdot R = 122\alpha(\text{J/t}) \tag{3-1}$$

式中：w_r 为单位曲线附加阻力，

$$w_r = \frac{7000}{R}(\text{N/t})$$

K_y 为圆曲线长度，

$$K_y = \frac{\pi\alpha}{180} \cdot R(\text{m})$$

可见，列车通过曲线时克服阻力所做功与曲线转角度数成正比。

2. 夹直线

在地形困难曲线毗邻路段，两相邻曲线间的直线段，即前一曲线终点（HZ_1）与后一曲线起点（ZH_2）间的直线，称为夹直线，如图 3-4 所示。两相邻曲线，转向相同者称为同向曲线，转向相反者称为反向曲线。

图 3-4 夹直线

(1)夹直线长度的影响因素及最小长度取值。

为行车和维修创造有利条件，夹直线力争长一点；但有时为了适应地形节省工程，需要设置较短的夹直线，其最小长度受下列条件控制。

①养护要求。夹直线太短，特别是反向曲线路段，列车通过时，因频繁转换方向，车轮对钢轨的横向推力加大，夹直线的正确位置不易保持。维修实践证明：夹直线长度不宜短于 2～3 节钢轨长度，钢轨标准长度为 25 m，即夹直线长度为 50～75 m：地形困难时，夹直线长度应不小于一节钢轨长度，即不小于 25 m。

②行车平稳要求。旅客列车从前一曲线通过夹直线进入后一曲线的运行过程中，因外轨超高和曲线半径不同，未被平衡的横向加速度频繁变化，引起车辆左右摇摆，反向曲线地段更为严重。为了保证行车平稳、旅客舒适，夹直线长度不宜短于 2～3 节客车长度。我国 25 型客车全长为 25.5 m，故夹直线长度不宜短于 51.0～76.5 m。高速列车每节车辆的长度一般为 25.0～27.6 m，相应的夹直线不宜短于 50～81 m。

③旅客舒适性要求。列车通过夹直线时，要跨过夹直线前后的缓直点和直缓点，车轮与钢轨冲击引起转向架弹簧的振动，为保证缓直点和直缓点产生的振动不叠加，以保证旅客舒适，夹直线应有足够长度，使客车通过夹直线的时间不小于弹簧振动消失的时间。

我国对高速铁路、城际铁路、Ⅲ级铁路、Ⅳ级铁路不同设计速度时的夹直线最小长度分别作了表 3-1、表 3-2、表 3-3 的规定。

表 3-1 高速铁路夹直线最小长度

路段设计速度/(km·h⁻¹)			350	300	250
夹直线最小长度/m	工程条件	一般	280	240	200
		困难	210	180	150

表 3-2 城际铁路夹直线最小长度

路段设计速度/(km·h⁻¹)			200	160	120
夹直线最小长度/m	工程条件	一般	120	100	80
		困难	80	70	50

表 3-3 Ⅲ级、Ⅳ级铁路夹直线最小长度

路段设计速度/(km·h⁻¹)			200	160	120	100	80
夹直线最小长度/m	工程条件	一般	160	130	80	60	50
		困难	120	80	50	40	30

(2)夹直线长度的保证。

在小比例尺地形图上绘制定线时，通常仅绘出圆曲线，相邻两圆曲线端点（YZ_1 与 ZY_2）间直线段的长度不应小于$\frac{l_{01}}{2}+L_{\mathrm{J\,min}}+\frac{l_{02}}{2}$(m)（$L_{\min}$为夹直线最小长度）。

夹直线长度不够时，应修改线路平面。可首先考虑减小曲线半径或选用较短的缓和曲线长度；其次可考虑改移夹直线的位置，以延长两转点间的直线长度和减小曲线偏角（见图 3-5(a)）。当同向曲线间夹直线长度不够时，应考虑采用一个较长的单曲线代替两个同向曲线（见图 3-5(b)）。

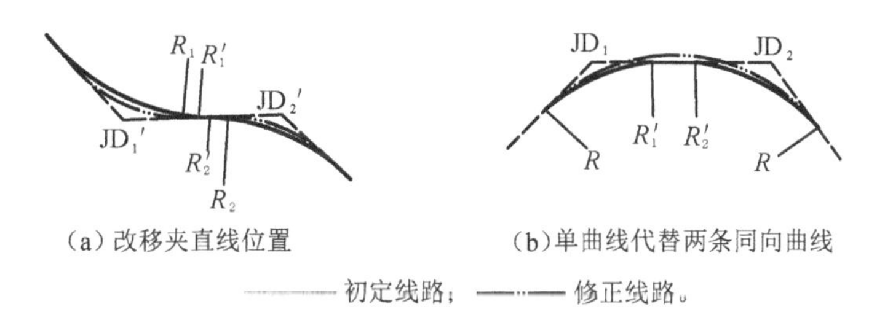

(a)改移夹直线位置　　(b)单曲线代替两条同向曲线

——— 初定线路；—··— 修正线路。

图 3-5 夹直线长度不够的修正设计

厂内铁路线，两相邻曲线间夹直线长度，不应小于 10 m。为工业企业内部运输的线路，对不设外轨超高的反向曲线间，在困难条件下也可不设夹直线。

3.2.3 圆曲线

铁路线路中两条直线相接时，不论转角大小均应设置平面曲线，平面曲线由圆曲线和缓和曲线构成。圆曲线具有易与地形相适应、线形美观、易于测设等优点，是平面曲线的主要组成

部分。

1. 曲线要素

圆曲线的曲线要素根据是否设缓和曲线而不同。

(1)未加设缓和曲线。

概略定线时，平面图中仅绘出未加设缓和曲线的圆曲线，如图 3－6(a)所示。圆曲线要素为：偏角 α，半径 R，切线长 T_y 和曲线长 K_y。偏角 α 在平面图上量得，曲线半径 R 系选配得出；切线长 T_y 和曲线长 K_y 按公式计算：

$$T_y=R\tan\frac{\alpha}{2}(\mathrm{m}) \tag{3-2}$$

$$K_y=R\,\frac{\pi\alpha}{180}(\mathrm{m}) \tag{3-3}$$

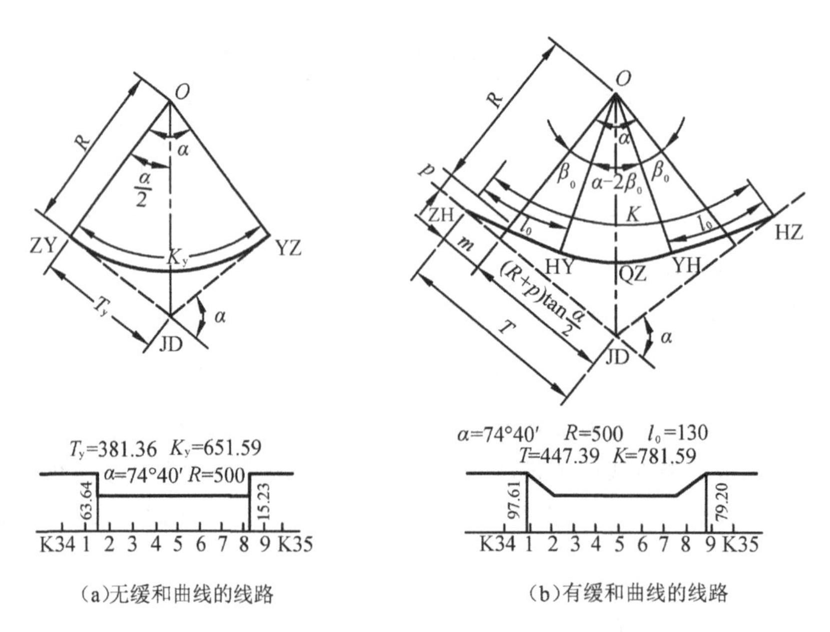

(a)无缓和曲线的线路　　(b)有缓和曲线的线路

图 3－6　铁路曲线

(注：图中长度单位为 m)

(2)加设缓和曲线。

详细定线时，平纵面图中要绘出加设缓和曲线的曲线，如图 3－6(b)所示。曲线要素为：偏角 α、半径 R、缓和曲线长 l_0、切线长 T 和曲线长 K。偏角 α 在平面图上量得，圆曲线半径 R 和缓和曲线长 l_0 由选配得出；切线长 T 和曲线长 K 按下式计算：

$$T=(R+p)\tan\frac{\alpha}{2}+m(\mathrm{m}) \tag{3-4}$$

$$K=R\,\frac{\pi(\alpha-2\beta_0)}{180}+2l_0=R\,\frac{\pi\alpha}{180}+l_0 \tag{3-5}$$

式中：p 为内移距离，$p=\frac{l_0^2}{24R}-\frac{l_0^4}{2688R^3}\approx\frac{l_0^2}{24R}(\mathrm{m})$；$m$ 为切垂距，$m=\frac{l_0}{2}-\frac{l_0^3}{240R^2}\approx\frac{l_0}{2}(\mathrm{m})$；$\beta_0$ 为缓和曲线角，$\beta_0=\frac{90l_0}{\pi R}(^\circ)$。

ZH 里程，在平面图上由前一曲线 HZ 里程推算。

$$HZ\ 里程=ZH\ 里程+K$$

$$HY\ 里程=HZ\ 里程+l_0$$

$$YH\ 里程=HZ\ 里程-l_0$$

纸上定线时，在相邻两直线段之间需用一定半径的圆曲线连接，并使圆弧与两侧直线相切。曲线半径的选配，可使用与地形图比例尺相同的曲线板，根据地形、地质与地物条件由大到小选用合适的曲线板，决定其合理的半径。若地势开阔，可先绘出两相邻的直线段，然后选配中间的曲线半径，如图 3－7(a)所示；若曲线毗连，则可先在需要转弯处绘出恰当的圆弧，然后用切于两圆弧的直线连接，如图 3－7(b)所示。选定曲线半径后，量出偏角，再计算曲线要素和起讫点里程。

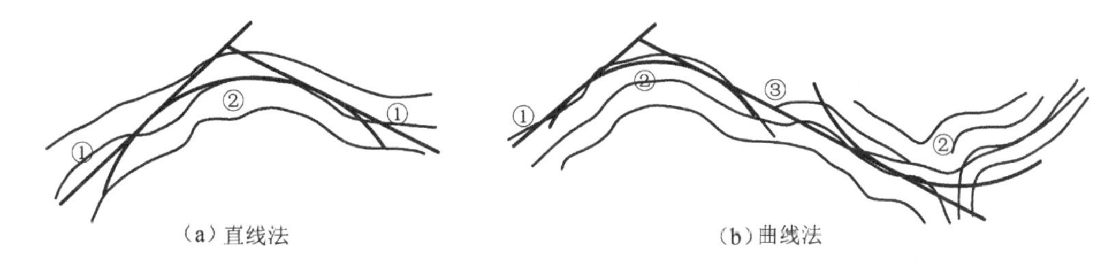

图 3－7　纸上定线方法

2. 曲线半径

列车行驶在曲线上时，由于受离心力作用，其稳定性受到影响，而离心力的大小又与曲线半径密切相关，半径愈小愈不利。所以在选择曲线半径时应尽可能采用较大的值，只有在地形或其他条件受到限制时才可使用较小的曲线半径。

(1)曲线半径对工程和运营的影响。

①曲线半径限制了运行速度。曲线半径过小，旅客列车的行车速度要受到限制。这是因为客车在曲线上运行，要产生离心加速度；而曲线上设置外轨超高，要产生向心加速度，向心加速度要抵消一部分离心加速度；未被平衡的离心加速度值，不能超过旅客舒适所允许的限度。为此，要限制行车速度。

根据第一篇公式(2－15)得出速度与圆曲线半径的关系式为

$$R=\frac{11.8\ v_{max}^2}{h+h_0}(m) \tag{3-6}$$

式中：v_{max} 为圆曲线限速，即旅客列车通过曲线时的最高允许速度(km/h)；h 为圆曲线实设超高(mm)；h_0 为欠超高最大允许值(mm)；R 为圆曲线半径(m)。

由式(3－6)可知，半径与速度的平方成正比；当半径一定时，速度要受超高度和未被平衡的超高度的影响。为了保证行车安全和旅客舒适，超高度和欠超高都不得超过允许值。

②曲线半径对工程的影响。

a)增加线路长度。

如图 3－8 所示，对单个曲线来说，当曲线偏角一定时，采用小半径曲线较采用大半径曲线，线路长度增加

$$\Delta L_r=2(T_D-T_z)+K_z-K_D(m) \tag{3-7}$$

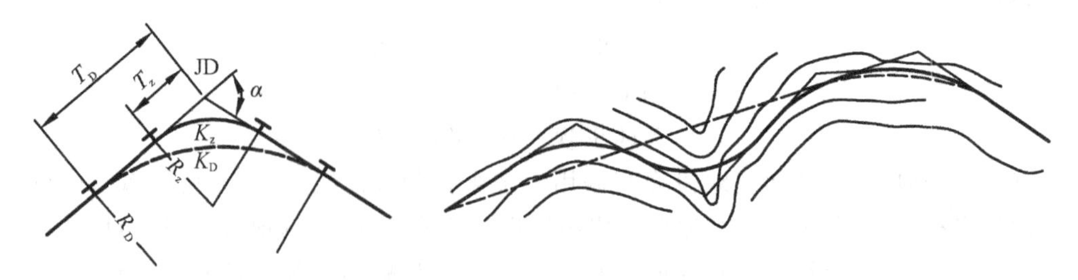

(a)偏角一定，小半径曲线较大半径曲线线路增长　(b)困难地段，小半径曲线较大半径曲线线路增长

—— 小半径曲线的线路；--- 大半径曲线的线路。

图 3-8　小半径曲线增长线路

对一段线路来说，在困难地段采用小半径曲线，便于随地形曲折定线，但会相应增加曲线数目和增大曲线偏角，使线路增长。

b)降低黏着系数。

机车在小半径曲线上运行，车轮在钢轨上的纵向和横向滑动加剧，引起轮轨间黏着系数的降低；曲线半径越小，黏着系数降低得越严重。根据试验，小半径曲线上的黏着系数 μ_r 和计算黏着系数 μ_j 的关系，随曲线半径 R 的减小而降低，黏着系数降低，会导致机车黏着牵引力 F_μ 的降低；此时机车计算牵引力可能受黏降后黏着牵引力 $F_{\mu j}$ 的限制，而相应减小，如图 3-9 所示。

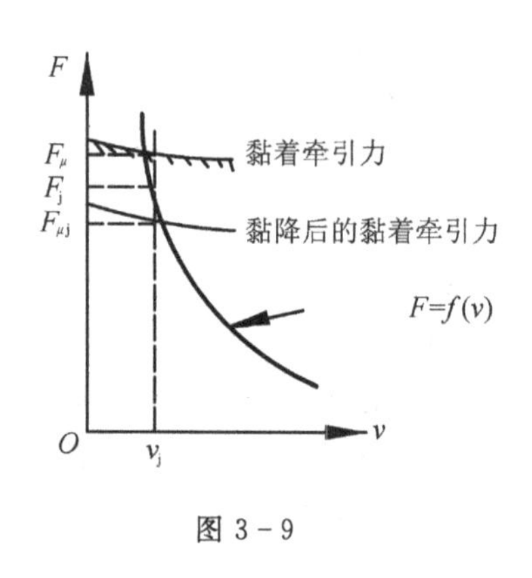

图 3-9

在用足最大坡度的持续上坡道上，如黏降后引起机车牵引力的降低，则必须在曲线范围内，额外减缓坡度，因而引起线路的额外展长。

c)轨道需要加强，增加工程投资。

小半径曲线上，车轮对钢轨的横向冲击力加大。为了防止钢轨被挤动而引起轨距扩大，以及整个轨道的横向移动，所以轨道需要加强。加强的方法是装置轨撑和轨距杆，加铺轨枕，增加曲线外侧道床宽度，增铺道砟，从而增加工程投资。

d)增加接触导线的支柱数量。

曲线地段，若接触导线的支柱间距不变，则曲线半径越小，中心弧线与接触导线的矢度越大。为防止受电弓与接触导线脱离，接触导线的支柱间距应随曲线半径的减小而缩短，从而增加了导线支柱的数量。

③曲线半径对运营的影响。

a)增加轮轨磨耗。

列车经行曲线，轮轨间产生纵向滑动、横向滑动和横向挤压，使轮轨磨耗增加。曲线半径越小磨耗增加越大。

钢轨磨耗用每通过兆吨总质量产生的平方毫米磨耗量表示。图 3-10 为钢轨磨耗与曲线半径的关系图，从图中可以看出，当曲线半径 $R<400$ m 时，钢轨磨耗急剧加大；$R>800$ m 时，磨耗显著减轻；$R>1200$ m 时，磨耗与直线接近。同时，车轮轮箍的磨耗，大致和钢轨磨耗相近，也是随曲线半径的减小而增大。

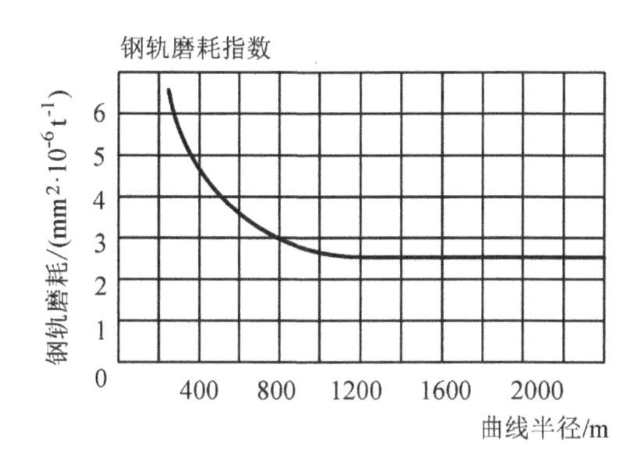

图 3-10　钢轨磨耗与曲线半径的关系曲线

b)维修工作量加大。

列车在曲线上运行时，由于列车速度不同，车轮有时挤压内轨，有时挤压外轨，导致轨距方向容易错动，钢轨磨耗严重。为了防止轨距扩大，小半径曲线地段的轨道需要进行加强，轨枕根数需要增多。即使如此，小半径曲线的轨距、水平、方向还是难以保持，这样必将导致维修工作量和维修费用的增加，一般认为，小半径曲线地段其养护维修工作量要比直线或大半径曲线地段增加 30%～40%。

c)行车费用增加。

若小半径曲线限制行车速度，则在曲线前方列车要制动减速，曲线地段列车要限速运行，通过曲线后又要加速，必然使机车额外做功，且增加运行时间，增加行车费用。

采用小半径曲线，因线路加长，又因总的偏角增大使要克服曲线阻力做功加大，也要增加行车费用。

综合以上分析，小半径曲线在困难地段，能大量节省工程费用；但却不利于运营，特别是曲线限制行车速度时，影响更为突出。因此必须根据设计线的具体情况，综合工程与运营的利弊，选定设计线合理的最小曲线半径。

(2)最小曲线半径的选定。

最小曲线半径是一条干线或其中某一路段允许采用的曲线半径最小值。它是铁路主要技术标准之一，应该根据铁路等级，并结合行车速度和地形条件等，在初步设计阶段经比选确定。

①最小曲线半径的计算式。

a)满足最高行车速度方面的要求。

客货共线铁路的最小曲线半径既要保证旅客乘车通过曲线时的舒适条件，又要考虑货物列车通过时不致引起轮轨的严重磨耗。其数值应采用其中的较大值，并取为 50 m 整倍数。

最小曲线半径应保证旅客列车以最高速度 v_{max} 通过时，欠超高不超过允许值 h_{qy}，欠超高一般取值 70 mm，困难情况取 90 mm；最大超高 h_{max} 取值 150 mm。

$$R_k \geqslant 11.8 \frac{v_{max}^2}{h_{max}+h_{qy}} \tag{3-8}$$

b)轮轨磨耗条件。

客货列车的行车速度与实设超高是确定轮轨磨耗的基本依据。在实设超高下，高速旅客

列车以速度 v_{max} 通过时，产生的欠超高 h_q 不应超过允许值 h_{qy}，以保证旅客的舒适度；低速货物列车以速度 v_H 通过时，产生的过超高 h_g 也不应超过允许值 h_{gy}，以免引起钢轨的严重磨耗。其计算式分别为

$$h_q=\frac{11.8v_{max}^2}{R_{min}}-h_0=\frac{11.8v_{max}^2}{R_{min}}-\frac{11.8v_p^2}{R_{min}} \tag{3-9}$$

$$h_g=h_0-\frac{11.8v_H^2}{R_{min}}=\frac{11.8v_P^2}{R_{min}}-\frac{11.8v_H^2}{R_{min}} \tag{3-10}$$

式中：h_0 为实设超高(mm)；v_p 为列车运行平均速度(m/s)。

将上述两式整理可得

$$R_{min}=\frac{11.8(v_{max}^2-v_p^2)}{h_q}(m) \tag{3-11}$$

$$R_{min}=\frac{11.8(v_p^2-v_H^2)}{h_g}(m)$$

$$R_{min}=\frac{11.8(v_{max}^2-v_H^2)}{h_g+h_q} \tag{3-12}$$

将上述两式整理相加可得内外钢轨均磨条件要求的最小曲线半径应满足下式：

$$R_{sj}\geqslant 11.8\times\frac{v_{max}^2-v_H^2}{h_{qy}+h_{gy}} \tag{3-13}$$

式中：R_{sj} 为舒适与均磨半径。

c)抗倾覆安全性要求。

最小曲线半径应保证运行在曲线上的列车具有一定的抗倾覆安全系数，我国对列车在曲线上运行时的抗倾覆安全系数没有明确规定，参考国外资料取 3。保证此条件下的曲线半径满足下列不等式

$$R_a\geqslant\frac{[2n(as+\Delta\varphi h)-hs]v^2}{3.6^2g[S^2-2ns(\Delta\varphi\pm W_c\mu b\pm\varepsilon)-2nah]} \tag{3-14}$$

或

$$R_a\geqslant\frac{11.8v^2}{h+\dfrac{S^2}{2na}-h_f-h_z} \tag{3-15}$$

式中：R_a 为抗倾覆安全系数要求的最小曲线半径(m)；n 为抗倾覆安全系数，取 3；v 为行车速度(km/h)；h 为曲线超高(mm)；S 为内外股钢轨中心线距离(mm)，取 1500 mm；g 为重力加速度，取 9.81 m/s^2；ε 为轮对中心点与轨距中点的偏距(mm)，轮缘贴外轨取正号；Δ 为簧上部分重心与轮对中点的偏距(mm)；φ 为簧上部分质量与全部质量之比；W_c 为风力(N/m^2)，按七级风计算；μ 为车辆侧面受风面积与车辆重心之比(m^2/N)；a 为车辆重心高度(mm)；b 为风合力高度(mm)；h_f 为风力当量高度(mm)；h_z 为车辆横向振动当量超高(mm)。

如表 3-4 所示为最小曲线半径及计算参数。

②选定最小曲线半径的影响因素。

a)设计线的运输性质。

客运专线主要追求旅客舒适度，重载运输线路重视轮轨磨耗均匀(均磨)，客货列车共线运行线路则需两者兼顾。

表 3-4　最小曲线半径及计算参数

路段设计速度/(km·h^{-1})		200	160	120	100	80	60	40
货车设计速度/(km·h^{-1})		100	90	70	60	50	40	20
h_{qy}/mm	一般	150	150	70	70	70	70	70
	困难	70	70	90	90	90	90	90
h_{gy}/mm	一般	90	90	30	30	30	30	30
	困难	30	30	50	50	50	50	50
R_k/m	一般	50	50	780	510	350	200	90
	困难	2150	1380	710	490	320	180	80
R_{sj}/m	一般	1970	1260	1120	760	460	240	150
	困难	3540	2070	800	540	330	170	110
R_a/m		2530	1480	680	510	340	200	100
R_H/m		1890	1220	800～1200	550～800	450～500	300～400	200～300
R_{min}/m	一般	2800～3500	1600～2000	1200	800	600	400	300
	困难	3500	2000	800	600	500	300	200

b)运行安全。

为保证机车车辆在曲线上的运行安全，保证轮轨间的正常接触，车辆上所受的力应保持在安全范围内。最小曲线半径应保证车辆通过曲线的安全性、稳定性及客车平稳性，保证在曲线上运行的列车不倾覆。列车在曲线上运行时，应保证抗倾覆安全系数达到一定的数值。抗倾覆安全系数与曲线半径、行车速度、曲线超高、风力大小、车辆类型、装载情况与重心高度、振动性能等因素有关，在其他条件一定的情况下，最小曲线半径决定于最小的抗倾覆安全系数。

c)地形条件。

在保证运营安全的前提下，曲线半径应与沿线的地形条件相适应。山区铁路地形复杂，坡陡弯急，采用较小半径的曲线既可避免破坏山体，影响环境，也可减少工程量，节约投资。

d)经济因素。

小半径曲线可更大程度地适应地形，从而减少工程及投资，但增大运营支出，在一定的地形条件和运输需求下，存在经济合理的最小曲线半径(经济半径)，故应全面权衡得失，经技术经济比选确定最小曲线半径。

3.2.4　缓和曲线

为使列车安全、平顺、舒适地由直线过渡到圆曲线，满足超高和加宽递变的需要，在直线与圆曲线间需设置一定长度的缓和曲线。

我国铁路一直采用直线型超高顺坡的三次抛物线型缓和曲线。这种缓和曲线的优点是线型简单，长度较短，计算方便，易于铺设养护。

缓和曲线长度应保证列车运行安全性，并应满足旅客舒适性要求，一般按下列条件和方法计算，取其较大者，并进整为 10 m 的倍数。

(1)超高顺坡不致使车轮脱轨。

满足不使车轮脱轨的缓和曲线长度为

$$l_1=\frac{h}{i} \tag{3-16}$$

式中：l_1 为缓和曲线长度（m）；h 为圆曲线超高（mm）；i 为不使车轮脱轨的临界超高顺坡度（‰）。

(2)超高时变率不使旅客不适。

满足此条件的缓和曲线长度为

$$l_3\geqslant\frac{h_q v_{max}}{3.6b}l_2\geqslant\frac{hv_{max}}{3.6f} \tag{3-17}$$

式中：l_2 为缓和曲线长度（m）；v_{max} 为通过曲线的最高设计速度（km/h）；f 为旅客舒适容许的超高时变率（mm/s）。

(3)欠超高（或未被平衡离心加速度）时变率不应使旅客不适。

满足此条件的缓和曲线长度为

$$l_3\geqslant\frac{h_q v_{max}}{3.6b} \tag{3-18}$$

式中：l_3 为缓和曲线长度（m）；h_q 为旅客列车以最高设计速度通过曲线时的欠超高（mm）；b 为旅客舒适度容许的欠超高时变率（mm/s）。

表 3-5 为根据曲线半径，并结合路段设计行车速度和地形条件可选用的缓和曲线长度，有条件时，宜选用较长的缓和曲线。

3.3 线路纵断面设计

将铁路线路沿着铁路中心线竖直剖切然后展开即为铁路线路纵断面。由于自然因素的影响以及经济性要求，线路纵断面是一条有起伏的空间线，由长度不同、陡缓各异的坡段组成。它是经过技术、经济以及美学等多方面比较后，由设计人员选定出的一条具有规则形状的几何线，反映了线路的起伏变化情况。

纵断面设计线是由直线和竖曲线组成的。直线（即均匀坡度线）有上坡和下坡，是用坡度和坡段水平长度表示的。在直线的坡度转折处，为平顺过渡需设置竖曲线。按坡度转折形式的不同，竖曲线有凹有凸，其大小用半径和水平长度表示。

坡段的特征用坡段长度和坡度值表示，如图 3-11 所示。坡度值表示为 $i=H_i/(L_i\times 1000)$（‰），坡段长度 L_i 为该坡段前后两个变坡点间的水平距离（m），H_i 为该坡段两端变坡点的高差（m），坡度值上坡取正值，下坡取负值，如坡度为 8‰，即表示每千米高差为 8 m。

表 3-5 缓和曲线长度

设计速度/(km·h^{-1})	工程条件	缓和曲线长度/m																										
		曲线半径/m																										
		12000	10000	8000	7000	6000	5000	4500	4000	3500	3000	2800	2500	2000	1800	1600	1400	1200	1000	800	700	600	550	500	450	400	350	300
200	一般	40	50	70	80	90	90	100	120	140	170	180	—	—	—	—	—	—	—	—	—	—	—	—	—	—	—	—
	困难	40	50	60	70	80	80	90	110	130	150	170	—	—	—	—	—	—	—	—	—	—	—	—	—	—	—	—
160	一般	40	50	60	70	70	70	70	80	90	90	100	110	140	160	170	—	—	—	—	—	—	—	—	—	—	—	—
	困难	40	40	50	50	50	60	60	70	70	80	90	100	120	140	160	—	—	—	—	—	—	—	—	—	—	—	—
120	一般	20	20	30	30	30	40	40	50	50	50	50	60	60	70	70	80	90	120	150	—	—	—	—	—	—	—	—
	困难	20	20	20	20	20	30	30	30	40	40	40	40	50	60	60	70	80	100	130	—	—	—	—	—	—	—	—
100	一般	20	20	20	20	20	20	30	30	40	40	40	40	50	50	50	60	60	70	80	100	120	130	—	—	—	—	—
	困难	20	20	20	20	20	20	20	20	20	20	30	30	40	40	40	40	50	60	70	90	100	110	—	—	—	—	—
80	一般	2	20	20	20	20	20	20	20	20	20	20	30	30	30	40	40	40	40	50	50	60	60	60	80	90	100	—
	困难	20	20	20	20	20	20	20	20	20	20	20	20	20	20	20	20	30	30	40	40	50	50	60	70	80	90	—
60	—	—	—	—	—	—	—	—	—	—	—	—	20	20	20	20	20	20	20	20	20	30	30	30	40	40	40	50
40	—	—	—	—	—	—	—	—	—	—	—	—	—	—	—	—	—	20	20	20	20	20	20	20	20	20	20	30

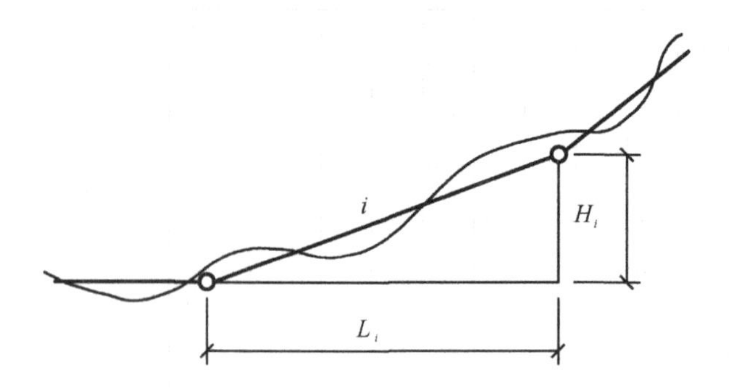

图 3-11 坡长与坡度示意图

纵断面设计的主要任务就是根据铁路机车、车辆、动车的动力特性，铁路等级，地形、地物、水文、地质等条件，综合考虑路基等铁路建筑物的稳定、排水以及工程经济性等因素，研究坡度大小、坡段长短、竖曲线半径以及与平面线形的组合关系，以便达到线路平稳顺畅、行车安全迅速、运输经济合理及乘客感觉舒适的目的。

为使纵断面设计经济合理，必须在全面掌握勘测资料基础上，结合选(定)线的纵坡方案，综合分析、反复比较定出合理纵断面。纵断面设计的一般要求如下。

(1)必须满足有关标准和规范的各项规定。

(2)为保证车辆能以一定速度安全顺适地行驶，纵坡应具一定的平顺性，起伏不宜过大和过于频繁。尽量避免采用极限纵坡值，合理安排缓和坡段，不宜连续采用极限长度的陡坡夹最短长度的缓坡。连续上坡或下坡路段，应避免设置反坡段。越岭线哑口附近的纵坡应尽量缓和一些。

(3)纵坡设计应对沿线地形、地下建筑物、地质、水文、气候和排水等综合考虑，视具体情况处理，以保证路基的稳定。

(4)一般情况下纵坡设计应考虑填挖平衡，尽量使挖方运至就近路段填方，以减少借方和废方，降低造价和节省用地。

(5)平原微丘区地下水埋深较浅，或池塘、湖泊分布较广，除应满足最小纵坡要求外，还应满足最小填土高度要求，保证路基稳定。

(6)对连接段，如大、中桥引线及隧道两端接线等，纵坡应和缓、避免产生突变，以减轻过渡段的动力响应，保证桥梁、隧道稳定。

(7)在实地调查基础上，充分考虑道路、农田水利等方面的要求，设计合理的纵断面。

线路纵断面设计，除最大坡度要在初步设计阶段确定外，主要包括坡段长度、坡段连接与坡度折减等设计问题。

3.3.1 线路的最大坡度

最大坡度是指一条线路上所限定的最大设计坡度。最大坡度标准对线路的走向、长度、工程投资、运营费用、牵引质量及输送能力等都有较大的影响。高速铁路、城际铁路采用大功率、轻型动车组，牵引和制动性能优良，能适应大坡道运行，采用最大坡度作为铁路纵断面主要技术标准是合理的，且最大坡度不考虑曲线半径和隧道坡度减缓。《铁路大型线路机械通用技术条件》(GB/T 25337—2010)规定线路最大坡度为 30‰。客货共线新建铁路、重载铁路的最大坡度，根据机车数量的不同分为限制坡度和加力牵引坡度两类。限制坡度是单机牵引区段的最大坡度，据此计算货物列车的牵引质量。加力牵引坡度是两台及以上机车加力牵引路段的最大坡度。

1. 限制坡度

限制坡度是单机牵引普通货物列车，在持续上坡道上，最后以机车计算速度等速运行的坡度；它是限制坡度区段的最大坡度，货物列车牵引质量是按其计算的。

一般情况下，上下行两个方向的限制坡度是相同的。但在个别线路上，上下行两个方向的货流显著不平衡时，可以在轻车方向采用比重车方向大的限制坡度。

限制坡度是铁路的主要技术标准之一，它对线路的走向、线路长度、车站分布、工程投资以及铁路的输送能力、运营指标都有很大的影响，因此线路的限制坡度应根据铁路等级、地形条件、机车类型以及相邻线路的限制坡度确定。拟定各种不同限制坡度方案时，应尽量考虑与邻线牵引重量相协调，最后经过全面比选，在初步设计阶段确定。

1)限制坡度计算

对于给定的牵引质量标准，限制坡度的计算可用式(3-19)表示

$$i_x=\frac{\lambda_y F_j-(P\omega'_0+G\omega''_0)}{(P+G)g}(‰) \tag{3-19}$$

式中：λ_y 为机车牵引力使用系数；F_j 为机车计算牵引力(N)；P 为设计线拟定的机车计算质量(t)；G 为设计线拟定的牵引质量标准(t)；ω'_0为计算速度下机车的单位基本阻力(N/t)；ω''_0为计算速度下货车的单位基本阻力(N/t)；g 为重力加速度，取 9.8 m/s^2。

基本阻力计算公式为

$$\omega_0=a+bv+cv^2 \tag{3-20}$$

式中：a，b，c 为常数，由实验获得。

2)限制坡度对工程和运营的影响

(1)对输送能力的影响。

输送能力取决于通过能力和牵引质量。由式(3-19)可知，在机车类型一定时，牵引质量由限制坡度值决定。限制坡度越大，牵引质量越小，输送能力越低；反之，限制坡度越小，牵引质量越大，输送能力越高。

(2)对工程数量的影响。

在平原地区，限制坡度的大小，对工程数量通常影响不大；但在铁路跨过通航的河流时，因桥下要保证必要的通航净空而使桥梁抬高，若采用较大的限制坡度，可使桥梁两端引线缩短，填方数量减少。

在地形起伏的丘陵地区，采用较大的限制坡度，可使线路标高升降较快，能更好地适应地形起伏；从而避免较大的填挖方，减少桥梁高度，缩短隧道长度，使工程数量减少，工程造价降低，如图3-12所示。

在自然纵坡陡峻的越岭地段，若限制坡度小于自然纵坡，则线路需要迂回展长，才能达到控制点预定高程，工程数量和造价急剧增加。若限制坡度大于平均自然纵坡1‰～3‰（自然纵坡越陡、地形越复杂，其值越大），就可避免额外展长线路，这种方案通常是经济合理的。

线路翻越高大的分水岭时，采用不同的限制坡度。可能改变越岭垭口，从而影响线路的局部走向。

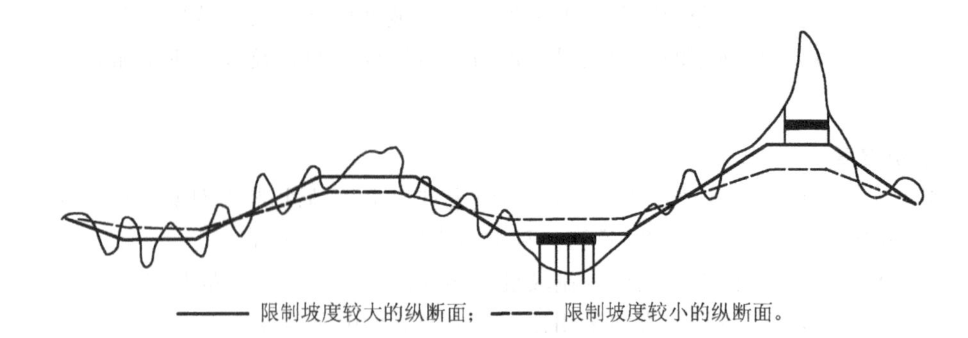

图 3-12　不同限坡的起伏纵断面

(3)对运营费用的影响。

在完成相同的运输任务的前提下，采用的限制坡度越大，则货物列车的牵引质量越小，需要开行的货物列车对数越多。一般情况下，列车对数增多、机车台数也要增多，机车乘务组、燃料消耗、修理费用等都要加大。列车对数增多，线路通过能力也要相应加大，使区间距离缩短、车站数目加多，管理人员和日常开支增加。列车对数增多，使列车区段速度降低，运行时间加长，相应开支加大。总之采用较大的限坡，运营支出要相应增加，行车设备的投资也略有增加，所以通常情况下，应力争采用较小的限制坡度。

在平均地面自然纵坡陡峻地区，采用与自然纵坡相适应的限制坡度可以缩短展线长度，使工程投资大幅降低；同时，因线路缩短，机车台数、车站数目、运行时间等，也会相应减少，虽然列车数目增多，运营开支总和也不致增加很多。所以平均地面自然纵坡陡峻地区，应采用与其相适应的较大的限制坡度，力争不引起线路的额外展长。

3)影响限制坡度选择的因素

(1)铁路等级。

铁路等级高，线路意义大，客货运量大，安全、舒适要求高，限制坡度宜小。

(2)牵引种类和机车类型。

电力牵引比内燃牵引的计算牵引力大，计算速度高，牵引定数大，满足相同运能要求时的限制坡度比内燃牵引的大。大功率机车的牵引力大、牵引定数大，满足相同运能要求的限制坡度比小功率机车的大。

(3)地形类别。

限制坡度适应地形时，线路长度短、工程投资省，否则需额外增加展线，增大工程费与运营费。

(4)运输需求。

其他条件相同时，客货运量大的线路要求较小的限制坡度。

(5)邻线的牵引质量。

限制坡度选择应考虑使设计线与邻接铁路的牵引质量相协调。统一牵引质量可避免列车换重作业，加速机车车辆周转，提高运营指标并增加运输的机动性。使牵引质量统一、协调的方法可采用与邻接线路相同的限制坡度和机型，也可采用与邻接线路不同的限坡，而用不同的机型来调整。

4)限制坡度的最大值

综合上述影响因素,客货共线铁路的限制坡度的最大值如表3-6所示。

表3-6 客货共线铁路的限制坡度的最大值

铁路等级			Ⅰ级			Ⅱ级			Ⅲ级	Ⅳ级
地形地别			平原	丘陵	山区	平原	丘陵	山区	—	—
限制坡度最大值/‰	牵引种类	电力	6.0	12.0	15.0	6.0	15.0	20.0	25.0	30.0
		内燃	6.0	9.0	12.0	6.0	9.0	15.0	18.0	30.0

规范对限制坡度最小值未作规定,但通常取为4‰,这是因为限制坡度若小于4‰,虽然按限制坡度算得的牵引质量很大,但受到列车起动条件和到发线有效长度(一般最长取1050 m)的限制而不能实现,但工程投资却可能有所增加,所以一般都不采用小于4‰的限制坡度。

5)分方向选择限制坡度

一般情况下,一条线路双方向的限制坡度是相同的,即双方向最大上坡值是相同的。但有些线路具备一定条件,可以在重车方向设置较缓的限制坡度,在轻车方向设置较陡的限制坡度,这样的设计就称为分方向选择限制坡度,简称分向限坡。

(1)分方向选择限坡的条件。

①轻重方向货流显著不平衡,且预计将来也不致发生巨大变化。

②轻车方向上升的平均自然纵坡较陡,而重车方向上升的平均自然纵坡较缓,分方向选择限制坡度,可以节省大量工程数量。

③技术经济比较证明,分方向选择限制坡度是合理的。

具备上述条件,各级铁路均可按不同方向分别选择限制坡度,但Ⅰ级铁路多属路网中的重要干线,意义重大,分方向选定不同限制坡度时,应特别慎重,只有在特殊困难条件下,有充分技术经济依据时方可采用。

(2)轻车方向限制坡度的限制。

①不应大于重车方向限制坡度的三机牵引坡度值。这是为了将来货流发生变化,轻车方向货运量增大时,可采用三机牵引,达到重车方向的牵引吨数。为了保证重车方向货物列车下坡时的行车安全,还应进行制动检算。

②根据双方向货流比,按双方向列车对数相同、每列车车辆数相同的条件,可估算出轻车方向货物列车的牵引质量 G_q,轻车方向限制坡度值 i_{xq} 不应大于根据 G_q 计算的坡度值。因为轻车方向的限制坡度值 i_{xq} 若大于计算值,则每列车的牵引质量就要小于 G_q;这样轻车方向的列车数反而多于重车方向,重车方向就会产生单机回空或附挂折返而虚磨机力,这是不合理的。

轻车方向限制坡度值 i_{xq} 为

$$i_{xq} \leqslant \frac{F_j \times \lambda_y - (P \times \bar{\omega}'_0 + G_q \times \bar{\omega}''_{0(p)})}{g(P+G_q)} ‰ \tag{3-21}$$

式中:i_{xq} 为空车方向的限制坡度(‰);F_j 为机车的计算牵引力(N);λ_y 为机车牵引力使用系数;P 为机车的计算质量(t);G_q 为轻车方向的牵引质量(t);$\bar{\omega}'_0$ 为计算速度下的机车单位基本阻力(N/t);$\bar{\omega}''_{0(p)}$ 为计算速度下空车的平均单位基本阻力(N/t)。

轻车方向的牵引质量 G_q 和车辆平均单位基本阻力 $\bar{\omega}''_{0(p)}$ 可用下式计算

$$G_q = n(\lambda_{QZ} \times q_j + q_z) \tag{3-22}$$

$$\bar{\omega}''_{0(p)} = \frac{\lambda_{QZ}(q_j + q_z) \times \bar{\omega}''_{0z} + (1-\lambda_{QZ}) \times q_z \times \bar{\omega}''_{0q}}{\lambda_{QZ} \times q_j + q_z} \tag{3-23}$$

式中：n 为轻车方向每列车的车辆数；λ_{QZ} 为轻、重车方向的货流比；q_j 为每辆满载货车的平均净载质量(t)；q_z 为货车车皮的平均质量(t)；$\bar{\omega}''_{0z}$、$\bar{\omega}''_{0q}$ 为重车、轻车的单位基本阻力(N/t)。

2. 加力引牵坡度

一条干线的某些越岭地段，地面平均自然纵坡可能很陡，若按限制坡度设计，会引起线路大量展长或出现较长的越岭隧道，使工程量增加、工期延长。在这种地段，可采用加力牵引，保持在限制坡度上单机牵引的牵引定数不变，从而可采用较陡坡度定线，以减少展线降低造价。这种用两台或更多机车牵引的较陡坡度称为加力牵引坡度。

加力牵引坡度是一台以上机车牵引普通货物列车，在持续上坡道上，最后以机车计算速度等速运行的坡度；它是加力坡度路段的最大坡度，该路段的普通货物列车牵引质量，是按相应限制坡度上用一台机车牵引的计算值确定的。

采用加力牵引坡度可以缩短线路长度，大量减少工程量；有利于降低造价，缩短工期，是在长大越岭地段克服巨大高差的一种行之有效的设计决策。当然采用加力牵引坡度，也必然增加机车台数和能量消耗；在加力牵引的起讫车站要增加补机摘挂的作业时分并要增建补机的整备设备；加力牵引坡度太大时，对下坡行车也将产生不利影响。因此，是否采用加力牵引坡度，应从地形条件以及节省工程和不利运营等方面全面分析，比选确定。

1)采用加力牵引坡度的注意事项

(1)加力牵引坡度应集中使用，使补机能在较长的路段上行驶，提高其利用率。

(2)补机要进行必要的整备作业，需要相应的机务设备，所以加力牵引坡度的起讫站，宜有一个为区段站或其他有机务设备的车站，困难时也应尽量与这类车站接近，以利用其机务设备。

(3)补机要在加力牵引坡度的起讫站摘挂，增加列车的停站时分，因此，与起讫站邻接的加力牵引区间的往返行车时分，要相应减少，以免限制通过能力。

(4)加力牵引是采用重联牵引或补机推送，与牵引质量、车钩强度有关。若车钩强度允许时，应采用重联牵引，以便各台机车的司机相互配合、同步操纵，充分发挥机车的牵引力；否则，应采用补机推送，此时补机的牵引力就不能充分发挥。

2)加力牵引坡度的计算

加力牵引坡度的坡度值，可根据限制坡度上的牵引质量、机车类型、机车台数和加力牵引方式，按下式计算

$$i_{jl} = \frac{\sum_{k=1}^{n} \lambda_y \lambda_k F_{jk} - \left(\sum_{k=1}^{n} P_k \omega'_{0k} + Q\bar{\omega}''_0\right)}{\left(\sum_{k=1}^{n} P_k + Q\right) \cdot g \times 10^3} \tag{3-24}$$

式中：i_{jl}为加力牵引坡度(‰)，以 0.5‰为单位取值；n 为机车台数；λ_y 为机车牵引力使用系数，取 0.9；λ_k 为第 k 台机车的牵引力取值系数，根据《列车牵引计算规程》(TB/T 1407—1998)的有关规定取值；F_{jk}为第 k 台机车在本务机车计算速度时的牵引力 (N)；P_k 为第 k 台机车的质

量(t);Q 为牵引质量(t);ω'_{0k}为第 k 台机车在本务机车计算速度时的单位基本阻力(N/t);ω''_0 为车辆在本务机车计算速度时的单位基本阻力(N/t);g 为重力加速度,取 9.8 m/s^2。

表 3-7 为各种限制坡度对应的加力牵引坡度。

表 3-7　电力和内燃牵引的加力牵引坡度　　单位:‰

<table>
<tr><th rowspan="3">限制坡度</th><th colspan="4">加力牵引坡度</th></tr>
<tr><th colspan="2">双机牵引坡度</th><th colspan="2">三机牵引坡度</th></tr>
<tr><th>电力</th><th>内燃</th><th>电力</th><th>内燃</th></tr>
<tr><td>4.0</td><td>9.0</td><td>8.5</td><td>14.0</td><td>13.0</td></tr>
<tr><td>5.0</td><td>11.0</td><td>10.5</td><td>16.5</td><td>15.5</td></tr>
<tr><td>6.0</td><td>13.0</td><td>12.5</td><td>19.0</td><td>18.5</td></tr>
<tr><td>7.0</td><td>14.5</td><td>14.5</td><td>21.5</td><td>21.0</td></tr>
<tr><td>8.0</td><td>16.5</td><td>16.0</td><td>24.0</td><td>23.5</td></tr>
<tr><td>9.0</td><td>18.5</td><td>18.0</td><td>26.5</td><td rowspan="8">25.0</td></tr>
<tr><td>10.0</td><td>20.0</td><td>20.0</td><td>29.0</td></tr>
<tr><td>11.0</td><td>22.0</td><td>21.5</td><td rowspan="6">30.0</td></tr>
<tr><td>12.0</td><td>24.0</td><td>23.5</td></tr>
<tr><td>13.0</td><td>25.5</td><td rowspan="4">25.0</td></tr>
<tr><td>14.0</td><td>27.5</td></tr>
<tr><td>15.0</td><td>29.0</td></tr>
<tr><td>16.0</td><td>30.0</td></tr>
</table>

3.3.2　坡段长度

纵断面上两个坡段的连接点(即坡度变化点),称为变坡点。相邻两个变坡点间的水平距离称为坡段长度。

1. 坡段长度影响因素

(1)工程数量。

采用较短的坡段长度所设计的纵断面,可以更好地适应地形的起伏,减少路基、桥隧的工程数量(见图 3-13 中粗实线)。但最短坡段长度应保证坡段两端所设的竖曲线不在坡段中间重叠。

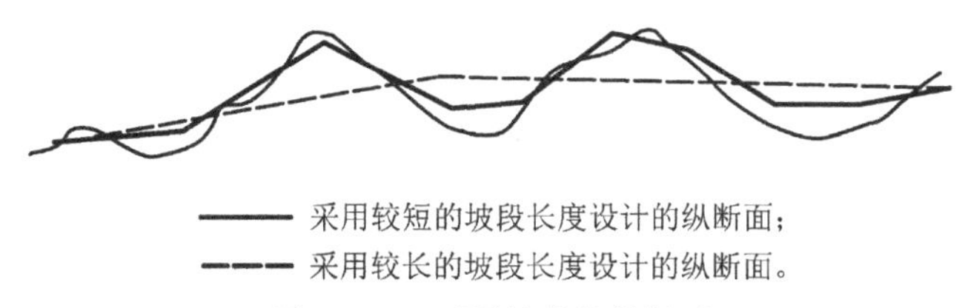

图 3-13　不同坡长的纵断面

(2)行车平稳性。

从行车平稳性上看,坡段越长越为有利。因为列车通过变坡点时,列车前后运行阻力不同，使局部列车的受力状态发生变化，从而产生车钩的附加应力和车辆的局部加速度。当列车跨越一个以上的变坡点时，每个变坡点产生的附加应力和局部加速度，就会因叠加而加剧。运营实践表明，普通客货共线列车不宜同时跨越两个以上的变坡点，即坡段长度不宜短于半个列车长度，以保证叠加后的附加应力和局部加速度不致过大，影响列车的运行平稳。高速列车不受此限制。

(3)旅客舒适性。

从旅客舒适性角度，纵断面上若变坡点过多，坡长过短，车辆行驶在连续起伏地段的增重与减重的变化频繁，将导致乘客感觉不适，车速愈高则表现愈明显。

(4)夹坡段长度。

从列车运行平稳性的角度考虑，最小坡段长度除需满足两竖曲线不重叠外，还需考虑两竖曲线间有一定的夹坡段长度，确保列车在前一个竖曲线上产生的振动在夹坡段长度范围内完成衰减，不与下一个竖曲线上产生的振动叠加。图 3-14 即为纵断面夹坡段长度示意图。一般认为当两竖曲线间夹坡段长度大于 $0.4v_{max}$ 时可以保证列车在前一个竖曲线上产生的振动不与下一个竖曲线上产生的振动叠加。

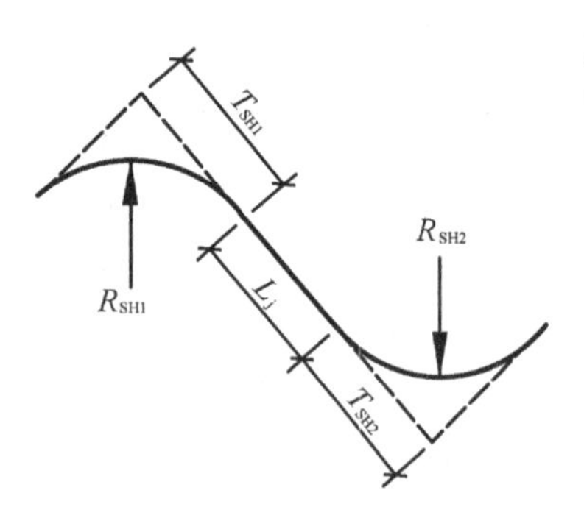

图 3-14 纵断面夹坡长度示意图

2. 最小坡段长度

(1)最小坡段长度计算。

考虑夹坡段长度、两侧竖曲线切线长，则最小坡度长度可以用式(3-25)计算。

$$l_p=\frac{\Delta i_1}{2}\times R_{SH1}+\frac{\Delta i_2}{2}\times R_{SH2}+0.4v \tag{3-25}$$

式中：l_p 为最小坡段长度(m)；Δi_1，Δi_2 为坡段两端坡度差(‰)；v 为设计速度(km/h)；R_{SH1}，R_{SH2} 为相邻两个竖曲线半径(m)。

根据我国高速动车组牵引性能，高速铁路、城际铁路的区间正线最大坡度不应大于 30‰。因此按 30‰坡度作为一般最小坡段长度计算条件，则设计速度 250～350 km/h、夹坡长 $0.4v$ 时计算出的最小坡段长度为 700～890 m，因此规定高速铁路最小坡段长度一般不小于900 m，可满足任何条件下竖曲线间夹坡段长度的要求。当坡段两端坡度差或相邻两个竖曲线半径较小时根据公式计算所得最小坡段长度可能会小于 600 m，这种情况也符合舒适度要求，如果最小坡段长度不加以限制，可能使得线路纵断面频繁起伏、平顺性差。故规定困难条件下坡段长度不应小于 600 m。列车全部停站的车站两端，列车速度较低，采用最小坡段长度 400 m 可满足舒适度要求，有利于提高工程设计的技术经济合理性，但最小坡段长度不能连续使用。

另外，通过前述影响因素分析，最短坡段长度与列车长度密切相关。反映到主要技术标准上，与到发线有效长度密切相关。《Ⅲ、Ⅳ级铁路路线设计规范》(GB 50012—2012)规定我国客货共线的Ⅲ、Ⅳ级铁路的最小坡段不宜小于表 3-8 的规定，且最小坡段长度不宜连续使用两个以上。

表 3-8 最小坡段长度

远期到发线有效长度/m	1050	850	750	650	≤550
最小坡段长度/m	400	350	300	250	200

(2)200 m 极限坡段长度的采用条件。

从表 3－8 可知,200 m 是我国客货共线铁路的最小坡段长度的极限值,应严格限制使用,为因地制宜节省工程,只有在下列列车运行速度较低的情况下,坡段长度允许缩短至 200 m。

①凸形纵断面坡顶为缓和坡度差而设置的分坡平段,因列车运行速度较低,其长度可缩短至 200 m,如图 3－15(a)所示;凹形纵断面底部为缓和坡度差而设置的分坡平段,列车运行速度较高,其长度仍按表 3－8 取值,如图 3－15(b)所示。

②困难条件下,对最大坡度折减而形成的坡段,如图 3－16(a)所示,包括折减坡段及其中间无须折减的坡段,这些坡段间的坡度差较小,坡长可以缩短至 200 m。

③在两个同向坡段之间为了缓和坡度差而设置的缓和坡段,如图 3－16(b)所示,缓和坡段使纵断面上坡度逐步变化,对列车平稳运行有利,故允许缩短为 200 m。

④长路堑内为排水而设置的人字坡段,如图 3－16(c) 所示。人字坡段的坡度一般不应小于 2‰,以利于路堑侧沟排水。

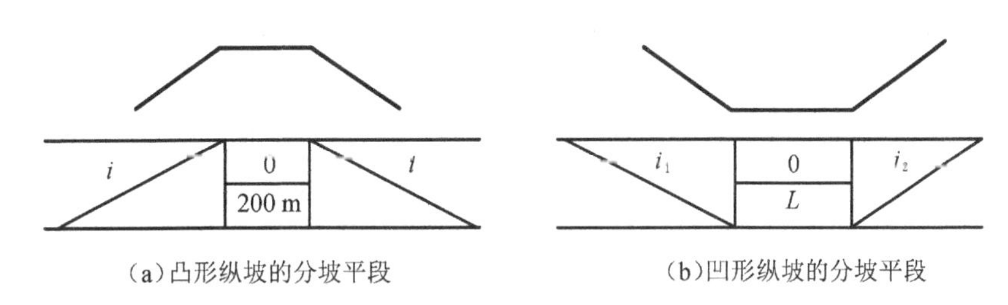

(a)凸形纵坡的分坡平段　(b)凹形纵坡的分坡平段

图 3－15　分坡平段的坡段长度

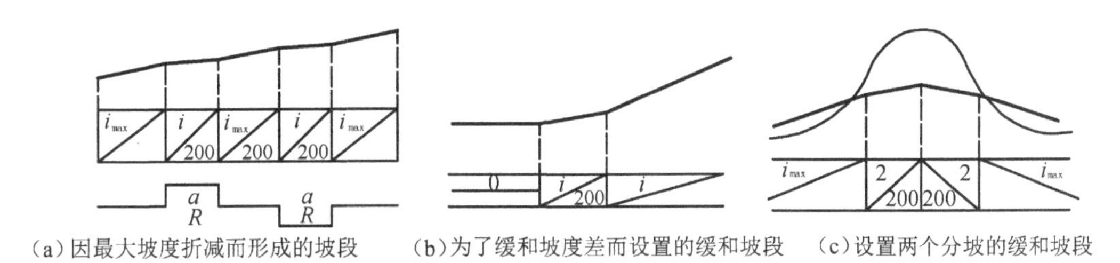

(a)因最大坡度折减而形成的坡段　(b)为了缓和坡度差而设置的缓和坡段　(c)设置两个分坡的缓和坡段

图 3－16　200 m 坡段长度

3.3.3　坡段连接

1. 相邻坡段坡度差

纵断面的坡段有上坡、下坡和平坡。上坡的坡度为正值,下坡的坡度为负值,相邻坡段坡度差的大小,应以代数差的绝对值 Δi 表示。

(1)变坡点对列车运行的影响。

①由于列车运行在变坡点上,坡道力发生变化,使列车做非稳态运动。当坡道力与基本力(牵引历、阻力或制动力)同时发生变化时,将使车钩受力大幅度增加,其值大于车钩的容许强度时,就有断钩的可能。

②由于坡道力的变化将产生附加加速度,此加速度超过一定限度时,将引起旅客不舒适感觉或使货物移位。

③列车通过变坡点时，由于惯性作用，机车将沿原来直线方向前进，在重心未过变坡点的瞬间，前轮呈悬空状态，当此悬空高度超过轮缘高度时，有脱轨的可能。

④机车、车辆通过变坡点时，引起相邻车辆的车钩中心线纵向上下错动，当错动量超限定数值时，有可能脱钩。

综合上述分析，要保证列车在经过变坡点时能平稳运行，相邻路段的坡度差不宜过大，宜有所限制。

(2)最大坡度差允许值。

相邻坡段的坡度差允许的最大值，主要由保证运行列车不断钩这一安全条件确定的，客货共线铁路、重载铁路相邻坡段的坡度差主要受货物列车制约。由于旅客车辆质量远低于货物车辆，国外高速铁路对相邻坡段的坡度差也均未限制，因此高速动车对相邻坡段的坡度差不作限制。而客货共线、重载铁路以及Ⅲ、Ⅳ级铁路因货运占据较大的比重，相邻路段的坡度差应有所限制。表3-9是《Ⅲ、Ⅳ级铁路路线设计规范》(GB 50012—2012)对客货共线、重载铁路相邻坡段的最大坡度差的规定，表3-10是《Ⅲ、Ⅳ级铁路路线设计规范》对Ⅲ、Ⅳ级铁路相邻坡段的最大坡度差的规定。纵断面设计时，相邻坡段宜设计为较小的坡度差，如超过表中规定值时，可在两相邻坡段之间设置分坡平段和缓和坡段，或者调整两相邻坡段的坡度值。

表3-9 客货共线、重载铁路相邻坡段的最大坡度差

工程条件	相邻坡段最大坡度差/‰			
	远期到发线有效长度/m			
	1050及以上	850	750	650
一般	8	10	12	15
困难	10	12	15	18

表3-10 Ⅲ、Ⅳ级铁路相邻坡段的最大坡度差

工程条件	铁路等级	相邻坡段最大坡度差/‰					
		远期到发线有效长度/m					
		1050	850	750	650	550	450及以下
一般	Ⅲ	10	12	15	18	20	25
	Ⅳ	—	—	18	20	25	25
困难	Ⅲ	12	15	18	20	25	30
	Ⅳ	—	—	20	25	30	30

2. 竖曲线

在线路纵断面的变坡点处，为了保证行车安全、线路平顺、旅客舒适而需要设置与直线相切的竖向曲线，该曲线称为竖曲线。

1)竖曲线线形

(1)抛物线形。即用一定变坡率的20 m短坡连接起来的竖曲线，这种线形在20世纪前半叶及以前曾经使用过。但因为线形不连续等原因，我国早已不采用这种线形。

(2)圆弧形。圆弧形竖曲线的线形为纵断面上的圆曲线。由于测设、养护方便,目前世界各国普遍采用这种线形。

以下内容均针对圆弧形竖曲线而言。

2)竖曲线半径限制条件

(1)满足列车通过变坡点不脱轨要求。

列车通过凸形竖曲线时,产生向上的竖向离心力,使车辆有上浮倾向。上浮车辆在横向力作用下容易发生脱轨事故。根据日本资料,上浮的离心力一般不大于车重的10%,此项安全要求在我国客货共线铁路上,对竖曲线半径不起限制作用。

(2)满足不脱钩要求。

普通客货共线铁路,当相邻车辆的连接处于变坡点附近时,车钩会上下错动,其值超过位移允许值时将会引起脱钩。

(3)旅客舒适条件。

列车通过竖曲线时,产生的竖向离心加速度不应大于旅客舒适要求的加速度允许值。竖曲线半径根据旅客列车的最高速度和舒适条件,用式(3-26)计算:

$$R_{SH} \geqslant v^2/(3.6^2 a_{SH}) \tag{3-26}$$

式中:R_{SH}为竖曲线半径(m);a_{SH}为乘客舒适度允许的竖向离心加速度(m/s^2)。高速铁路a_{SH}取值一般为0.4 m/s^2,困难为0.5 m/s^2;客货共线铁路一般a_{SH}取值为0.15 m/s^2,困难情况下取值0.2 m/s^2。

3)竖曲线半径取值

从满足旅客舒适性和运行安全性的要求,相关设计规范给出了竖曲线半径的取值。最大值不应超过30000 m,最小值根据铁路类型和等级有所不同。

(1)高速铁路最小竖曲线半径。

高速铁路最小竖曲线半径按表3-11、表3-12选用。

表3-11　高速铁路最小竖曲线半径

设计速度/($km \cdot h^{-1}$)	350	300	250
最小竖曲线半径/m	25000	25000	20000

表3-12　高速铁路限速地段最小竖曲线半径

设计速度/($km \cdot h^{-1}$)	200	160	120	80
最小竖曲线半径/m	15000	15000	10000	5000

(2)城际铁路最小竖曲线半径。

城际铁路最小竖曲线半径按表3-13选用。

(3)客货共线、重载铁路最小竖曲线半径。

路段设计速度为160 km/h及以上的地段,当相邻坡段的坡度差大于1‰时,竖曲线半径不得小于15000 m;当路段设计速度小于160 km/h,相邻坡段的坡度差大于3‰时,竖曲线半径不得小于10000 m。

表 3-13 城际铁路最小竖曲线半径

工程条件	最小竖曲线半径/m			
	设计速度/(km·h^{-1})			
	200	160	120	120 以下
一般	15000	15000	10000	5000
困难	10000	8000	5000	3000

4)竖曲线的几何要素

(1)竖曲线切线长 T_{SH}:

由图 3-17 知,

$$T_{SH}=R_{SH}\tan\frac{\alpha}{2}\approx\frac{R_{SH}}{2}\tan\alpha=\frac{R_{SH}}{2}\tan|\alpha_1-\alpha_2|$$

$$=\frac{R_{SH}}{2}\left|\frac{\tan\alpha_1-\tan\alpha_2}{1+\tan\alpha_1\tan\alpha_2}\right|=\frac{R_{SH}}{2}|\tan\alpha_1-\tan\alpha_2|$$

$$=\frac{R_{SH}}{2}\left|\frac{i_1}{1000}-\frac{i_2}{1000}\right|=\frac{R_{SH}.\Delta i}{2000}(\mathrm{m}) \tag{3-27}$$

式中:α 为竖曲线的转角(°);α_1,α_2 为前、后坡段与水平线的夹角(°),上坡为正值,下坡为负值;i_1、i_2 为前、后坡段的坡度(‰),上坡为正值,下坡为负值;Δi 为坡度代数差的绝对值(‰)。

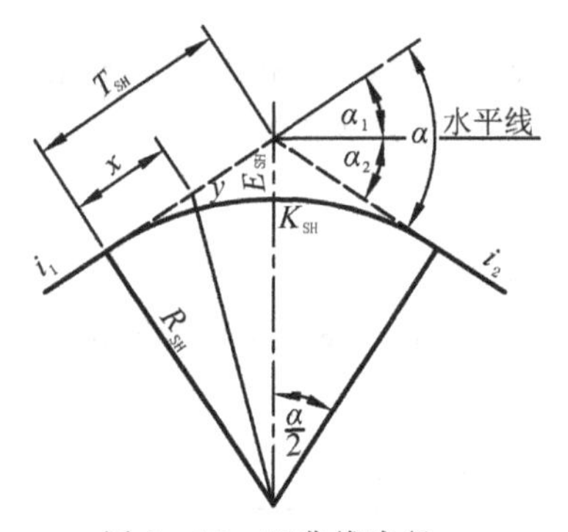

图 3-17 竖曲线半径

(2)竖曲线长度 K_{SH}:

$$K_{SH}=2T_{SH}(\mathrm{m}) \tag{3-28}$$

(3)竖曲线纵距 y:

因为

$$(R_{SH}+y)^2=R_{SH}^2+x^2$$

$$2R_{SH}\cdot y=x^2-y^2 \tag{3-29}$$

y^2 值很小,略去不计,则,

$$y=\frac{x^2}{2R_{SH}}(\mathrm{m})$$

式中:x 为切线上计算点至竖曲线起点的距离(m)。

变坡点处的纵距称为竖曲线的外矢距 E_{SH},计算式为

$$E_{SH}=\frac{T_{SH}^2}{2R_{SH}}(\mathrm{m}) \tag{3-30}$$

变坡点处的线路施工高程，应根据变坡点的设计高程，减去（凸形变坡点）或加上（凹形变坡点）外矢距的高度；路基填挖高度应根据施工高程计算。

例 3-1　某最高设计速度为 120 km/h 的城际铁路，有一凸形变坡点 A，该点地面高程为 476.50 m，计算高程为 472.36 m，相邻坡段坡度值为 $i_1=6‰$，$i_2=-2‰$，求 A 点的挖方高度。

解　查表 3-13 得：竖曲线半径为 10000 m。则

A 点的坡度差 $\Delta i=|6-(-2)|=8‰$；

A 点的竖曲线切线长 $T_{SH}=\frac{R_{SH}\cdot\Delta i}{2000}=5\Delta i=40\ \mathrm{m}$；

A 点的竖曲线外矢距 $E_{SH}=\frac{T_{SH}^2}{2R_{SH}}=\frac{(40\ \mathrm{m})^2}{2\times 10000\ \mathrm{m}}=0.08\ \mathrm{m}$；

A 点的施工高程为 472.36 m－0.08 m＝472.28 m；

A 点的挖方高度为 476.50 m－472.28 m＝4.22 m。

5)设置竖曲线的限制条件

(1)竖曲线不应与缓和曲线重叠。

缓和曲线范围内，外轨超高一般以不大于 2‰的超高递增坡度逐渐升高，在竖曲线范围内的轨顶将以一定变化率圆顺地变化，若两者重叠，将有如下影响。

①内轨轨顶维持竖曲线的形状，而外轨轨顶则由于超高改变了坡度，在一定程度上改变了竖曲线和缓和曲线在立面上的形状。

②给养护维修带来一定的困难。外轨坡变率因平、竖曲线重叠而有所变化。如要做成理论要求的形状，则养护工作要求较高，而目前竖曲线的养护维修以“目视圆顺”为准，不易做成理论要求的形状，且也难于保持。

为了保证竖曲线不与缓和曲线重叠，纵断面设计时，边坡点离开缓和曲线起终点的距离，不应小于竖曲线的切线长。

(2)竖曲线不应设在明桥面上。

明桥面上不应设置变坡点，竖曲线也不应伸入桥面。明桥面上如有竖曲线时，其曲率需要用木楔调整，每根木枕厚度都不一样，且需特制，并要固定位置顺序铺设，给施工养护带来困难。故明桥面桥应将全桥坡度设为一固定值，竖曲线不应伸入明桥面，如图 3-18 所示。其他桥梁和隧道地段竖曲线(或变坡点)设置不受限制。考虑最不利情况，凹形竖曲线设在桥梁上，由丁列车通过变坡点时产生竖直离心力和离心加速度增加了对桥梁和轨道的附加作用力。客运列车速度高而轴重小，其附加力增幅有限；货运列车轴重大，但速度低，其增加的附加力也很小。因此，除明桥面以外，在桥梁和隧道内均可设置变坡点和竖曲线。

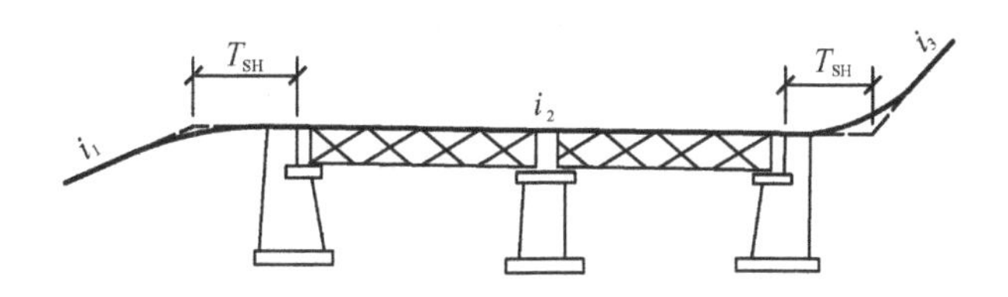

图 3-18　桥两端竖曲线位置

(3)竖曲线不应与道岔(群)及钢轨伸缩调节器重叠。

车站纵断面的竖曲线应避免设在正线道岔范围内,因为道岔为正线线路的薄弱部分,其主要部件的尖轨和辙叉应位于同一平面上,如将其设在竖曲线的曲面上,则将影响道岔的正常使用,也增加养护困难。同时,如道岔的导曲线和竖曲线重合,列车通过的平稳性更差,增加列车的摇摆和振动。钢轨伸缩调节器在结构上与道岔类似,也是正线线路的薄弱环节。因此,应将竖曲线设在道岔及钢轨伸缩调节器范围外,使竖曲线和道岔及钢轨伸缩调节器不相重叠。

(4)竖曲线与竖曲线不应重叠设置。

为满足快速列车较高的舒适度要求,从列车运行的平稳性考虑,当路段设计速度为160 km/h及以上时,两竖曲线间有一定的夹坡段长度以避免竖向振动的叠加。根据列车竖向振动衰减特性,两竖曲线间夹坡段长度一般不小于 $0.4\ v_{max}$。高速铁路、城际铁路在制定最小坡段长度时已考虑了夹坡段长度。

对于客货共线铁路、重载铁路,按照车辆稳定性分析:为保证机车车辆轮轨间的正常接触,减少车辆竖向振动,使列车运行平稳,两竖曲线间的距离不宜短于2～3节车辆长度,困难条件下,不得短于一节车辆两转向架间的距离,以避免两转向架同时分别处于不同的竖曲线上。因此一般情况下两竖曲线间的距离不宜小于40 m,困难时不应小于20 m。

缓和曲线地段、正线道岔及钢轨伸缩调节器范围内均为线路轨道的薄弱地段,在此地段设置变坡点,将形成轻微的竖向不平顺点,增加列车竖向激扰振动,影响旅客列车行车舒适度,增加线路养护维修的难度,且行车速度越高,影响越大。因此,当路段设计速度大于120 km/h时,缓和曲线地段、明桥面上、正线道岔及钢轨伸缩调节器范围内不得设置变坡点。

3.3.4 最大坡度的折减

线路纵断面设计时,在需要用足最大坡度(包括限制坡度与加力牵引坡度)的路段,当平面上出现曲线和遇到长于400 m的隧道时,因为附加阻力增多和黏着系数降低,而需要将最大坡度值减缓,以保证普通货物列车不低于计算速度或规定速度通过该路段,此项工作称为最大坡度的折减。

1. 曲线地段的最大坡度折减

在曲线地段,货物列车受到设计坡度的坡度阻力和曲线阻力之和不得超过最大坡度的坡度阻力,以保证列车不低于计算速度运行。所以设计坡度 i 应为

$$i=i_{max}-\Delta i_r(‰) \tag{3-31}$$

式中:i_{max}为最大坡度值(‰);Δi_r 为曲线阻力的相应坡度折减值(‰)。

1)路段最大坡度折减的注意事项

(1)当设计坡度值和曲线阻力当量坡度之和不大于最大坡度值时,此设计坡度不用折减。

(2)既要保证必要的折减值,又不要折减过多,以免损失高度使线路额外展长。

(3)折减时,涉及的曲线长度系指未加设缓和曲线前的圆曲线长度;涉及的货物列车长度应取近期的长度,近期长度短于远期长度,按近期长度考虑并满足远期长度的折减要求。

(4)折减坡段长度不短于且尽量接近于圆曲线长度,取为50 m的整倍数,且不应短于200 m。通常情况下,所取的坡段长度还不宜大于货物列车长度。

(5)折减后求得的设计坡度值,取小数点后一位,第二位数舍去。

2)曲线路段最大坡度折减的方法

(1)两圆曲线间不小于 200 m 的直线段,可设计为一个坡段,不予折减,按最大坡度设计。

(2)当曲线长度大于或等于货物列车长度时

$$\Delta i_r = \frac{600}{R} \tag{3-32}$$

(3)当曲线长度小于货物列车长度时

$$\Delta i_r = \frac{10.5\sum\alpha}{l} \tag{3-33}$$

式中:$\sum\alpha$ 为坡段长度(或货物列车长度)内平面曲线偏角总和;l 为坡段长度(m),当其大于货物列车长度时采用货物列车长度。

2. 小半径曲线路段的最大坡度折减

电力牵引铁路,在长大坡道上小半径曲线范围内,机车进入曲线后,动轮踏面发生横向滑动,同时在曲线范围内外轨较内轨长,致使车轮产生纵向滑动,黏着系数降低。曲线半径越小,滑动越严重,黏着系数降低越多。当列车通过最大坡道上的小半径曲线时,由于黏着系数降低,致使黏着牵引力低于计算牵引力,造成车轮空转,严重的会发生坡停事故。因此,当列车在接近最大坡道上的小半径曲线上,且货物列车运行速度接近或等于计算速度时,为了保持原来的牵引重量,保证行车安全,必须进一步减缓坡度,减缓值见表 3-14。

表 3-14　电力牵引铁路小半径曲线黏降坡度减缓值

机车类型	曲线半径/m	坡度减缓值/‰							
		最大坡度/‰							
		4	6	9	12	15	20	25	30
SS_3	350	0.15	0.20	0.29	0.37	0.45	0.59	0.73	0.86
	300	0.32	0.44	0.61	0.79	0.97	1.26	1.56	1.85
SS_4	400	0.11	0.15	0.21	0.27	0.32	0.42	0.52	0.62
	350	0.28	0.38	0.53	0.68	0.83	1.08	1.33	1.59
	300	0.45	0.61	0.85	1.09	1.34	1.74	2.15	2.55
SS_7	550	0.07	0.10	0.14	0.18	0.22	0.29	0.35	0.42
	500	0.22	0.31	0.43	0.56	0.68	0.89	1.09	1.30
	450	0.38	0.52	0.72	0.93	1.14	1.49	1.83	2.18
	400	0.53	0.72	1.02	1.31	1.60	2.09	2.57	3.06
	350	0.68	0.93	1.31	1.68	2.06	2.69	3.32	3.94
	300	0.83	1.14	1.60	2.06	2.52	3.29	4.06	4.82
SS_{6B}	450	0.16	0.21	0.30	0.39	0.47	0.61	0.76	0.90
	400	0.32	0.43	0.61	0.78	0.95	1.24	1.53	1.82
	350	0.48	0.65	0.91	1.18	1.44	1.87	2.31	2.75
	300	0.64	0.87	1.22	1.57	1.92	2.50	3.09	3.67

续表

机车类型	曲线半径/m	坡度减缓值/‰							
		最大坡度/‰							
		4	6	9	12	15	20	25	30
6K	450	0.09	0.12	0.17	0.21	0.26	0.34	0.42	0.50
	400	0.25	0.34	0.48	0.61	0.75	0.98	1.21	1.44
	350	0.41	0.56	0.79	1.02	1.24	1.62	2.00	2.38
	300	0.57	0.78	1.10	1.42	1.73	2.26	2.79	3.32
8G	500	0.11	0.15	0.21	0.27	0.33	0.43	0.53	0.63
	450	0.27	0.37	0.51	0.66	0.81	1.05	1.29	1.54
	400	0.42	0.58	0.81	1.05	1.28	1.67	2.06	2.44
	350	0.58	0.80	1.11	1.43	1.75	2.29	2.82	3.35
	300	0.74	1.01	1.42	1.82	2.23	2.90	3.58	4.26

3. 隧道内的最大坡度折减

位于长大坡道上且隧道长度大于 400 m 的路段，最大坡度应进行折减。

1)影响折减的因素

(1)列车在隧道内运行，要产生隧道空气附加阻力，因此最大坡度要相应进行折减。

(2)内燃牵引时，为防止煤烟、废气进入司机室，要提高列车通过隧道的速度，为保证列车的过洞速度，最大坡度应进行折减。

(3)隧道内黏着系数降低。隧道内轨面较为潮湿，且黏附有烟尘油垢，使轮轨间黏着系数降低。

(4)内燃机车通过隧道时，若速度过低，因散热条件不良将引起柴油机功率降低，可以提高内燃机车过洞速度，来减少功率降低。

2) 最大坡度的折减系数规定

(1)长度大于 400 m 的内燃牵引铁路隧道、电力牵引重载铁路单洞单线隧道和 160 km/h 及以下客货共线铁路单洞单线隧道内的线路坡度，不得大于最大坡度乘以表 3 - 15 规定的系数所得的数值。即

$$i=\beta_s \cdot i_{max}$$

式中：β_s 查表 3 - 15。

表 3 - 15 内燃、电力牵引铁路隧道内线路最大坡度折减系数

隧道长度/m	最大坡度折减系数		
	内燃牵引	电力牵引	
		160 km/h 及以下客货共线铁路单洞单线	重载铁路单洞单线
$400<L\leqslant 1000$	0.90	0.95	
$1000<L\leqslant 4000$	0.80	0.90	
$L>4000$	0.75	0.85	

(2)长度大于 1000 m 的电力牵引客货共线铁路设计速度 120 km/h 及以上单洞双线和设计速度 200 km/h 单洞单线隧道内的线路坡度，不得大于最大坡度减去表 3－16 规定的减缓值所得的数值。

表 3－16　电力牵引客货共线铁路隧道内线路最大坡度减缓值　　单位：‰

隧道长度/m	设计速度			
	200 km/h		160 km/h	120 km/h
	单洞单线	单洞双线	单洞双线	单洞双线
$1000<L\leqslant 5000$	0.46	0.09	0.13	0.29
$5000<L\leqslant 15000$	0.76	0.27	0.32	0.53
$15000<L\leqslant 25000$	0.89	0.35	0.40	0.62
$L>25000$	0.93	0.37	0.43	0.66

(3)长度大于 5000 m 的电力牵引重载铁路单洞双线隧道内线路坡度，不得大于最大坡度减去表 3－17 规定的减缓值所得的数值。

表 3－17　电力牵引重载铁路单洞双线隧道内线路最大坡度减缓值

隧道长度/m	$5000<L\leqslant 10000$	$10000<L\leqslant 15000$	$L>25000$
最大坡度减缓值/‰	0.06	0.14	0.20

(4)位于曲线地段的隧道，应先进行隧道坡度减缓（折减），再进行曲线坡度减缓。

(5)内燃机车牵引列车通过长度小于或等于 1000 m 的隧道时，最低运行速度不得小于机车的最低计算速度 v_{min}，隧道长度大于 1000 m 时最低运行速度不得小于 $v_{jmin}+5$ km/h。达不到上述要求时，应在隧道外设计加速缓坡。

3.4　桥涵、隧道、路基地段的平纵断面设计

3.4.1　桥涵路段的平纵断面设计

桥梁按其长度可划分为：特大桥（桥长大于 500 m）、大桥（桥长 100 m 以上至 500 m）、中桥（桥长 20 m 以上至 100 m）和小桥（桥长 20 m 及以下者）。涵洞孔径一般为 0.75～6.0 m。

1. 桥涵路段的平面设计

小桥和涵洞的线路平面无特殊要求。

大中桥宜设在直线上，困难条件下必须设在曲线上时，宜采用较大的曲线半径。桥梁设在曲线上有以下缺点：桥梁结构设计和施工不便；更换钢轨和整正曲线比较困难；线路容易变形造成过大偏心；对墩台受力不利；曲线上行车摇摆对桥梁受力和运行安全均属不利。

明桥面桥应设在直线上。如设在曲线上，因桥梁上未铺道砟，线路很难固定，轨距不易保持，影响行车安全；明桥上的外轨超高要用桥枕高度调整，铺设和抽换轨枕比较困难。所以只有在特殊困难条件下，确有技术经济依据时，方可将跨度大于 40 m 或桥长大于 100 m 的明桥

面桥设在半径不小于 1000 m 的曲线上。

明桥面桥不应设在反向曲线上。因为如将桥梁设在反向曲线上，列车通过时，将产生剧烈摆动，影响运营安全；同时线路养护不易正确就位，易产生偏心，亦有害于桥梁受力。

缓和曲线不宜设在明桥面桥上。因为缓和曲线的曲率和超高是渐变的，在明桥面桥上设置麻烦，而且养护维修比较困难。

特大桥和大桥的桥头引线，如设在曲线上时，宜用较大的曲线半径。因为桥头引线，特别是大桥的桥头引线，不应低于桥上线路平面的标准。在困难情况下，为了避免工程困难或过大，桥头曲线半径也应符合该段线路的最小曲线半径的规定。如桥头引线曲线外侧迎向水流上游时，则宜将曲线推移到洪泛线之外，以免在桥头产生回流而形成水袋，危及路基稳定和安全。

2. 桥涵路段的纵断面设计

涵洞和道砟桥面可设于任何纵断面的坡道上。

明桥面的桥应尽量设在平道上。设在坡道上时，由于钢轨爬行的影响，难于锁定线路和保持轨距标准，给线路养护带来困难，也影响行车安全。如果必须设在坡道上时，坡度不宜大于4‰，以免列车下坡时，在桥上制动增加钢轨爬行。

竖曲线不应设在明桥面桥上。明桥面上如有竖曲线时，其曲率需要调整轨顶标高来实现，每根轨枕厚度都不一样，均需特制，并需要固定位置顺序铺设，给施工、养护带来很大的困难。

桥涵处的路肩设计标高，涵洞处应不低于水文条件和构造条件所要求的最低高度，桥梁处应不低于水文条件和桥下净空高度所要求的最低高度。平原地区通航河流上的大型桥梁，为了保证桥下必要的通航净空，并使两端引线的标高降低，可在桥上设置凸形纵断面。

3.4.2 隧道路段的平纵断面设计

1. 隧道路段的线路平面

隧道内的测量、施工、运营、通风和养护等条件均比空旷地段差，曲线隧道更为严重。所以隧道宜设在直线上，如地形地质等条件限制必须设在曲线上时，宜将曲线设在洞口附近并采用较大的曲线半径。

隧道不宜设在反向曲线上。根据运营经验，反向曲线的维修养护比同向曲线更为复杂，列车运营也不如在同向曲线平稳，当夹直线较短时，这些缺点更为显著。

当直线隧道外的曲线接近洞口时，应使直缓点或缓直点与洞口的距离不小于 25 m，以免引起洞门和洞口的衬砌加宽。

2. 隧道路段的线路纵断面

隧道内的线路纵断面，可设置为单面坡或人字坡。单面坡能争取高度且有利于长隧道的运营通风，人字坡有利于施工中的排水和出碴。

需要用足最大坡度路段的隧道，为了争取高度，一般应设计为单面坡。

当地下水发育且地形条件允许时，越岭长隧道宜设计为人字坡，以利于排水。但人字坡的长隧道由于通风不良，内燃牵引时双方向上坡列车排出的废气与油烟会污染隧道，恶化运营和维修工作条件，必要时应采用人工通风。

隧道内的坡度不宜小于 3‰，以利于排水；严寒地区且地下水发育的隧道，可适当加大坡度，以减少冬季排水结冻堆积的影响。

3.4.3 路基对线路纵断面的要求

大中桥的桥头引线、水库地区和低洼地带的路基，路肩设计标高应不小于(设计水位＋壅水高度＋波浪侵袭高度＋0.5 m)。

小桥涵洞附近的路基，路肩设计标高应不小于(设计水位＋壅水高度＋ 0.5 m)。

长大路堑内的设计坡度不宜小于 2‰，以利侧沟排水。当路堑长度在 400 m 以上且位于凸形纵断面的坡顶时，可设计为坡度不小于 2‰、坡长不小于 200 m 的人字坡。

3.5 线路平面图和纵断面图

线路平面图和纵断面图是铁路设计的基本文件。线路平面图全面、清晰地反映了铁路平面位置和经过地区的地形、地物等，纵断面图反映了线路的空间位置和起伏状态。线路平面图和纵断面图是铁路设计的基本文件，是线路设计人员设计意图的最终体现，是轨道、路基、桥涵、隧道、车站等专册设计的基础文件，在铁路工程项目审批、专家评审、指导施工、竣工验收和线路维护等方面都有重要作用。

1. 分类与比例尺

在铁路生命周期的各个阶段都要编制不同要求、不同用途的各种线路平纵断面图，其比例尺、项目内容和详细程度均不相同。

预可行性研究需编制线路平、纵断面缩图、线路方案平面图。可行性研究需编制线路方案平面缩图、线路方案平面图、推荐方案和主要比较方案线路平面图、推荐方案和主要比较方案线路纵断面图，客运专线还需编制联络线、动车组走行线等相关线路平、纵断面图。初步设计阶段需编制线路方案平面图、线路平面图和线路详细纵断面图。施工图设计阶段主要编制线路平面图、线路详细纵断面图和改移道路及平交道设计图。

1)线路平、纵断面缩图

线路平、纵断面缩图是表达线路基本走向的平、纵断面概略图，其比例尺一般是平面 1∶50000～1∶500000；纵断面横向 1∶50000～1∶500000，竖向有 1∶1000，1∶2000，1∶5000 三种。

2)线路方案平面缩图

线路方案平面缩图绘出推荐方案和各重大线路比较方案，填绘主要地质构造线和重大不良地质范围，比例尺一般为 1∶50000。

3)线路方案平面图

在预可行性研究阶段，线路方案平面图应标注控制线路走向的主要不良地质和环境敏感区；在可行性研究阶段，线路方案平面图应绘出推荐方案和各重大线路方案、线路局部方案，填绘主要地质构造线和重大不良地质范围，并标出有关水利、城市、交通及环境保护特殊地区对线路设计的要求，比例尺一般为1∶10000～1∶50000。

4)线路平面图和纵断面图

线路平面图和纵断面图是线路设计的主要成果，在不同阶段其比例尺、项目内容和详细程度均不相同。需绘出推荐方案和主要比较方案，标注控制线路走向或线路方案的主要不良地质和环境敏感区，填绘不良地质范围及性质。线路平面图的比例尺，在预可行性研究阶段为

1：10000～1：50000，初步设计、施工图设计阶段为 1：2000 或 1：50000；线路纵断面图的横向比例尺为 1：10000～1：50000，竖向比例尺为 1：500～1：1000。详细纵断面图的横向比例尺为 1：10000，竖向比例尺为 1：100 或 1：200。

2. 线路平面图

图 3－19 是用于可行性研究和初步设计的线路平面图，是在绘有初测导线和经纬距的大比例带状地形图上，设计出线路平面和标出有关的资料。

1)线路中线

线路平面图应展绘推荐方案和主要比较方案的线路中线，并宜绘在同一卷图内。图中应标注设计起终点里程、方案名称、接线关系。里程标注应在整千米处标注线路千米标，千米标之间标注百米标，里程桩号标注在垂直于线路的短线上，里程从左向右或由右向左增加时，字头均朝向图纸左端。千米标应注写各设计阶段代号，可行性研究为 AK，初测为 CK，定测为 DK 等。其余桩号的千米标可省略。两方案或两测量队衔接处，应在图上注明断链和断高关系。

新建双线铁路应绘制左、右线并标注左线里程，注明右线绕行起终点、里程关系、绕行线里程、段落编号和断链。线间距变换处应标注设计线间距数值。

螺旋线、回头曲线处字头朝向的改变应符合线路展直后字头仍朝向图纸左端的规定。

2)曲线要素及其起终点里程

当纸上定线比例大于、等于 1：10000 时，应绘制曲线交点，并应标注交点编号。定测放线时，应绘制曲线控制桩(曲线起讫点)。曲线控制桩标注应垂直于线路中心线引出，并应标注起讫点符号和里程。

新建单线铁路曲线要素应标注在曲线内侧。新建双线或预留第二线，曲线要素应按左线、右线分别标注，左线标注在左侧，右线标注在右侧适当的位置。内业断链标注在曲线要素下方。

曲线转角应加脚注 z 或 y，表示左转角或右转角。曲线要素应平行线路写于曲线内侧。曲线起点 ZH(直缓点)和终点 HZ(缓直点)的里程，应垂直于线路写在曲线内侧。

3)线路上各主要建筑物

沿线的车站、大中桥、隧道、平交道口、立交桥等建筑物，应以规定图例符号表示，并注明里程、类型和大小。如有改移公路、河道时，应绘出其中线。

4)初测导线和水准点

线路平面图应绘制初测导线。导线应标注导线点编号、里程、高程及导线的方位角或方向角，即图 3－19 中连续的折线。图中还应绘出水准基点的位置、编号及高程，其符号为 BM。

3. 详细纵断面图

铁路设计阶段使用详细纵断面图，图中横向表示线路的长度，竖向表示高程。详细纵断面图中应标注主要技术标准、设计起终点里程、第二线绕行地段的起终点里程、接线关系和断链。在纵断面起点和高程断开处应绘制高程标尺。图幅上部应绘制图样、下部绘制纵断面栏，如图 3－20 所示。图中还应标注水准点编号、高程及所在位置。详细纵断面图宜绘制地质图形符号。

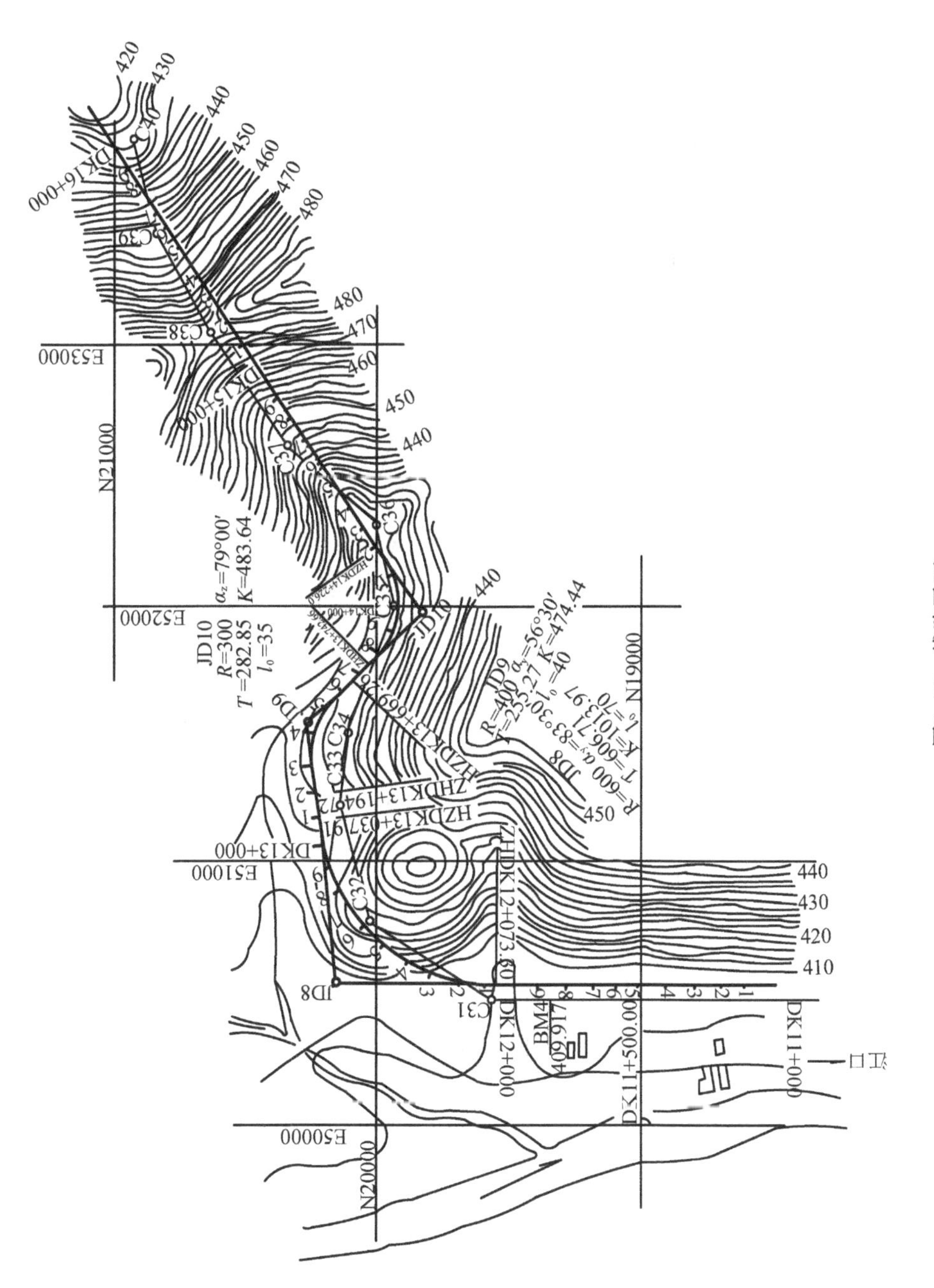

图3-19　线路平面
（注：图中长度单位为m）

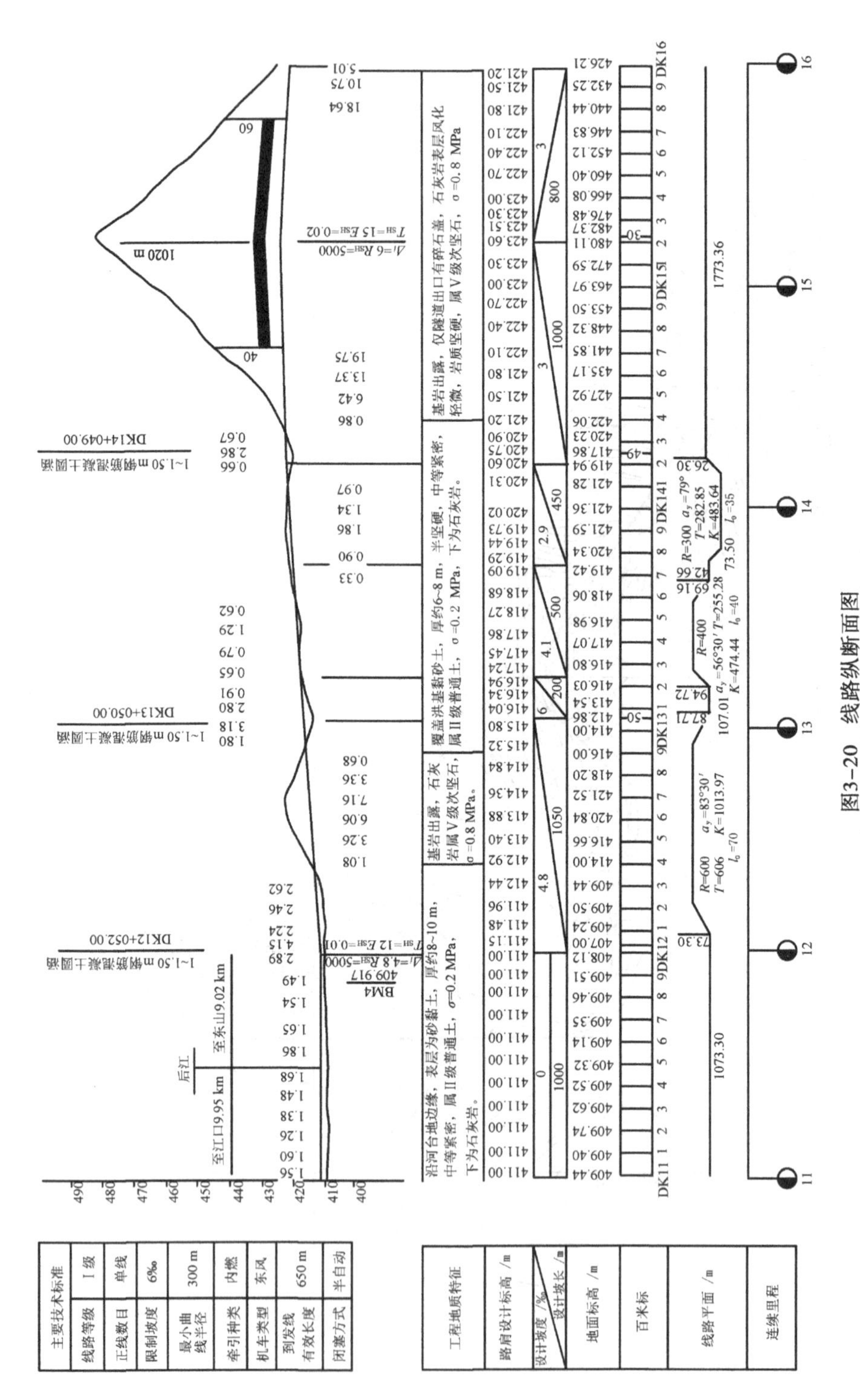

图3-20 线路纵断面图
（注：图中未标注长度单位为m）

新建双线、增建第二线的详细纵断面图应按原单线连续绘制。顶留第二线的纵断面图应按第一线连续绘制。绕行地段和两线并行不等高地段均应绘制辅助纵断面图。

1)纵断面栏目

线路资料和数据标注在图的下方，自下而上的顺序如下。

①连续里程。一般以线路起点车站的旅客站房中心线处为零点起算，在整千米处注明里程。

②线路平面。线路平面的示意图，凸起部分表示右转曲线，凹下部分表示左转曲线。凸起与凹下部分的转折点依次为 ZH(直缓点)、HY(缓圆点)、YH(圆缓点)、HZ(缓直点)。在 ZH 和 HZ 点处要注上距前一百米标的距离。曲线要素标注于曲线内侧。两相邻曲线间的水平线为直线段时要标注其长度。

③百米标与加标。在整百米标处标注百米标数，加标处应标注距前一百米标的距离。

④地面高程。各百米标和加标处应填写地面高程(也称地面标高)。在地形图上读取高程的精度为十分之一的等高线距；外业测得的高程，标注精度为 0.01 m。

⑤设计坡度及设计坡长。自左向右向上或向下的斜线表示上坡道或下坡道，水平线表示平坡道。线上数字表示坡度(‰)，线下数字表示坡段长度(m)。

⑥路肩设计高程。图上应标出各变坡点、百米标和加标处的路肩设计高程，精度为 0.01 m。

⑦工程地质特征。简要填写沿线各路段重大不良地质现象、主要地层构造、岩性特征、水文地质等情况。

⑧断链。断链指的是因线路分段勘测设计、局部改线、第二线与既有线在曲线处长度不同等原因造成的桩号不连接、里程不连续的现象。具体表现为在断链处，纵断面栏目中两相邻“百米标”间的实际长度不代表 100 m。桩号重叠(前里程－后里程＞0)的断链称为长链，桩号间断(前里程－后里程＜0)的断链称为短链。

设置断链的目的是方便线路里程的局部调整。由于变坡点一般要求在 50 m 整倍数的里程上，在上述地段若不设置断链，将会使得后续变坡点处的里程满足不了 50 m 整倍数的要求。设置断链给线路设计尤其是纵断面设计带来了很大的方便。但不利影响也很明显：使得线路运营里程不连续，线路终点里程与实际长度不一致。计算线路的实际长度时应扣除断链的影响。

2)纵断面图样

图样绘于图的上方，表示线路纵断面概貌和沿线建筑物特征。图样中应绘制设计坡度线和地面线，细线表示地面线，粗线表示设计坡度线。

纵断面示意图的左方应标注铁路主要技术标准。

车站符号的左、右侧应标注距前、后车站的距离和前、后同时的往返走行时分。设计坡度线的上方，要求标出线路各主要建筑物的名称、里程、类型和大小，还需绘出断链标和水准基点标的位置和数据。

3.6　计算机辅助线路设计

为了提高线路设计效率、减轻劳动强度，应当利用现代科技手段，研究推广计算机辅助线路设计技术。

计算机辅助线路设计主要研究用计算机及其外围设备和图形输入输出设备帮助工程师进行铁路线路设计的技术;它是随着计算机及其外围设备、图形设备及其软件以及现代勘测技术的发展而发展的。用计算机辅助铁路线路设计对提高设计质量、节省人力和资金、加快设计速度均有明显的效益,对改革传统的线路设计方法和促进铁路勘测设计现代化是一种行之有效的手段。

铁路线路计算机辅助设计的主要内容包括:建立数字地面模型或地理信息系统;线路局部方案走向选择;线路平、纵断面计算机辅助设计;工程数量(造价)计算;线路纵断面优化设计;线路平、纵断面联合优化设计;计算机绘图;数字地面模型及设计结果的三维化显示。

3.6.1 数字地面模型简介

数字地面模型DTM(Digital Terrain Model),也称数字地形模型,简称数模,是表达地形特征空间分布的一个规则排列或不规则排列的数字阵列。也就是将地形表面用密集点的(x,y,z)坐标的数字形式来表达。由于数据库中测量数据有限,而设计线所经地点几乎无实测数据支持,故无法从数据库中直接检索到所需点的高程。这样就不能直接绘出地形纵断面,也无法进行纵断面设计。如果根据原始、有限的数据点的数据建立一个数学曲面,使该曲面逼近实际地形表面,就可以根据该曲面内插出地面上任意一点的高程或其他地形信息。

常用的数字地形模型的主要形式包括:方格网式、三角网式、鱼骨式、离散型和分块离散型数字地面模型。

数模的建立步骤如下。

1)数据获取

数据点是构成数字地面模型的基本元素,其作用相当于外业测绘等高线的碎部点。采集、构造数字地面模型的数据常用的方法有四种,即地面测量采集数据、既有地形图数字化、摄影测量采集数据和利用卫星信息采集数据。当然,这些采集方法只是在没有现成的地面信息、数据库的情况下,才需要结合勘测设计任务进行相应的工作。一旦建立了国家地形或地理信息中心数据库,设计部门就可根据工程建设项目,直接向国家信息数据库索取所需要的小比例尺地形信息。

2)数据处理

数据处理就是对大量的地形点数据实施有效的管理,其方法依据所建的数模类型而定。目前铁路设计中所建数模主要有如下两类。

(1)三角网式数模。

将大量离散的地形点组成一个个三角形互不重叠、其内部也无空洞的三角形格网,并建立一个检索系统,利用该系统可快速检索出任意指定点所在的三角形编号。

(2)离散点式数模。

将大地的地形点按一定的格网排序,建立一个相应的检索系统,利用该系统可快速检索出任意指定点附近一定范围内的所有数模数据点。

3)内插指定点高程

内插指定点高程的方法因所建数模类型不同而不同。

(1)对三角形数模,可根据指定点坐标x,y所在三角形的三个顶点的三维坐标,按下式进行线性内插求出z值。

$$\begin{vmatrix} x & y & z & 1 \\ x_1 & y_1 & z_1 & 1 \\ x_2 & y_2 & z_2 & 1 \\ x_3 & y_3 & z_3 & 1 \end{vmatrix} = 0 \tag{3-34}$$

式中：x_1、y_1、z_1、x_2、y_2、z_2、x_3、y_3、z_3 为三角形三个顶点的三维坐标；$z=a_0+a_1x+a_2y+a_3xy$，其中 a_0、a_1、a_2、a_3 为待定系数。

(2)对离散点数模，则采用曲面拟合的办法来解决。其基本思路：以待插点为圆心，以规定半径 R 作一个圆，落在此圆内的已知点就是选用点，用一个二次曲面或三次曲面来拟合待插点周围的地表形状，二次曲面公式为

$$z=Ax^2+Bxy+Cy^2+Dx+Ey+F \tag{3-35}$$

式中：A、B、C、D、E、F 为6个待定系数，用多于6个已知点的数据依最小二乘法原理求得，实际上待插点的高程就是求得点的地面高程 z 值。

目前一般大型的地理信息系统(GIS)均已具备自动内插指定点高程的功能。

3.6.2　线路纵断面设计

首先在地形图上定出线路平面位置(人工纸上定线或在计算机图形终端上用图形式定出)，将平面交点坐标、平面曲线半径、有关的技术标准以及高程控制点里程和要求等数据存入数据库；依据设计线所经地区的带状数字地面模型，内插出地面纵断面和地面横坡等资料。根据内插所得地面纵断面，用计算机自动产生一条既满足约束条件和技术标准，又尽可能接近地面的纵断面设计线，作为初始纵断面。

从初始纵断面出发，用某种优化方法进行纵断面优化设计，从而给出一条在已定平面下工程费最小的最优链式纵断面；用自动分析计算和交互式图形技术相结合，将最优化链式纵断面整饰为设计纵断面。最后，借助计算机的外围设备绘制线路纵断面图。

1)自动生成初始纵断面

自动产生初始纵断面的方法基本有如下两种。

(1)确定由短坡段(链式坡段)组成的设计线，找到链式坡段的最优方案后，将其整饰成规范所容许的直线形坡段，如梯度投影法所采用的初值确定方法。

(2)用曲线类函数以最小二乘法解待定系数得初始解。

在铁路纵断面优化设计方法中，用得较多的是以链式坡段为基础，通过逐步探索的方法生成不等长链式坡段组成的设计初值。该方法在程序中采用了人工选线的智能模拟。设计中，仅考虑高程约束、最大坡度、允许坡度差的限制(约束条件)，而对最小坡段长度不加限制，桥、涵处考虑控制高程。隧道座数、隧道位置、隧道长度由计算机自动确定。设计中需经常对违反设计标准和约束条件的地方进行调整。若各约束条件均能满足，则可得到一条既紧密配合地面线，又服从约束条件的初步纵断面线。此方法适用于一般地形条件下自动拟定纵断面初值，也能较好地适应紧坡地段和缓坡地段定线的不同需求。

2)纵断面优化

纵断面优化的方法已有很多，如连续分析方案法、局部差分法、梯度法、共轭梯度法、梯度投影法等。这些方法的差别在于提出问题和实现优化方法的严格程度；所得解接近最优解的程度；考虑影响设计线位置的主要因素和充分程度；以及电子计算机的计算时间等。铁路纵断

面优化设计的目标函数近于分段二次函数，可以认为是凸函数，而其约束都是一次式。梯度投影法比较适合求解这类具有线性约束的非线性规划问题。至于目标函数的一阶偏导数，可用数值微分的方法计算。

梯度投影法主要利用目标函数的负梯度$-\nabla F(x_q)$在x_q点所属的那些约束自由面的交集上的投影来解约束最小化问题。

铁路线路纵断面优化设计的数学模型可归纳为有一组设计变量$x_1,x_2,\cdots$，求解下列问题：

$$\left.\begin{aligned}&\text{目标：}f(x)\to\min\\&\text{约束条件：}\\&g_i(x)\geqslant 0,i=1,2,\cdots,p\\&h_j(x)=0,j=1,2,\cdots,q\end{aligned}\right\}\qquad(3-36)$$

其中：$f(x)$为优化目标函数；$g_i(x)$为p个不等式约束；$h_j(x)$为q个不等式约束。

3)链式纵断面整饰

所谓整饰就是将最优链式坡纵断面修饰成符合纵断面设计要求的长坡段纵断面，其基本方法如下。

(1)利用计算机图形技术，把最优链式纵断面分为紧坡与缓坡地段；

(2)由计算机分别对各个紧坡地段和缓坡地段进行自动整饰，将坡度相差不大、坡段长度较短的坡段进行合并；

(3)用交互式图形技术对自动整饰结果加以完善。

自动整饰的原则是：整饰后形成的长坡段纵断面在满足规范要求的前提下，使设计纵断面线上各 50 m 点与最优链式纵断面线上对应点的高程差的平方和最小。

4)纵断面图的绘制

线路纵断面图的横向表示线路长度，竖向表示高程。纵断面图由两部分内容组成：线路资料和数据、纵断面示意图。作为最后结果的纵断面图，应按铁路线路图式、图例的标准格式生成图形，如图 3-20 所示。

3.6.3 线路平面设计

以数字地形模型和“电子地形图”为基础，采用交互式图形技术和优化技术相结合，完成线路方案平面计算机辅助设计工作。

1. 生成线路平面初始方案

可采用人工拟定初始平面和计算机自动生成初始平面两种方法生成线路平面初始方案。

2. 线路平纵面联合优化

从平面初始方案出发，进行线路平纵面联合优化，为方案综合评选提供依据。

当纵断面以变坡点设计高程z为设计变量，平面以平曲线半径R和转点坐标x和y为设计变量时，平纵面联合化设计的数学模型为

$$\left.\begin{aligned}&\min f(\boldsymbol{x},\boldsymbol{x},\boldsymbol{z},\boldsymbol{R})\\&\text{s. t. } g_j(\boldsymbol{x},\boldsymbol{y},\boldsymbol{R})\geqslant 0,j=1,2,\cdots,p\\&h_k(\boldsymbol{z})\geqslant 0,k=1,2,\cdots,q\end{aligned}\right\}\qquad(3-37)$$

式中：平面设计变量 $\boldsymbol{x}$,$\boldsymbol{y}$,$\boldsymbol{R}$ 均为 m 维向量，m 为平面交点个数；$\boldsymbol{z}$ 为 n 维向量，n 为纵断面变坡点个数。

3. 线路平面图的绘制

线路平面设计图的绘制就是将线路的设计平面套绘在等高线地形图上。首先计算出线路特征点和百米标、加标的平面坐标，通过坐标变换，转换成图形坐标，再分别调用绘直线函数和绘曲线子程序，绘出线路平面，并标以符号和注字。用于绘制线路平面的数据结构包括：导线资料、线路起讫点平面坐标、站坪长度、桥隧起讫点里程、车站类型标志（如中间站、区段站等）线路平面交点编号、圆曲线半径、缓和曲线长度、左右转曲线标志、曲线转向角、主点坐标及里程等，见图 3-20。

第4章 路基与桥涵设计

路基是铁路线路的基础,承受铁路轨道的质量及机车车辆的动力荷载。在铁路建设中,路基工程占全部投资的比例较大,对施工工期的影响也比较大,在日常养护工作中,有关路基病害所投入的劳动力和资金也是相当可观的。同时,路基工程占地最多,直接影响到农业生产和农田建设。路基状态不良,直接影响线路平顺和行车的安全。

铁路线路设计和路基设计是相辅相成的。一般情况下线路设计直接影响到路基设计,因为路基的稳定条件、路基的工程难易、路基占用农田多少等,主要决定于线路线位的选定是否恰当。合理地选定线位,避开一些难以处理的地质不良地段和艰巨的路基工程,既可保证路基稳定、节约投资,又便于路基的设计、施工和养护;反之,在线路基本确定以后,通过路基设计,也可以恰当地处理一些难以绕避的困难路段,以提高铁路的使用质量。

路基的设计内容,一般包括路基本体工程、路基排水、路基防护与加固、取土坑与弃土堆,以及由于修筑路基而引起的改沟或改河工程等。就其性质来说,路基设计可分为一般设计和个别设计两种。一般设计是指在一般工程地质条件地段的一般路基设计,设计时,可按现行标准、规范的规定办理,根据标准路基横断面绘制各个路基横断面图;特殊设计是指下列情况的路基及其附属工程的设计:(1)工程地质、水文地质条件复杂或路基边坡高度超过 20 m 的路基;(2)修筑在陡坡(填料与基底均为不易风化岩石时,地面横坡等于或大于 1∶2;其他情况等于或大于 1∶2.5)上的路堤;(3)特殊条件下的路基,如滑体、崩塌、岩堆、浸水路堤等;(4)路基的防护加固和影响路基稳定的改移河道工程。设计时须根据具体情况和要求,通过周密调查全面分析,综合采用各种防治措施,必要时须作稳定性验算进行个别设计。

4.1 路 基

在与线路中心线垂直的横向剖面内的地面和路基图形叫做路基的横断面,这是用以表明路基各部分构造、主要尺寸和形状的图形。路基横断面依其地形及断面不同,分为路堤、路堑、半路堤、半路堑、半堤半堑和不填不挖等六种形式,见图 4-1。

路基断面依其地质及填筑材料分为土质和石质路基两种。路堤和路堑是路基最常见的基本形式。路堤是当铁路线路高于天然地面时,路基以填筑的方法构成的;路堑则是当铁路线路低于天然地面时,路基以开挖的方法构成的。

4.1.1 路基面形状

路基上铺设铁路轨道的部分称为路基面,路基面无道砟覆盖的部分称为路肩,路肩边缘以外的斜坡称为路基边坡。边坡、路基面和原有地形所包围的实体就是路基本体。

有砟轨道路基面形状应设计为三角形,两侧横向排水坡不宜小于 4%;无砟轨道支承层(或底座)底部范围内路基面可水平设置,支承层(或底座)外侧路基面应设置不小于 4%的横向排水坡。

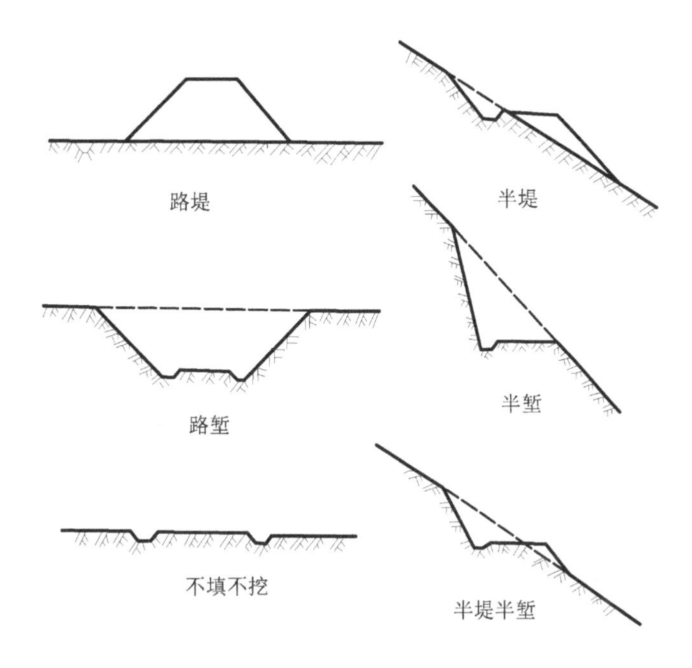

图 4－1　路基横断面形式

路肩的作用是:(1)防止道砟散落,保持道床的完整;(2)供铁路员工行走、避车、运送和存放线路器材和机具,便于养路作业;(3)设置必要线路标志和行车信号;(4)对于路堤,它还有增强土体核心部分,制止土壤在荷载下向两侧挤动的作用,加强路基的稳定性。

水渗入路基,会使路基土壤强度降低,从而引起路基坍坏。为了使路基上的水迅速排泄,当修筑路基的土壤为水稳性低的普通土壤(黏土、砂黏土、黏砂土等)时,路基面应做路拱。

单线铁路非渗水土路基面的路拱为梯形,拱高为 0.15 m,顶宽为 2.1 m,底宽等于路基面宽度,如图 4－2(a)所示。这是因为存在如下优点:(1)路拱能改善路基面排水条件;(2)有些地区当地缺少道砟材料,有先将轨枕和钢轨铺好,再补铺道砟的情况,采用梯形路拱不致折断轨枕;(3)在有路拱的路基上施工,一般先将路基面做成平面直至拱顶高度,然后按路拱形状将两侧削成斜坡,以此做成的路拱,与路基成一整体,质量较好,所以不论是路堤或路堑,采用梯形路拱较三角形路拱削坡的工作量较少且易于施工。路拱顶宽从排水条件而言,越窄越好,但为了初期铺设的轨枕传布压力均匀,则以大于两根钢轨底座外侧的间距(约为 1.8 m)为宜;若

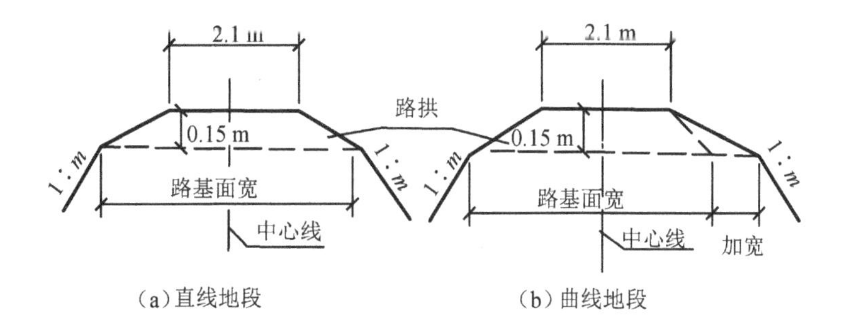

图 4－2　单线路基路拱断面

为轨枕受压后不致陷入路基内形成凹槽，则又要求小于轨枕长度(2.5 m)为好，故拱顶宽度采用中间数值 2.1 m。为了保持梯形路拱两侧斜面有不小于 4%的排水坡度，路拱高度采用 0.15 m。曲线加宽时，路拱的上宽保持不变，如图 4－2(b)所示。

一次建筑双线路基的路拱断面应做成三角形，轨枕铺在两侧的坡面上，轨枕不致悬空，三角形横断面又易于排水。路拱拱高规定为 0.2 m，拱底宽度和路基面宽相等，如图 4－3 所示，为保持半边路基宽度各具有约相当于 4%的横坡，以利于排水。二次建筑的双线路基的路拱断面如图 4－4 所示。曲线加宽时，仍应保持三角形。

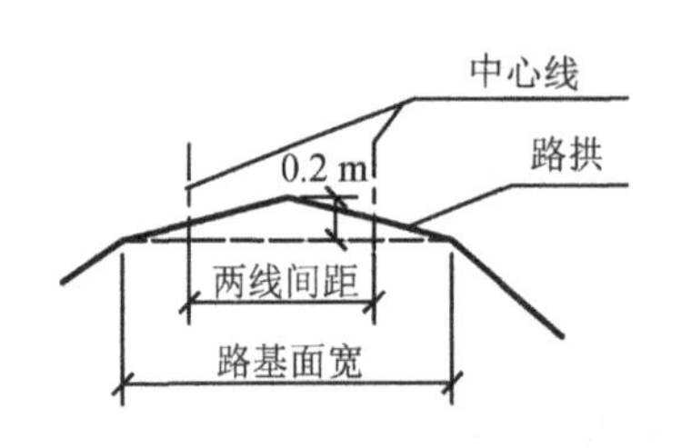

图 4－3 一次修筑单线路拱断面

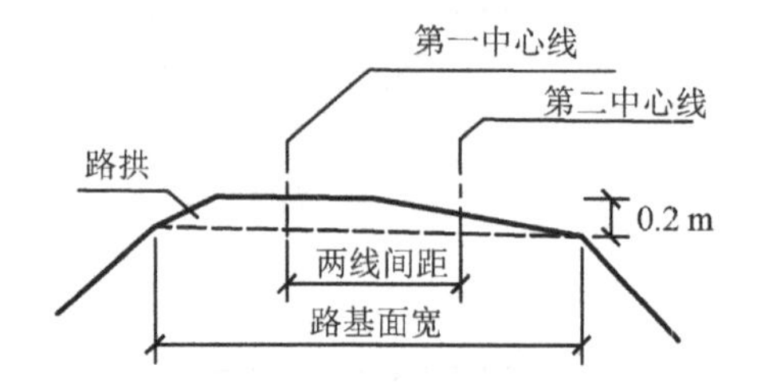

图 4－4 二次修筑双线路拱断面

岩石(年平均降雨量大于 400 mm 地区的易风化泥质岩石除外)、渗水土(如粗砂、砾石、卵石、碎石、块石等)修筑的路基面应做成水平面，可以不修路拱。因为其渗水性大或有较强的抗水性，被水浸湿后强度不致降低，故路基面无论单线或双线均可做成水平面。为了保持钢轨顶面高程与线路设计的相同，必须把基面提高，其提高尺寸等于路拱高度加上与非渗水土路基道床厚度的差数之和，如图 4－5 所示。

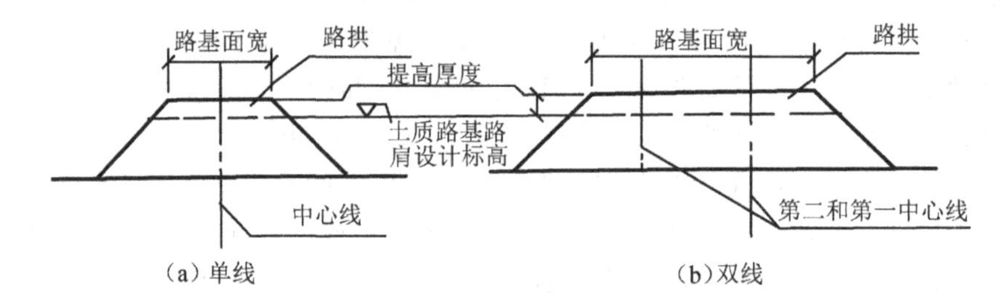

图 4－5 石质路基路拱断面

无路拱的路基与有路拱的路基衔接时，由于两者路面形状与路肩标高不同，要有不小于 10 m 的过渡段。两者连接时，应由非渗水土路基路肩施工高程，向渗水土路基路肩施工高程用渗水土顺坡，使渗水土填筑在非渗水土之上以利排水。同时，可使在顺坡地段的道砟厚度满足规定的要求，如图 4－6 所示。

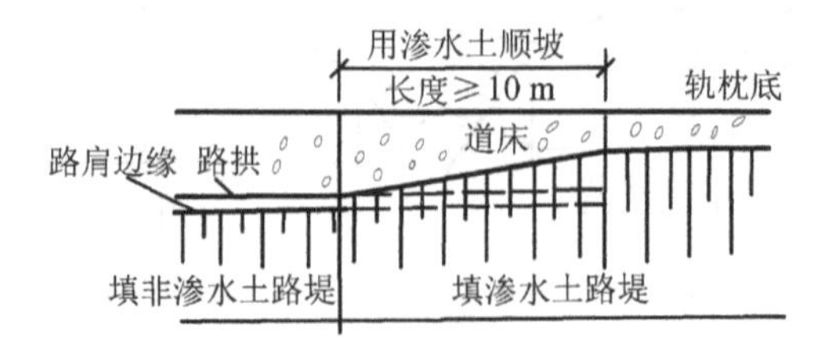

图 4－6 顺坡示意图

4.1.2 路基面宽度

路基面宽度应根据设计速度、轨道类型、正线数目、线间距、曲线加宽、路肩宽度、养路形式、电缆槽、接触网支柱类型和基础类型等因素计算确定，必要时还应考虑声屏障基础的设置。

1. 直线地段路基面宽度

1)客货共线非电气化铁路直线地段标准路基面宽度

(1)单线标准路基面宽度应按式(4－1)、式(4－2)计算。

$$B=A+2x+2c \tag{4-1}$$

$$x=\frac{h+\left(\frac{A}{2}-\frac{1.435+g}{2}\right)\times 0.04+e}{\frac{1}{m}-0.04} \tag{4-2}$$

式中：B 为路基面宽度(m)；A 为单线地段道床顶面宽度(m)；m 为道床边坡系数，正线道床一般取 1.75；h 为钢轨中心的轨枕底以下的道床厚度(m)；e 为轨枕埋入道砟深度(m)，Ⅲ型混凝土轨枕取 0.185 m，Ⅱ型混凝土轨枕取 0.165 m；g 为轨头宽度(m)，75 kg/m 轨取 0.075 m，60 kg/m 轨取 0.073 m；c 为路肩宽度(m)；x 为砟肩至砟脚的水平距离(m)。

(2)双线标准路基面宽度应按式(4－3)、式(4－4)计算。

$$B=2\left(c+x+\frac{A}{2}\right)+D \tag{4-3}$$

$$x=\frac{h+\left(\frac{A}{2}+\frac{1.435+g}{2}\right)\times 0.04+e}{\frac{1}{m}-0.04} \tag{4-4}$$

式中：D 为双线线间距(m)；h 为靠近路基面中心侧的钢轨中心处轨枕底以下的道床厚度(m)。

2)常用客货共线非电气化铁路直线地段标准路基面宽度可按表 4－1 取值

表 4－1 客货共线非电气化铁路直线地段标准路基面宽度

项目		单位	Ⅰ级铁路								Ⅱ级铁路	
设计速度		km/h	200		160			120			≤120	
双线线间距		m	4.4		4.2			4.0			4.0	
单线道床顶面宽度		m	3.5		3.4			3.4			3.4	
道床结构		层	单		双	单		双	单		双	单
道床厚度		m	0.35	0.30	0.50	0.35	0.30	0.50	0.35	0.30	0.45	0.30
路基面宽度	单线	m	7.7	7.5	7.8	7.2	7.0	7.8	7.2	7.0	7.5	7.0
	双线	m	12.3	12.1	12.2	11.6	11.4	12.0	11.4	11.2	11.7	11.2

注：表中路基面宽度按下列条件计算确定，如有变化，应计算调整路基面宽度。

①无缝线路轨道，60 kg/m 钢轨；

②Ⅰ级铁路采用Ⅲ型混凝土枕，Ⅱ级铁路采用Ⅱ型混凝土枕。

3)客货共线电气化铁路直线地段标准路基面宽度

客货共线电气化铁路直线地段标准路基面宽度应按式(4－5)计算。当计算值小于非电气化铁路路基面宽度时,按非电气铁路路基面宽度取值。表4－2是常用电气化铁路直线路段路基面宽度的取值表。

$$B=2\left(D_1+\frac{E}{2}+\frac{F}{2}+0.25\right)+D \tag{4-5}$$

式中:D_1 为路基面处接触网支柱内侧至线路中心的距离(m);E 为接触网支柱在路基面处的宽度(m);F 为接触网支柱基础在路基面处的宽度(m);D 为双线线间距(m)。

表4－2 客货共线电气化铁路直线地段标准路基面宽度

项目		单位	Ⅰ级铁路								Ⅱ级铁路	
设计速度		km/h	200		160			120			≤120	
双线线间距		m	4.4		4.2			4.0			4.0	
单线道床顶面宽度		m	3.5		3.4			3.4			3.4	
道床结构		层	单		双	单		双	单		双	单
道床厚度		m	0.35	0.30	0.50	0.35	0.30	0.50	0.35	0.30	0.45	0.30
路基面宽度	单线	m	8.1 (7.7)	8.1 (7.7)	8.1 (7.8)	8.1 (7.7)	8.1 (7.7)	8.1 (7.8)	8.1 (7.7)	8.1 (7.7)	8.1 (7.7)	8.1 (7.7)
	双线	m	12.5 (12.3)	12.5 (12.1)	12.3 (12.2)	12.3 (11.9)	12.3 (11.9)	12.1 (12.0)	12.1 (11.7)	12.1 (11.7)	12.1 (11.7)	12.1 (11.7)

注:路基面宽度一栏中,未加括号数据为采用横腹杆式接触网支柱时路基面宽度,括号内数据为采用环形等径支柱时路基面宽度。

2. 高速铁路、城际铁路、重载铁路直线地段标准路基面宽度

高速铁路、城际铁路、重载铁路直线地段标准路基面宽度可以分别按表4－3、表4－4、表4－5进行取值。

表4－3 高速铁路直线地段标准路基面宽度

项目		单位	有砟轨道			无砟轨道		
设计速度		km/h	350	300	250	350	300	250
双线线间距		m	5.0	4.8	4.6	5.0	4.8	4.6
道床厚度		m	0.35	0.35	0.35	—	—	—
路基面宽度	单线	m	8.8	8.8	8.8	8.6	8.6	8.6
	双线	m	13.8	13.6	13.4	13.6	13.4	13.2

表4-4 城际铁路直线地段标准路基面宽度

项目			单位	有砟轨道						无砟轨道		
设计速度			km/h	200		160		120		200	160	120
双线线间距			m	4.2		4.0		4.0		4.2	4.0	4.0
道床结构			层	单	双	单	双	单	双	—	—	—
道床厚度			m	0.30	0.35	0.30	0.50	0.30	0.45	—	—	—
路基面宽度	单线	路肩上不设电缆槽	m	7.3	7.3	7.3	7.8	7.3	7.6	6.1	6.1	6.1
		路肩上设电缆槽	m	7.3	7.3	7.3	7.8	7.3	7.6	6.1	6.1	6.1
	双线	路肩上不设电缆槽	m	11.5	11.7	11.3	12.0	11.3	11.8	10.3	10.1	10.1
		路肩上设电缆槽	m	13.0	13.0	12.8	12.8	12.8	12.8	11.8	11.6	11.6

表4-5 重载铁路直线地段标准路基面宽度

项目			单位	有砟轨道			
双线线间距			m	4.0			
道床结构			层	单		双	
道床厚度			m	0.35	0.30	0.55	0.50
路基面宽度	单线	路堤	m	8.1	8.1	8.5	8.3
		路堑	m	8.1	8.1	8.1	8.1
	双线	路堤	m	12.1	12.1	12.7	12.5
		路堑	m	12.1	12.1	12.3	12.1

4.1.3 曲线地段路基加宽

曲线路基地段，由于轨道设置超高而道床加厚，道床边坡坡脚向外延长，故曲线外侧路基相应要加宽，如图4-2(b)所示，且加宽值需在缓和曲线范围内线性递减。

客货共线铁路区间单、双线曲线地段的路基面宽度，应在直线地段路基面宽度的基础上在曲线外侧按表4-6的数值进行加宽。

表4-6 客货共线铁路曲线地段路基面加宽值

铁路等级	设计速度/($km \cdot h^{-1}$)	曲线半径 R/m	路基面外侧加宽值/m
Ⅰ级铁路	200	$2800 \leqslant R < 3500$	0.4
		$3500 \leqslant R \leqslant 6000$	0.3
		$R > 6000$	0.2

续表

铁路等级	设计速度/(km·h^{-1})	曲线半径 R/m	路基面外侧加宽值/m
Ⅰ级铁路	160	1600≤R≤2000	0.4
		2000<R<3000	0.3
		3000≤R<10000	0.2
		R≥10000	0.1
	120	800≤R<1200	0.4
		1200≤R<1600	0.3
		1600≤R<5000	0.2
		R≥5000	0.1
Ⅱ级铁路	120	800≤R<1200	0.4
		1200≤R<1600	0.3
		1600≤R<5000	0.2
		R≥5000	0.1

有砟轨道高速铁路曲线地段的路基面宽度应在表 4-3 直线地段路基面宽度的基础上按表 4-7 进行取值。

表 4-7　有砟轨道高速铁路曲线地段路基面加宽值

设计速度/(km·h^{-1})	曲线半径 R/m	路基面外侧加宽值/m
250	R<4000	0.6
	4000≤R<5000	0.5
	5000≤R<7000	0.4
	7000≤R<10000	0.3
	R≥10000	0.2
300	R<5000	0.6
	5000≤R<7000	0.5
	7000≤R<9000	0.4
	9000≤R<14000	0.3
	R≥14000	0.2
350	R<6000	0.6
	6000≤R<9000	0.5
	9000≤R<12000	0.4
	R≥12000	0.3

有砟轨道城际铁路曲线地段的路基面宽度应在表 4-4 直线地段路基面宽度的基础上按表 4-8 进行取值。

表 4-8　有砟轨道城际铁路曲线地段路基面加宽值

设计速度/($km \cdot h^{-1}$)	曲线半径 R/m	路基面外侧加宽值/m
200	$R<3100$	0.5
	$3100 \leqslant R<4000$	0.4
	$4000 \leqslant R<6000$	0.3
	$6000 \leqslant R<10000$	0.2
	$R \geqslant 10000$	0.1
160	$R<1900$	0.5
	$1900 \leqslant R<2700$	0.4
	$2700 \leqslant R<3800$	0.3
	$3800 \leqslant R<7500$	0.2
	$R \geqslant 7500$	0.1
120	$R<1200$	0.5
	$1200 \leqslant R<1500$	0.4
	$1500 \leqslant R<2200$	0.3
	$2200 \leqslant R<5000$	0.2
	$R \geqslant 5000$	0.1

在砟轨道重载铁路曲线地段的路基面宽度应在表 4-5 直线地段路基面宽度的基础上按表 4-9 进行取值。

表 4-9　重载铁路曲线地段路基面加宽值

曲线半径 R/m	路基面外侧加宽值/m
$600 \leqslant R<800$	0.5
$800 \leqslant R<1200$	0.4
$1200 \leqslant R<1600$	0.3
$1600 \leqslant R<5000$	0.2
$R \geqslant 5000$	0.1

4.1.4　路基横断面

1. 路基横断面

单线、双线路基标准横断面如图 4-7、图 4-8 所示，其主要包括以下部分：

(1)路基本体：路堤、路堑；

(2)排水设备：截水沟、侧沟、地下排水沟等(图 4-7～图 4-39 中，b 为沟底宽，h 为沟深)；

(3)保护设备：护道、挡土墙；

(4)加固设备：路基的路肩和边坡的加固构筑物，排水设备的加固构筑物等；

(5)弃土堆,取土坑。

2. 路基边坡形式和坡度

路堤边坡坡度,应根据轨道类型或列车荷载、填料的物理力学性质,边坡高度和地基工程地质条件合理确定。如路堤基底情况良好,路堤边坡形式和坡度可按表 4-10 取值。

填筑路堤时,应视填料类别、压实条件、路堤高度,预留 1%～3%的沉落量,加筑沉落的路堤,仍保持设计坡脚不变,而将施工边坡略陡于设计坡度,路基面不小于设计宽度。

表 4-10 路堤边坡形式和坡率

填料名称	边坡高度/m			边坡坡率		边坡形式
	全部高度	上部高度	下部高度	上部坡度	下部坡度	
细粒土、易风化的软土石块	20	8	12	1∶1.50	1∶1.75	折线形或台阶形
粗粒土(细砂、粉砂除外)、漂石土、卵石土碎石土、不易风化的软块石土	20	12	8	1∶1.50	1∶1.75	折线形或台阶形
硬块石土	8	—	—	1∶1.30		直线形
	20	—	—	1∶1.50		直线形

用黏性土填筑的路堤,应按横断面逐层水平压实,厚度以 0.3 m 为宜,一般在路基面下 1.20 米以内达到最佳密实度的 90%,下层达到最佳密度的 85%,在年降雨量小于 400 mm 的干旱地区,允许较一般规定减少 5%。

用碎石土、卵石土、砾石土、粗砂、中砂等填筑路堤时,一般采用分层填筑,厚度不宜超过 0.3 m,可不进行压实。

用不易风化的石块填筑路堤时,路基面下 1.2 m 内应分层填筑,其上部 0.3 m 内不得使用大于 15 cm 的石块。其他部分可以倾填,边坡一般以较大石块码砌。

用易风化的石块填筑路堤时,应分层铺填,间隙中用小石、石屑填塞。对可压碎的风化石块,应尽量分层压实。

路堤坡脚外应设置不小于 2 m 宽的天然护道。在地质和排水条件良好或经济作物、高产田地段,若采取一定措施足以保证路堤稳定时,可将天然护道宽度减小到 1.0 m。护道应有向外倾斜 2%～4%的表面坡,以利于排水。在护道内不许开垦或引水灌溉,以保持路基边坡稳定。

取土坑是为填筑路堤取土所挖的坑沟,应设在路堤两旁中的较高一侧以用此排水;地面无明显横坡时,则以设在两侧为宜。取土坑应前后贯通,并和天然沟渠连接,使汇集于坑内的水得以宣泄。为了使坑内的水不至积存,取土坑应有排水纵坡,坡度为 2%～8%,没有取土坑的路堤,则须在路堤两侧(或一侧)作纵向排水沟,其底宽应不小于 0.6 m,在干燥少雨地区可酌减为不小于 0.4 m。

在设计取土坑或排水沟以及调配土方时,要注意保护农田,并尽量使其与农田水利工程相结合。例如结合取土坑可否旱地标高降低变为水田?尽可能找附近的荒山坡去取土,以及尽可能由挖方地段调运弃土来填筑路堤,以取消取土坑,减少铁路征地范围。

土质路边坡形式和坡度应根据工程地质、水文条件和气候条件、边坡高度、防排水措施和施工方法等,结合自然稳定山坡和人工边坡的调查且力学分析综合确定。岩石边坡尚应考虑岩体结构、岩性、风化程度、岩理倾向、地貌形态等各种因素的影响,不宜超过 30 m。

土质边坡在无地下水与无不良地质现象(即地质条件良好),边坡高度不超过 20 m 时,可参照表 4-11 的边坡坡度设计。

表 4-11　土质路堑边坡表

土的类别		边坡坡度
黏土、粉质黏土、塑性指数大于 3 的粉土		(1∶1.00)～(1∶1.50)
中密以上的中砂、粗砂、砾砂		(1∶1.50)～(1∶1.75)
漂石块、卵石块、碎石土、粗砾土、细砾土	胶结和密实	(1∶0.50)～(1∶1.25)
	中密	(1∶1.25)～(1∶1.50)

岩石路堑高度小于 20 m 时,可参照表 4-12 的边坡坡度设计。

表 4-12　岩石路堑边坡表

岩石类别	风化程度	边坡坡度
硬质岩	未风化、微风化	(1∶0.1)～(1∶0.5)
	弱风化、强风化	(1∶0.3)～(1∶0.75)
	全风化	(1∶0.75)～(1∶1.0)
软质岩	未风化、微风化	(1∶0.3)～(1∶0.75)
	弱风化、强风化	(1∶0.5)～(1∶1.0)
	全风化	(1∶0.75)～(1∶1.5)

在松散的碎石类土、砂类土、黄土、易风化岩石和其他不良土质路堑中,应设侧沟平台,其宽度视边坡高度和土的性质而定,不宜小于 1 m。如边坡已防护加固时,可不设平台;如边坡较低(一般低于 2 m),也可不设平台。

由不同地层组成较深路堑,在边坡中部或地层分界处,宜设置带截水沟或挡水墙的平台,其宽度不宜小于 1.5 m,截水沟应加固。在年平均降水量低于 400 mm 地区,边坡平台上可不设截水沟,平台宽度可不小于 1 m。

路堑边坡与地面交界处的顶缘以上的部分,称为路堑堑顶,堑顶部分的布置随有无弃土堆而不同。弃土堆是路堑开挖的土方堆存于堑顶的土堆,在堑顶天然地面有不大的横坡时,弃土堆须设在线路地面横坡的上坡一侧,并连续堆放,形成拦水堤坝。土堆高度一般不小于 3 m,堆顶作成向田野方向的斜坡,坡度为 2%～4%,土堆边坡坡度取 1∶1.5,土堆内侧坡脚至坡顶边缘应有一定距离,以免影响边坡稳定,这一段地面称为隔离带,其宽度应不小于 2～5 m。弃土堆外侧应设有截水沟,以截引斜坡上方流来的雨水,在隔离带部分,为避免雨水停滞或顺坡流向路堑,应修挡水埝。挡水埝顶应向田野方向有 2%～4%的下坡,使水外流,挡水埝与弃土堆间应做天沟排水。

路堑堑顶无明显横坡,或为了施工方便,减少出土困难,也常将弃土堆分置于线路两侧。堑顶横坡较大时,弃土堆则设在山坡下侧,并应间断堆集,每隔 50～100 m 留出 1.0 m 以上间隔，以使堑顶隔离带部分的水能从缺口中流出。

从路堑坡顶边缘至用地边界的距离不应小于 1 m，路堤以天然护道外边缘为用地边界。如有弃土堆、取土坑、天沟、排水沟及绿化带时，则从其最外边至用地边界的距离不应小于 1.0 m。

在路堑设计时，尽可能将开挖的弃土加以利用，进行造田造地，或将其运至填方地段去填筑路基，修建截水沟等也应力争和农田水利相结合。

侧沟靠线路一侧边坡，一般坡度为 1∶1，外侧边坡与路堑边坡相同，但有侧沟平台时，外侧边坡度也为 1∶1。在砂性土中，两侧边坡应视土层紧密程度而设，不陡于 1∶1～1∶1.5。在黄土中，两侧边坡应不陡于 1∶1。

天沟、排水沟的边坡，应视土质及边坡高度而定，一般坡度为 1∶1～1∶1.5。

3）工业企业厂区内线路的路基横断面

工业企业厂区内线路路基横断面分为不填不挖地段、填方路堤、挖方深度小于 2 m 的路堑、挖方深度大于 2 m 的路堑和铁路紧靠道路时等情况，其路基横断面如图 4－7 至图 4－12 所示。

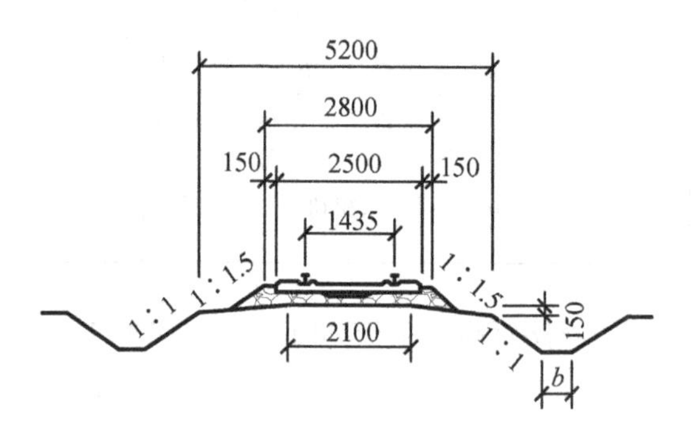

图 4－7　不填不挖地段的路基断面图
（注：图中长度单位为 mm）

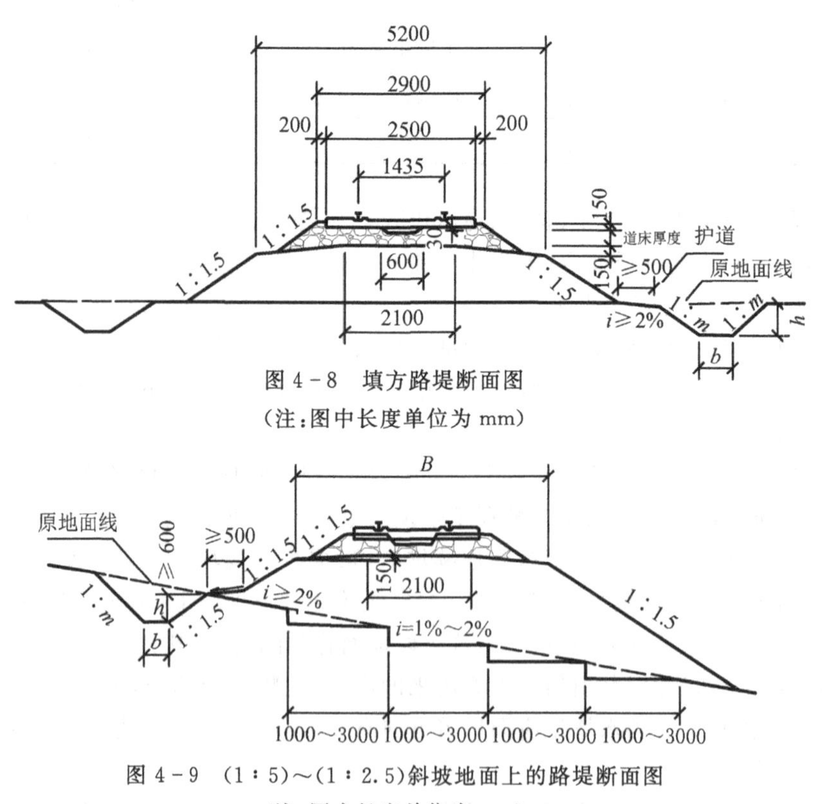

图 4－8　填方路堤断面图
（注：图中长度单位为 mm）

图 4－9　（1∶5）～（1∶2.5）斜坡地面上的路堤断面图
（注：图中长度单位为 mm）

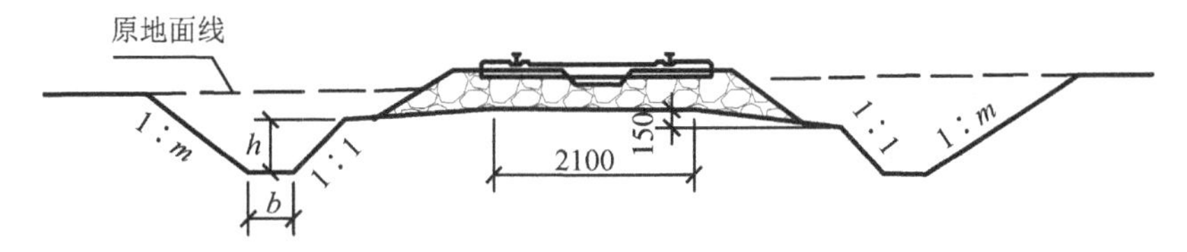

图 4-10　挖方深度小于 2 m 的路堑断面
(注:图中长度单位为 mm)

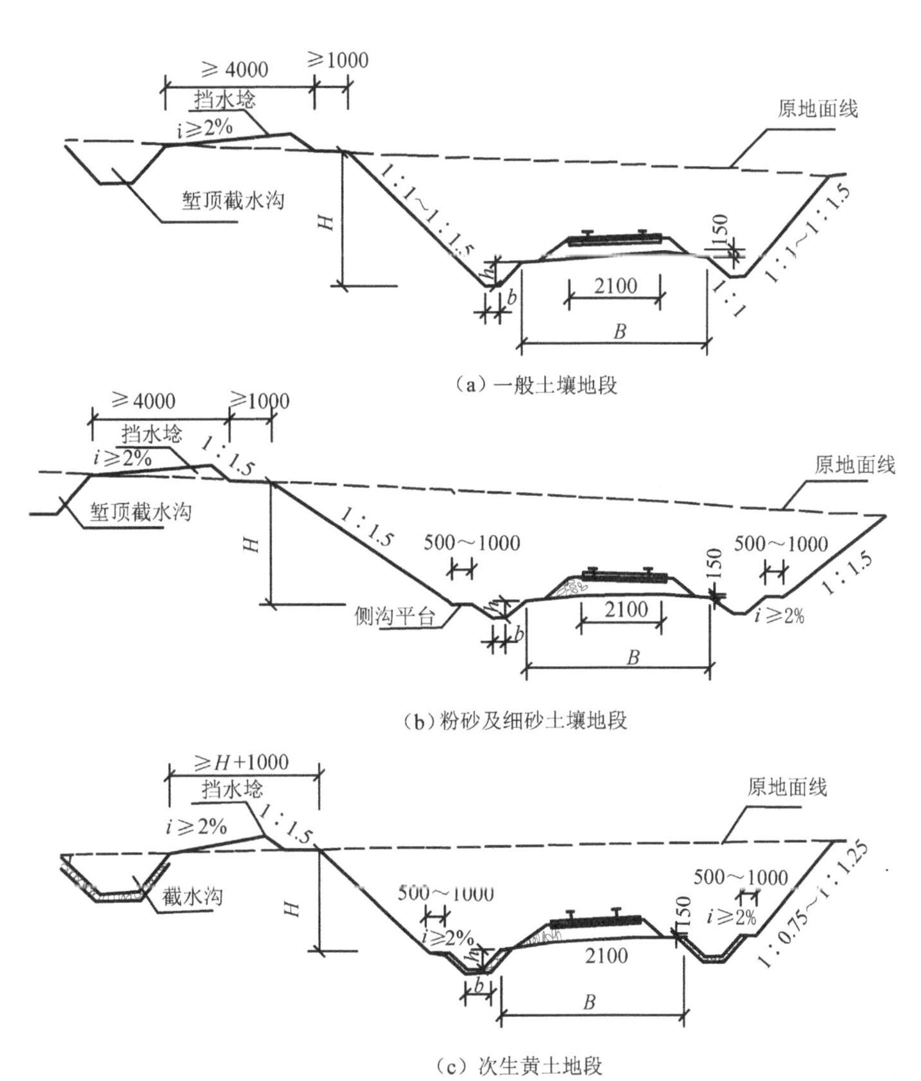

图 4-11　挖方深度大于 2 m 的路堑断面
(注:图中长度单位为 mm)

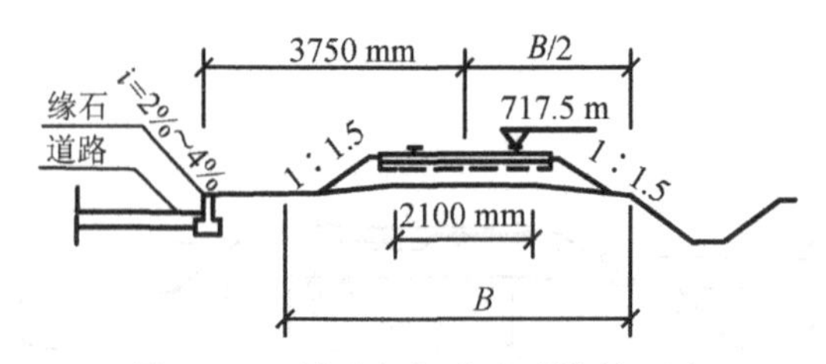

图 4－12　铁路紧靠道路时横断面图

工业企业厂区内的铁路直接为生产服务，为了便于联络线与车间相连，或便于与其他道路的交叉，如不能修建排水沟或侧沟时，应考虑采用暗道床。单线暗道床如图 4－13 所示，双线暗道床如图 4－14 所示。

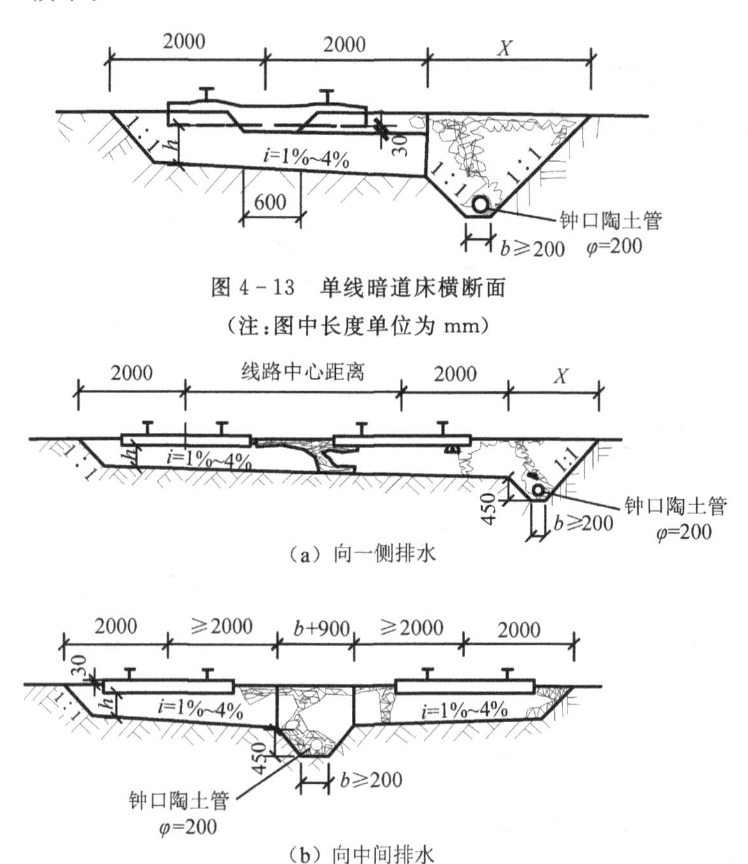

图 4－13　单线暗道床横断面

（注：图中长度单位为 mm）

图 4－14　双线暗道床横断面

（注：图中长度单位为 mm）

在地面下应做道砟槽，以便铺设道砟。槽中为了排水，应设置渗水沟。其路基顶面（即道砟槽底面）应该夯实，并做成 2%～4%的排水斜坡。这种路基造价较高，并且维修不便，应尽可能少用。

建筑物附近的铁路、装卸站台处铁路和货场旁铁路横断面如图 4－15 至图 4－17 所示。

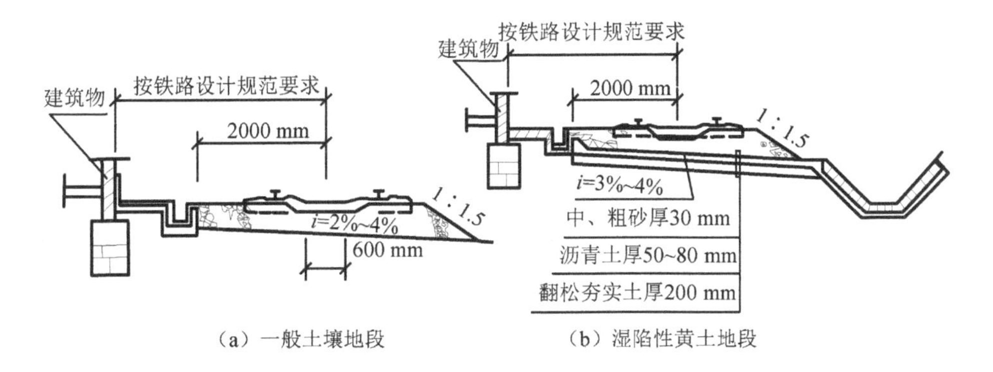

（a）一般土壤地段　　（b）湿陷性黄土地段

图4-15　建筑物附近的铁路横断面

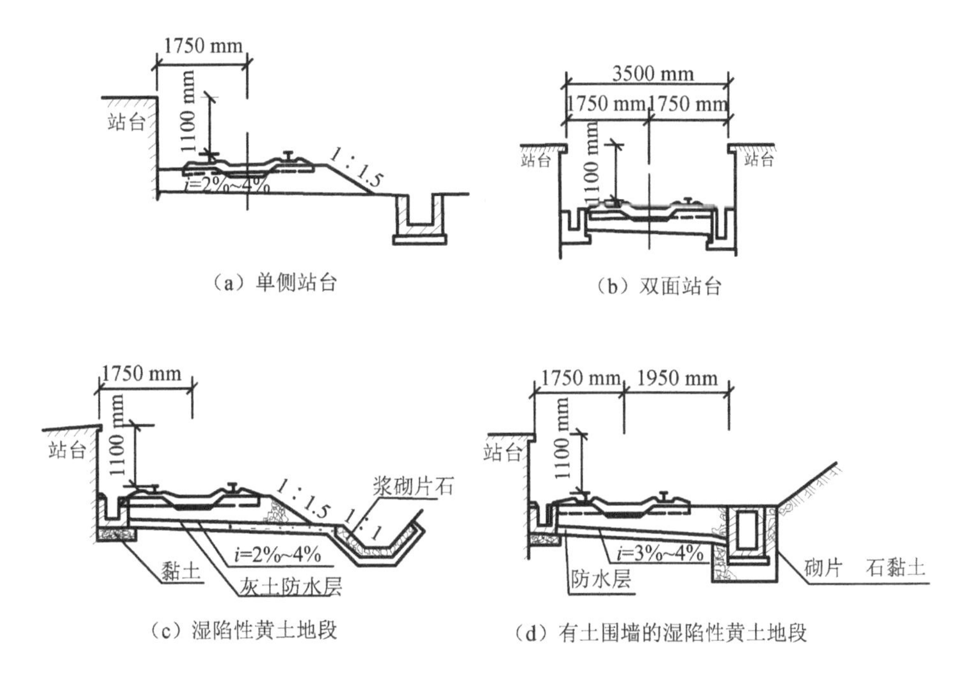

（a）单侧站台　　（b）双面站台

（c）湿陷性黄土地段　　（d）有土围墙的湿陷性黄土地段

图4-16　装卸站台处铁路横断面

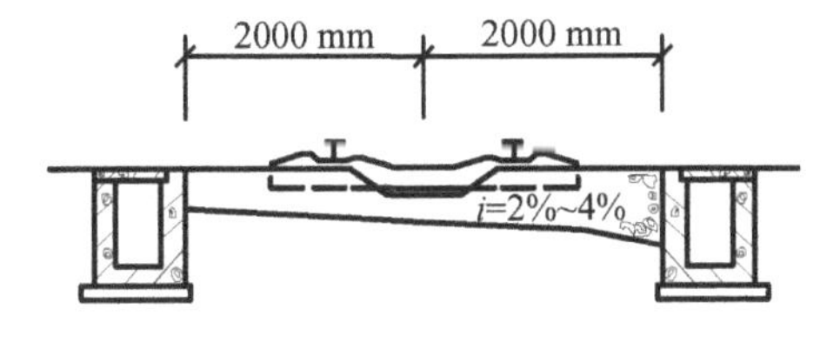

图4-17　货场旁铁路横断面图

4.1.5 路基横断面设计

1. 路基横断面图绘制

路基横断面设计通常是在实测的横断面图上进行的，在横断面图上注有线路中心点处的地面标，画有地面线及简要的土壤、地质情况。

由纵断面图或平面图上的坡度标可以求得设计横断面处的设计标高，根据设计标高与地面标高之差，即可确定设计的路基本体是路堤还是路堑及其填挖高度。根据填挖高度及填挖的土壤类别及性质，查表即可确定边坡坡度。当有地质报告参考时，可采用其推荐的坡度值。再根据地面横坡大小来确定路基基底是否要修筑台阶，以及根据具体地形条件设置有关排水设施等。这样即可根据标准路基横断面设计出所需地段的路基横断面，绘出路基横断面设计图。

2. 路基土方计算

1)路基横断面积计算

(1)平面地区路基。

由于平原地区地形平坦，其路基的形式规则、对称，可参照《铁路路基设计规范》(TB 10001—2016)计算。

(2)山地路基。

山区路基地形横坡较大，路基本体往往不是对称规则的图形，无法用公式计算，设计中多数采用积距法求路基横断面积。

①按照设计要求，以一定比例在透明纸上绘出路基轮廓(如图 4-18、图 4-19 所示实线，图可重复使用)。

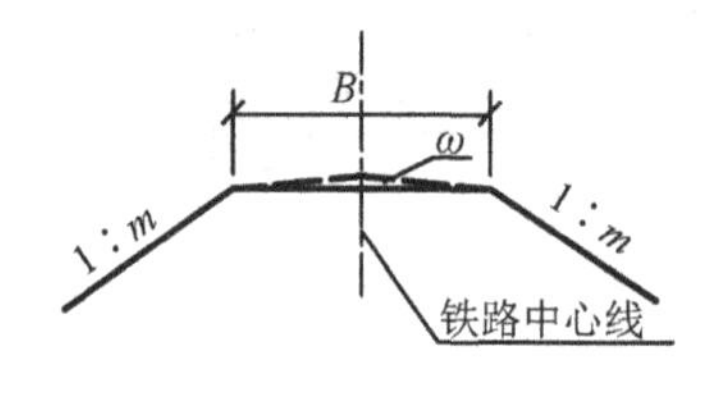

图 4-18 路堤轮廓

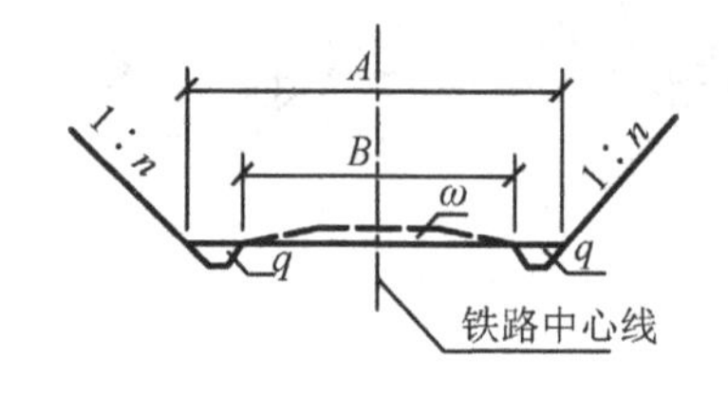

图 4-19 路堑轮廓

②沿线路中心适当选取横断面，与路基轮廓图的比例相同，在米厘格纸上画出地形剖面图(见图 4-20)。

③路基轮廓图重叠在地形剖面图上，按路基中心线外填挖高度并对准线路中心线(见图 4-21)。

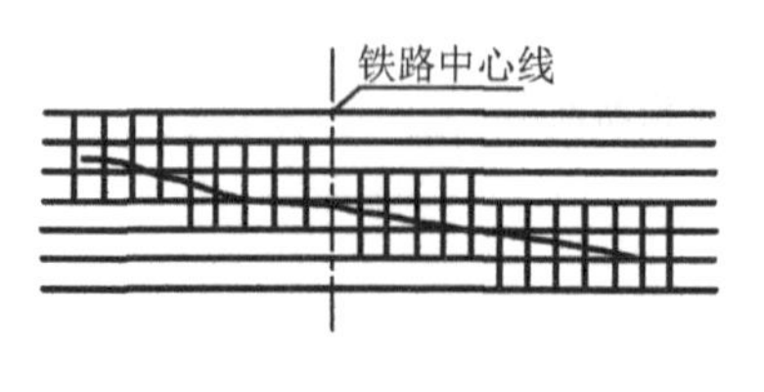

图 4-20 地形剖面图

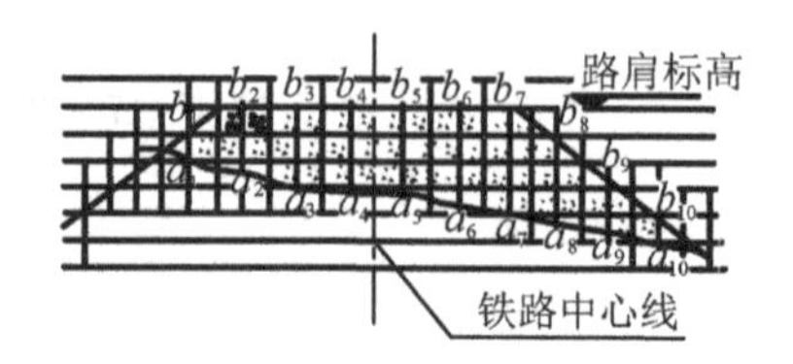

图 4-21 填挖高度计算

④作间距为 1 m 的一组平行于线路中心的线(在米厘纸上可直接找出),用卡规叠加之,即 $a_1b_1+a_2b_2+\cdots+a_nb_n$,即得该基本轮廓的面积。

⑤求路基的全部断面积还应考虑路拱 w 和水沟高 q 所引起的面积变化。

2)路基土方计算

单线铁路的路基土方量根据相邻两路基横断面的面积(见图 4-22),按下列公式计算

$$V=\frac{F_1+F_2}{2}\cdot L(\mathrm{m}^3) \tag{4-6}$$

式中:F_1、F_2 为相邻路基横断面面积(m^2);L 为相邻路基横断面间距(m),一般采用 20～50 m,当用于山区时,因其地形复杂,间距可减小。

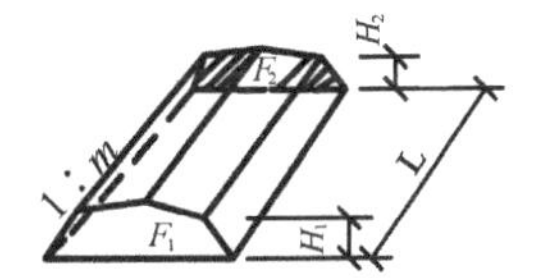

图 4-22　土方量计算

单线铁路的路基总土方量为各段土方量之和,可根据表 4-13 计算。

表 4-13　土方工程计算表

里程	中心高/m		横断面积/m²		平均面积/m²		距离/m	填方/m³		挖方/m³		备注
	填	挖	填	挖	填	挖		土	石	土	石	
本页小计												
总计												

计算者:　　　复核者:　　　　　年　　月　　日

注:挖方的松土系数应另计。

4.2　路基的稳定与排水

4.2.1　路基的稳定

土壤种类、气候条件、地面水与地下水对于路基的作用,地基的强度,施工质量等因素对路基的稳定都有影响,在上述这些因素配合不利时,会使路基稳定遭到破坏,路基会出现如下的各种变形:

①路堤和路堑边坡的坍落;②路堤沿地基的移动;③路堤沉陷;④由于潮湿和冻害使路基丧失了承载力以致路基上层变形等。

路基边坡的坍落由下列原因造成:

①边坡过于陡峭;②在填筑路堤时,施工方法不正确(如斜层填土);③边坡土壤过分潮湿,以及路堑筑在有含水层或地下水的山坡上。

路堤沿地基的移动可能发生在陡峭的斜坡上,特别是在潮湿的或含有地下水的路基上。

路基沉陷可能有两种原因:

①路堤筑在较弱地基上,因地基沉陷而使路基上层下沉(见图 4-23);②填土未经压实而沉陷,填土越高,土壤越松,沉陷也越大。

图 4-23 路基沉陷

由于道床厚度不足,基面土质松软,或因道床排水不良,致使基面承载力不够,在列车作用下,基面压陷造成线路的不均匀下沉。一般在线路维修中,采用起道的方法校正线路的纵断面,使之平顺。基面下沉部分所形成的凹形陷槽,叫做道碴陷槽(见图 4-24)。

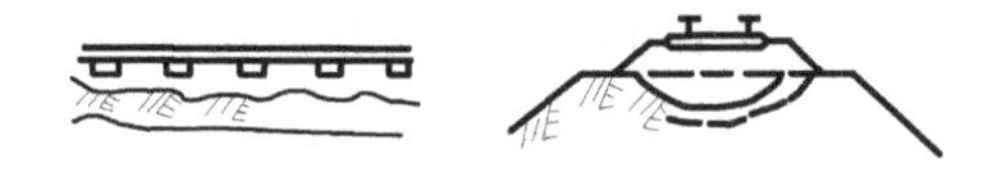

图 4-24 道碴陷槽

道碴槽等基面变形整治方法有:(1)挖除道碴陷槽,挖除深度一般至槽底以下 0.15～0.20 m,夯实新基面并做成坡度不小于 1∶10 的双向横坡(见图 4-25),以利排水,回填材料用炉渣或砂砾较好;(2)填塞道碴陷槽,用原土或不透水土壤换填,并加以夯实整平(见图 4-26)。有时根据具体情况也可用水泥浆、沥青或其他胶结材料注入道碴槽底部(见图 4-27)使其凝固而不透水。

图 4-25 路基变形整治 1

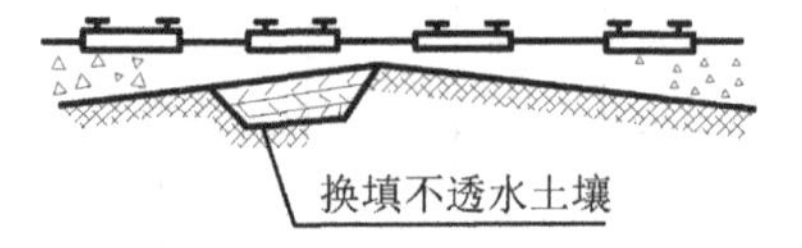

图 4-26 路基变形整治 2

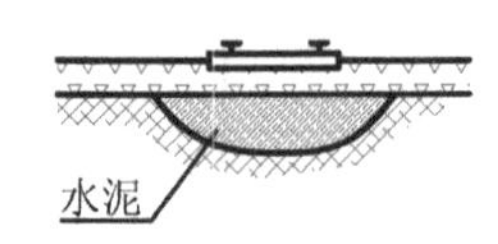

图 4-27 路基变形整治 3

4.2.2 路基排水

根据上面对路基变形的分析,我们可以看出,水是造成路基病害和不稳定的主要原因。

路基和所有的线路结构物,都受着以下各种来源的水的作用:(1)大气水以雨或雪的形态落在路基的表面上;(2)从当地附近流到路基的地面水;(3)地下水,它可能从两方面向路基侵入,水从含水层毛细管上升,或者以泉水的形式从含水层涌到路基上来;(4)大小水道的流水。

为此,在铁路的设计和施工中,必须采取各种可能的措施,迅速排除各种水,以减少它对路基的危害。路基排水分为路基地面排水和地下排水。

1. 路基地面排水

1)地面排水设备

(1)铁路侧沟。

铁路侧沟一般采用梯形断面,当水流流速过大或防渗要求高时宜采用加固侧沟,见图4－28;当受用地限制或在岩石地段,铁路侧沟可采用矩形断面,见图 4－29。

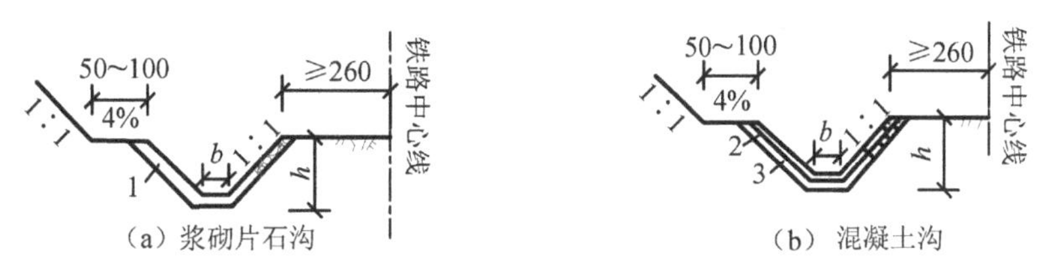

1—浆砌片石厚20 cm；2—混凝土厚10 cm；3—垫层厚10 cm。

图 4－28　铁路梯形加固侧沟断面图

(注:图中长度单位为 cm)

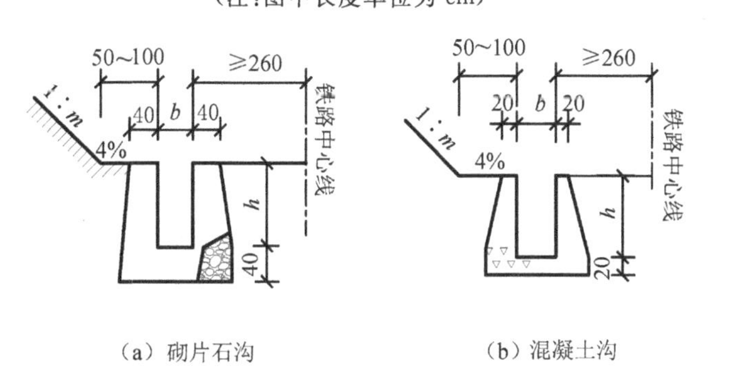

图 4－29　铁路矩形侧沟断面图

(注:图中长度单位为 cm)

(2)铁路股道间盖板明沟。

铁路股道间的盖板明沟,其盖板板顶活载仅考虑堆置道砟、工具及人行等,不行驶汽车。盖板构造如图 4－30 所示。根据盖板顶的高度盖板明沟又可分为如下两种。

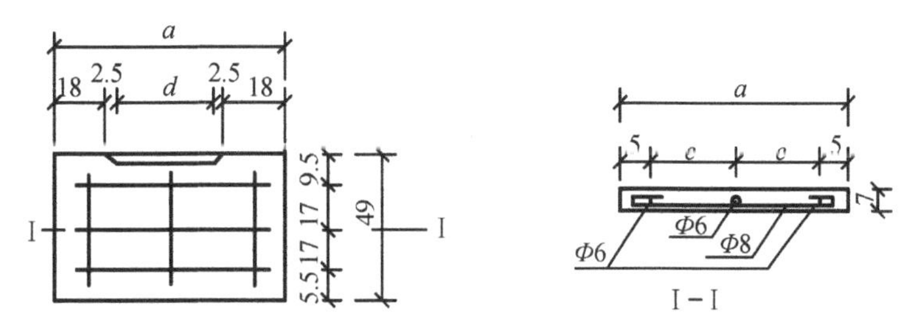

图 4－30　场地明沟盖板配筋图

(注:图中长度单位为 cm)

①砟底式:盖板顶与相邻线路道砟底面等高,其构造如图 4－31 所示;

②砟顶式:盖板顶与相邻线路道砟顶面等高,其构造如图 4－32 所示。

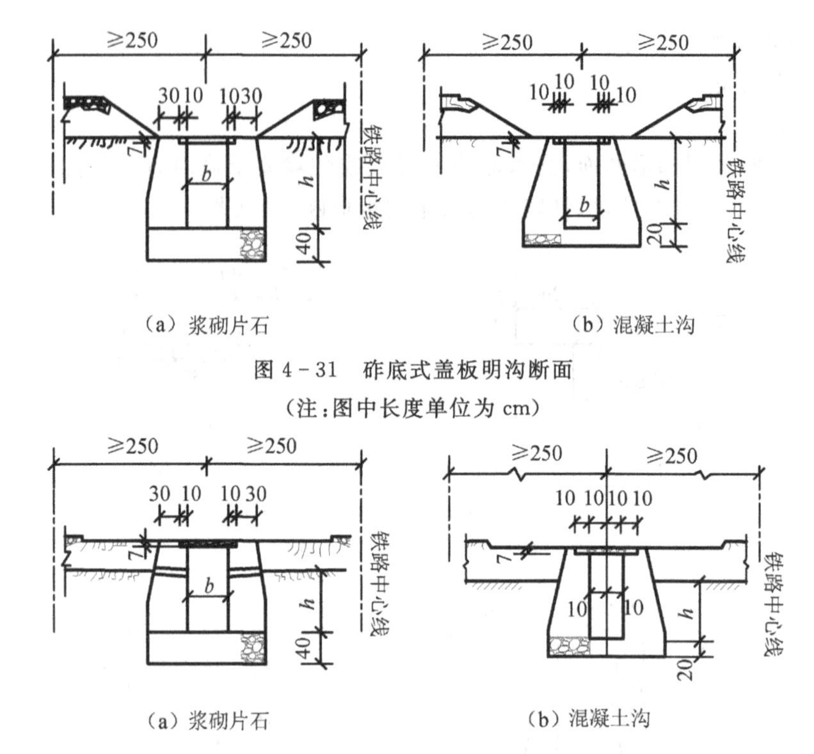

（a）浆砌片石 （b）混凝土沟

图 4－31 砟底式盖板明沟断面

（注：图中长度单位为 cm）

（a）浆砌片石 （b）混凝土沟

图 4－32 砟顶式盖板明沟断面

（注：图中长度单位为 cm）

(3)铁路枕间明渠。

明渠孔径有 0.3 m、0.4 m 和 0.75 m 三种，尚可修建双孔 0.75 m 明渠，其流量通过能力及路堤填土高度范围见表 4－14。0.4 m 和 0.75 m 枕间石砌明渠，见图 4－33 和图 4－34。

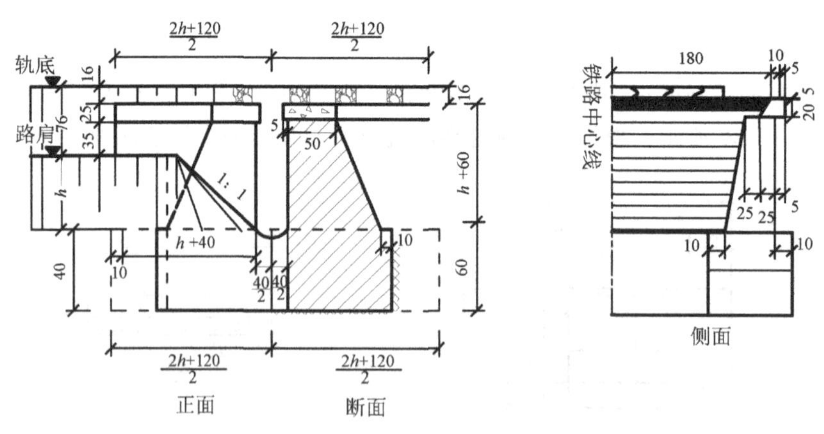

图 4－33 0.4 m 枕间明渠图

（注：图中长度单位为 cm）

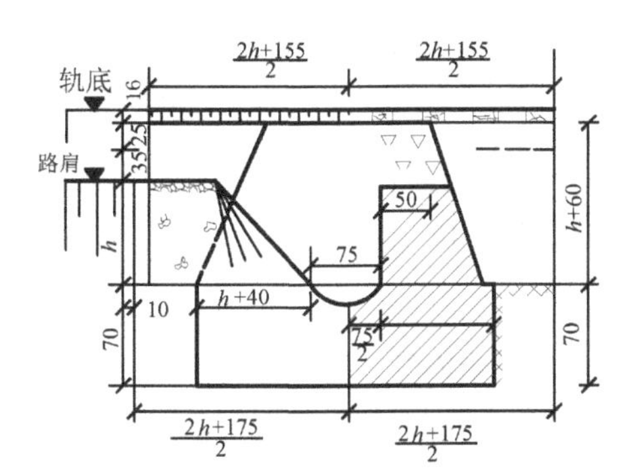

图 4-34　0.75 m 枕间明渠图
（注：图中长度单位为 mm）

表 4-14　明渠流量和路堤填土高度范围

孔径/m	计算流量/($m^3 \cdot s^{-1}$)	路堤填土高度范围/m	备注
0.3	0.075	—	适用于轨枕间
0.4	0.02～0.10	0.5～1.0	适用于车场横向排水
0.75	0.04～1.33	0.5～1.5	同上

表 4-15　枕间明渠台身尺寸

H/m	0.4 m 明渠		0.75 m 明渠	
	A/m	*B*/m	*A*/m	*B*/m
0.50	0.9	0.65	0.9	0.65
0.75	1.0	0.75	1.0	0.75
1.00	1.1	0.85	1.1	0.85
1.25	—	—	1.2	0.95
1.50	—	—	1.3	1.05

注：*B* 边为 *A* 边之侧边。

(4)盲沟。

为保证路基稳定，降低地下水位，切断有害含水层，可设置路基盲沟，如图 4-35 所示。盲沟必须设在冰冻线以下，水应排至洼地、河沟、雨水下水道或桥涵。盲沟容易堵塞，需要经常维修。轨枕间盲沟断面如图 4-36 所示，站台旁盲沟断面如图 4-37 所示。

(5)跌水与急流槽。

跌水是一种连接上方及下方两个排水设备的结构，流水以瀑布形式通过。跌水有单级和多级两种，其结构形式如图 4-38 所示。

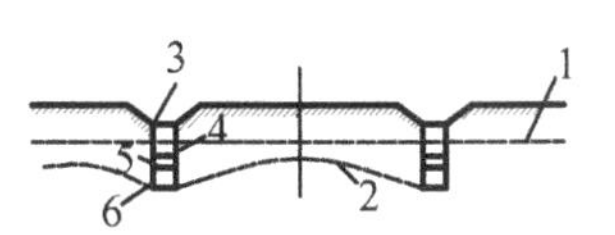

(a) 降低地下水位盲沟

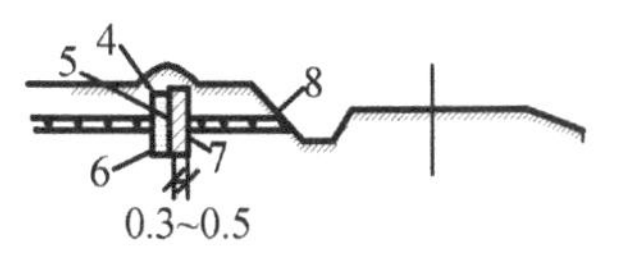

(b) 切断含水层盲沟

1—地下水位线；2—地下水位降低线；3—夯实黏土；4—草皮；5—砾石；6—水管；7—不透水土壤；8—含水层。

图 4-35　路基盲沟设置图

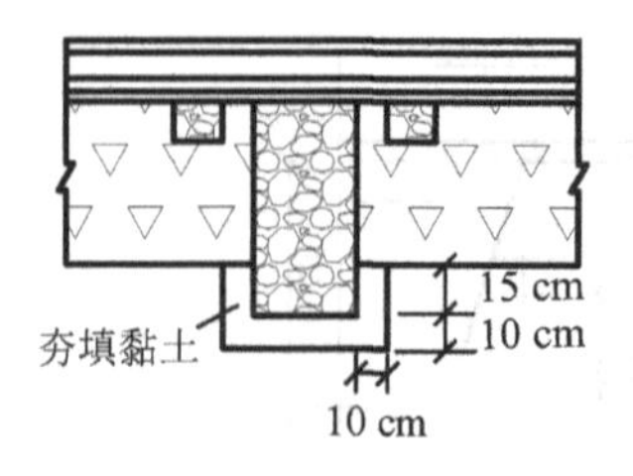

图 4－36　枕间盲沟断面图

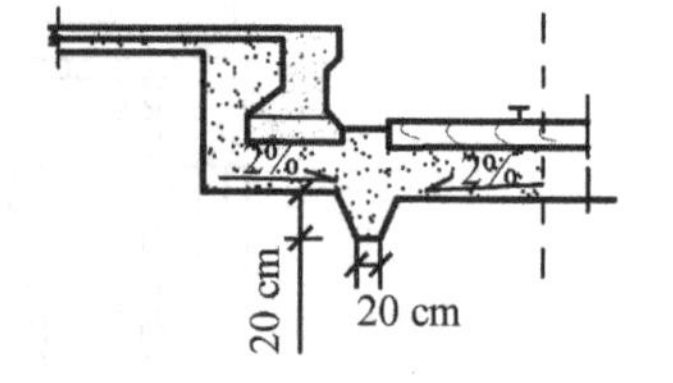

图 4－37　站台旁盲沟断面图

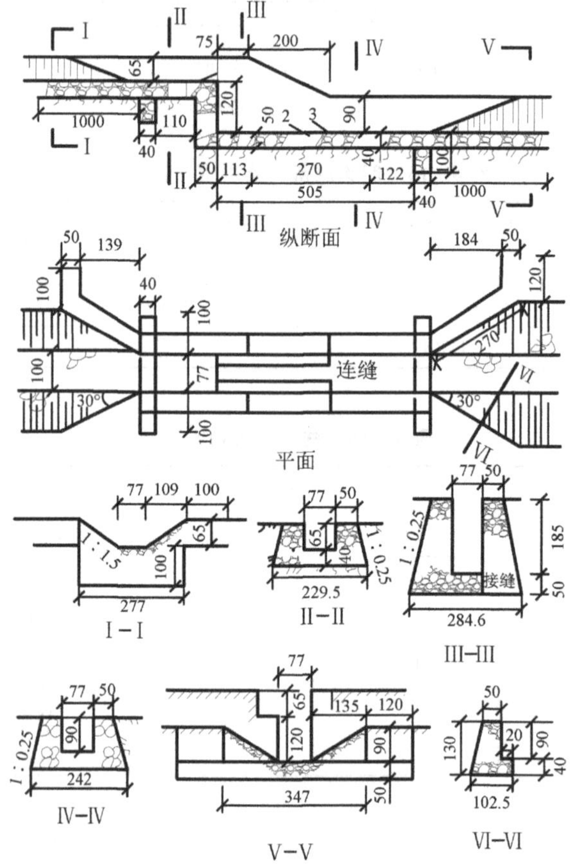

1—干砌片石；2—50号浆砌片石；3—50号灰浆抹面厚3 cm。

图 4－38　单级跌水结构参考图

（注：图中尺寸单位为 mm）

急流槽是具有较大坡度的排水设备（可到 1∶2 的坡度），以连接上方及下方的排水设备，在急流槽中的水流，不离开其底面，其结构形式如图 4－39 所示。

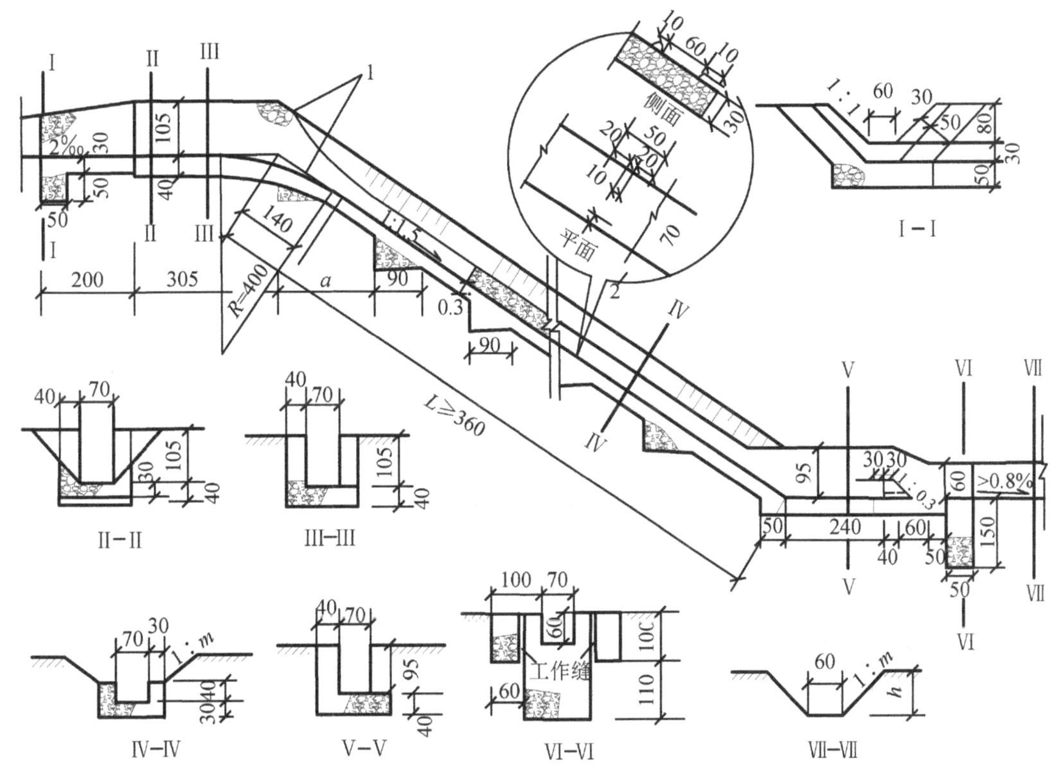

1—水泥砂浆砌片石；2—槽底粗糙面示意图；a—摩擦系数：f=0.3，a=2；f=0.5，a=5。

图 4-39　急流槽结构参考图

（注：图中长度单位为 cm）

地形允许时，宜尽量采用跌水。当坡度很陡，不宜修建跌水时，则可采用急流槽。急流槽一般比跌水构造简单、造价低，但消能作用差。

2）一般设计要求

（1）设计路基排水设施时，应考虑农田水利的综合利用，不使农田失灌或冲毁；

（2）路基地面水的排出要与具体工程措施相适应和协调，确保工程稳定和排水顺畅；

（3）当地面横向坡度明显，地面水仅从上坡一面进入路基时，路堤的排水沟或路堑的天沟可仅在上坡方向设置；在地面横向坡度不明显的平原地带，且路堤高度小于 2 m 时，宜在路堤两侧设置排水沟；

（4）特殊土地区，为加强排水设施的稳定性和防止渗漏，对排水设施的基础要进行必要的处理，并对沟渠进行防护；

（5）为了使水流尽快排出，避免淤积堵塞，各排水设施的沟底纵坡需满足一定的要求，坡度不小于 2‰；

（6）为了防止水流溢出并具有一定的安全储备，各排水设施常需要预留一定的安全高度，沟顶高出流水面至少 0.2 m；

（7）为了将水流尽快排出路基体外，要选择最短的路径，否则将产生淤积、堵塞、渗漏、溢出等情况，不利于路基稳定，一般情况下，排水沟、天沟的单面排水坡坡段长度不要超过 400 m。

3)平面及纵断面设计

(1)侧沟、天沟和排水沟布置应尽量顺直,在转弯处,其转角不应大于 45°,最小半径不小于 5 m。

(2)地面排水构筑物的纵向坡度,一般不小于 2‰,仅在平坦地带或反坡排水地段有困难时,方允许坡度减小至 1‰。

(3)侧沟的纵向坡度,一般与线路的坡度相同。在平道和坡度小于 2%的地段上,一般应设计为 2‰的纵向坡度。

4)横断面设计

侧沟、天沟的边坡坡度应满足规范。

侧沟、天沟和排水沟的横断面除需要按流量计算外,一般采用底部宽度为 0.4 m;深度在Ⅰ级铁路上为 0.6 m,其他各级铁路上为 0.5 m,在干旱少雨地区和岩石路堑的侧沟,深度可减至 0.4 m。在砂类和碎石类土的路堑中,侧沟的横断面尺寸还可减小。在纵坡坡度小于 2‰的坡道及平道上的路堑中,分水点处的侧沟深度可减至 0.2 m。

2. 地下排水

1)地下排水设备

存在足以破坏路基稳定性及坚固性的地下水的地段上,应修筑排水构筑物,将地下水予以降低(见图 4-40)或聚集(见图 4-41),并排至路基范围之外。

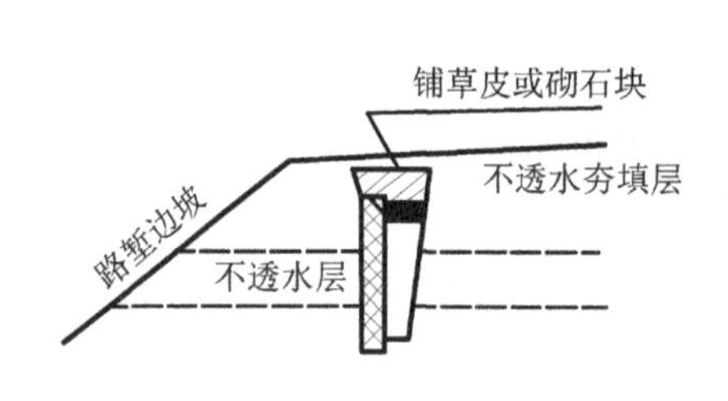

图 4-40 地下排水设备 1

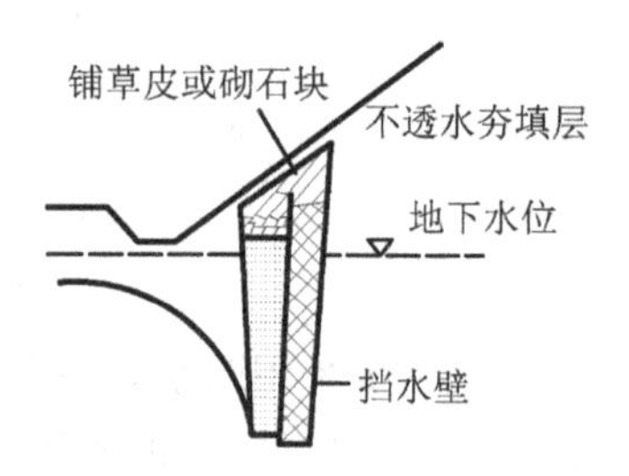

图 4-41 地下排水设备 2

(1)有管渗沟。

渗管可用陶土、釉陶、混凝土、石棉水泥、木材、石料等制成。

陶土管等一般用圆形,其直径 125～400 mm、长度 400～1000 mm,石棉水泥管长度可至 2500～4000 mm,管壁厚度为 8～40 mm。在汇水范围内的排水管,管壁上设有若干孔口,为避免覆盖物的颗粒从上面落入水管,水管上部三分之一部分,不设孔口或缝隙,见图 4-42。

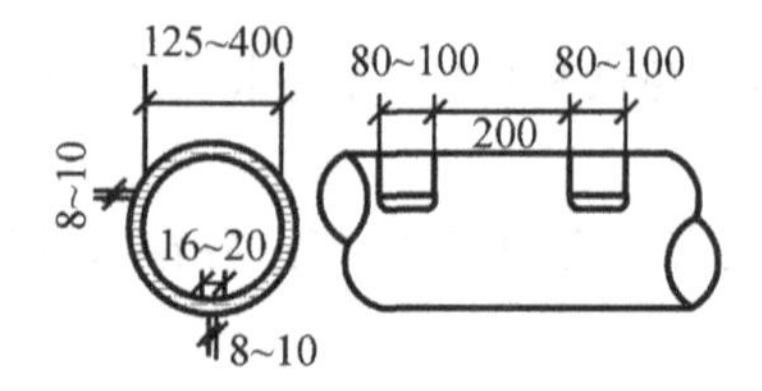

图 4-42 排水管孔口图

(注:图中长度单位为 mm)

有管渗沟的纵向坡度不宜小于 5‰，在困难条件下可减少至 2‰，但必须加强防淤措施。有管渗沟每隔一定距离(40～50 m)以及转弯处、变坡点处设置检查井。

有管渗沟深度一般为 1～10 m，开挖深度为 1 m 时，宽度为 0.7～1.0 m；深度为 6 m 时，宽度为 1.2～2.0 m；深度大于6 m 时，宽度为 1.5～2.5 m。

石砌排水孔均系干砌，水经由砌石的缝隙进入管中，见图 4-43。

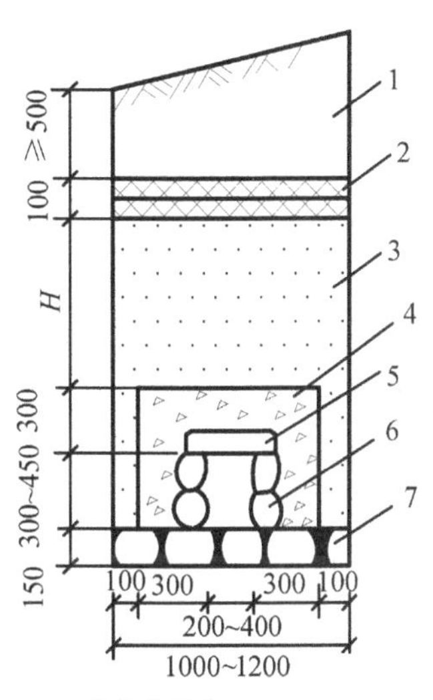

1—夯实的黏土；
2—根向上草皮两层；
3—粗砂或炉渣（d=1～2）；
4—砾石及碎石（d=25～65）；
5—盖石；6—边石；
7—浆砌片石。

图 4-43　石砌排水孔图
(注：图中长度单位为 mm)

(2)无管渗沟。

无管渗沟多设在流量不大、渗沟不长、无须设检查井之处。纵向坡度通常不小于 10‰，一般为 50‰。渗沟用多层渗水材料组成，相邻两层填料的颗粒直径相差不大于 4～6 倍，每层厚度应大于 10 cm，渗沟宽度一般不宜小于 1.2 m，其结构见图 4-44。

渗沟埋置深度不得小于当地水源深度，以保证其全年都能发挥作用。

渗沟的水应排至洼地、附近河沟或桥涵中。渗沟的位置、大小及深度应根据水文地质和土壤性质作个别设计。

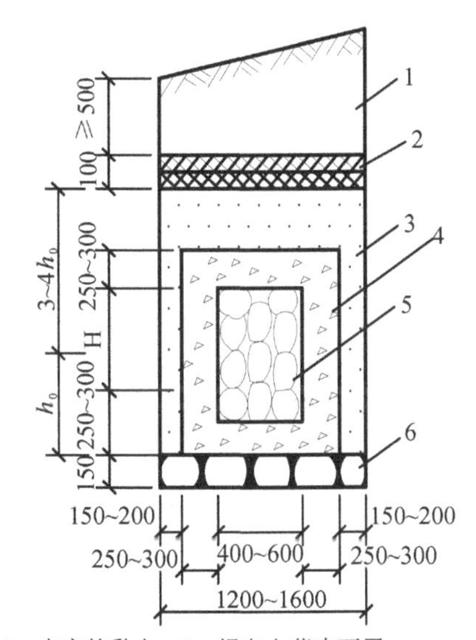

1—夯实的黏土；2—根向上草皮两层；
3—粗砂或炉渣（d=1～2）；4—砾石（d=6～8）；
5—碎石或卵石（d=25～50）；6—浆砌片石；
h_0—沟内水位高。

图 4-44　无管渗沟图
(注：图中长度单位为 mm)

(3)渗井。

降低地下水位,有时也采用渗井,即把上层含水层的水,渗到下面的含水层中去,如图4-45所示是一种简单的渗井形式。

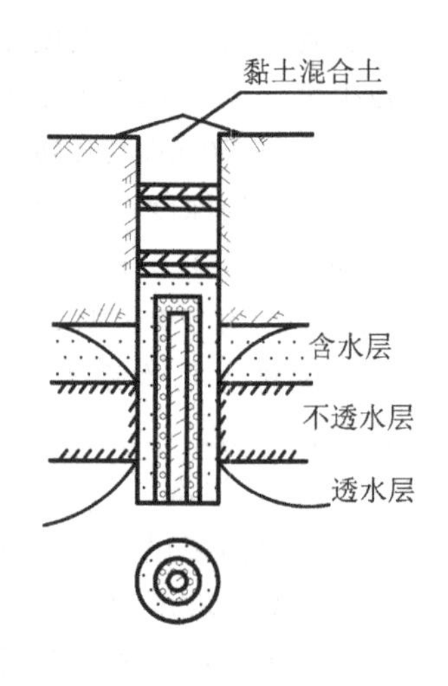

图4-45 渗井

我国在排水渗沟工程中试用了无砂混凝土,即用水泥和粗集料(级配碎石或砾石)黏结在一起而成的有透水孔隙的圬工块体,作为透水的沟壁材料,以代替施工比较复杂和困难的反滤层与渗水管设备,并能承受一定的荷载,透水性能和过滤能力好,施工简单,节省材料。

2)一般要求

(1)一般对地下水埋藏浅或无固定含水层者,可采用明沟、排水槽、渗水暗沟(有管渗沟、无管渗沟等)等措施;

(2)渗水性强的岩层,一般可用任何类型的渗水暗沟完全截断含水层。渗水暗沟可用较粗的砂砾填充;

(3)在饱和水分的黏质土的路堑基底中,修建侧沟下或侧沟旁渗水暗沟时,其填充料应用筛选过的砂和砂夹圆砾等反滤材料;

(4)所有侧沟下的渗水暗沟或侧沟旁的渗水暗沟,均应在其中线外侧路堑边坡上,一般每隔30~50 m或平面转折和纵坡由陡变缓处,均设置检查井;

(5)渗水暗沟的出口底面,应高出最高水位0.5 m;高出相接的地面排水沟亦为0.5 m,如冬季无冻害危险时,可为0.25 m。

出口处须设置浆砌片石挡土墙或护坡。

4.3 路基防护及加固

4.3.1 路基设计对天然地面的处理

一般路堤基底处理方法如下。

(1)当基底土密实可靠,且地面横坡不陡于1∶10,路堤高度大于0.5 m时,可直接修筑在天然地面上;路堤高度小于0.5 m时,须铲除原地面草皮。

(2)在稳定的斜坡上的路基应作如下处理。

①地面横坡坡度在(1∶10)~(1∶5)时,不论路基填土的高度如何,路基下地面的草皮都应清除;

②地面横坡坡度在(1∶2.5)~(1∶5)时,应将地挖成台阶,每一台阶的宽度为1 m,如图4-46所示,如果砂土地段做台阶有困难时,只需将土壤挖松即可;

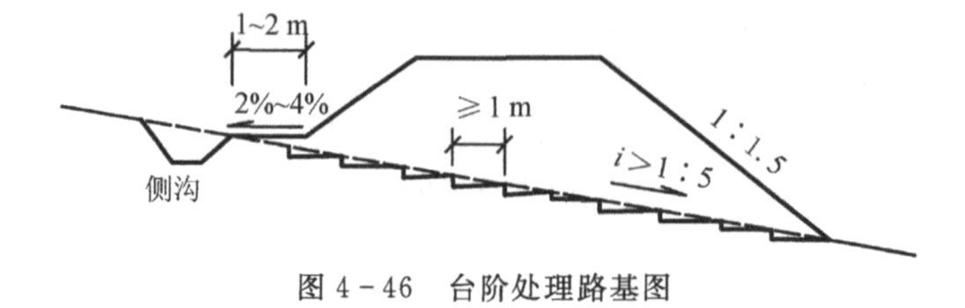

图4-46 台阶处理路基图

③地面横坡坡度大于 1∶2.5 时，应进行特别设计。

(3)对耕地和松土地面的处理。

路堤基底经过耕地或松土时，一般应先夯实后再进行填土。在深翻地段，必要时应将松土翻挖，然后回填夯实。经过水田或池塘时，应根据具体情况，采取适当的基底处理措施(排水疏干、挖除淤泥、抛填片石砂砾等)。

4.3.2 路基防护及加固的分类

对易受风雨和河流冲刷的黏土、粉砂、细砂及容易风化的岩石路基边坡，应采取加固和防护措施，以保持路基稳定。

路基的防护设备包括坡面防护和冲刷防护。

坡面防护用于路基边坡土质松软，岩石表面风化剥落或有裂缝、危石等处所。

冲刷防护用于沿河路基或穿越水库或跨过河滩时，为防止水流和波浪冲刷，对路基岸坡所加的防护措施。

路基的加固设备主要是挡土墙、支垛、副堤和扶壁，用以防止路基的变形或支撑路基本体，以保证其稳定性。一般有如下规定：

(1)易受自然作用破坏的路堑和路堤边坡，应采取坡面防护措施。

(2)陡坡上的路堤，应检算路堤顺基底及基底下软弱层滑动的稳定性。当稳定性不够时，应在路堤的下方设计支挡构筑物或采用其他加固措施。

(3)路基边坡和河岸的冲刷防护工程，应根据河流特性，河道的地形、地质、水文条件确定。一般在不受主流冲刷的地段，当流速小于或等于 1.8 m/s 时，采用植物防护；当流速大于 1.8 m/s时，采用抛石或干砌片石护坡。在主流冲刷及波浪作用强烈处，当流速小于 4.0 m/s 时，采用干砌片石护坡；当流速大于 4.0 m/s 时，采用浆砌片石护坡。在峡谷急流冲刷严重地段，采用浸水挡土墙。

(4)在不良的气候和水文条件下，对于黏土、粉砂、细砂及易风化的岩质边坡及黄土类土的缓边坡，应于施工完毕后及时进行防护。

(5)需要铺砌防护的人工填土，应充分夯实，必要时并应考虑基底沉落的影响，以免因沉落而使防护工程损坏。铺砌的坡面应预先整平，坑陷处应填平捣固。

路基防护及加固形式见表 4-15。

边坡防护和加固工程常用下列方法。

(1)喷浆：适用于易风化的较完整的岩石路堑边坡。作业过程是先清理坡面、清除杂草和松动的石块，嵌补坑洼，对大裂缝进行勾缝，再用水冲洗坡面，稍干即可喷浆。喷浆后 2～3 h，开始洒水养生，其时间一般是 5～7 d。

(2)勾缝灌浆：适用于节理发育，或折曲挤压破碎的坚硬岩层(如花岗岩、砂岩、板岩等)的路堑边坡。

(3)嵌补、支撑、穿连加固：在有局部落石或当风化作用使岩层边坡呈现空洞、凹槽而影响边坡稳定时，可用浆砌片石或混凝土进行嵌补。施工时注意清除干净凹槽内破碎石块，见图 4-47。在悬岩、危石之下，可用浆砌片石或混凝土支撑，见图 4-48。

表 4-15 路基防护及加固形式

防护及加固类型	使用条件						采用范围			
	水文条件				基底					
	浸水延长时期	水的允许深度/m	允许流速/(m·s^{-1})	流水允许程度	基底土质	基底沉陷	一般边坡坡度	河床	河岸	路基边坡
种草、铺方格草皮	短时期	任何的	0.6	不允许	任何适于长草的土质	允许	1∶1.5	—	—	+
植树	短时期	5～6	3.0	微小的	任何适于生长植物的土质	允许	—	—	+	+(灌木)
铺草皮	短时期	任何的	1.2～1.8	不允许	任何适于生长植物的土质	允许	1∶1.5	—	—	+
抛石	任何的	任何的	2.8	中等的	充分密实的	允许	1∶1	+	+	+
铺石	任何的	任何的	2.0～5.0	微小的或中等的	充分密实的，不鼓起的	不允许	1∶1.5	+	+	+
石笼	任何的	任何的	5.0	强的	充分密实的	允许	1∶0.5	+	+	+
整体混凝土板	任何的	任何的	3.5～8.0	中等的	充分密实的，不鼓起的	不允许	1∶2	—	+	+
混凝土块板	任何的	任何的	8.0	中等的	充分密实的	允许	1∶3	+	+	+
柴排	经常的	任何的	2.0	不允许	任何的，主要是微受冲刷的	允许	1∶0.5	—	+	+
沉排	经常的	任何的	3.0	—	任何的，主要是微受冲刷的	—	—	+	+	+
排水坝	任何的	2～3	—	—	充分密实的	—	—	+	+	+
片石圬工护墙	任何的	2～3	3.0～8.0	强的	充分密实的	不允许	1∶1.5	—	+	+
挡土墙	任何的	2～3	3.5～8.0	强的	任何的	—	1.0～0.4	—	—	+

注：“+”宜采用，“—”不宜采用。

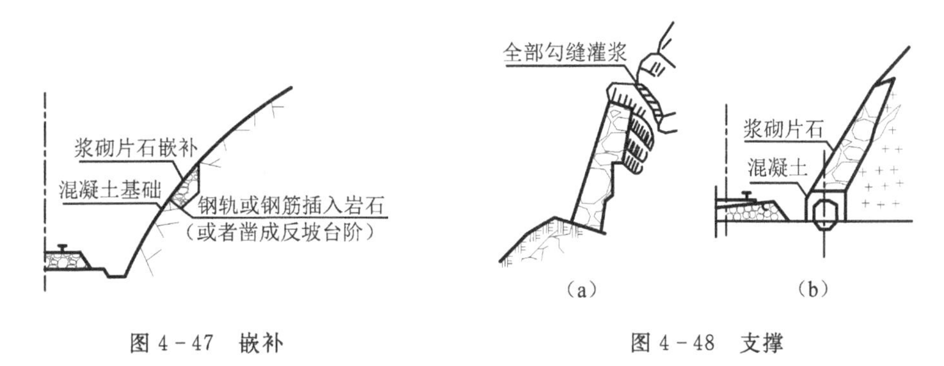

图 4-47　嵌补　　图 4-48　支撑

当边坡有顺层下滑的可能而下方又限于地形，无法采用支撑建筑物时，可用钢钎、钢轨、钢筋混凝土桩插入岩层作穿连加固，见图4-49。

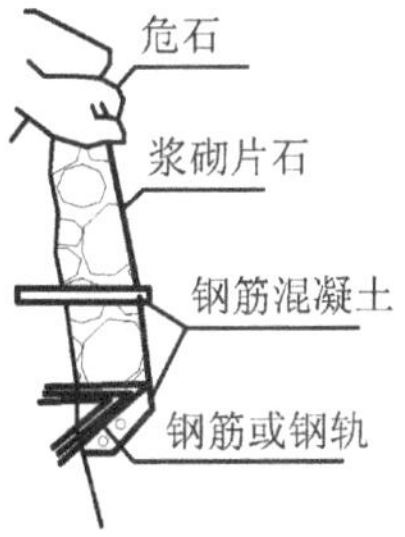

危石
浆砌片石
钢筋混凝土
钢筋或钢轨

图 4-49　穿连加固

(4)护墙。护墙一般不承受墙后的侧压力，其断面形式和结构尺寸，仅考虑由护墙本身自重作用下的稳定性及基底土壤的承载力而定。护墙通常全部采用浆砌片石筑成，其断面形式有两种：等厚截面和变厚截面，见图 4-50。

(5)挡土墙。铁路路肩挡土墙的平面位置，在直线地段应按照路基宽度确定。在曲线地段的加宽一侧应考虑路基加宽值。路堑挡土墙的平面位置，应位于侧沟外侧，还应满足抽换枕木的要求。当其位于悬岩、陡坎或地面横向坡度陡于 1∶0.75，且连续长度大于 20 m 时，应设置防护栏杆。

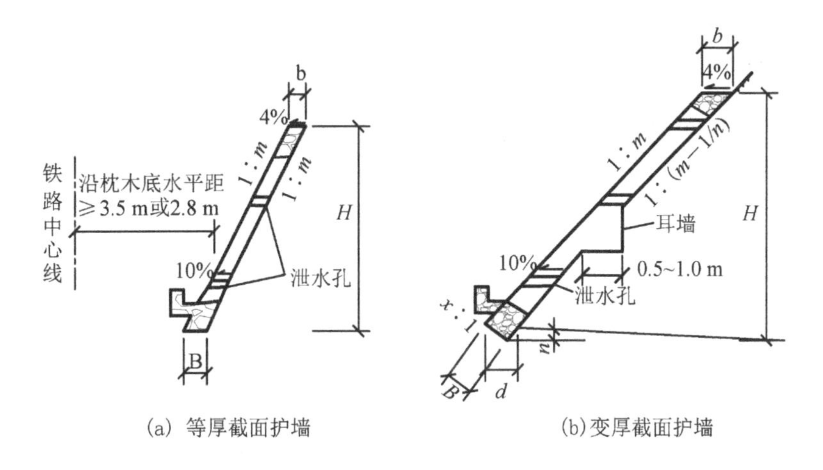

图 4-50　护墙断面图

铁路路堑挡土墙形式见图 4-51，路堤挡土墙形式见图 4-52。

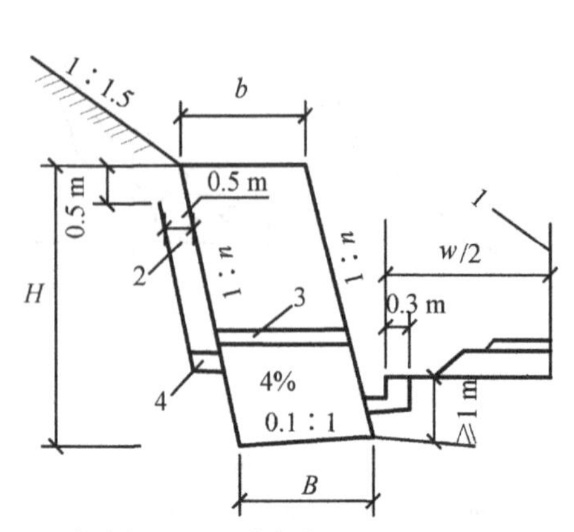

图 4-51 路堑挡土墙

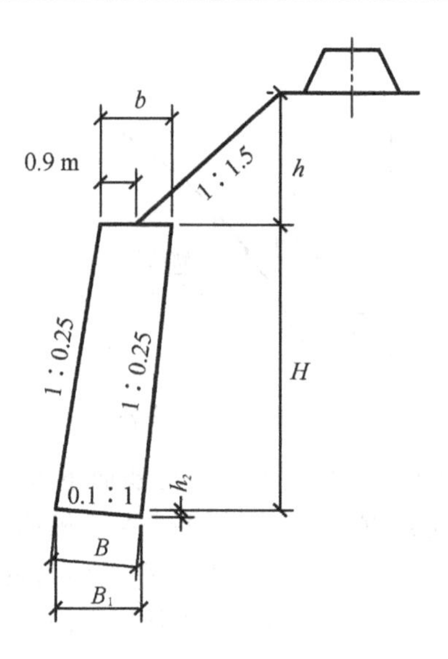

图 4-52 路堤挡土墙

4.4 桥涵设计

当铁路线通过江河、溪沟和山岭等天然障碍或跨过公路或其他铁路线时，需要修建各种桥隧构筑物。桥隧构筑物是桥梁、涵洞、明渠和隧道的总称。在新建铁路时，桥隧建筑物的工程量在铁路的总工程量中占相当大的比重，桥隧构筑物的坚固稳定对行车安全有重要的意义。

4.4.1 桥隧构筑物

1. 桥梁

桥梁主要由桥面、桥跨结构、墩台及基础三部分所组成，如图 4-53 所示。

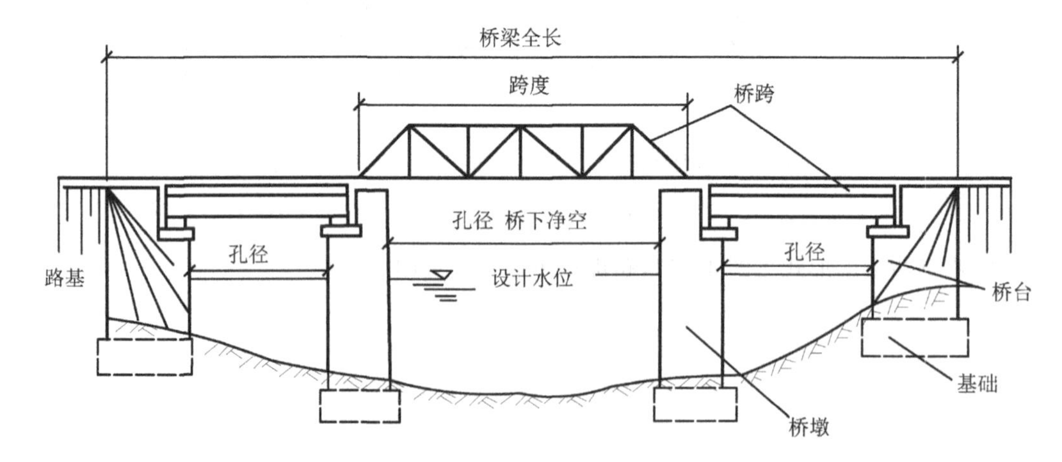

图 4-53 桥梁组成及名称

桥梁按桥跨结构所用材料分为：钢桥、钢筋混凝土桥、石桥等。

2. 涵洞和明渠

涵洞设在路堤下部的填土中，是用以通过水流的一种构筑物。

涵洞(见图 4－54)是由洞身(若干管节所组成)、基础和端墙(或翼墙)所组成。管节埋在路堤下，并具有一定的级向坡度，以便排水。端墙和翼墙的作用在于便于水流进出涵洞，同时还可以保护路堤边坡不受水流的冲刷。

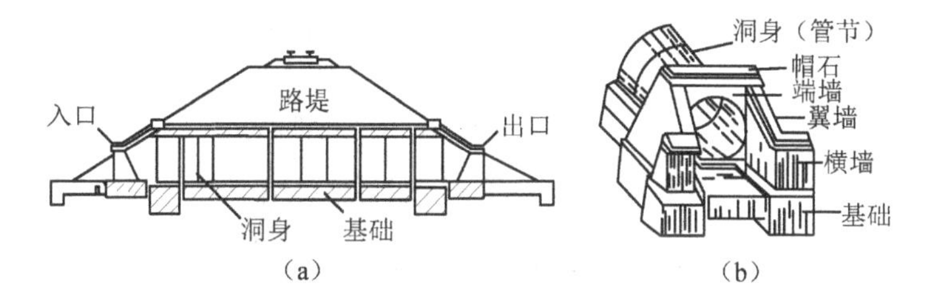

图 4－54　涵洞

按照建造材料的不同，涵洞有石涵、混凝土涵、钢筋混凝土涵等多种。涵洞的截面有矩形、圆形、拱形等不同形式。涵洞的孔径一般是 0.75～6 m。

明渠(见图 4－55)是只有墩台而没有梁部结构的小型排水构筑物，利用枕木之间的空隙通过小股水流。常用在低路堤排泄山坡雨水、路堑侧沟或农田灌溉小沟通过线路等场合。

3. 隧道

铁路隧道大多建筑在山中，可以避免开挖路堑或修建很长的迂回爬山的线路。隧道一般是由洞口、衬砌、排水设备及避车洞所组成(见图 4－56)。

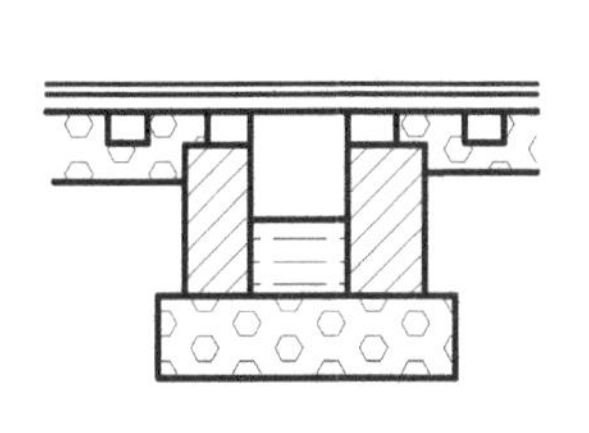

图 4－55　明渠

图 4－56　隧道

隧道洞口修筑洞门，可以保证洞口仰坡和边坡的稳定，并将仰坡上流下的水引离隧道。在隧道内除了通过特别坚硬的岩层外，一般要用石料、混凝土或钢筋混凝土等材料作内部衬砌，以防四周岩石塌落、变形或渗水。衬砌是由顶部拱圈、两侧边墙和底部横撑或仰拱所组成，见图 4－56。排水沟设置在隧道内路基侧或中央底部，以排除边墙后面的地下水和道床中的水。

为了保证隧道内工作人员和使用线路机械的安全，在隧道边墙两侧设置避车洞和避人洞。

4.4.2　桥涵的分布

桥涵的分布要以纵断面为依据，并结合平面图来进行，还需要进行现场核对与调查，收集有关桥涵的径流资料，测绘断面图及桥址平面示意图，并在现场初拟设计方案等。一般排洪需要在每块汇水面积都设置一座桥涵，把桥涵设在线路与水流相交处(见图 4－57)，只有在技术经济均合理即确系节约工程而不致带来冲坏路基的情况下，才允许将两个以上的相邻水流，用排水沟合并到一处，并设计一个桥涵让水流通过。平面地区无显著水流时，也要根据实际情况考虑每公里左右设置一座桥涵，以免有排泄不畅的积水存在。灌溉桥涵设置时要认真调查农田灌溉的情况，反复征求当地农民群众的意见，对线路跨越的灌溉沟渠正确设置桥涵，充分保证农田水利的需要。

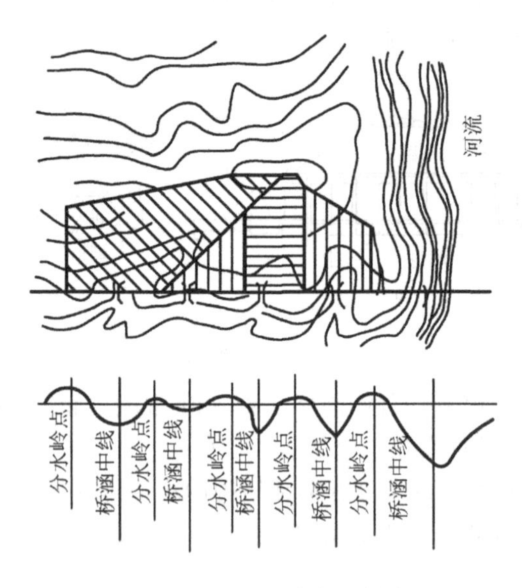

图 4－57　桥涵分布示意图

4.4.3　桥涵孔径的选择

桥涵孔径必须保证设计频率洪水、流冰、流木、泥石流、漂流物等安全通过，并应考虑壅水、冲刷对上下游的影响，确保桥涵附近路堤的稳定，便于养护与维修。

一般情况下，桥涵孔径主要依据一定洪水频率的流量和水位来设计。但任何水文计算方法都不能完全适应复杂的自然现象，加之我国水文及气象资料积累时间不长，流量计算未能达到很高的精度，因此桥涵孔径不能单凭流量及理论计算，更不能用单纯经济比较来确定。设计桥涵孔径时，必须根据河流的特性和桥址的具体情况，参照以往的经验作全面分析比较。

设计桥梁孔径时，应注意河床变迁，不宜改变水流天然状态。

当河床有被冲刷的可能时，其容许冲刷系数（桥下需要过水面积与供给面积之比）不宜大于表 4－16 所列值。

表 4－16　容许冲刷系数

河流类型		冲刷系数	附注	河流类型		冲刷系数	附注
山区	峡谷区	≤1.2	无滩	山前区	稳定河段	≤1.4	—
	开阔区	≤1.4	有滩		变迁性河段	按地区经验确定	—
平原区		≤1.4	—				

平原地区桥孔按冲刷系数计算后，必须检算桥前壅水对上游村镇与农田的影响。当有危害时，需放大桥孔。

常用简支梁桥梁跨越通过河道，表 4－17 是现行国家标准规定的铁路桥梁跨度。

表 4－17 铁路桥梁跨度

跨度（支点距离）/m	梁长/m	跨度（支点距离）/m	梁长/m
4	4.5	40	40.6
5	5.5	48	49.1
6	6.5	56	57.1
8	8.5	64	65.1
10	10.5	80	81.1
12	12.5	96	97.1
16	16.5	112	113.5
20	20.6	128	129.5
24	24.6	144	145.5
32	32.6	168	169.5

4.4.4 桥下净空高度

铁路桥涵作为排水和跨越河道的设施，基本上没有通航需求，但需考虑设计年限内的洪水频率和洪水水位，《铁路桥涵设计规范》（TB 10002—2017）对小桥涵的桥下净空作出了表 4－18 的规定。

表 4－18 桥下净空高度

序号	桥的部位	高出设计洪水频率水位加 Δh 后的最小高度/m	高出验算洪水频率水位加 Δh 后的最小高度/m
1	梁底	0.50	0.25
2	梁底（洪水期有大漂流物时）	1.50	1.00
3	梁底（有泥石流时）	1.00	—
4	支承垫石顶	0.25	—
5	拱肋和拱圈的拱脚	0.25	—

第二篇

铁路站场

第1章 线路连接及交叉

1.1 普通单开道岔

机车车辆及列车由一条线路进入或越过另一条线路，均依靠铺设的线路连接和交叉设备来实现。线路连接和交叉设备中最广泛采用的是道岔。把一条线路分支为两条或以上线路的设备称为道岔(turnout，switches and crossings)。道岔具有数量多、构造复杂、使用寿命短、限制列车速度、行车安全性低、养护维修投入大等特点，因此，道岔、曲线与钢轨接头并称为轨道的三大薄弱环节。

道岔有三种基本形式，即连接设备、交叉设备、连接设备与交叉设备的组合。这样，不同的组合形成了种类繁多的类型。常见的线路连接有各种类型的单式道岔和复式道岔；交叉有直角交叉和菱形交叉；连接与交叉的组合有交分道岔和交叉渡线等，如图1-1所示。

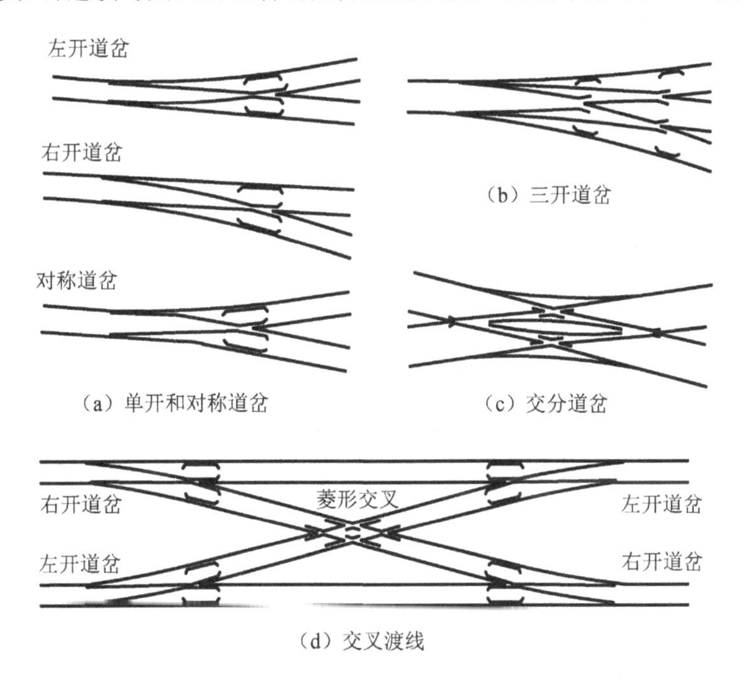

图1-1 道岔的主要类型

1.1.1 普通单开道岔主要组成部分

单开道岔主要由转辙器、辙叉及护轨、连接部分组成，如图1-2所示。

图中，AOB为主线，OC叫做岔线；转辙器前端为道岔始端(A端)，辙岔跟端为道岔终端(B端)，两股道中心线的交点称为道岔中心(O点)。当列车由始端驶向终端时，称为逆向通过道岔；反之，称为顺向通过道岔。站在始端看终端，侧线位于主线左侧称为左开道岔，位于主线右侧称为右开道岔。

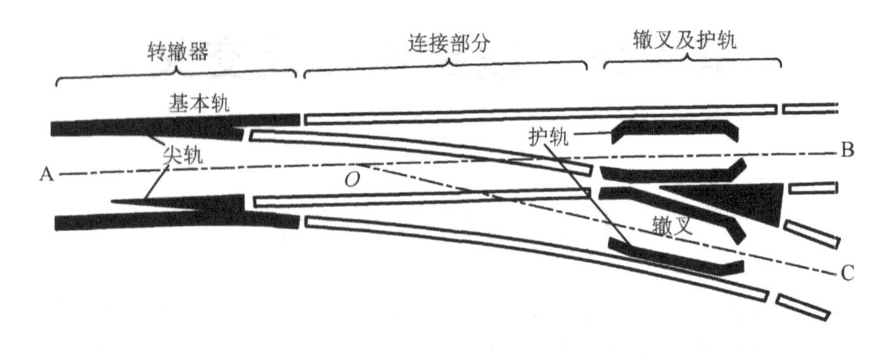

图 1-2 普通单开道岔的组成部分

单开道岔以它的钢轨每米质量及道岔号数区分类型。目前,我国的钢轨主要有 75 kg/m、60 kg/m、50 kg/m 等类型;标准道岔号数(用辙岔号数来表示)有 6 号、7 号、9 号、12 号、18 号、38 号、42 号等,其中,6 号、7 号仅用于厂矿企业内部铁路或驼峰下,其他各号道岔则适用于铁路正线及站线,并以 12 号及 18 号道岔最为常用,在侧线通过高速列车的地段,则需铺设 38 号、42 号等大号码道岔。

目前,我国普通铁路干线上大量使用 60 kg/m 钢轨固定型辙岔 12 号单开道岔。为适应既有线路提速改造的要求,我国自行设计、制造的新型 60 kg/m 钢轨 12 号、18 号提速道岔已跻身国际先进水平,为我国高速道岔研制奠定了坚实基础。

1.1.2 转辙器

单开道岔的转辙器是引导机车车辆沿主线方向或侧线方向行驶的线路设备,由两根基本轨、两根尖轨、各种联结零件及道岔转换设备等组成。

1. 基本轨

基本轨是用一根 12.5 m 或 25 m 标准断面的普通钢轨制成,主股为直线,侧股按转辙器各部分的轨距在工厂事先弯折成规定的折线或采用曲线轨。通常,道岔中不设轨底坡,为改善钢轨的受力条件,提速道岔中基本轨设有 1∶40 的轨底坡。为防止基本轨的横向移动,可在其外侧设置轨撑。

2. 尖轨

尖轨是转辙器的主要组成部件之一,列车依靠尖轨的扳动进入直线线路或侧线线路。拉杆使尖轨与转辙机械相连。转辙机械动作时,通过拉杆带动两尖轨同时动作。根据两尖轨与基本轨密贴的情况,规定机车车辆沿主线或侧线通过。如图 1-2 所示,机车车辆是沿侧线通行的。尖轨按平面形状分为直线尖轨和曲线尖轨两种。

(1)直线形尖轨。

直线形尖轨的特点是尖轨的工作边成一条直线,其加工制造简单,便于修换,尖轨尖端刨削部分短,横向刚度大,尖轨动程和跟端轮缘槽小,可用于左开道岔或右开道岔。但直线形尖轨的转辙角较大,列车对尖轨的冲击力大,尖轨尖端易于磨耗和损伤。我国铁路的大部分 12 号及 12 号以下的道岔,均采用直线型尖轨,如图 1-3 所示。

(2)曲线形尖轨。

曲线形尖轨的工作边除了尖轨尖端一小段直线外，其余均为圆曲线，这种尖轨的冲击角较小，导曲线半径大，尖轨磨耗较轻，列车进出侧线比较平稳。但是，曲线形尖轨制造较复杂，前段刨切较多，并且左右开道岔不能通用，如图 1-4 所示。我国新设计的 12 号道岔及以上的大号码道岔均采用曲线形尖轨。

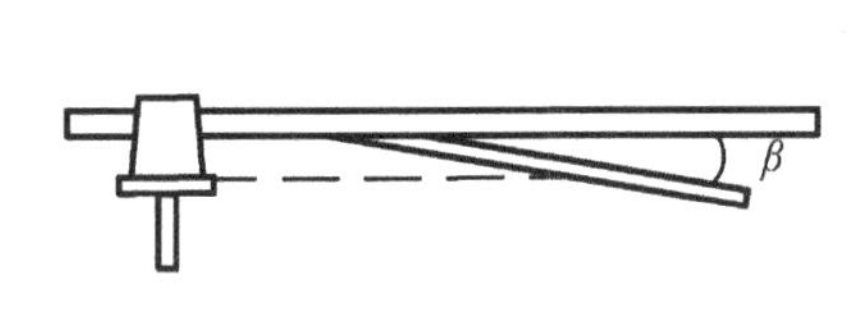

图 1-3　直线形尖轨

图 1-4　曲线形尖轨

尖轨的长度随道岔号数和尖轨的形式不同而异。在我国铁路上，9 号道岔的尖轨长度为 6.25 m；12 号道岔的直线形尖轨长度为 7.7 m，曲线形尖轨长度为 11.3～11.5 m；18 号道岔的尖轨长度为 12.5 m。

基本轨的作用除承受车轮的垂直压力并经过垫板将其传递于岔枕外，还与尖轨共同承受车轮的横向水平推力并保持尖轨位置的稳定。尖轨与基本轨密贴时产生一个转辙角，因此在转辙部分的轨距必须加宽，以满足机车固定轴距和车轮与钢轨良好接触的需要。尖轨尖端轨距加宽量，根据尖轨长度的不同而异，7.7 m 长的尖轨加宽 10 mm，6.25 m 长的尖轨加宽 15 mm，尖轨跟端轨距一律加宽 4 mm。

1.1.3　辙叉及护轨

辙叉是使车轮由一条钢轨越过另一条钢轨的设备，设置在道岔侧线钢轨与道岔主线钢轨相交处。辙叉由叉心、两条翼轨及联结零件所组成。辙叉按平面形式分，有直线辙叉和曲线辙叉两类；按构造分，有固定式辙叉和可动式辙叉两类。在单开道岔上以直线式固定辙叉最为常用，在提速线路上多为可动式辙叉，在高速线路上都为可动式辙叉。

1. 固定式辙叉

如图 1-5 所示为固定式辙叉。这种辙叉铺设于道岔中，翼轨和心轨在使用中不再动作，适用于直向过岔速度较低的单开道岔。优点是结构稳固，缺点是存在“有害空间”。一般较小号数的普通锐角辙叉多采用固定式辙叉。

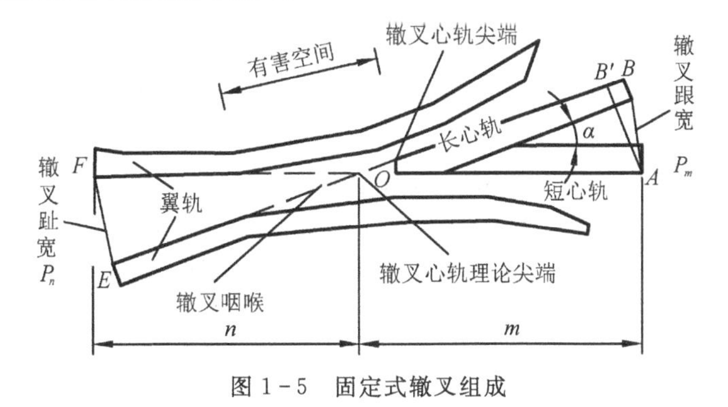

图 1-5　固定式辙叉组成

叉心两侧作用边之间的夹角称为辙叉角 α，其交点称为理论中心(理论尖端)。由于工艺原因，实际上辙叉尖端有 6～10 mm 宽度，称为辙叉实际尖端，如图 1-5 所示。辙叉角 α 越小，道岔号数 N 越大。我国道岔号数与辙叉角的对应值见表 1-1。

表 1-1 道岔号数与辙叉角的关系

道岔号数	辙叉角	道岔号数	辙叉角
7	8°07′48″	30	1°59′57″
9	6°20′25″	38	1°34′42.9″
12	4°45′49″	42	1°12′50.13″
18	3°10′47″	62	0°50′26.56″

翼轨由普通钢轨弯折刨切而成，与辙叉间形成必要的轮缘槽，以保证机车车辆的轮缘能够顺利通过。翼轨作用边开始弯折处称为辙叉咽喉，是两翼轨作用边之间的最窄距离。从辙叉咽喉至实际尖端之间，有一段轨线中断的空隙，称为道岔的“有害空间”(见图 1-5)。车轮通过较大的有害空间时，叉心容易受到撞击。为保证车轮安全通过有害空间，必须在辙叉相对位置的两侧基本轨内侧设置护轨，借以引导车轮的正确行驶方向。

单开道岔中，辙叉角小于 90°，所以将这类辙叉称为锐角辙叉。交叉渡线和交分道岔中有辙叉角大于 90°的钝角辙叉。

护轨设置在固定式锐角辙叉和钝角辙叉中，是固定式辙叉不可缺少的重要组成部分。护轨设置在固定辙叉两侧，用以控制车轮的轮缘，使之进入设定的轮缘槽内，顺利通过有害空间，保护心轨尖端不被轮缘冲击撞伤。

护轨的防护范围，应包括辙叉咽喉至叉心顶宽 50 mm 的一段长度，并要求有适当的余裕。在平面图中，护轨由平直段、两端缓冲段和两端开口段组成(见图 1-6)。平直段是护轨实际起作用的部分，称工作部分或有效部分。缓冲段与开口段起着将车轮平稳地引入平直段的作用，缓冲段的冲击角应按列车允许的通过速度设置。

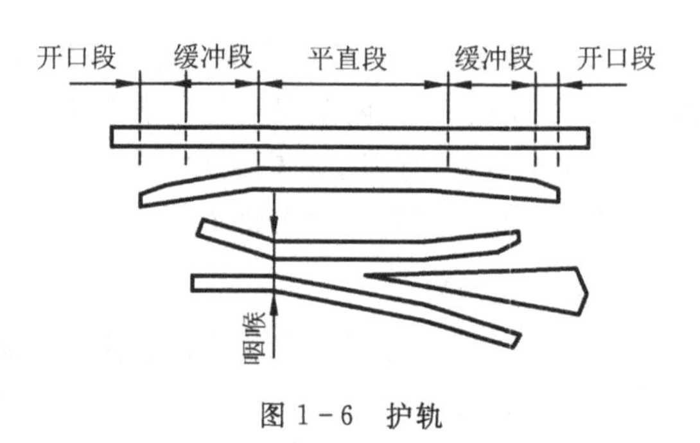

图 1-6 护轨

2. 可动式辙叉

可动式辙叉是指辙叉个别部件可以移动的辙叉，其作用是保证列车过岔时轨线的连续，消除固定辙叉上存在的有害空间，并可取消护轨，同时辙叉在纵断面上的几何不平顺也可以大大减少，从而可显著降低辙叉部位的轮轨相互作用力，提高运行平稳性，延长辙叉的使用寿命。

可动式辙叉常见的形式为可动心轨式，即心轨可动、翼轨固定。这种辙叉结构的优点是车辆作用于心轨的横向力直接传递给翼轨，保证了辙叉的横向稳定。由于心轨的转换与转辙器同步联动，不会在误认进路时发生脱轨事故，能保证行车安全。缺点是制造比较复杂，并较固定式辙叉长。

可动心轨式辙叉的心轨跟端有铰接式和弹性可弯式两种，如图 1-7，图 1-8 所示。

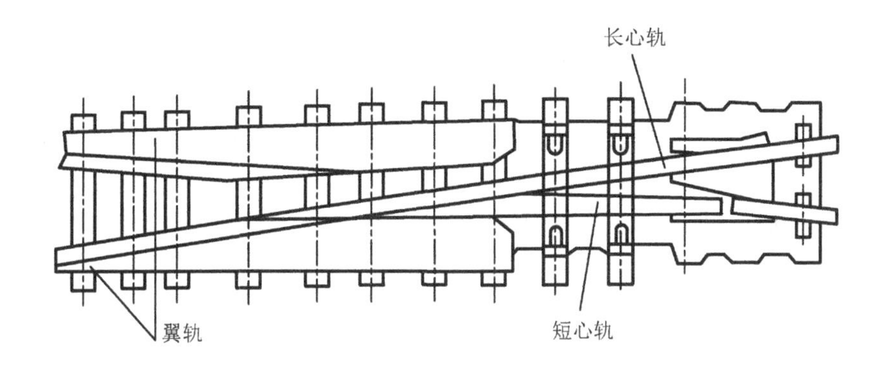

图 1-7 回转式可动心轨辙叉

铰接式心轨(又称回转式心轨)跟端通过高强螺栓固定住翼轨上的间隔铁能保证心轨与翼轨的相对位置,并传递水平力。这种辙叉便于铸造,转换力较小,可以与原有固定式辙叉的长度相同。铺设这种可动心轨式辙叉不致引起车站平面的变动,因此尤其适用于既有线大站场的技术改造。但是,在辙叉范围内出现活接头,不如弹性可弯式结构稳妥可靠。

弹性可弯式心轨跟部结构有两种形式,即心轨的一肢跟端可以为弹性可弯式,另一端为活动铰接式;或是心轨的两肢均为弹性可弯式,如图1-8 所示。前一种结构不仅连接可靠,而且构造简单,辙叉转换力也较小,我国研制的可动心轨辙叉选用的就是这种形式。后一种结构在转换时长短心轨接合面上将产生少量的相对滑动,并且这种心轨较长,转换力较大。

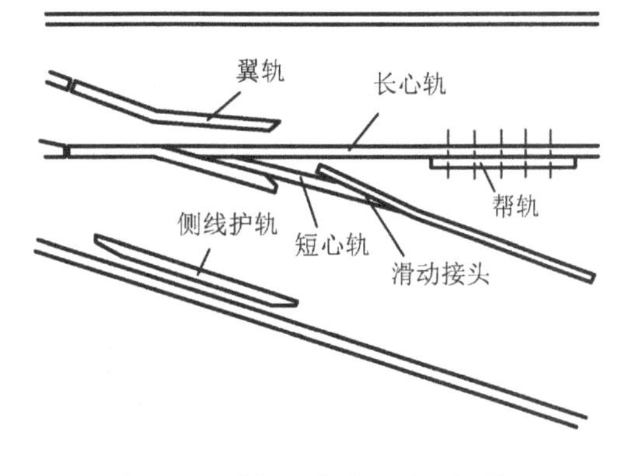

图 1-8 弹性可弯式可动心轨辙叉

除了可动式辙叉,还有其他消灭有害空间的辙叉形式。

如德国的 UIC60 型钢轨道岔,就是用滑动的滑块堵塞辙叉轮缘槽。我国新近研制的客运专线 18 号道岔采用单肢弹性可弯式心轨辙叉结构,心轨为 60D40 钢轨组合结构,长心轨跟端弹性可弯,短心轨跟端滑动。

虽然世界上各国使用的道岔类型很多,但可动心轨辙叉道岔,工作稳定可靠,机车车辆对辙叉的附加冲击力及列车摇摆显著降低,养护工作量减少,使用寿命延长,并且改善了旅客列车过岔时的舒适度,所以是当前世界铁路首选的辙叉类型。我国主要提速干线上大量使用 60 kg/m钢轨 12 号可动心轨道岔,18 号以上的道岔也都是可动心轨道岔。

1.1.4 连接部分

连接转辙器和辙叉的轨道为道岔的连接部分,它包括直股连接线和曲股连接线,直股连接线与区间直线线路的构造基本相同,曲股连接线又称导曲线,导曲线的平面形式可以是圆曲线、缓和曲线或变曲率曲线。我国目前线路上铺设的道岔导曲线均为圆曲线,当尖轨为曲线线形时,尖轨本身就是导曲线的一部分,确定导曲线平面形式时应将尖轨或辙叉平面一并考虑,圆曲线两端一般不设缓和曲线。导曲线由于长度及限界的限制，一般不设超高和轨底坡。

为防止导曲线钢轨在动荷载作用下的外倾及轨距扩张，可设置一定数量的轨撑或轨距拉杆。还可以同区间线路一样，设置一定数量的防爬器及防爬木撑，以减少钢轨的爬行。

连接部分一般配置 8 根钢轨，直股连接线 4 根，曲股连接线 4 根。配轨时要考虑轨道电路绝缘接头的位置和满足对接接头的要求，并尽量采用 12.5 m 或 25 m 长的标准钢轨。连接部分使用的短轨，一般不短于 6.25 m，在困难情况下不短于 4.5 m。我国标准的 12 号、18 号单开道岔连接部分的配轨图如图 1－9 所示，尺寸见表 1－2。

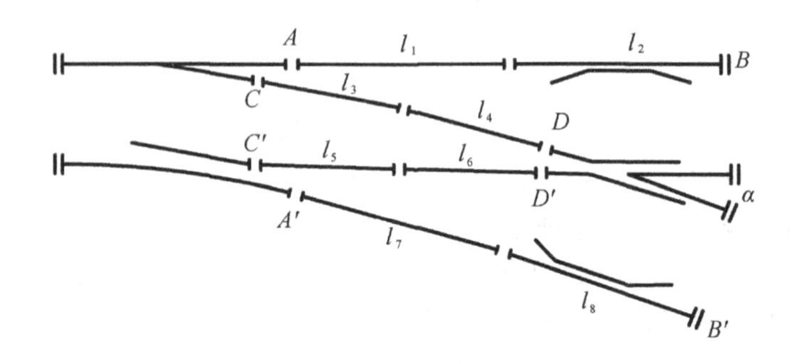

图 1－9　道岔连接部分

表 1－2　标准道岔的配轨尺寸　　单位：mm

N	12 号	18 号	N	12 号	18 号
l_1	11791	10226	l_5	12500	16574
l_2	12500	18750	l_6	9385	12500
l_3	12500	16903	l_7	11708	10173
l_4	9426	12500	l_8	12500	18750

注：N 表示道岔号数。

1.2　常用道岔

1.2.1　普通单开道岔

我国最常见的道岔类型是普通单开道岔（简称单开道岔），其主线为直线方向，侧线从主线的左侧或右侧岔出，如图 1－10(a)所示。单开道岔的数量约占线路上各种道岔总和的 90%以上，了解和掌握这种道岔的基本特征，对各类道岔的设计、制造、铺设、养护均有十分重要的意义。

1.2.2　对称道岔

对称道岔是单开道岔的一种特殊形式，由主线向两侧分为两条线路，整个道岔对称于主线的中线或辙叉角的中分线，列车通过时两支线无主线、侧线之分，如图 1－10(b)所示。对称道岔与单开道岔相比：尖轨长度相同时，尖轨作用边和主线方向所成夹角约为单开道岔的一半；

导曲线半径相等时，对称道岔的长度要比单开道岔短；其他条件相同时，导曲线半径约为单开道岔的两倍；在曲线半径和长度保持不变时，可采取比单开道岔更小的辙叉。因此，在道岔长度固定的条件下，使用对称道岔可获得较大的导曲线半径，能提高过岔速度；在保持相同的过岔速度的条件下，对称道岔能缩短道岔长度，从而缩短站坪长度，增加股道的有效长度。对称道岔的特点使得它在驼峰下、三角线上、工业铁路线和城市轻轨线上获得较多应用。

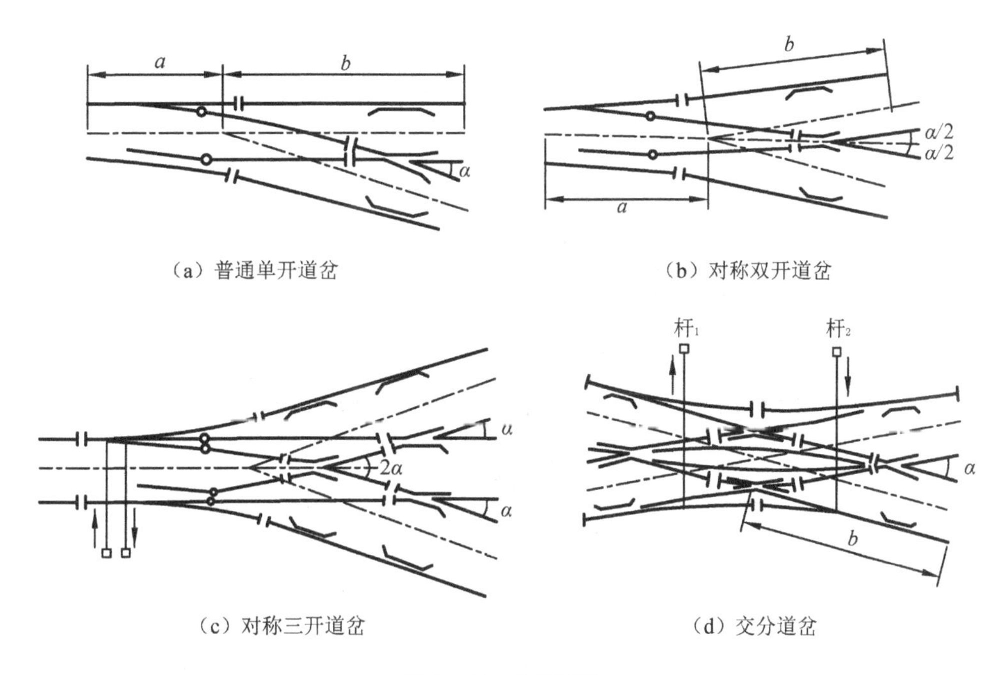

(a) 普通单开道岔　(b) 对称双开道岔

(c) 对称三开道岔　(d) 交分道岔

图 1-10　常用道岔

1.2.3　三开道岔

三开道岔(一般指对称三开道岔)，又称复式异侧对称道岔，是复式道岔中比较常见的一种形式，如图 1-10(c)所示。它相当于两组异侧顺接的单开道岔，但其长度却远比两组单开道岔的长度之和短。因此，常用于铁路轮渡桥头引线、驼峰编组场以及地形狭窄又有特殊需要的地段。三开道岔由一组转辙器、一组中间辙叉和两组同号数的后端辙叉组成。该道岔构造比较复杂，维修较困难，运行条件较差，非困难条件时，不轻易采用。

1.2.4　交分道岔

交分道岔有单式、复式之分。复式交分道岔相当于两组对向铺设的单开道岔，实现不平行股道的交叉，但具有道岔长度短、开通进路多及两个主要行车方向均为直线等优点，因而能节约用地，提高调车能力并改善列车运行条件。交分道岔由菱形交叉、转辙器和连接曲线等组成。菱形交叉一般是直线与直线的交叉，由两幅锐角辙叉、两副钝角辙叉和连接钢轨组成，如图 1-10(d)所示。

1.2.5　渡线

渡线是使列车由一线转入另一线的设备。由两组单开道岔及一条连接轨道组成的设备称单渡线，如图 1 - 11(a)所示。由 4 组类型和号数相同的单开道岔和一组菱形交叉，以及连接钢轨组成的设备称交叉渡线，如图 1 - 11(b)所示。在此基础上还有如下的变化形式：图 1 -11(c)是将一副左开道岔换成右开道岔，同样右开道岔也可以换成左开道岔；图 1 - 11(d)是将一副单开道岔换成同号对称道岔；图 1 - 11(e)是将一副单开道岔换成复式或单式交分道岔；在图 1 -11(f)中，菱形交叉的中轴不在两平行线路的中分线上，而偏于一侧；图 1 - 11(g)为单侧交叉渡线；图 1 - 11(h)是缩短交叉渡线。

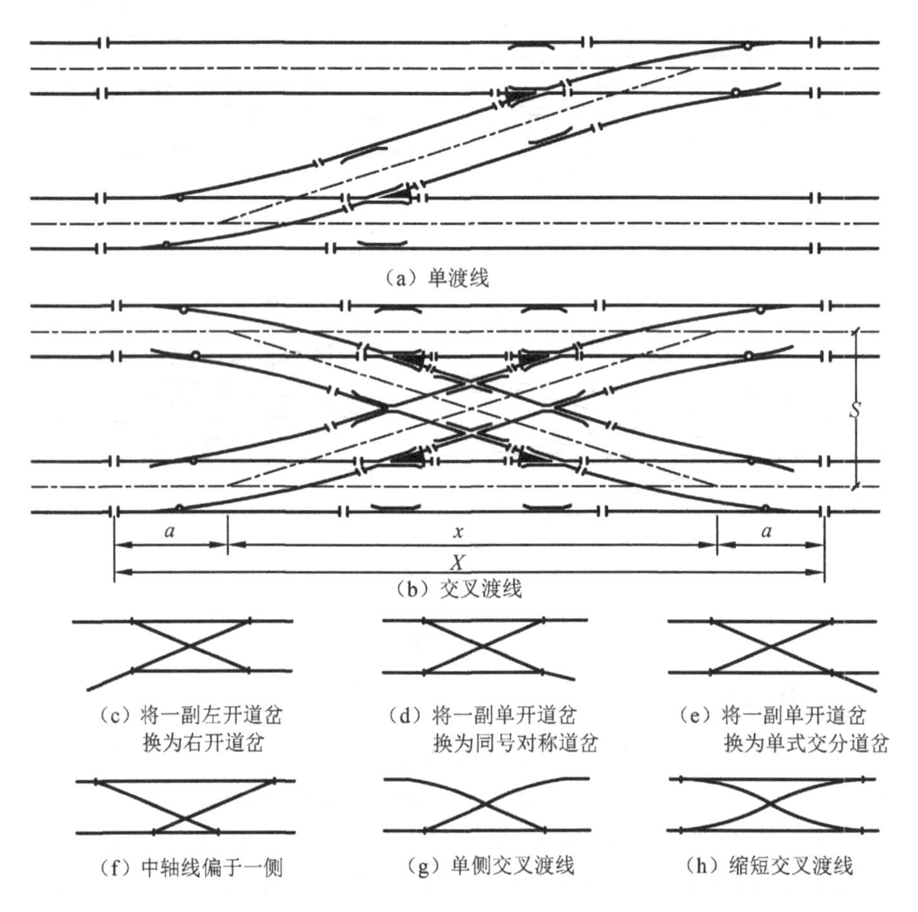

图 1 - 11 单渡线和交叉渡线

交叉渡线一般用于平行股道之间的连接，对于缩短线路连接长度效果显著，在站场两端咽喉处常见。在使用中应选用合适的线路间距 S，当道岔号数为 7 号，S 应为 4.5 m、4.6 m、5.0 m、5.3 m、6.5 m；当道岔号数为 9 号，S 应为 4.6 m、5.0 m、5.3 m、6.5 m。在图 1 - 12(a)中，L 范围内的四副单开道岔、菱形交叉及其配轨在工厂里已全部配好，因此，在设计中开列设备清单时，应注明线路间距和钢轨类型，如钢轨类型为 50 kg/m、线间距为 5.0 m 的 9 号交叉渡线多少组。

在使用交叉渡线时，还应注意根据具体情况将普通单开道岔换成对称双开、交分道岔以及改变道岔的开向，会给线路连接带来许多方便。如图 1 - 12(b)的线路连接，当 JD 至 N_1 的长度不能满足连接的技术条件时，可将左开道岔 N_1 改换成右开道岔，如虚线所示，就能很好地解决问题。

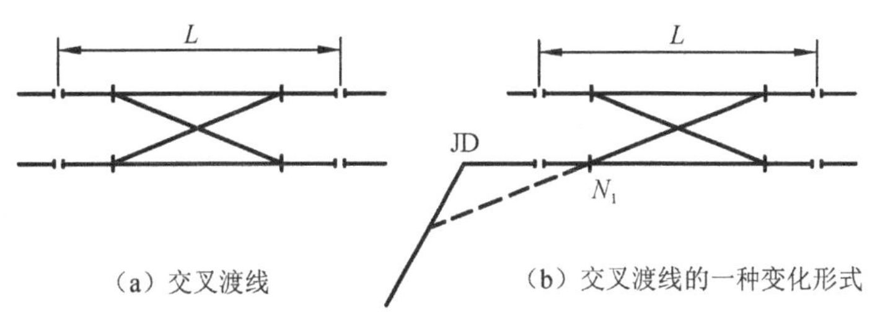

图 1-12　交叉渡线

1.3　过岔速度与高速道岔

1.3.1　过岔速度

列车通过道岔的速度包括直向通过速度和侧向通过速度。道岔的过岔速度是控制行车速度的重要因素之一。道岔容许通过速度取决于道岔构件的强度及平面形式两个方面,这些是保证列车安全平稳运行和旅客舒适度所必不可少的条件。

1. 侧向过岔速度

就一组单开道岔而言,侧向通过速度包括转辙器、导曲线、辙叉及岔后连接线路这四部分的通过速度,每一部分都影响道岔的侧向通过速度。侧向通过速度主要由转辙器和导曲线两个部位的通过速度来决定。现有各类道岔的侧向允许通过速度见表 1-3。

表 1-3　道岔侧向容许通过速度

尖轨类型	各号道岔侧向容许通过速度/(km·h^{-1})						
	9 号	12 号	18 号	30 号	38 号	42 号	62 号
AT 型弹性可弯尖轨	35	50	80	140	140	160	220

影响道岔侧向通过速度的因素很多,主要是由于导曲线一般不设超高和缓和曲线,且半径较小,列车未被平衡的离心加速度较大。因此,增大导曲线半径,减小车轮对道岔各部位的冲击角,是提高侧向通过速度的主要途径。此外,加强道岔结构,也有利于提高侧向通过速度。

采用大号码道岔,以增大导曲线半径,这是提高侧向通过速度的有效办法。但道岔号数增大后道岔长度也增加了,如我国 18 号道岔全长为 54 m,较 12 号道岔长 17 m,较 9 号道岔长 25 m,这需要相应增加站坪长度,因而在使用上受到限制。采用对称道岔,在道岔号数相同时,其导曲线半径为单开道岔的两倍左右,可提高侧向通过速度 30%～40%。但对称道岔两股均为曲线,使运行条件变差,因而适用于两个方向上的列车通过速度或行车密度相接近的地段。在道岔号数固定的条件下,改进平面设计,例如采用曲线尖轨、曲线辙岔,也可以达到加大导曲线半径的目的。

2. 直向过岔速度

当列车逆岔直向过岔时,车轮轮缘将与辙叉上护轨缓冲段作用边碰撞,而顺岔直向过岔时,则将与护轨另一缓冲段作用边碰撞,同护轨一样,翼轨缓冲段上也存在冲击角。因此,道岔平面冲击角是影响道岔直向通过速度的主要因素。其次，车轮通过辙叉由翼轨滚向心轨或由基本轨过渡到尖轨时，会出现先降低后升高的现象，使车轮犹如在高低不平顺的轨面行驶，产生附加动力作用，限制过岔速度的提高。道岔立面几何不平顺是限制可动心轨道岔直向通过速度的主要因素之一。最后，由于道岔结构复杂，各部位轨线布置不同、垫板长度不等等因素将引起道岔区内的轨道刚度沿线路纵向分布不均匀，会加剧列车过岔时轮轨的互相作用，降低列车运行舒适性，恶化道岔几何状态，使道岔成为限制行车速度的薄弱环节。

目前，虽没有简便而成熟的直向通过速度计算方法，不过根据我国铁路的运营实践并结合一定理论分析，依据道岔的结构状况，将直向通过速度限制为同等级区间线路容许速度的80%～90%。我国 60 kg/m 钢轨道岔的直向容许通过速度见表 1 - 4。

表 1 - 4 60 kg/m 钢轨道岔直向容许通过速度

尖轨类型	辙叉类型		各号道岔直向容许通过速度/(km·h^{-1})						
			9 号	12 号	18 号	30 号	38 号	42 号	62 号
普通钢轨尖轨	高锰钢整铸	普通道岔	100	110	—	—	—	—	—
AT 弹性可弯尖轨			—	120	120	—	—	—	—
		提速道岔	140	160	—	—	—	—	—
	可动心轨	普通道岔	—	160	160	160	—	—	—
		提速道岔	—	200	200	—	—	—	—
		秦沈线道岔	—	—	250	—	250	—	—
		客专道岔	—	—	250/350	—	250	350	350

提高直向过岔速度的根本途径是道岔部件采用新型结构和新材料。其次，道岔的平面及构造要采用合理的形式及尺寸，以消除或减少影响直向过岔速度的因素。在高速道岔中，岔区轨道刚度的均匀化也是提高直向过岔速度的有效措施之一。

1.3.2 高速道岔

道岔是限制列车运行速度的关键设备，在高速铁路中占有特殊的地位。高速道岔在功能上和构造上与常用道岔相比，没有原则上的区别，只是对安全性和舒适度的要求更高了。近年来，各国铁路根据高速运行时车轮与道岔的相互作用特点，对高速道岔的平纵断面、构造、制造工艺、道岔区的轨下基础以及养护维修均进行了大量的研究，设计制造出一系列适用于不同运行条件的高速道岔。

1. 高速道岔的分类

(1)按直向容许通过速度分类。

高速道岔按直向容许通过速度可分为 250 km/h、350 km/h 两种。

(2)按侧向容许通过速度分类。

高速道岔按侧向容许通过速度可分为 80 km/h、120 km/h、160 km/h、220 km/h 四种类型。侧向容许通过速度不小于 160 km/h 的高速道岔因道岔号码大、长度长，也被称为侧向高速道岔。

(3)按道岔功能分类。

高速道岔按道岔功能可分为正线道岔、渡线道岔和联络线道岔三种类型。正线道岔位于车站咽喉区，侧向允许通过速度为 80 km/h；渡线道岔位于车站咽喉区外，侧向容许通过速度为 80～160 km/h；联络线道岔也位于车站咽喉区外，侧向容许通过速度为 120～220 km/h。

(4)按轨下基础类型分类。

高速道岔按轨下基础可分为有砟轨道和无砟轨道两种。

(5)按技术类型分类。

高速道岔按技术类型可分为我国自主研发的高速道岔(简称Ⅰ型高速道岔)、引进法国技术的道岔(简称Ⅱ型高速道岔)、中德合资生产的高速道岔(简称Ⅲ型高速道岔)。

(6)按道岔号码分类。

高速道岔按道岔号码可分为 18 号、30 号、42 号、62 号道岔。法国和德国技术的侧向高速道岔号码与我国有所差别，分别为 41 号、58 号及 39 号、43 号、50 号。

国内外高速铁路基本采用的是 60 kg/m 钢轨，标准轨距、跨区间无缝线路，因而高速道岔一般不按钢轨、轨距、接头类型分类。我国高速铁路道岔全部采用的是可动心轨辙叉，国外高速铁路还有固定型辙叉道岔或乘越式道岔。我国高速铁路采用的是 1∶40 的轨底坡，国外还有采用 1∶20 轨底坡的情况，因此国内外高速铁路道岔可按轨底坡分为 1∶40 与 1∶20 两种。

2. 我国的高速道岔

我国的高速铁路上使用的道岔按直向容许通过速度主要有 250 km/h、350 km/h 两个速度系列，按侧向容许通过速度主要有 80 km/h、160 km/h、220 km/h 三个速度系列。道岔号数有 18 号(见图 1-13)、42 号(见图 1-14)、62 号三个号码。车站咽喉区主要采用 18 号单开道岔，部分区间渡线采用 42 号道岔，少数联络线采用了 62 号道岔。

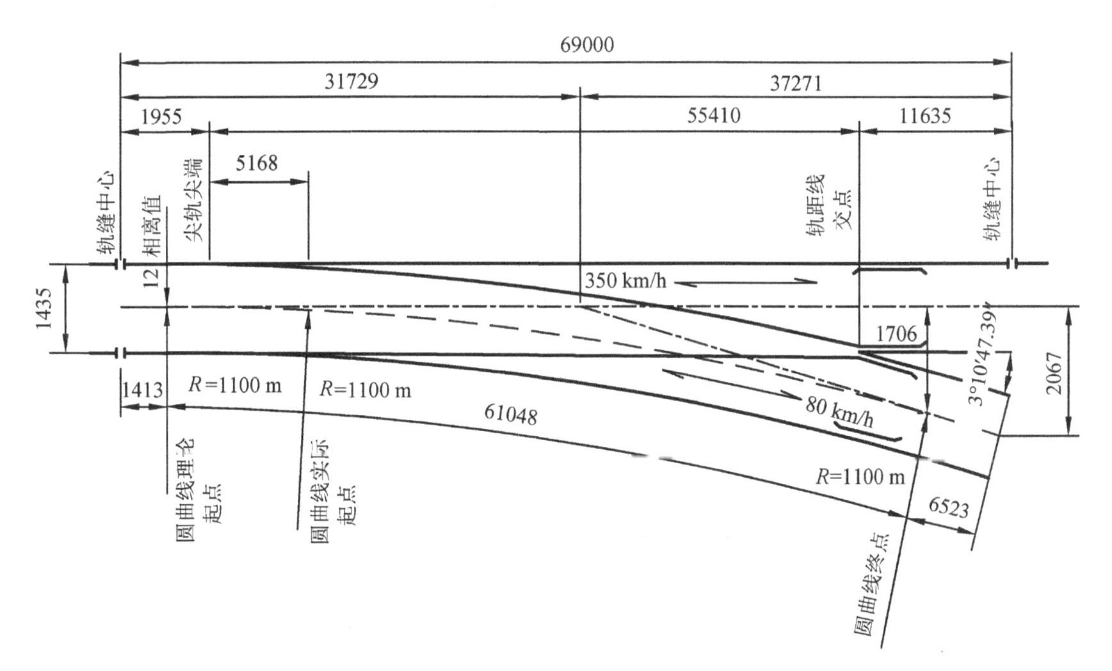

图 1-13　18 号道岔线型及主要尺寸

(注：图中尺寸未注明单位的为 mm)

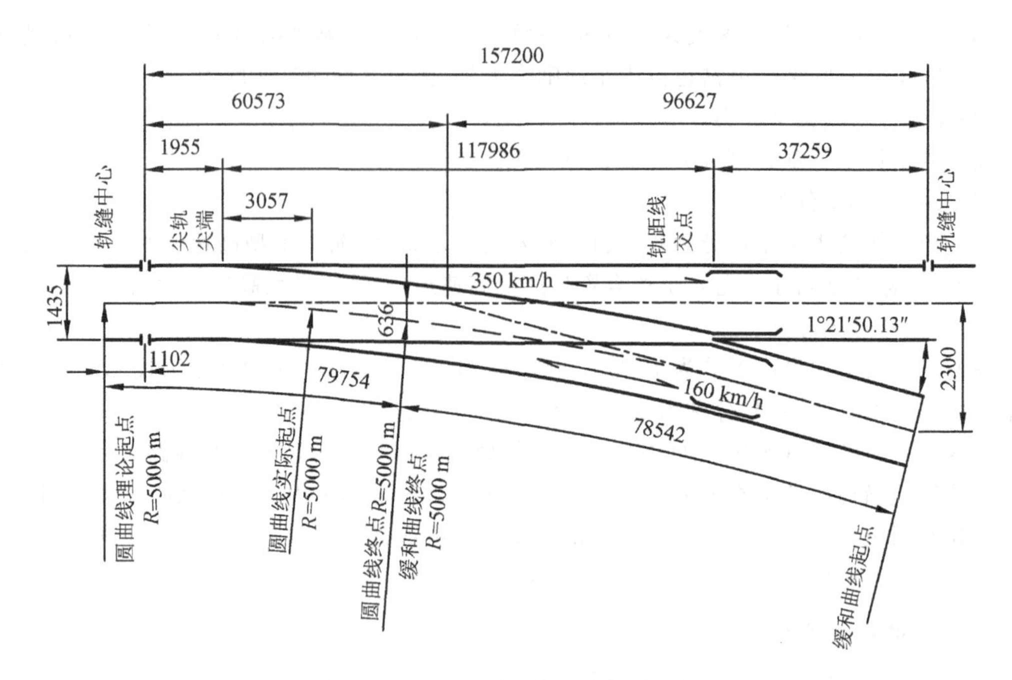

图 1-14 42 号道岔线型及主要尺寸
(注:图中尺寸未注明单位的为 mm)

1.4 线路的特殊设备

1. 钢轨伸缩调节器

如图 1-15 所示,钢轨伸缩调节器是借助尖轨和基本轨在线路方向上的相对错动来调节由于温度变化所引起的钢轨伸缩,用于大跨度钢梁桥面和无缝线路。

2. 铁鞋脱落器

如图 1-16 所示,它相当半组锐角辙叉。制动铁鞋沿翼轨折臂滑动,脱落于轨道之外,而减速后的车辆继续沿线路方向运行。

3. 脱轨道岔

如图 1-17 所示,当尖轨与曲基本轨贴紧时,保持通往正线方向开通;若尖轨扳开后,则误入正线方向的机车车辆就会脱轨。脱轨道岔应设置在正线之外的地点。

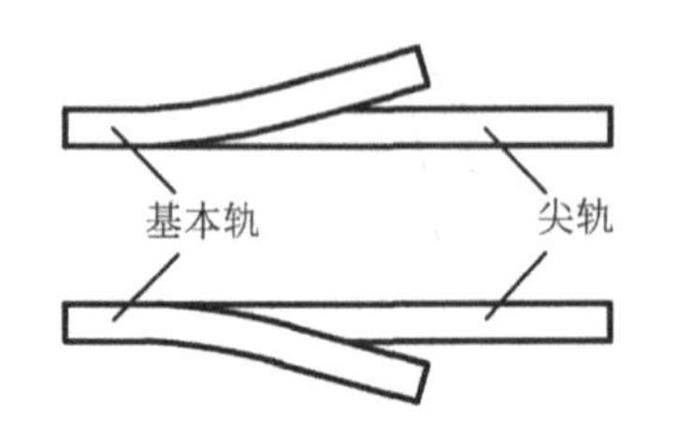

图 1-15 钢轨伸缩调节器

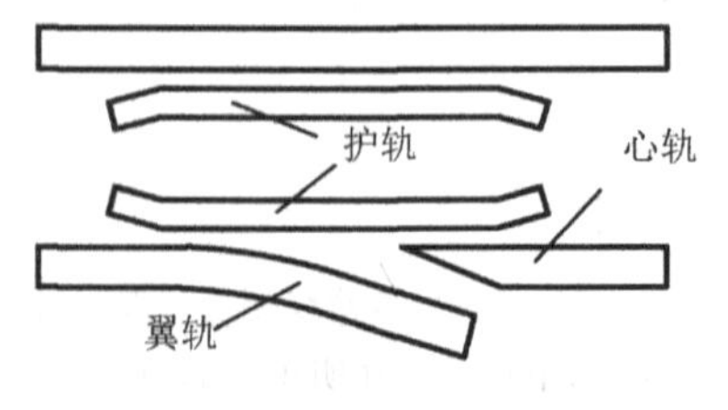

图 1-16 铁鞋脱落器

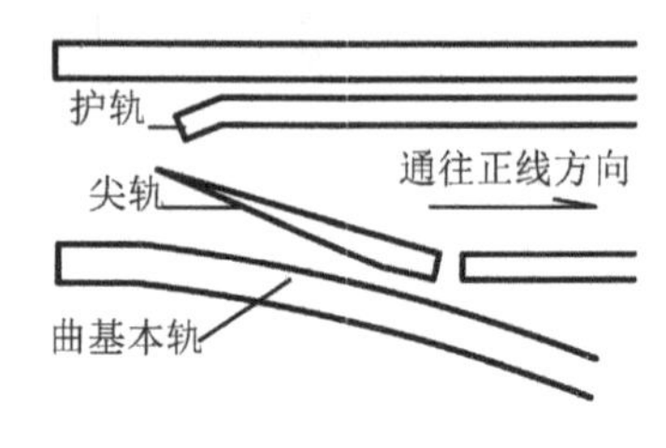

图 1-17 脱轨道岔

1.5 道岔辙叉号码的确定

1.5.1 道岔表示方法

单开道岔的几何要素如图 1-18 所示，图中：$L_{全}$ 为道岔基本轨始端轨缝中心至辙叉后跟轨缝中心的距离（简称道岔全长）；a 为从基本轨始端轨缝中心至道岔中心的距离；b 为从道岔中心至辙叉后跟轨缝中心的距离；q 为从道岔基本轨始端轨缝中心至尖轨始端的距离（简称尖轨前基本轨长）；a_0 为从尖轨始端至道岔中心的距离；b_0 为从道岔中心至辙叉理论尖端的距离；m 为从辙叉理论尖端至辙叉后跟轨缝中心的距离（简称辙叉跟距）。

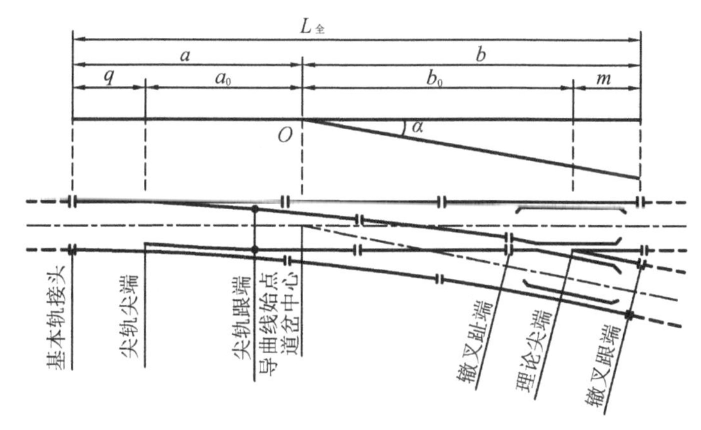

图 1-18 道岔的几何要素

1. 轨线表示法

如图 1-19 所示，轨线表示法在绘制车站线路布置图时，把每副道岔和每条线路的两条轨线（钢轨的中心线）都画出来，图形和现场实际情况相似。但这样绘图太复杂，不便采用。

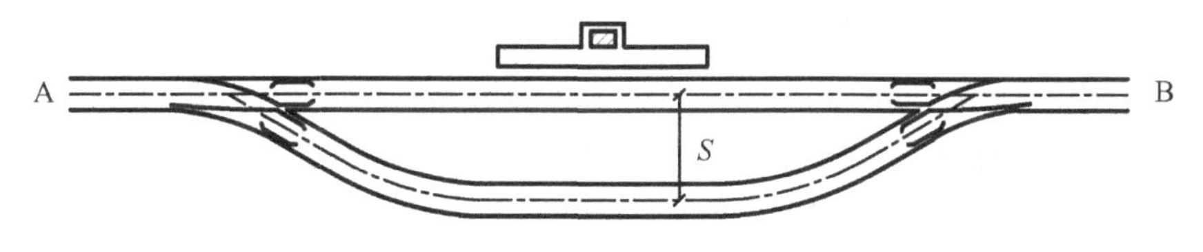

图 1-19 道岔轨线表示法

2. 中心线表示法

如图 1-20 所示，中心线表示法把线路和道岔都用中心线表示。用道岔处的两条线路中心线及其交点表示道岔，绘图简便，而且也能满足站场设计和施工的需要，被广泛采用。

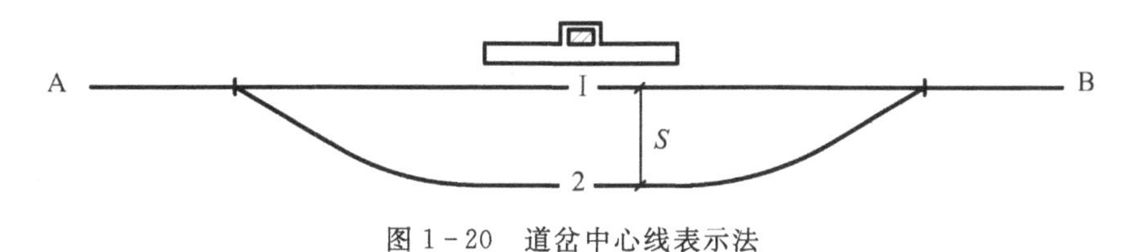

图 1-20 道岔中心线表示法

在已知道岔的两条线路中心的交点(简称叉心)、辙叉号码和道岔类型时,可按选定的比例尺用道岔的中心线表示法把道岔表示出来。例如画一个 9 号单开道岔,首先画出道岔主线的中心线,在主线上定出岔心的位置,然后规定一个单位长度,由岔心开始沿主线中心线向辙叉方向量取 9 个单位长度的线段,从线段末端画一条主线的垂直线,按照道岔左开或右开的方向在垂直线上量取 1 个单位长度,将垂直线段的终点和岔心相连,就确定了 9 号单开道岔侧线的方向;最后按给定的比例换算出道岔的前长 a 和后长 b 在图上的距离,分别从岔心开始向两端量取,就可在图上确定并画出 9 号单开道岔的范围。对称道岔也可以用同样的方法绘出,如图 1-21 所示。

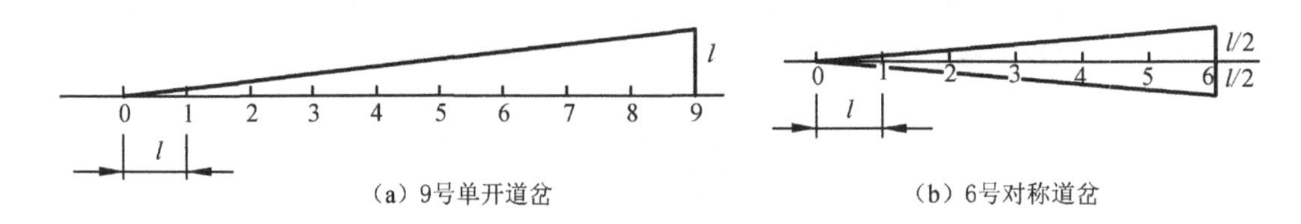

图 1-21 道岔用中心线表示法的绘制示意图

3. 中心线和转辙器位置表示法

如图 1-22 所示,中心线和转辙器位置表示法是在中心线表示法的基础上加道岔定位(经常开通位置),如图 1 道向 A 方向开通,Ⅱ道向 B 方向开通。这种表示法在信号设计及车站管理方面被广泛采用。

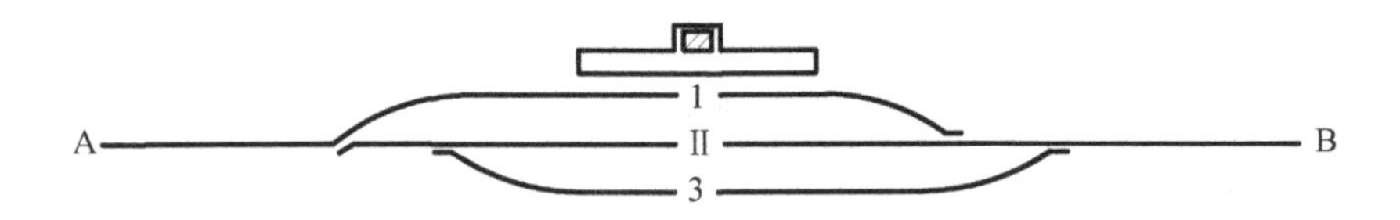

图 1-22 道岔轨线、中心线和转辙器位置表示法

1.5.2 道岔辙叉号码的确定

道岔的辙叉号码(frog number)唯一确定了各种道岔的尺寸和几何要素。道岔的辙叉号码有时也简称为道岔的号码或道岔的号数。我国常见的道岔有 9 号、10 号、11 号、12 号和 18 号单开道岔,6 号对称道岔,9 号、12 号交分道岔等。其中,9 号、12 号、18 号单开道岔为我国常用的道岔。常用道岔的主要尺寸见附表 1~附表 4。

辙叉跟端心轨两工作边(工作边是曲线时,为其切线)的交角,称为辙叉角,道岔辙叉角的余切(即辙叉的跟端长和跟端支距的比值)叫道岔的辙叉号码或道岔号数,以 N 来表示,见图 1-23。N 为正整数,当 $N=7$ 时,为 7 号道岔,$N=9$ 时为 9 号道岔。

道岔的辙叉号码与辙叉角的关系可表示为

$$N=\frac{FE}{AE}=\cot\alpha \tag{1-1}$$

式中:N 为道岔的辙叉号码;FE 为辙叉跟端长(m);AE 为辙叉跟端支距(m);α 为道岔的辙叉角(°)。

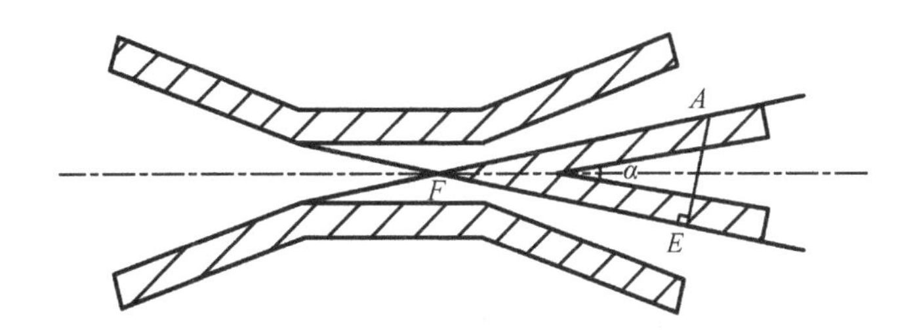

图 1－23　道岔的辙叉号码示意图

1.5.3　道岔过岔速度与道岔辙叉号码的选择

道岔是由尖轨、导曲线、辙叉等部件所组成，当机车车辆经过时，必然发生一系列的振动和冲击，其振动和冲击的程度与速度有关。因此，为了行车安全平稳，列车经过道岔的速度有一定的限制。

道岔的选用包括选择道岔的种类和号码两个方面。一般情况下选用单开道岔，根据需要选用对称道岔或交分道岔等其他类型的道岔。

道岔的辙叉号码 N 越大，辙叉角 α 越小，导曲线半径 R_0 越大，侧向过岔容许速度越高。但 N 越大，则道岔全长 $L_{全}$ 越长，占地长度也越长。同时，采用辙叉号码大的道岔，工程费用增加。

道岔是控制行车速度的关键设备，道岔号数一旦确定，再要改变将会引起站场改造的巨大工程或严重影响正常运营。因此，设计站场时，道岔号数的选择，应根据列车的运行方式、路段旅客列车设计速度以及要求的道岔侧向允许通过的最大速度而定。

《铁路车站及枢纽设计规范》(TB 10099—2017)（以下简称《站规》）对道岔号码的选用有如下规定。

(1)正线道岔的列车直向通过速度不应小于路段设计速度。

用于侧向通过列车，速度超过 80 km/h 的单开道岔，不得小于 30 号。

(2)跨线列车联络线与正线连接的道岔应根据联络线的设计速度确定，侧向通过列车速度 80 km/h 以上至 160 km/h 时，单开道岔可采用 42 号，接轨于车站且列车均停站时可采用 18 号道岔。

(3)用于侧向通过列车，速度 50 km/h 以上至 80 km/h 的单开道岔不得小于 18 号，速度不大于 50 km/h 的单开道岔不得小于 12 号。

(4)用于侧向接发旅客列车的单开道岔不得小于 12 号。

(5)用于侧向接发货物列车并位于正线的单开道岔，在会越站、中间站不得小于 12 号，在其他站不得小于 9 号。

(6)重载铁路用于侧向接发万吨及以上列车的道岔不宜小于 18 号，正线上的渡线道岔及用于接发其他列车的道岔不应小于 12 号。

(7)正线不应采用复式交分道岔，困难条件下需要采用时，不应小于 12 号。

(8)正线跨区间无缝线路及设计速度 160 km/h 及以上的路段，不应采用交叉渡线。困难条件下，路段设计速度小于 160 km/h 时，可采用交叉渡线。

(9)动车段(动车所、存车场)内到发停车场到达(出发)端的道岔宜采用 12 号道岔,困难条件下采用 9 号道岔。

(10)驼峰溜放部分应采用 6 号对称道岔;改建困难时,可保留其他对称道岔;当调车场外侧线路连接特别困难时,可采用 9 号单开道岔。到达场出口、调车场尾部、物流中心及段管线等站线上,可采用 6 号对称道岔。

(11)其他线路的单开道岔不得小于 9 号。

企业铁路站场设计中,一般来说,有路网机车通行时选用 9 号道岔,其他可选用 7 号曲线尖轨道岔,也可采用 9 号道岔。当采用小型机车,条件困难时可选用 5 号、6 号曲线尖轨道岔。

例 1-1 确定图 1-24 所示中间站两端咽喉区的道岔的辙叉号码。

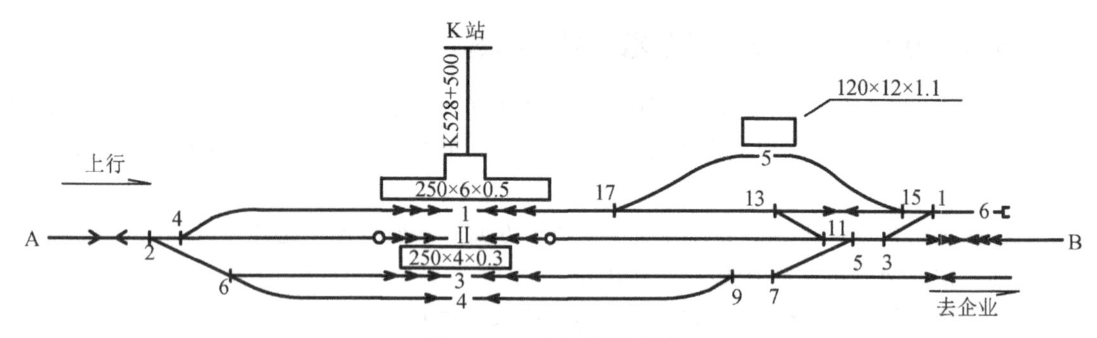

图 1-24 中间站线路图

(注:图中尺寸单位为 m)

解 经过分析接发列车的进路及旅客列车的进路,根据辙叉号码选择规定,确定道岔的辙叉号码如下:

道岔 5、7、11、13、2、4、6 侧向均接发旅客列车,故选用 12 号辙叉;道岔 3 位于正线,故选用 12 号辙叉;道岔 1、3 为渡线,应用同一号码,因此道岔 1 也选用 12 号辙叉。

道岔 9、15、17 为其他线路单开道岔,故选用 9 号辙叉。

结论:道岔 9、15、17 为 9 号辙叉;道岔 2、4、6、1、3、5、7、11、13 为 12 号辙叉。

1.6 线路连接及计算

线路连接可分为三种基本形式,一是道岔与道岔的连接(最小岔心距);二是道岔与线路的连接,包括终端连接、渡线连接和梯线连接;三是线路与线路的连接。

1.6.1 相邻道岔的最小岔心距

两相邻道岔中心之间的距离,称为岔心距离或简称岔心距。

设计车站时,为了缩短车站咽喉长度或线路连接长度以及机车车辆在站内的走行距离,并节省工程投资和运营费用,相邻两道岔中心间的距离应力求紧凑,使之为最短。但两道岔中心间距离太短,则大型机车经过时产生扭力和摇摆,影响行车安全、平稳和道岔的使用期限。为此,规定了两相邻道岔中心间符合技术设计与运营要求的最小距离,即最小岔心距。最小岔心距与道岔配列的形式、相邻线路的距离及其办理的作业性质有关。常见的配列形式及两道岔间插入钢轨的最小长度如表 1-5、表 1-6 所示。两道岔间插入钢轨也称之为夹直线段,用符

号 f 表示，其规定的最小值用 f_{min} 表示，插入夹直线的目的一是为了减缓列车过岔时的冲击振动，以提高旅客的舒适度，二是满足道岔结构的要求。

正线速度高，夹直线段 f_{min} 要求长些。如果道岔顺向布置，则机车车辆经过时影响行车平稳和对道岔的损害程度，没有对向布置那么严重，因此，夹直线段 f_{min} 可以短些。由于工务养护规则规定钢轨最短不能小于 4.5 m，所以规定在困难条件下可采用 4.5 m。到发线夹直线可以短些，在其他站线上，机车车辆通过的速度较低，夹直线段可以不设，$f_{min}=0$。

表 1－5　两对向单开道岔间插入钢轨的最小长度　单位：m

道岔布置	线别		有列车同时通过两侧线		无列车同时通过两侧线
			一般情况	困难情况	
L, a_1, f, a_2	正线	直向通过速度 $v>120$ km/h	—	—	12.5 (25.0)
		直向通过速度 $v\leqslant120$ km/h	—	—	6.25 (25.0)
L, a_1, f, a_2	正线	直向通过速度 $v>160$ km/h	25.0 (50.0)	12.5 (32.0)	12.5 (25.0)
		直向通过速度 160 km/h$\geqslant v>120$ km/h	12.5 (25.0)	12.5 (25.0)	12.5 (25.0)
		直向通过速度 $v\leqslant120$ km/h	12.5 (25.0)	6.25 (25.0)	6.25 (25.0)
L, a_1, f, a_2	到发线	客车	12.5 (25.0)	12.5 (12.5)	0 (12.5)
		货车	6.25	6.25	0
L, a_1, f, a_2	其他站线	客车	12.5	12.5	0
		货车	—	—	0

注：括号内的数字为股道采用 18 号单开道岔时插入的最小钢轨长度。

下面分别对 4 种不同的配列形式说明决定最小岔心距的因素，并举例说明最小岔心距的计算方法。

(1)两个道岔的岔尖相对，布置在基线的同侧或异侧。最小岔心距由两个道岔的前长及最小夹直线段长组成。

$$L=a_1+f_{min}+a_2+\Delta \tag{1-2}$$

式中：a_1 为第一组道岔基本轨起点到道岔中心的距离；a_2 为另一组道岔基本轨起点到道岔中心的距离；f_{min} 为两对向道岔基本轨起点间插入的直线段最小长度；Δ 为一个轨缝的长度，按 0.008 m 计。

表 1-6 两顺向单开道岔间插入钢轨的最小长度

道岔布置	线别		混凝土岔枕道岔间插入轨枕的最小长度/m	
			一般情况	特殊情况
	正线	直向通过速度 $v>160$ km/h	25.0(25.0)	12.5(25.0)
		直向通过速度 160 km/h$\geqslant v>$120 km/h	12.5(25.0)	12.5(25.0)
		直向通过速度 $v\leqslant 120$ km/h	12.5(25.0)	8.0(25.0)
	到发线		12.5(25.0)	8.0(12.5)
	其他站线	客车	12.5	8.0
		货车	8.0	6.25
	到发线		12.5(25.0)	8.0(12.5)
	其他站线	客车	12.5	8.0
		货车	8.0	6.25

注:①括号内的数字为股道采用 18 号单开道岔时插入的最小钢轨长度。

②道岔间插入钢轨的最小长度除应符合表 1-5、表 1-6 的一般规定外,还应按道岔结构要求适当调整。

③正线、站线采用无缝线路或通行动车组列车时,道岔间插入钢轨的最小长度不应小于 12.5 m。

④相邻两道岔轨型不同,插入钢轨应采用异形轨。

⑤客车整备所线路采用 6 号对称道岔连续布置时,插入钢轨长度不应小于 12.5 m。

⑥列车是指编成的车列并挂有机车及规定的列车标志,不含未完全具备列车条件按列车办理的机车车辆。

例 1-2 计算图 1-24 中 3、5 两个道岔间的最小岔心距。列车直向通过速度按 160 km/h 设计,选用 12 号道岔。

解 道岔 3 和道岔 5 属于两岔尖相对的布置形式。3 号道岔侧线开通的是货场牵出线,因此无正规列车通过。

列车直向通过速度按 160 km/h,插入钢轨的最小长度 f_{min} 查表 1-5,得 $f_{min}=12.5$ m。

道岔 3、5 为 12 号辙叉,前长 $a_1=a_2=16.592$ m,插入钢轨时的轨缝长度 $\Delta=0.008$ m。

道岔 3、5 间的最小岔心距为

$$L_{3,5}=a_1+f_{min}+a_2+\Delta=16.592\text{ m}+12.5\text{ m}+16.592\text{ m}+0.008\text{ m}=45.692\text{ m}$$

(2)两个道岔顺向布置在基线异侧或在基线的分支线路上又顺向布置一个道岔。最小岔心距由一个道岔的前长、另一个道岔的后长和最小夹直线长度组成。

$$L=a_2+f_{min}+b_1+\Delta \tag{1-3}$$

式中:b_1 为第一组道岔的叉心到道岔辙叉后跟的距离;a_2 为第二组道岔基本轨起点到道岔中心的距离;f_{min} 为两顺向道岔间插入的直线段最小长度;Δ 为一个轨缝的长度,按 0.008 m 计。

例 1-3　计算图 1-24 中 5、11 两个道岔间的最小岔心距，采用混凝土岔枕。

解　道岔 5 和道岔 11 属于基线异侧顺向布置两个道岔，列车直向通过速度按 160 km/h，插入钢轨的最小长度 f_{min} 查表 1-6，得 $f_{min}=12.5$ m。

道岔 5、11 为 12 号辙叉，前长 $a_1=a_2=16.592$ m，后长 $b_1=b_2=21.208$ m，插入钢轨时的轨缝长度 $\Delta=0.008$ m。

道岔 5、11 间的最小岔心距为

$$L_{5,11}=a_2+f_{min}+b_1+\Delta=16.592\ \text{m}+12.5\ \text{m}+21.208\ \text{m}+0.008\ \text{m}=50.308\ \text{m}$$

(3)两个道岔顺向布置在基线同侧(梯线上两相邻道岔亦属此种布置形式)，如图 1-25 所示；这种布置形式的最小岔心距 L，取决于相邻线路的最小容许间距 S，其长度可按下式确定：

$$L=\frac{S}{\sin\alpha} \tag{1-4}$$

两道岔间的夹直线长度，可以由岔心距减去一个道岔的前长，再减去另一个道岔的后长及一个轨缝的长度，即

$$f=L-(a_2+b_1+\Delta) \tag{1-5}$$

计算出的 f 值小于 4.5 m 时应取 4.5 m。

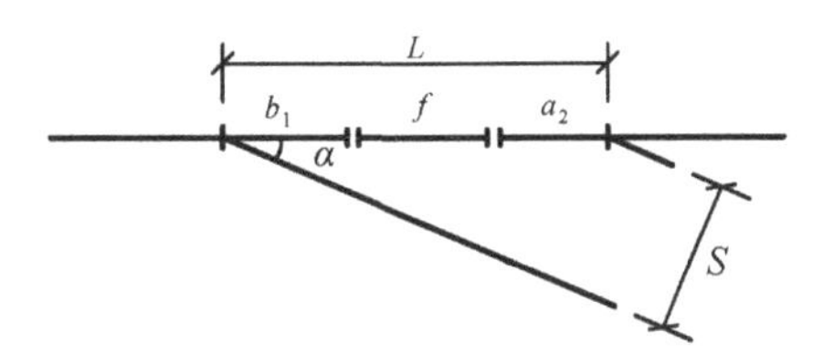

图 1-25　两道岔顺向布置在基线同侧

例 1-4　已知Ⅱ、3 道之间的线间距为 7.5 m，计算图 1-24 中 2、6 两个道岔间的最小岔心距。

解　道岔 2、6 属于梯线上两相邻道岔，与两个道岔顺向布置在基线同侧情况相同，最小岔心距由线间距决定。

Ⅱ、3 道之间的线间距为 7.5 m，2、6 两个道岔为 12 号辙叉，辙叉角 $\alpha=4°45'49''$。道岔 2、6 间的最小岔心距为

$$L_{2,6}=\frac{S}{\sin\alpha}=\frac{7.5\ \text{m}}{\sin 4°45'49''}=90.312\ \text{m}$$

插入钢轨夹直线段的长度为

$$f=L-(a_2+b_1+\Delta)=90.312\ \text{m}-(21.208\ \text{m}+16.592\ \text{m}+0.008\ \text{m})=52.504\ \text{m}$$

(4)在基线异侧布置两个辙叉尾部相对的道岔(两平行线间渡线道岔的布置亦属此种形式)，如图 1-26 所示；这种布置形式的最小岔心距 L，取决于相邻线路的最小容许间距 S，其长度可按下式确定

$$L=\frac{S}{\sin\alpha_{min}} \tag{1-6}$$

两道岔间的夹直线长度，可以由岔心距减去两个道岔的后长及一个轨缝的长度，即

$$f=L-(b_1+b_2+\Delta) \tag{1-7}$$

计算出的 f 值小于 4.5 m 时应取 4.5 m。

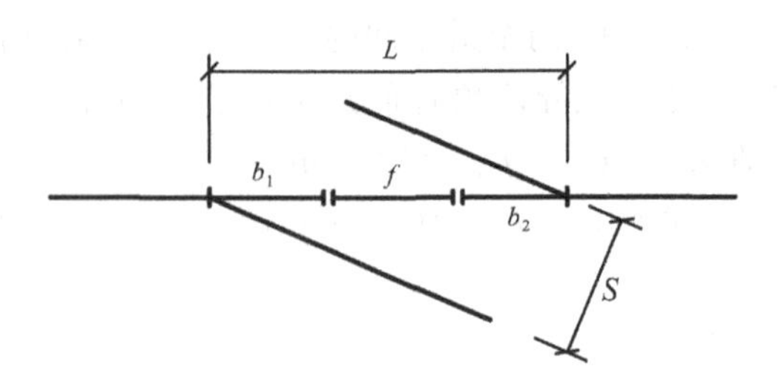

图 1-26 两道岔辙叉尾部相对布置在基线异侧

例 1-5 计算图 1-24 中 15、13 两个道岔间的最小岔心距。

解 道岔 15、13 属于在基线异侧布置两个辙叉尾部相对的道岔，最小岔心距离由线间距决定。两条线路的最小容许线间距 S 一般按 5 m 考虑，由于两个道岔的辙叉号码不同，在计算最小岔心距时，应按较小的辙叉角进行计算。

道岔 15、13 间的最小岔心距为

$$L_{15,13}=\frac{S}{\sin\alpha}=\frac{5\ \text{m}}{\sin 4°45'49''}=60.208\ \text{m}$$

插入钢轨夹直线段的长度为

$$f=L-(b_1+b_2+\Delta)=60.208\ \text{m}-(21.208\ \text{m}+15.009\ \text{m}+0.008\ \text{m})=23.983\ \text{m}$$

以上四种情况，前两种情况的相邻道岔间的最小岔心距可以通过查附表 1 至附表 4 计算来确定；后两种情况的相邻道岔间的最小岔心距与线间距有关，可通过查表或计算来确定。

1.6.2 咽喉区道岔间的实际岔心距

车站(或车场)的咽喉区是道岔汇集的区域。各个道岔有机地排列在一起，组成一个整体，在确定咽喉区各相邻道岔的岔心距时，首先应按最小岔心距取值，但是遇到复杂的咽喉区结构时，如咽喉区道岔构成两个回路或存在封闭的图形等，就不能保证最小岔心距离能够满足线路连接设计的要求，因此需要进行检算。检算后如可以取最小岔心距，则按最小岔心距取值；如果不能，则适当调整个别道岔间的岔心距，使其大于最小岔心距，其余道岔间仍按最小岔心距取值，最后确定出满足咽喉区线路连接设计要求的实际岔心距。

例 1-6 确定图 1-24 中道岔 1、3、5、11、13、15 等六组道岔间的岔心距离。

解 这六组道岔构成了一个封闭的图形，即咽喉区存在一个回路，如图 1-27 所示。因此按最小岔心距取值后，应该进行检算和调整。

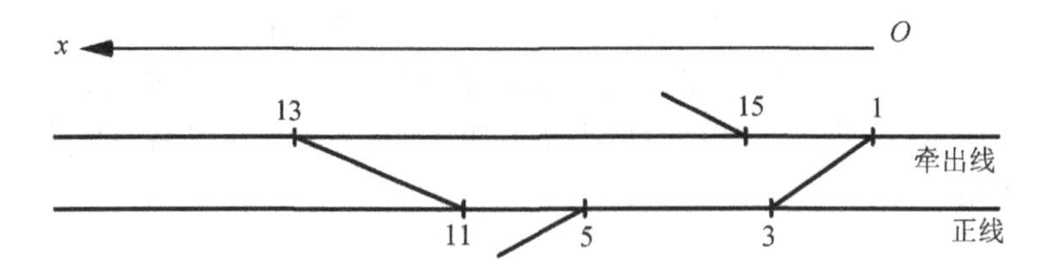

图 1-27 岔心距检算

(1)查表(附表 1 和附表 5)并计算确定最小岔心距(采用混凝土枕道岔)：

$L_{1,3}=60.208$ m；$L_{5,3}=45.692$ m；$L_{5,11}=50.308$ m；$L_{11,13}=60.208$ m；$L_{1,15}=43.055$ m；$L_{15,13}=60.208$ m。

(2)检算:建立坐标系,如图1-27所示,以正线方向为x轴方向,原点O与1号岔心对齐。

沿道岔1、15、13这条路线推算13号岔心的坐标x'_{13}:

$x_1=0.00$

$x_{15}=x_1+x_{1,15}=0.00+43.055\ \text{m}=43.055\ \text{m}$

$x'_{13}=x_{15}+x_{15,13}=43.055\ \text{m}+60.208\ \text{m}=103.263\ \text{m}$

沿道岔1、3、5、11、13这条路线推算13号岔心的坐标x''_{13}:

$x_1=0.00$

$x_3=x_1+60=0.00+60\ \text{m}=60.00\ \text{m}$

$x_5=x_1+L_{3,5}=60.00\ \text{m}+45.692\ \text{m}=105.692\ \text{m}$

$x_{11}=x_5+L_{5,11}=105.692\ \text{m}+50.308\ \text{m}=156.000\ \text{m}$

$x''_{13}=x_{11}+60=156.000\ \text{m}+60\ \text{m}=216.000\ \text{m}$

由上述计算结果可知x'_{13}与x''_{13}的差值为

$\Delta=x''_{13}-x'_{13}=216.000\ \text{m}-103.263\ \text{m}=112.737\ \text{m}$

这个差值不为0,说明按最小岔心距确定道岔间的实际岔心距时,不能保证这六组道岔组成所需的封闭图形。

(3)调整:调整时,应该考虑将差值Δ在这段长度加到1、15或15、13道岔之间。其余道岔间仍按最小岔心距取值。按实际作业考虑,这段长度加到15、13道岔之间较好,使得摘挂车辆的取送作业走行距离短,因此调整后的15、13道岔间的实际岔心距离应为

$$L_{15,13}=60.208\ \text{m}+112.737\ \text{m}=172.945\ \text{m}$$

(4)最后,汇总这六组道岔间岔心距的实际距离:

$L_{1,3}=60.208\ \text{m}$;$L_{5,3}=45.692\ \text{m}$;$L_{5,11}=50.308\ \text{m}$;$L_{11,13}=60.208\ \text{m}$;

$L_{1,15}=43.055\ \text{m}$;$L_{15,13}=172.945\ \text{m}$。

1.6.3 车站线路连接

车站线路连接的主要形式有线路终端连接、渡线、线路平行错移和梯线等4种。

各种连接形式,一般是由道岔、圆曲线和插入直线段(夹直线段)所组成,插入的直线段有道岔与圆曲线间的夹直线段和两个圆曲线间的夹直线段。插入直线段的长度应不小于规定的最小长度。

1. 线路终端连接

将相邻两条平行线路合成一条线路,这种连接方式叫线路终端连接(connection at end of track)。

(1)普通式线路终端连接。

在站场设计中,将相邻两平行线路中的一条线路的终端与另一条线路连接起来,便构成最常见的普通式线路终端连接,如图1-28所示。它由一副单开道岔、一段连接圆曲线及道岔与曲线间的夹直线段g所组成。圆曲线的半径R不应小于相邻道岔的导曲线半径$R_{导}$,通常R取200 m、300 m、400 m等。夹直线段的长度g应大于或等于轨距加宽所要求的最小长度g_{min}值。

为了标定曲线及全部连接长度,应确定角顶C的坐标:

$$x=(b+g+T)\cos\alpha \tag{1-8}$$

$$y=(b+g+T)\sin\alpha=S \tag{1-9}$$

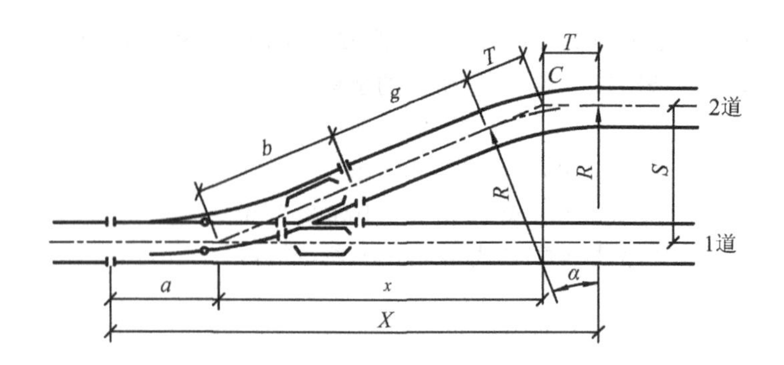

图 1-28 普通式线路终端连接图

全部连接长度在水平方向的投影为

$$X=a+x+T \tag{1-10}$$

以上各式中，a 为道岔的前长，b 为道岔的后长，S 为线间距离，T 为切线长。

圆曲线的切线长 T，与其转角 α 和半径 R 满足如下关系：

$$T=R\tan\frac{\alpha}{2} \tag{1-11}$$

当曲线转角为某个辙叉角的一定倍数时，切线长 T 的值应另行计算。

道岔与圆曲线间的直线段长度 g 可用下式计算：

$$g=\frac{S}{\sin\alpha}-(b+T)=\frac{S}{\sin\alpha}-\left(b+R\tan\frac{\alpha}{2}\right) \tag{1-12}$$

道岔与圆曲线间夹直线段 g 的长度，决定于线路间距 S、曲线半径 R 及道岔有关要素，但其最小长度 $g_{\min}$ 应符合连接曲线对轨距加宽和曲线超高的要求。

动车组列车到发进路上道岔前后至曲线超高顺坡终点的直线段长度不应小于 20 m；困难条件下，岔前直线段长度应满足曲线超高设置要求，岔后直线段长度不应小于道岔跟端至末根长岔枕的距离与超高顺坡所需长度之和。动车段所内道岔至曲线间直线段最小长度，岔前不应小于 7.5 m，岔后不应小于道岔跟端至末根岔枕的距离与曲线轨距加宽递减或曲线超高顺坡所需的直线段长度之和。

一般站线上不设缓和曲线和曲线外轨超高，曲线轨距加宽值在直线段 g 上递减。轨距加宽值及夹直线最小长度 $g_{\min}$ 的值如表 1-7 所示。

表 1-7 道岔与曲线间直线段最小长度表

道岔前(后)圆曲线半径 R/m	轨距加宽 /mm	直线段最小长度/m					
		一般			困难		
		轨距加宽或曲线超高递减率 2‰			轨距加宽或曲线超高递减率 3‰		
		岔前	岔后		岔前	岔后	
		木、混凝岔枕	木岔枕	混凝岔枕	木、混凝岔枕	木岔枕	混凝岔枕
$R\geqslant350$	0	2	2	0	0	2	0
$350>R\geqslant300$	5	2.5	4.5	2.5	2	4	2
$R<300$	15	7.5	9.5	7.5	5	7	5

与道岔前后连接的曲线设有缓和曲线时，可不插入直线段。驼峰溜放部分线路道岔可不插入直线段。

在企业铁路的次要站线线路上，条件又特别困难时 g 值可以为0，这时曲线轨距加宽值自切点向曲线内部递增。显然在切点附近曲线轨距没有达到需要的宽度，机车车辆运行不平顺，轮对的磨耗严重，所以在小曲线半径中 g 应尽可能不为0。

例1-7　计算图1-24中左端咽喉处，3、4两到发线连接时的夹直线段长度 g，并检验其是否满足线路连接的要求。

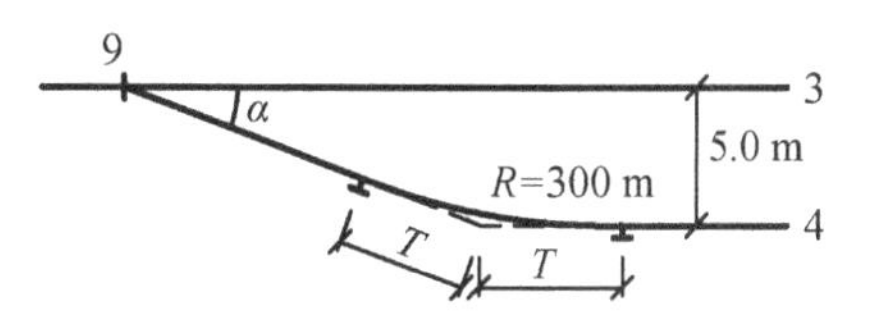

图1-29　线路终端连接计算示意图

解　3、4两到发线的连接属于线路终端连接形式，如图1-29所示。9号道岔为9号辙叉，线间距为5.0 m，采用混凝土岔枕，半径按要求定为300 m。

切线长 $T=R\tan\frac{\alpha}{2}=16.615\text{ m}$

由式(1-12)得，

$$
\begin{aligned}
g&=\frac{S}{\sin\alpha}-(b+T)\\
&=\frac{5.0\text{ m}}{\sin 6°20'25''}-(15.009\text{ m}+16.615\text{ m})\\
&=45.276\text{ m}-(15.009\text{ m}+16.615\text{ m})=13.632\text{ m}
\end{aligned}
$$

查表1-7得：$g_{\min}=2.5\text{ m}$，可知 $g>g_{\min}$，因此线路连接满足设计要求。

(2)缩短式线路终端连接。

当两平行线路的线间距很大时(如货场、机务段、车辆段)，如按普通式线路终端连接，则全部连接长度就很长，如图1-30所示，造成很长的三角地带不能充分利用。为了缩短全部连接的长度，提高土地利用率，可将道岔岔线向外转一个角 φ，而形成缩短式的线路终端连接，如图1-31所示。它由一副单开道岔、一个附加曲线和一个连接曲线(其半径分别为 R_1、R_2)、道岔终点与附加曲线起点间的夹直线段 $g(g>g_{\min})$、反向曲线间的夹直线段 $d(d>d_{\min})$组成。直线段 g 应根据连接曲线对轨距加宽的要求确定，其最小长度见表1-7中数据。反向曲线间的夹直线段 d，应满足列车运行平稳和工务养护的要求，在路网铁路车站通行正规列车的线路上不应小于20 m，不通行正规列车的站线上不应小于15 m，在困难条件下不应小于10 m。企业铁路车站站线不小于10 m。

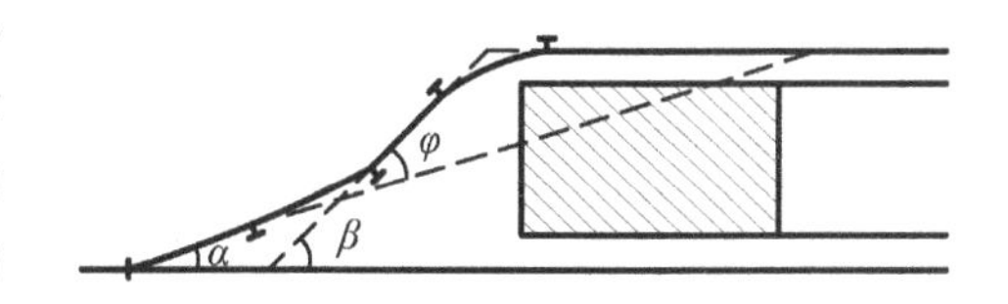

图1-30　缩短式与普通式线路终端连接比较图

若已知线路间距 S、两曲线半径 R_1 及 R_2、道岔号数 $N(a,b,\alpha)$，求出使连接长度最短的临界角 β，则交点坐标及有关曲线的几何要素就可按下式求出：

$$\beta=\arcsin\frac{R_1\cos\alpha+(b+g)\sin\alpha+R_2-S}{\sqrt{(R_1+R_2)^2+d^2}}-\arctan\frac{d}{R_1+R_2}\tag{1-13}$$

$$T_1=R_1\cdot\tan\frac{\beta-\alpha}{2}\tag{1-14}$$

$$T_2=R_2\cdot\tan\frac{\beta}{2}\tag{1-15}$$

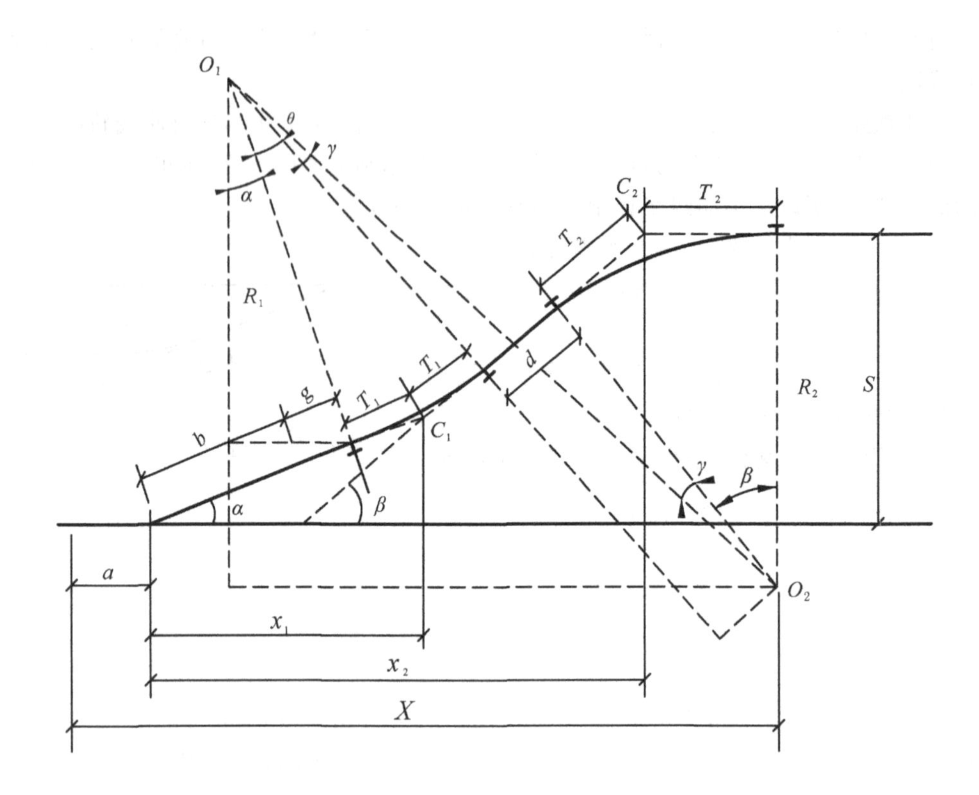

图 1-31 缩短式线路终端连接图

C_1、C_2 的坐标为

$$x_1=(b+g+T_1)\cos\alpha \tag{1-16}$$

$$y_1=(b+g+T_1)\sin\alpha \tag{1-17}$$

$$x_2=x_1+(T_1+d+T_2)\cos\beta \tag{1-18}$$

$$y_2=y_1+(T_1+d+T_2)\sin\beta \tag{1-19}$$

全部连接长度在水平方向上的投影为

$$X=a+x_2+T_2 \tag{1-20}$$

2. 渡线

为了使机车车辆能从一条线路进入另一条线路，应设置渡线(cross-over track)。

(1)普通渡线。

普通渡线设在两平行线路之间，由两副辙叉号码相同的单开道岔及两道岔间的直线段组成。图 1-32 是最常见的一种渡线。

若两道岔辙叉号码 N 和线路间距 S 均为已知，则渡线在水平及垂直方向的投影为

$$x=(2b+f)\cos\alpha=\frac{S}{\tan\alpha}\approx NS \tag{1-21}$$

$$y=(2b+f)\sin\alpha=S \tag{1-22}$$

$$f=\frac{S}{\sin\alpha}-2b \tag{1-23}$$

全部连接长度在水平方向的投影为

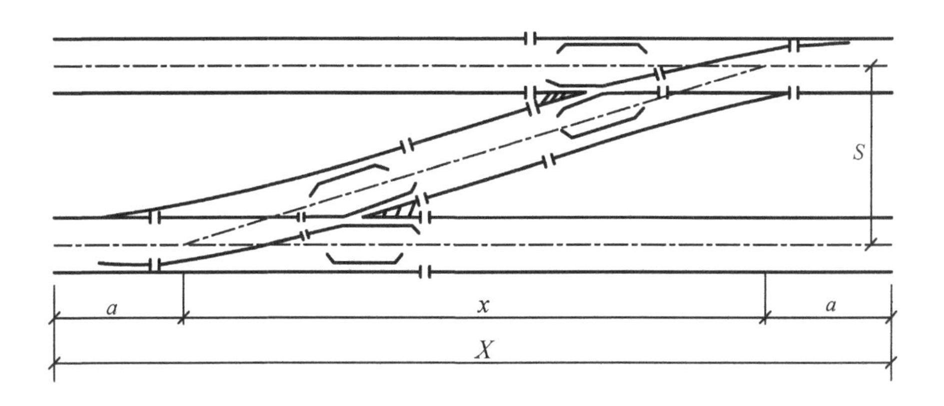

图1-32 普通渡线示意图

$$X=2a+x \tag{1-24}$$

渡线常用数据计算参见附表5。

(2)交叉渡线。

在两平行线路间,需要连续铺设两个方向相反的普通渡线而没有足够长度的场地时,可以将两相反渡线铺设在同一长度范围内而形成交叉渡线。它由四副辙叉号码相同的单开道岔和一副菱形交叉组成。

交叉渡线的计算与普通渡线相同。

$$X=2a+\frac{S}{\tan\alpha} \tag{1-25}$$

$$f=\frac{S}{\sin\alpha}-2b \tag{1-26}$$

(3)缩短式渡线。

当两平行线路间距很大时,为了缩短连接长度,可按缩短式线路终端连接的方法设置缩短式渡线(见图1-33)。两道岔间以半径为 R 的反向曲线连接,R 的数值应大于或等于道岔导曲线的半径,两反向曲线间的直线插入段 d 及道岔与曲线间的直线插入段 g 的长度同线路终端连接的要求相同。

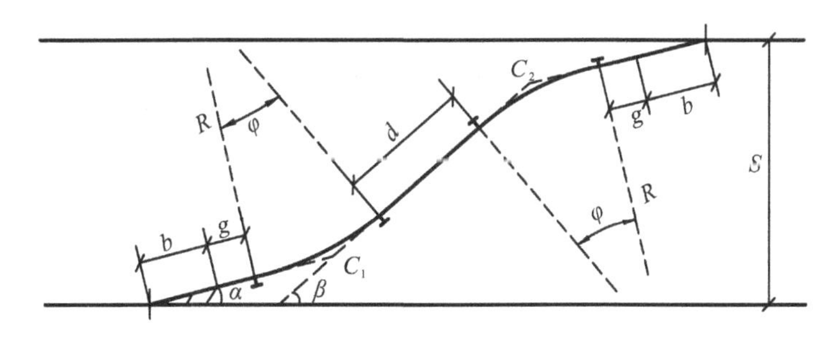

图1-33 缩短式渡线

已知道岔号数 $N(a,b,\alpha)$、线间距 S,曲线半径 R,直线段长 g 及 d,则

$$\beta=\arccos\frac{2[R\cos\alpha+(b+g)\sin\alpha]-S}{\sqrt{(2R)^2+d^2}}-\arctan\frac{d}{2R} \tag{1-27}$$

$$T=R\cdot\tan\frac{\beta-\alpha}{2} \tag{1-28}$$

C_1、C_2 的坐标为

$$x_1=(b+g+T)\cos\alpha \tag{1-29}$$

$$y_1=(b+g+T)\sin\alpha \tag{1-30}$$

$$x_2=x_1+(2T+d)\cos\beta \tag{1-31}$$

$$y_2=y_1+(2T+d)\sin\beta \tag{1-32}$$

3. 线路平行错移

当车站或厂区内两条平行线路间的某一段需要修建站台或其他建筑物及为某种作业需要而变更线间距离时，其中一条线路要平行移动，移动后的线路与原线路之间用反向曲线连接，这种连接形式称为线路平行错移，如图 1-34 所示。

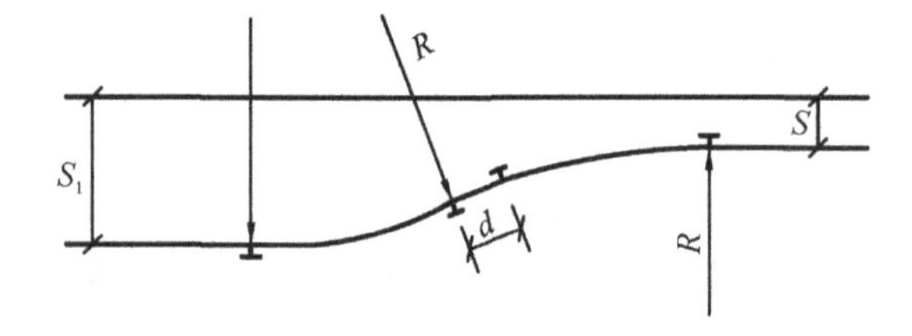

图 1-34 线路平行错移示意图

在站内正线设置反向曲线时，其半径应根据铁路等级，结合旅客列车速度及地方条件比选确定，可按表 1-8 取值。站内正线两反向曲线的缓和曲线间应设置夹直线，其最小长度如表 1-9 所示。

表 1-8 站内正线设置反向曲线时的最小曲线半径

铁路等级	最小曲线半径/m			
	设缓和曲线时		不设缓和曲线时	
	一般情况	困难情况	一般情况	困难情况
Ⅰ、Ⅱ	800	400	4000	3000
Ⅲ	600	350		

表 1-9 站内正线设置反向曲线时的最小夹直线长度

铁路等级	夹直线最小长度/m	
	一般情况	困难情况
Ⅰ	80	40
Ⅱ	60	30
Ⅲ	50	25

注：不设缓和曲线时，夹直线的长度应为上述数值加上一个缓和曲线的长度。

在站内其他线路上设置反向曲线时，反向曲线半径一般应不小于 250 m。站线反向曲线

间的夹直线长度 d 与缩短式终端连接的要求相同。

连接计算的目的是要在满足曲线半径 R 及夹直线长度 d 的条件下，使连接长度 L 最短。

若已知 R、平移前后的线路间距 S_1、S_2 及夹直线段长 d，求 L。在设计中凡有曲线时，应算出曲线的几何要素如切线 T、曲线长 K、外矢矩 E 及曲线交点的坐标(x,y)。

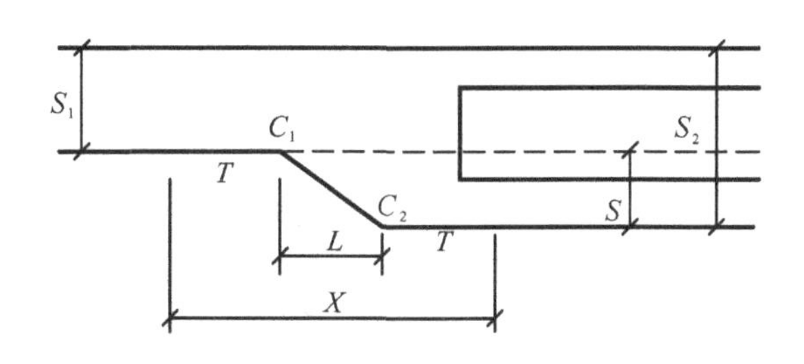

图 1 - 35　线路平行错移

由图 1 - 34 及图 1 - 35 可得出：

$$X=\sqrt{(2R)^2+d^2-(R+R-S)^2}=\sqrt{4RS+d^2-S^2} \tag{1-33}$$

又 C_1C_2 的长度为 $T+T+d$，即有 $X=2T+\sqrt{(2T+d)^2-S^2}$，则　(1 - 34)

$$T=\frac{X^2-d^2+S^2}{4(X+d)} \tag{1-35}$$

又曲线切线长 $T=R\cdot\tan\dfrac{\beta}{2}$，则

$$\tan\frac{\beta}{2}=\frac{T}{R}=\frac{X^2-d^2+S^2}{4R(X+d)} \tag{1-36}$$

曲线长 K、外矢距 E 及曲线交点的坐标(x,y)易于求得。

4. 梯线连接

在车站线路连接设计中，往往需要使某一条线路的机车车辆能够转线到平行布置的若干条线路中的任一条线路上去，如正线与几条到发线，或牵出线与几条调车线间的连接。因此，就需要采用梯线的连接形式。将几条平行线路连接在一条公共线上，这条公共线就叫梯线(ladder track)。梯线按各道岔布置和线路结构不同，可分为直线梯线、缩短式梯线、复式梯线三种。

(1)直线梯线。

这种梯线的特点是各道岔依次排列在一条直线上，根据梯线与各平行线路的倾斜角不同有两种不同形式，如图 1 - 36 所示。

图 1 - 36(a)是常见的梯线，该梯线与各条平行线路的倾角均为 α，如各道岔的辙叉号码相同时，全部连接长度在水平方向的投影 X 为

$$X=a+(n-2)l\cdot\cos\alpha+(b+g+T)\cos\alpha+T \tag{1-37}$$

式中：n 为平行线路数；l 为两相邻道岔的岔心距离。

图 1 - 36(b)中，梯线与各平行线路平行，其延长线与平行线最内一条线路重合，如各道岔的辙叉号码相同，各线间距相等，各连接曲线半径也一样，则各部分都是平行的，各曲线与其道岔间的直线段长度 $g_{(n-1)}$ 为

$$g_{(n-1)}=\frac{S(n-1)}{\sin\alpha}-(b+T) \tag{1-38}$$

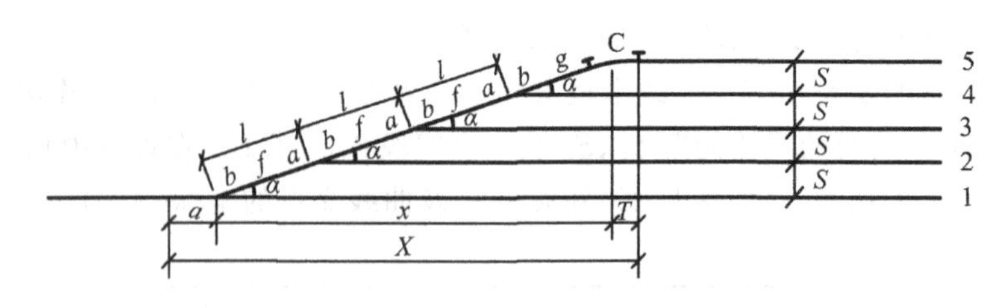

(a) 常见梯线

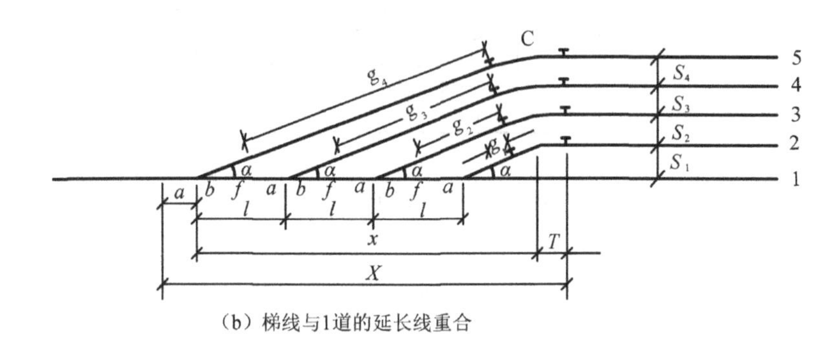

(b) 梯线与1道的延长线重合

图 1-36 直线梯线

梯线的全部长度在水平方向上的投影为

$$X=a+(n-2)l+(b+g_1+T)\cos\alpha+T \tag{1-39}$$

梯线连接时,道岔间的夹直线段长 f 及道岔与曲线间的夹直线段长 g 的计算方法和最小长度的规定,与线路终端连接的要求基本一致。

直线梯线的优点是扳道员扳道时不需跨越线路,比较安全,瞭望条件好,便于作业上的联系。它的缺点是当线路较多时,其梯线较长、占地较多,内外侧线路长度和经过的道岔数目相差很大(如 1 道与 5 道),影响调车作业效率。因此,这种梯线仅适用于连接线路较少的到发场与调车场。

(2)缩短式梯线。

当平行线路间距较大时,为了缩短梯线长度,可参照缩短式线路终端连接的方法,将梯线在与平行线路成一道岔角的基础上再转一个 γ 角,使其与平行线路成 β 角($\beta>\alpha$),如图 1-37 所示,这就形成了缩短式梯线连接。从图 1-37 中可以看出,倾斜角 β 越大,则梯线越短。但两相邻道岔中心距离不得小于道岔配列所确定的距离,故 β 角有一最大值。当各道岔的辙叉号码相同,两相邻线路间距 S_i 已知,1~2 道连接的直线段 g 值相等,则关键在于求出临界角 β。

①以 S_1 为控制条件求 β_1:

$$\beta_1=\arcsin\frac{A}{\sqrt{A^2+B^2}}-\arcsin\frac{C}{\sqrt{A^2+B^2}} \tag{1-40}$$

式中:

$$A=R_1+l_1\sin\alpha+R_2\cos\alpha \tag{1-41}$$

$$B=l_2+l_1\cos\alpha-R_2\sin\alpha \tag{1-42}$$

$$C=R_2+l_1\sin\alpha+R_1\cos\alpha-S_1 \tag{1-43}$$

式中:$l_1=b+g$;$l_2=a+g$;α 为道岔辙叉角。

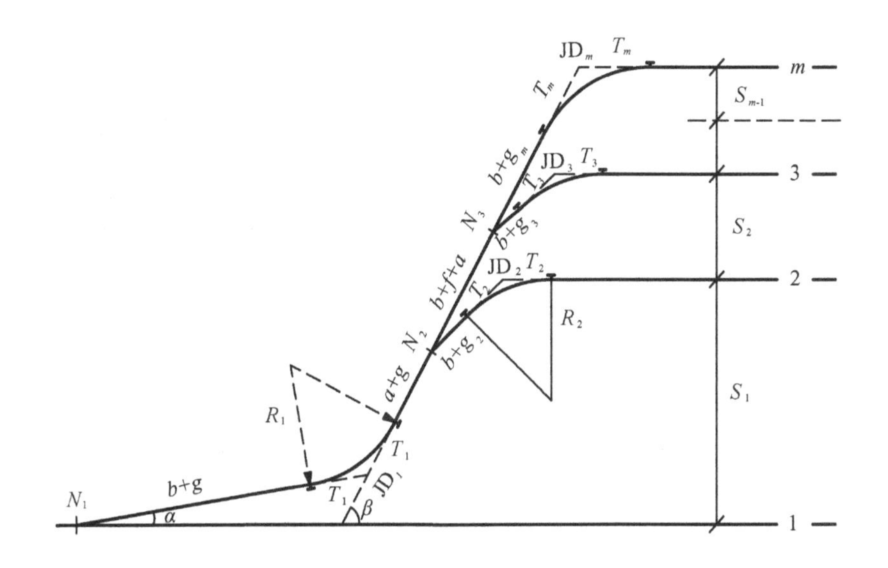

图 1-37　缩短式梯线

②以 S_2 为控制条件求 β_2：

$$\beta_2=\arcsin\frac{S_2}{b+f+a+0.008} \tag{1-44}$$

③比较 β_1 和 β_2，取较小者作为设计的 β 角。

由 β 计算有关连接点的坐标及线路连接长度等。

由于 $\beta>\alpha$，梯线与各平行线路的连接要用曲线。根据需要，缩短式梯线的线间距可各不相同，也可设计为大部分为 5 m 的线间距。

这种梯线的主要优点是能缩短梯线连接的长度，使内外侧线路长度相差悬殊的情况得到改善。线路间距较大时，还能提高土地有效使用面积，另外还可保持直线梯线扳道员扳道时不跨越线路的优点。但其连接曲线较多，对调车作业不利，同时由于 β 角受到一定限制，连接线路多时，缩短梯线连接长度的优点不显著。故这种梯线仅适用于需要连接的线路数量较少而且线间距离较大的地方(如堆场、仓库及有铁路进入的车间等处)。

(3)复式梯线。

将几条与基线成不同倾斜角的梯线组合起来，连接较多的平行线路，既可缩短梯线的长度，又可使各平行线的长度均匀，这种连接方法叫复式梯线连接(见图 1-38)。

图 1-38(a)中连接 4～8 道的梯线是从 3 道的梯线外侧分出去，所以它与 1 道成 2α 角。又从它内侧分出两条梯线，一条连接 4、5 道，另一条连接 6、7 道，由于这两条梯线相互平行，而且线间距为 S，故第(4)、(6)两道岔的岔心距离为 $L=S/\sin\alpha=a+b+f$。各有关线路的曲线转角，除第 8 道为 2α 外，3、5、7 道均为 α。图中 1 道和 2 道线间距 $S_1>S$，S_1 的大小取决于加铺线路(图中虚线)的数目；第(1)、(3)两道岔间的插入直线段 f_1 的长度主要视 S_1 而定。

图 1-38(b)中，复式梯线的构造特点是 8 条调车线每两条为一组，车辆进入各条线路(1 道除外)所经过的道岔数相等，都是 4 个，3、4 道，5、6 道，7、8 道及 9 道的曲线转角分别为 α、2α、3α 及 4α。图中 1 道和加铺线路(两虚线)可以是调车线或到发线。

图 1-38(c)中线路分组具有一定规律：11 条线路为 4 组，4＋3＋2＋(1＋1)＝11；如果是

16 条线路可分为 5 组，5+4+3+2+(1+1)=16；其余类推。

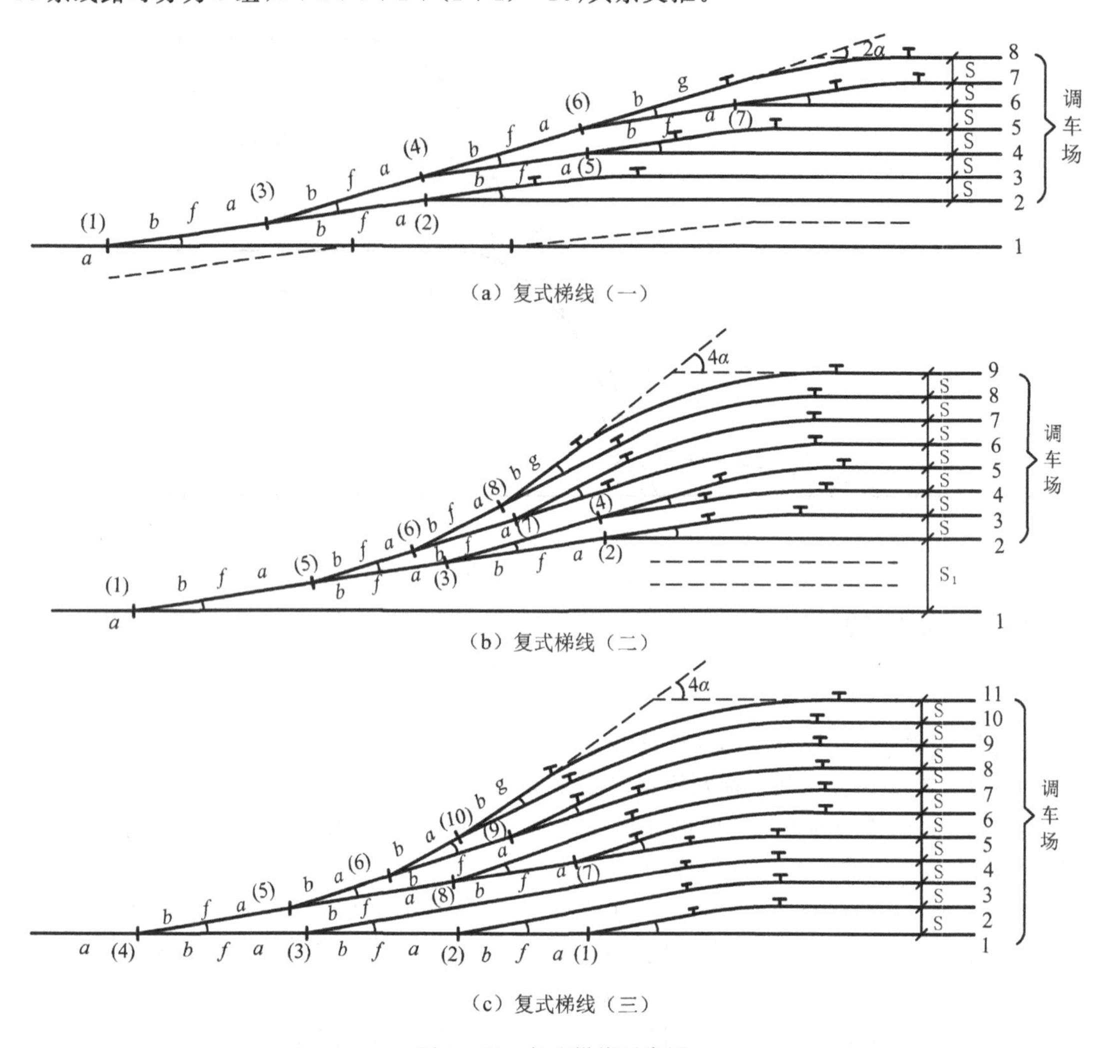

(a) 复式梯线（一）

(b) 复式梯线（二）

(c) 复式梯线（三）

图 1-38 复式梯线示意图

复式梯线既可缩短梯线的长度，又可使各平行线路的长度和经过的道岔数目均匀，但也使道岔布置分散，曲线多且长。当调车线数较多时，常用复式梯线连接。有时，线路数目不多，但用直线连接不能保证各条线路需要的有效长度时，也可采用复式梯线。

复式梯线变化很多，可根据线路数目及各条线路需要的有效长度选定结构形式。

复式梯线连接设计时，夹直线段长度 f、g 的计算及最小长度 f_{min}、g_{min} 的取值，与线路终端连接相同。从实际经验来看，采用直线梯线连接，一般情况下均能保证夹直线长度大于规定的最小长度；而采用复式梯线连接时，各条线路，尤其是外侧线路的连接，需要经过计算才能确认其夹直线长度是否大于或等于规定最小的长度。如果不满足要求时，就应该修改连接的方式，确保线路连接的正确性。

例 1-8 某区段站的调车场一端道岔区布置如图 1-39 所示，线间距均为 5 m，曲经半径均为 300 m，采用 9 号道岔，混凝土岔枕，检算道岔 47 至 JD_2 和 JD_3 处的线路连接是否满足技术要求。

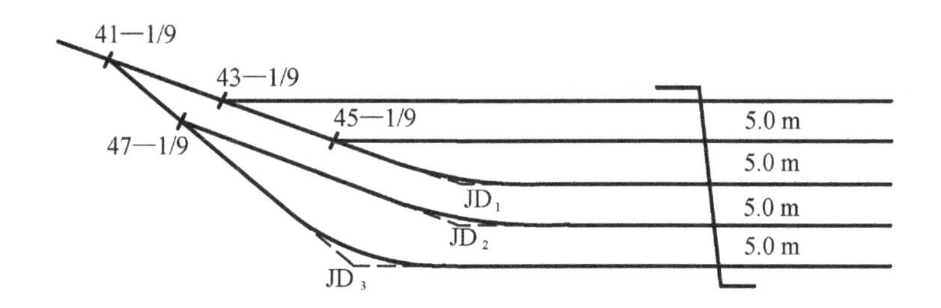

图1-39　复式梯线检算示意图

解　这种连接形式属于复式梯线连接。角顶JD_2的曲线转角为1个9号辙叉角($\alpha=6°20'25''$)，角顶JD_3的曲线转角为2个9号辙叉角(2α)。

查表1-7得，道岔47至JD_2和JD_3处圆曲线间的夹直线段最小长度均为$g_{min}=2.5$ m。

道岔47至JD_2和JD_3处圆曲线间的实际夹直线段长度g_1和g_2的值计算如下：

首先计算道岔41、43、47的相邻岔心距离为

$$L_{41,43}=36.856\ \text{m(见附表1)}$$

$$L_{41,47}=\frac{5.0\ \text{m}}{\sin\alpha}=45.276\ \text{m}$$

得道岔41、43的垂直距离为

$$H_{41,43}=L_{41,43}\sin\alpha=36.856\ \text{m}\times\sin\alpha=4.07\ \text{m}$$

则道岔41至JD_3的垂直距离为

$$H_{41,JD_3}=H_{41,43}+20\ \text{m}=4.07\ \text{m}+20\ \text{m}=24.07\ \text{m}$$

道岔47至JD_2和JD_3的距离为

$$L_{47,JD_3}=\frac{H_{41,JD_3}}{\sin2\alpha}-L_{41,47}=\frac{24.07\ \text{m}}{\sin2\alpha}-45.276\ \text{m}=64.375\ \text{m}$$

$$L_{47,JD_2}=\frac{H_{41,JD_3}-5-L_{41,47}\sin2\alpha}{\sin\alpha}=\frac{24.07\ \text{m}-5\ \text{m}-45.276\ \text{m}\times\sin2\alpha}{\sin\alpha}=82.686\ \text{m}$$

故夹直线段g_1和g_2的长度为

$$g_1=L_{47,JD_2}-(b+T_1)=82.686\ \text{m}-(15.009\ \text{m}+16.615\ \text{m})=51.062\ \text{m}$$

$$g_2=L_{47,JD_3}-(b+T_2)=64.375\ \text{m}-(15.009\ \text{m}+33.333\ \text{m})=16.033\ \text{m}$$

因为$g_1>g_{min}$且$g_2>g_{min}$，所以线路连接满足技术要求。

第2章　车站线路与车站布置图

铁路车站是伴随着铁路的诞生而产生的。一百多年来，随着铁路的发展，铁路车站逐步发展成为涉及专业面广、庞大复杂的系统工程。

自2004年《中长期铁路网规划》实施以来，我国铁路发展成效显著，基础网络初步形成。截至2015年底，全国铁路营业里程达到12.1万公里，其中高速铁路1.9万公里。规划到2025年，全国铁路网规模达到17.5万公里左右，其中高速铁路3.8万公里左右。展望到2030年，基本实现内外互联互通、区际多路畅通、省会高铁连通、地市快速通达、县域基本覆盖。因此，今后一段时期内，我国铁路将结合客运专线和长大干线建设，新建和改建一大批铁路车站，以满足铁路客货运输与城市发展的需求。

2.1　铁路车站的作业

铁路站场是铁路车站和车场的总称。车站是设有配线，办理列车到发、会让、越行、解编以及客货运业务的地点。车场是办理某项作业的线束，如到发场、到达场、出发场及编组场等。

铁路车站是铁路运输企业办理旅客和货物运输的重要基地，它集中修建了大量的客货运建筑，如车站广场、站房、站场、旅客跨线建筑等；它集中了与运输有关的各项技术设备，如客货运业务设备、运转设备，机务、车辆检修设备和信联闭设备等；它参与运输过程的主要作业环节，如旅客乘降、售票，货物和行包承运、保管、装卸、交付，列车接发、会让、越行和通过，车列解体、集结和编组，机车换挂、检修和整备，机车和列车乘务组更换，车辆检修以及货运检查等。

2.1.1　车站有关术语

1. 站界

为了保证行车安全和分清工作责任，车站和它两端所衔接的区间应有明确的界限。车站和它两端所连接区间的界限为站界，站界范围内与行车有关的各种建筑物与设备均属车站管辖。在单线铁路上，车站的范围以两端进站信号机柱的中心线为界。在双线铁路上，站界是按上、下行正线分别确定的。一端以进站信号机柱中心线，另外一端以站界标的中心线为界。

2. 车站

铁路站界之内的范围属于铁路车站。铁路车站也称分界点，是供铁路列车通过、停靠、进行客货技术作业的场所。

除了正线之外，按照是否配置到发线（也称配线），铁路车站划分为一般车站和线路所。车站为有配线的分界点，线路所为无配线的分界点。

车站站界内沿线路方向的长度称为站坪长度，标为L_Z；相邻两车站中心点之间的距离称为站间距离，标为L_{ZJ}；具体如图2-1所示。

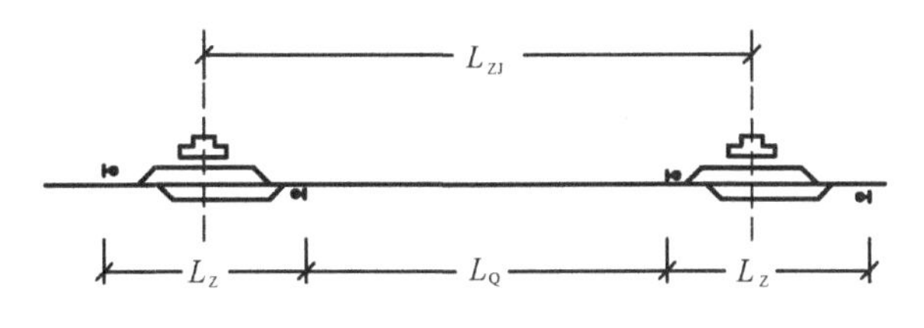

图 2-1　车站与区间示意图

3. 区间

两个车站之间的线路称为区间，见图 2-1 中的 L_Q。铁路区间线路设计属于铁路线路设计的研究范围，但其基本原则同样适用于车站线路设计，只是车站线路设计比区间线路设计要求更高、更特殊。

4. 区段

区段是指铁路网上的牵引区段，即两相邻区段站或折返站之间的线路。在一个区段内，列车一般不需要更换机车、整备机车或更换乘务组，货物列车只办理一般的技术作业，不办理列车解编作业，若办理这些业务，则需要在区段站或编组站内进行。

一条线路由一个或多个区段组成，一个区段一般由多个区间组成。一个区段内各区间的主要技术标准一般相同。

2.1.2　车站的作业类型及设备

1. 铁路车站的作业类型

车站是铁路运输企业办理旅客和货物运输的重要基地，它集中了与运输有关的各项技术设备，参与铁路运输过程的主要作业环节。

(1)客运业务。

客运业务指与旅客的发送、到达有关的业务，作业对象是旅客，作业主要包括旅客的乘降、中转签证，行李包裹的承运、装卸、保管、交付，邮件装卸，客车整备等。

(2)货运业务。

货运业务指与货物的发送、到达有关的业务，作业对象是货物，作业主要涉及货物的承运、交付、装卸、保管、票据的编制及与其他运输方式的联运等。

(3)运转作业。

运转作业指与行车和调车有关的作业，作业对象是列车或车辆，作业分为与旅客列车有关的作业和与货物列车有关的作业两类。

车站办理的旅客列车分为通过旅客列车和始发终到旅客列车。通过旅客列车在车站办理到达、出发作业，在个别车站还办理机车换挂、车辆摘挂或变更运行方向等作业。始发终到旅客列车，除上述作业以外，还须办理客车车底的取送作业。

车站办理的货物列车分为通过货物列车和改编货物列车。通过货物列车在车站进行必要的技术作业后，一般不变更车次继续运行。因此，通过列车在车站不进行解体或编组作业，只进行到达、出发，个别车站还进行机车换挂、增减轴或变更运行方向等作业。改编货物列车包括到达解体列车和自编始发列车。到达解体列车到站以后，该车次的运行线就从运行图上消失，车列经调车机车解体之后将所编挂的车组分解到各条调车线上。自编始发列车是始发站产生的一个新车次的列车，在运行图上开始了一条新的运行线，办理的作业有车列的集结、编组、挂机车和出发。自编始发列车编挂的车辆来自调车线，整个作业过程是到达解体列车作业的逆过程。

改编中转车流在技术站既要进行解体作业，又要进行编组作业。它随某个到达解体列车到达，然后解体进入调车线进行集结，随后编入另一个自编始发列车出发。到达本地区的货物作业车要进行解体、集结，然后由调车机车送往作业地点；由本地区装出的货物作业车要由调车机车拉至调车线集结，然后编入自编始发列车。

(4)机车业务。

机车业务分为机车整备(或更换乘务组)和机车检修两部分。机车整备作业是指始发列车的本务机车每次出段前，需要按时补充燃料、水、油脂及砂等消耗品。机车检修是指机车经过一定时期的运用后，根据机车各部分的磨耗程度，必须进行各种定期修理。内燃机车和电力机车的修理，除大修在工厂进行外，其余都在机务段进行。

(5)车辆业务。

磨损、锈蚀、松弛和裂损等原因会影响车辆使用效率和危害行车安全，因此制定了车辆检修制度和相应的技术组织措施。车辆检修分为定期检修和日常检修两种。车辆的定期检修是一种有计划的预防性检修，根据时间的长短分为厂修、段修、辅修。车辆的日常检修工作一般不摘车修理，由列检所负责。列车的检修工作在列车到达、编组发车、中转过程中的间隙时间进行。列检所无法修理的一些较大故障，可在车辆于调车线集结成组后，由调车机车送故障车辆到站修所修理。修好的车辆也需由调机取回调车线编入自编始发列车。

2. 铁路车站的设备

车站为了办理指定的客、货运业务及其他有关作业，必须具备一系列适合于主要用途的设备，这些设备有以下几种。

(1)客运业务设备。

客运业务设备包括旅客站房、旅客站台、雨棚、横越线路设备和站前广场等。大型客运站一般还设有客车整备所，以便对客车进行洗刷、消毒、检修等作业。

(2)货运业务设备。

货运业务设备包括货场及其相关设备，如装卸线、存车线、货物站台、仓库、雨棚、堆放场、装卸机械和办公房屋等。

(3)运转设备。

运转设备分为以下5类：

①接发停靠客货列车的到发线(到达线、出发线)；

②供本务机车出入段使用的机车走行线、机车出入段线、机待线；

③供改编货物列车调车使用的调车线、牵出线、调车驼峰；

④列车到达和出发的正线及枢纽进出站线路；

⑤将以上各线路设备连接在一起的车站(或车场)咽喉。

(4)机车业务设备。

根据机车交路和机车检修作业的需要，考虑是否需要设置机务设备。不同类型的机车有不同的机务设备。以整备为例，内燃机车的整备设备包括上油、上水、上砂、保洁、放水、检查、转向及待班等设备，还有电力照明设备，段内线路及油库等。较大的冶金厂矿企业都把“机务设备”视为一个单元称为机务段,设在厂区机车较集中的地方。设在工厂编组站的机务段一般规模较小。

(5)车辆检修设备。

根据车站技术作业性质及车流数量,考虑是否设置车辆检修设备。货运车辆业务设备有列检所、站修线、站修所或车辆段。客运车辆业务设备有客车技术整备所、旅客列车检修所和客车车辆段等。工业企业一般只进行货车检修。大型厂矿企业一般设车辆段进行货车检修作业,它与机务段一起设在厂区内。必要时在大站上设站修线,在站修线上进行车辆检修作业。

(6)信号、通信、闭塞设备。

(7)房屋建筑:站房、信号楼、扳道房等各种房屋建筑。

2.2 铁路车站的分类

铁路车站一般由车站广场、站房、站场及客货运输设施等部分组成。车站对保证运输工作质量起着决定作用,据统计,我国全部车站的站线长度约占铁路通车里程的40%,在铁路货车一次全周转时间中,车辆在站作业和停留时间约占60%~70%。

铁路运输的主要任务是安全、迅速、经济、便利地运送旅客和货物,为国家经济建设、国防建设和提高人民物质文化生活水平服务。车站在铁路建设投资方面也占有很大的比重,车站对铁路的工程造价、通过能力以及土地占用等各个方面都有巨大的影响。

车站既是沟通城乡、联系各省区和国内外的门户,又是联系社会生产、分配、交换和消费的纽带,对巩固国防起着重要作用。因此,合理规划车站及枢纽总图,不仅具有经济意义,而且还具有政治、军事意义。

铁路车站按照不同的分类依据划分成不同的种类。

2.2.1 路网铁路车站的分类

1. 按照车站人数划分

以往的客货共线铁路站房的建筑规模主要根据设计年度的旅客最高聚集人数确定。从目前高速铁路的发展情况来看这不够全面,站房建筑规模还要考虑效率的因素。所以,客货共线铁路车站一般按最高聚集人数划分规模;而新型铁路客运专线站房建筑规模,应根据旅客最高聚集人数和高峰小时乘降量共同确定,见表2-1。铁路主管部门也可在一定范围内根据需要直接确定站房建筑面积。

表2-1 铁路车站规模表

客运站规模	客货共线铁路车站	客运专线车站
	最高聚集人数 H/人	高峰小时发送量 pH/人
特大型站	$H \geqslant 10000$	$pH \geqslant 10000$
大型站	$3000 \leqslant H < 10000$	$5000 \leqslant pH < 10000$
中型站	$600 \leqslant H < 3000$	$1000 \leqslant pH < 5000$
小型站	$100 \leqslant H < 600$	$pH < 1000$

特大型与大型客站的高峰发送旅客规模在5000人以上,这些客站一般位于副省级城市、

首府、计划单列市及以上城市，旅客人流的季节性变化大，城市交通系统相对完善且在快速发展，铁路客站往往成为这类城市的综合交通枢纽。中小型客站的高峰发送旅客规模在5000人以下，涉及的城市一般为地区级城市、旅游城市和县市级城市规模。

2. 按照以单项作业为主划分

可将办理客运或货运、货物列车解编技术作业单项业务为主的客运站或货运站、编组站，划分为特等站、一等站、二等站、三等站、四等站、五等站等类型。

1)特等站

特等站是中国铁路车站中最高等级的车站。具备下列三项条件之一者为特等站：

①日均上下车及换乘旅客在6万人以上，并办理到发、中转行包在2万件以上的客运站；

②日均装卸车在750辆以上的货运站；

③日均办理有调作业车在6500辆以上的编组站。

2)一等站

一等站一般为地市级车站或次重要枢纽站，具备下列三项条件之一者为一等站：

①日均上下车及换乘旅客在1.5万人以上，并办理到发、中转行包在1500件以上的客运站；

②日均装卸车在350辆以上的货运站；

③日均办理有调作业车在3000辆以上的编组站。

3)二等站

具备下列三项条件之一者为二等站：

①日均上下车及换乘旅客在5000人以上，并办理到发、中转行包在500件以上的客运站；

②日均装卸车在200辆以上的货运站；

③日均办理有调作业车在1500辆以上的编组站。

3. 按照以综合业务为主划分

办理客运、货运业务并担当货物列车解编技术作业的综合业务的车站有如下几种。

1)特等站

具备下列三项条件中两项者为特等站：

①日均上下车及换乘旅客2万人以上，并办理到发、中转行包在2.5万件以上；

②日均装卸车在400辆以上；

③日均办理有调作业车在4500辆以上。

2)一等站

具备下列三项条件中两项者为一等站：

①日均上下车及换乘旅客在8000人以上，并办理到发、中转行包在500件以上；

②日均装卸车在200辆以上；

③日均办理有调作业车在2000辆以上。

3)二等站

具备下列三项条件中两项者为二等站：

①日均上下车及换乘旅客在4000人以上，并办理到发、中转行包在300件以上；

②日均装卸车在100辆以上；

③日均办理有调作业车在 1000 辆以上。

4)三等站

具备下列三项条件中两项者为二等站：

①日均上下车及换乘旅客在 2000 人以上，并办理到发、中转行包在 100 件以上；

②日均装卸车在 50 辆以上；

③日均办理有调作业车在 500 辆以上。

工矿企业比较集中地区所在地的车站及位于三个方向以上并担当机车更换、列车技术作业的车站，可酌情定为二等站或三等站。

5)四等站

办理综合业务，但按核定条件，不具备三等站条件者为四等站。

6)五等站

只办理列车会让、越行作业的会让站与越行站，均为五等站。

4. 按车站技术作业划分

1)越行站(over-taking station)

在双线铁路上，为满足区间通过能力需要而设置的办理同方向列车越行的车站称为越行站。

2)会让站(passing station)

在单线铁路上，为满足区间通过能力需要而设置的办理列车通过、会让和越行的车站称为会让站。

3)组合分解站(combination and disassembly station)

为满足重载铁路列车组合、分解作业需要而设置的车站称为组合分解站。

4)中间站(intermediate station)

办理列车通过、交会、越行和客货运业务的车站称为中间站。中间站是提高铁路路段通过能力、保证行车安全并为沿线城乡及工农业生产服务而在铁路牵引区段内设置的车站。

5)区段站(district station)

为货物列车本务机车牵引交路和办理区段、摘挂列车解编作业而设置的车站称为区段站。区段站设在牵引区段的起讫点，其主要任务是为邻接的铁路区段供应及整备机车或更换机车乘务组，办理区段和摘挂列车解编作业，并为无改编中转货物列车办理规定的技术作业。此外，还办理一定数量的直通货物列车解编作业及客、货运业务。在设备条件具备时，还进行机车、车辆的检修业务。

6)编组站(marshalling station)

为办理大量货物列车解体、编组作业而设置的车站称为编组站。编组站设在路网交叉或汇合地点，是路网中车流的主要集散点，办理大量货物列车解体和编组作业，是列车的“制造工厂”。编组站以处理改编中转货物列车为主，编解各种货物列车，负责路网上和枢纽地区车流的组织，同时还供应列车动力，对机车进行整备和检修，对车辆进行日常维修和定期检修。

7)铁路枢纽(railway terminal)

在铁路网点或网端，由两条及以上干线、若干个车站、各种为运输服务的设施及其联络线等所组成的整体称为铁路枢纽。

铁路枢纽是客、货流从一条铁路线转运到另一条铁路线的中转地区，也是城市、工业区客货到发和联运的地区。它除办理枢纽内各种专业车站的有关作业外，还办理枢纽地区小运转列车的作业，枢纽衔接线路间的货物中转、旅客换乘、行包转运等业务。铁路枢纽是连接铁路干、支线的中枢，是为城市、工业区或港务区服务以及与国民经济各部门联系的重要纽带，也是交通运输枢纽的主要组成部分，因而还办理铁路与其他运输方式的联运业务以及国际联运业务。

5. 按车站客货运输性质划分

1)客运站(passenger station)

主要办理客运业务的车站称为客运站。客运站设在客流较大的大、中等城市，为旅客办理客运业务，设有旅客乘降设施。客运站是铁路旅客运输的基本生产单位，其主要任务是组织旅客安全、迅速、准确、方便地上下车；办理行包、邮件的装卸搬运；组织旅客列车安全、正点到发和客车车底取送；为旅客提供高质量的服务。有的客运站还兼办少量货运作业。

客运专线、高速铁路、城际铁路、城市轨道交通车站及枢纽铁路中专门办理客运业务的车站均为客运站。

2)客车段所(passenger cars or multiple nuits(MU)depot or operation point)

专门办理客车车底或动车组存放、整备、检修等作业的场所称为客车段所，包括客车整备所、动车所、动车段等，不包括客运机务段(所)。

3)铁路物流中心(railway logistics center)

铁路物流中心依托铁路，具有完整信息网络，为社会提供物流活动的场所；并具备为社会或企业自身提供物流服务，物流功能健全，聚集辐射范围大和存储吞吐能力强等功能。

4)工业站(industrial station)

主要为有大量装卸作业的工业企业外部铁路运输服务的车站称为工业站。

5)港湾站(water-front station)

主要为有大量装卸作业的港口外部铁路运输服务的车站称为港湾站。

6)口岸站(border station)

口岸站是在国家指定对外往来的门户地点设置的车站，是一种特殊的国际客货运输节点车站。

7)集运站(freight consolidation station)

主要办理大宗货物装车和车列集结作业的车站称为集运站。

8)疏运站(freight distribution station)

主要办理大宗货物卸车和车列分解作业的车站称为疏运站。

2.2.2 工业铁路车站的分类

工业铁路是路网铁路的继续和延伸，它们在运输上紧密联系，但又有一定的分工和区别。在了解路网铁路车站的分类和站型设计的基础上，探讨工业铁路车站的分类和站型设计，有利于更好地进行运输组织及对工业铁路站场进行设计。

凡直接为工业企业生产服务的运输称为工业企业运输。工业企业运输分为外部运输和内部运输两部分。外部运输是工业企业同外部运输网(铁路、公路及水运)之间的运输。内部运输是指工业企业范围内的运输。凡为工业企业生产服务的铁路车站称为工业铁路车站。工业铁路车站现尚无统一明确的分类，各工业企业对工业铁路车站的分类方法不尽一致，有的按车站性质来分，有的按车站服务对象来分。若根据车站的作业性质和主要服务对象来分，可将工业铁路车站分为接轨站、企业编组站、厂内专业车站、码头站和工厂站等。在给车站的命名中，有的以车站所在地的地名来命名车站，有的以代号来命名车站。

1. 接轨站

企业铁路专用线与国家铁路网相衔接、主要为工业企业外部运输服务的车站称为接轨站。它设在国家铁路路网上，其产权属国家铁路，在国家铁路网中它被称为工业站。钢铁、煤炭、石油和大型机械制造等企业大都依靠铁路运输，这些厂矿企业的运输和装卸作业量均较大，而且由于装卸量极不平衡和某些原料及产品对车种的特殊要求，因而产生大量重空车流的交换。对于这些企业，由于其运量和运输性质等因素决定，多数情况下工业企业铁路线应在路网铁路车站接轨，该站就为接轨站，它主要办理企业列车的到发、解编、车辆取送和交接等作业，同时承担路网铁路赋予它的工作。如果企业设置了编组站，在接轨站只需办理企业列车的到发和交接等作业。在城市内，由于城市规划、工业布局和企业综合利用的要求，较多行业的工业企业集中在一个工业区内，其中每一个企业虽不如上述那些企业有大量的大宗货物运输和装卸作业，但也产生相当的运量。根据其作用、性质和工业区位置的要求，往往需要设置地区性的多企业共用的接轨站，统一办理各企业车流的到发、解编、车辆取送和交接作业，并解决与路网编组站和区段站间的车流组织上的合理分工。根据我国实际情况，单纯为厂矿企业服务的接轨站为数很少，还根据它们在路网中所处的地位，兼办路网上一定数量的中转或客货运业务。接轨站按服务对象可分为三类。

①为采掘工业服务的接轨站。采掘工业是大量货流的发源地，其发送量大大超过到达量，运输特点是以装车为主，装车大于卸车。例如煤炭工业，入矿车多数是空车整列到达接轨站，然后分组送往矿区各装车点装车，到达的重车数量很少，一般只有矿区使用的坑木和器材或生活用品等。出矿重车由接轨站按方向和品种编组，当产量大、去向固定时，可组织始发直达列车发往各卸车地点。

②为加工工业服务的接轨站。加工工业是大量货流的消失地，一般到达量超过发送量，运输特点是以卸车为主，卸车大于装车。例如钢铁联合企业，厂内运输复杂，装卸地点多，对原料、燃料、成品的品种规格要求严格。入厂重车一般由接轨站交给企业编组站，在企业编组站按卸车地点和到站分组，然后送往卸车地点和有关车站。出厂重、空车由各装卸地点和车站送至企业编组站集结，交接轨站编组后通过国家铁路网发往全国各地。

③多企业共用的接轨站。在工业企业比较集中的工业区，衔接多条专用线，为几个不同性质的企业服务，而企业内多数不设专用铁道。这种车站的车流往往比较零散，货物品种较多，到发方向也多，车站取送调车工作量也较大。

工业企业铁路专用线与路网铁路接轨的地点有两种：一种是企业规模不大，而距离铁路网中某一车站较近，一般就在该站接轨；另一种是企业到发货运量较大，进出厂车流较多，一般都单独设接轨站。

港口区域的铁路线路与路网铁路接轨的接轨站称为港湾站。

2. 企业编组站

企业编组站是设在企业铁路出入口处的一个主要车站，主要为工业企业外部运输服务，其产权属企业。该站对内与厂内专业车站或装卸点（车间）连接；对外与接轨站连接。

根据接轨站与企业编组站相互位置不同，有两种不同的设置类型，企业编组站与接轨站联合设置，称联合编组站；若分开设置，称工厂编组站。

1)联合编组站

联合编组站主要办理外部到达和发往厂外列车的接发、解体、编组作业，同时也办理路网列车的到发和通过作业。其特点是在同一站坪内联合设置路局车场(或线群)和企业车场(或线群)，如图 2-2 所示。到达企业的局车，除直达列车外，由路局车场交给企业车场，进行改编后由企业机车送往厂内。由厂内发出的局车，由企业机车送至企业车场，再由企业车场交给路局车场发往铁路干线，两车场由道岔或联络线连接。在调度管理、技术作业、厂外或厂内列车(或车列)作业衔接以及车辆交接作业等方面，路厂紧密联系，但分别管理。

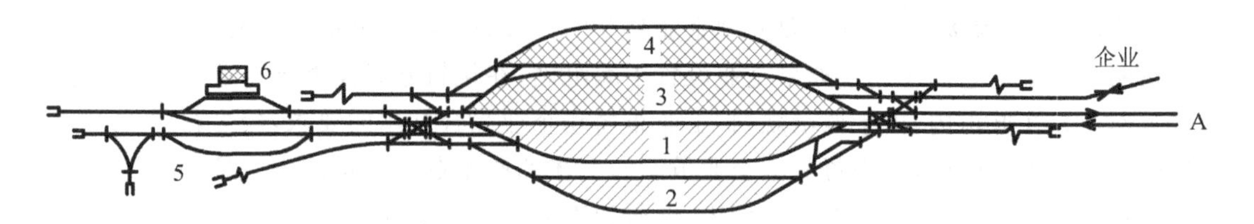

1—铁路到发场；2—铁路调车场；3—企业到发场；4—企业调车场；5—机务段；6—客运设备。

图 2-2　联合编组站

2)工厂编组站

采用这种分开设置时，在接轨站与工厂编组站间有工业企业专用线相连，如图 2-3 所示。它的作业同联合编组站，但在车站站坪内只设置企业车场。到达企业的局车一般在接轨站改编后，由企业或路局机车送往工厂编组站，再由工厂编组站按企业内车站或装卸车地点的要求进行改编后送往厂内。由厂内发出的局车，在工厂编组站集结成列后送往接轨站，由接轨站按路局的编组计划进行改编后发往铁路干线。

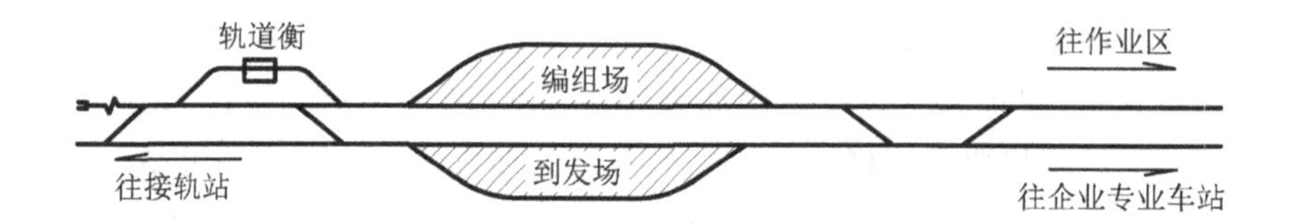

图 2-3　工厂编组站

工厂编组站是局车和部分厂内车辆的集散地，办理列车到达及出发作业，担负厂内重、空车流的交换，厂内小运转列车、调车及取送车等作业。同时它也是机车、车辆集中的场所。为了便于机车、车辆的检修，工厂编组站与检修设施之间应有通顺的线路连接。联设或分设编组站受多种条件影响，设计时应根据下列因素比较确定。

①企业至接轨站的距离。为满足作业上的需要，工厂编组站一般靠近企业内各专业车站，以便于彼此间联系。因此接轨站距企业较近时，接轨站与工厂编组站应联设，否则应分设。

②企业生产规模及厂外铁路的运量。大型企业外部铁路运输量大，出入企业的直达列车、大组车所占比重比中、小型企业大，这些车流一般在接轨站到发线上办理交接作业。当工厂编组站与接轨站联设时，交接作业和列车到达或出发的技检作业可以同时进行。同时，也可避免不必要的转线，以加速车辆周转。

③接轨站是否担当路网上的中转作业。兼负路网上一定中转作业的接轨站，由于出入企

业的车流必将与路网的中转车流发生交叉，如接轨站与工厂编组站联设时，这种交叉干扰将更加严重。因此，当接轨站兼负一定的路网中转作业时，工厂编组站不宜与接轨站联设。

④工厂编组站是否需要设在企业内。有些工业企业，厂内运输车辆的改编中转作业量较大，根据企业内部运输的需要，必须将工厂编组站布置在企业内适当地点，此时，工厂编组站必须与接轨站分设。

⑤城市规划和接轨站附近的地形、地貌条件。工厂编组站和接轨站联设时，需占用较宽、较长的场地，当城市规划中已考虑设置接轨站的条件，接轨站附近地域比较开阔，不受占地限制时，可采用联设布置；当接轨站位于城镇边缘或邻近有其他企业，用地紧张，或受地形条件限制，不能满足联设需要时，可采用分设布置。

综上所述，在选择联设与分设方案时，应结合企业及企业所在地的具体情况，考虑各方面的影响因素，权衡利弊，以便做到既有利于企业生产，又有利于铁路运输。

以铁路运输为主要运输方式的企业具有到发运输量大，货物品种规格不一，装卸地点多且分散，装卸货位少，取送作业频繁等特点，以及路网铁路列车是按方向或到站编组，其列车编成辆数及编组顺序不一定适应企业的要求。因此，企业一般都设有自己的编组站，以办理厂外方向局车的到发作业，企业方向的局车和厂内车辆的到发作业，出入企业局车的交接作业(亦可在接轨站办理)，进厂局车的解编作业和出厂局车集结、编组作业，厂内车流的折返和解编作业，向原料场或车间等作业地点取送车作业等。由此可见，企业设置的编组站是厂内运输的中枢，企业与路网铁路联络的纽带。

3. 码头站

码头站是办理出入码头重、空车辆的接发、解编和调配的车站。服务于港口区域的称为港口车站。沿江、河、海布置的企业，外部水路运输量较大，货物上岸后再由铁路(根据具体条件亦可用汽车或其他运输方式)运往企业内。故应在靠近码头或港口处设置码头站或港口车站。码头站或港口车站一般设有到发线、装卸线、调车线和走行线，需要称量货物时还应设置轨道衡线，若利用区间联络线调车有困难时，可设置牵出线。

4. 企业专业车站

企业专业车站是直接为各生产厂矿(车间)服务的车站。它负责组织向有关生产厂矿(车间)运送原料、燃料和半成品以及从各生产厂矿(车间)运出产品和废料等。根据办理的作业种类及作业性质它又可分为以下几种。

①区域站：服务于某个(或几个)主要车间，以办理企业内小运转列车的到发、解编和车辆摘调以及向车间或货物作业地点取送车辆为主要作业的区域性车站称为区域站。区域站多按其服务车间或靠近的车间来命名，如焦化站、烧结站、炼钢站、轧钢站等；也可按它所在的位置来命名，如江边站、南部站等；在原料、燃料堆场附近设置的卸车站可命名为原料站等。

②特种车作业站：专门服务于由于生产工艺特殊而需专用车辆运输货物的生产及运输过程的车站称为特种车作业站。例如钢铁企业服务于冶炼、烧结等车间的冶金车辆(车组)的集结、会让、配车、机车调头等作业的车站即为特种车作业站。

③普通车辅助作业站：它是服务于辅助生产车间、仓库、堆场等空、重车辆停放，少量车辆摘调作业的车站(或配线)。对服务范围小、运量少、作业单纯的小站，亦可作为与其联系密切的车站作业区。

5. 工厂站

有的小型企业由于车流量较少，只设置一个车站，称为工厂站。它既办理与接轨站的列车接发作业，同时还担负企业内各装卸地点的车辆取送作业。

2.3 车站线路的种类及站型

2.3.1 车站线路的种类

铁路线路分为正线(main line)、站线(station track)、段管线(depot siding)、岔线(branch line)及特别用途线(special purpose track)，如图 2-4 所示。

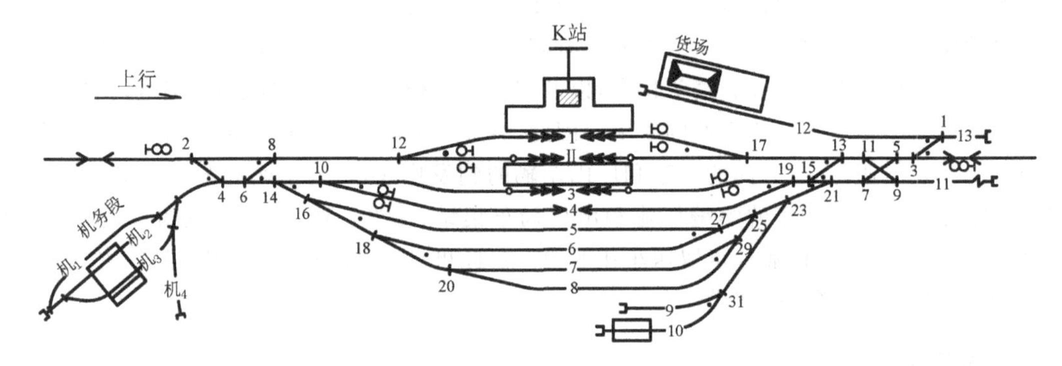

Ⅱ—正线；1,3,4—到发线；5,6,7,8—调车线；9,10—站修线；11,13—牵出线；12—货物线；

机$_1$—机车走行线；机$_2$,机$_3$—整备线；机$_4$—卸油线。

图 2-4 车站线路详图

在铁路车站内根据车站的作业需要设有下列不同用途的线路。

①正线，是指连接车站并贯穿或直股伸入车站的线路。

②到发线，供接发旅客和货物列车的线路称为到发线。在到发作业量大的车站上往往把到发线分设为到达线(到达场)和出发线(发车场)。

③调车线和牵出线，是指客货共线铁路上用于列车解体和编组并存放车辆的线路。进行调车作业时，将车辆或车列牵出的线路为牵出线；用于车辆解体和编组，并存放车辆的线路称为调车线。

④货物线，是指客货共线铁路上用于货物装卸作业的货车停留线路。在货运繁忙的车站则设有用于货物集中装卸的货场。货场内的货物线布置形式有通过式、尽头式和混合式。

⑤交接线，指办理路厂间或站间车辆交接的线路。

⑥机车走行线，指供机车调换位置和去整备线或机务段走行用的线路。

⑦机车整备线，指专供机车上水、上油、检查和转向用的线路。

⑧备用车停留线(存车线)，是为保证生产急需和车、货流变化而备用的车辆停留线路。

⑨轨道衡线，指专供路局车和企业内车辆过磅用的线路。

⑩其他线，根据运输需要而设的线路，如车辆检修线、安全线及避难线等即为其他线。此外还有一些与车站连接的线路，如通向各作业区的联络线，机务段、车辆段等的段管线。这些线路虽然不在站坪范围内，但有的厂、矿企业仍把它们划归与其相连接的车站管辖。

通向路网接轨站和其他工矿企业或原燃料基地的岔线(专用线或工业企业线),不能属于某个车站的线路。新建工业企业专用线一般在车站两端咽喉区接轨,只有在特殊情况下,方可在区间正线上接轨。在区间正线接轨时,在接轨点应设置车站或辅助所。在车站接轨时,应考虑工业企业铁路取送车的方便,并尽量减少对站内行车和调车作业的干扰。如图 2-5 所示为几种接轨方案布置图。当厂矿企业位于站房同侧且地形条件有利时,可采用Ⅰ或Ⅱ接轨方案,Ⅰ方案为佳。当厂矿企业位于站房对侧时,可采用Ⅲ或Ⅳ接轨方案。

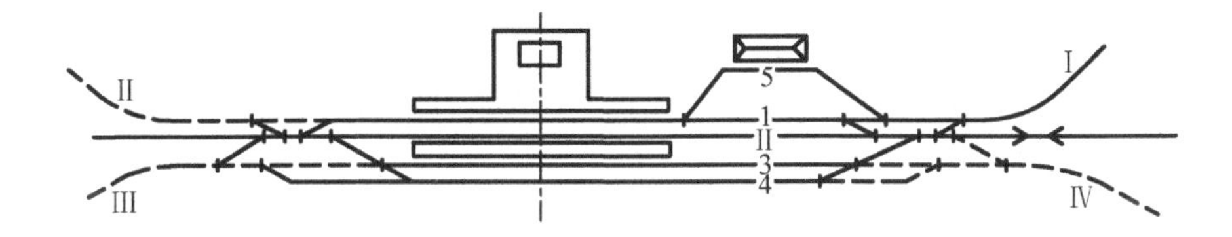

图 2-5　工业企业专用线、岔线接轨示意图

2.3.2　车场

将办理同一种作业的线路两端用梯线连接起来,便成为车场(yard),如到发场、到达场、出发场及调车场等。

车场按其形状不同可分为梯形车场、异腰梯形车场、平行四边形车场及梭形车场,见图2-6。

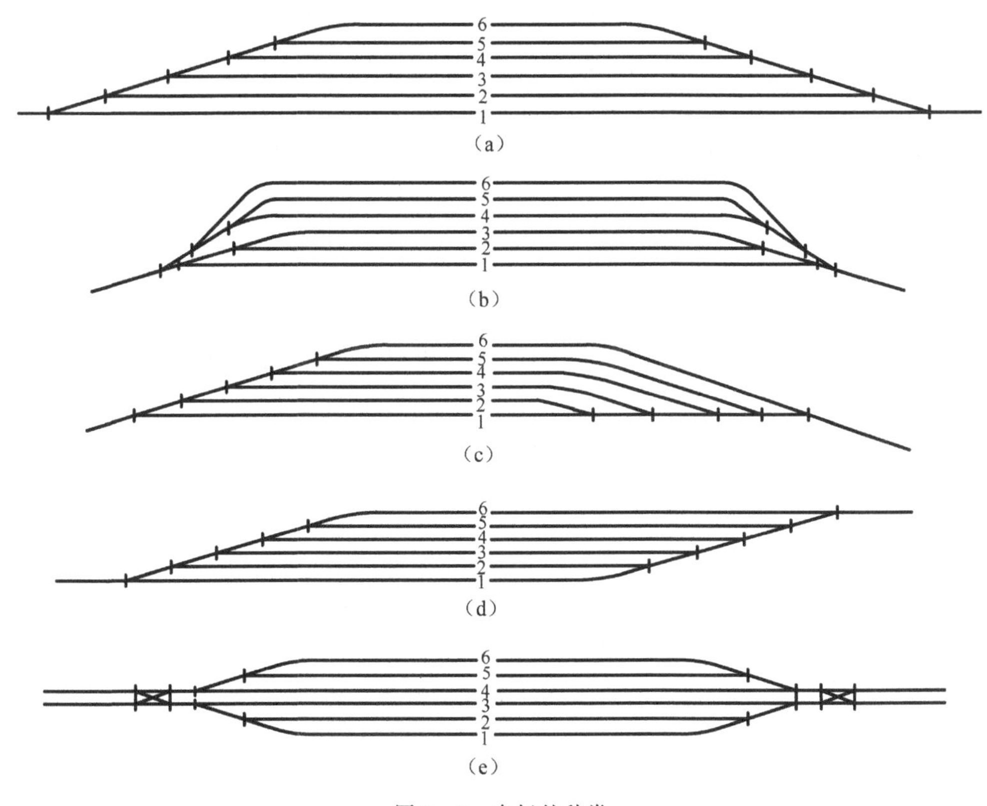

图 2-6　车场的种类

(1)梯形车场。

梯形车场(trapezium yard)如图 2-6(a)所示,两端用直线梯线连接,具有直线梯线的种种优点,在线路数目少的情况下可用作到发场或调车场。但这种车场也有缺点,如线路数目较多时,道岔区较长,各条线路有效长不均匀,除最外侧两条线路有效长相同外,其余的两相邻线路有效长都相差 $2NS$,使整个车场占地很长,进入不同线路的车辆经过的道岔数也不相同,车辆进入 1 道只经过一副道岔,而进入 5 道却要经过 5 副道岔等。

两端用复式梯线连接的梯形车场如图 2-6(b)所示,道岔区长度大为缩短,各条线路有效长及进入各条线路的道岔数接近相等,车辆进入任何一条线路所受的阻力大致相等,但增加了曲线,对运营不利。所以这种车场仅适用于无正规列车运行的调车场。

(2)异腰梯形车场。

异腰梯形车场(trapezoid yard)克服了上述梯形车场的缺点。从图 2-6(c)可以看出,异腰梯形车场不论线路多少,其有效长除外侧两条稍长一些外,其余各条线路都是相同的。从运营方面来看,异腰梯形车场也有缺点。由于异腰梯形车场在线路有效长范围内设有曲线,瞭望条件不好,用作到发场及调车场,对接发列车及调车作业都不利,线路越多,这个缺点越突出。因此,这种车场只有在用地长度受限制且要保证各条线路具有必要的有效长时方宜采用。一般用在线路数量不多的到发场及调车场。

(3)平行四边形车场。

平行四边形车场(parallelogram yard)如图 2-6(d)所示。这种车场具有异腰梯形车场的上述优点而没有其缺点。各条线路的有效长除外侧两条稍长一些外,其余各条都是相同的,而又未增加曲线,所以从车场本身来看,这种车场是比较好的。但车场是车站的一个组成部分,从整个车站的布置来考虑,由于这种车场两端的出入口不在一条直线上,对不停站列车的通过作业有不利影响,对调车作业亦不方便。因此,平行四边形车场只适用于特殊地形,一般不宜用在到发场或调车场。但用作客车整备场、钢铁厂的冷却场等是合适的。

(4)梭形车场。

梭形车场(gridiron yard)如图 2-6(e)所示。在车场线路数目较多的情况下,梭形车场比上述车场都优越。其优点是各条线路有效长相差不大而又不增加曲线,用地长度也比较短。另外,还能在两端各设两条进路,以改善作业条件。但梭形车场是对称的,实际上是由两个梯形车场组合而成的,采用时必须与整个车站的布置相配合,一般可用在到达场、出发场或到发场。

上述各种车场都有其特点,选用时应根据车场的用途、线路数目、车站地形及整个车站的布置等因素来决定。

2.3.3 站型

根据线路与线路、车场与车场的相对位置,车站有三种基本布置图型,即横列式、纵列式和混合式布置图。线路与线路或主要车场与车场并列配置的,叫做横列式布置图。线路与线路或主要车场顺序排列的,叫做纵列式布置图。部分主要车场纵列,另一部分车场横列的,叫做混合式布置图。

在我国路网铁路编组站上,凡以一套调车设备为核心,配合到、发车场组成的车站图型,称为一个改编设备系统的布置图也称为单向布置图。而设有两个改编系统时,一般情况下,两系统的主要驼峰应朝着两个彼此相对的调车方向，故这种布置又简称为双向布置图。横列式、纵列式和混合式三种基本车站站型，每种又可设计成单向和双向。因此，编组站有六种基本布置图形，即单向横列式、单向纵列式、单向混合式、双向横列式、双向纵列式、双向混合式布置图。

在给车站站型命名中习惯上还有“几级几场”的叫法。“级”是指车场排列形式，一级式是车场横列，二级式是到发场、调车场纵列，三级式是到发场、调车场、发车场顺序排列；“场”是指车场，站内有几个车场，就叫做几场。

1. 横列式车站布置图型

(1)线路与线路并列配置的横列式站型。

图 2－7(a)为单线铁路横列式车站布置图，两条到发线设在正线的两侧。

图 2－7(b)为双线铁路横列式车站布置图，两条到发线设在正线的两侧。根据车站作业的需要，亦可在每端各设两条渡线，如站坪长度受限制，也可采用交叉渡线。当每端各设一条渡线时，尚应留有增铺第二条渡线的位置，如图 2－7(b)中虚线所示。为了使反方向运转的列车有可能转线，并增加线路使用的灵活性，在车站两端咽喉的两正线间也应各设一条渡线，并应朝向站房，使各方向的列车均有停靠基本站台的可能，如图 2－7(b)中实线所示。

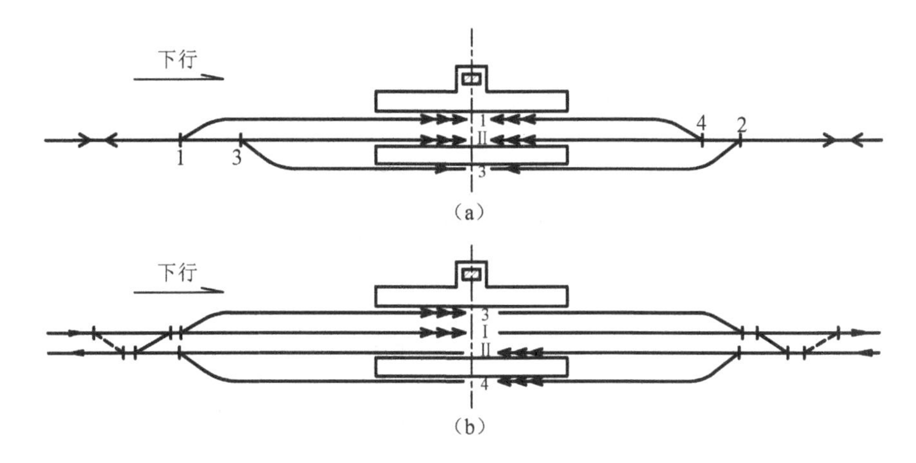

图 2－7　横列式车站布置图

这种站型按到发线与到发线，到发线与正线的相互位置不同，可有多种布置图型。

(2)车场与车场并列配置的横列式站型。

图 2－8 为路网单线铁路横列式区段站布置图，到发场和编组场布置在正线的一侧。

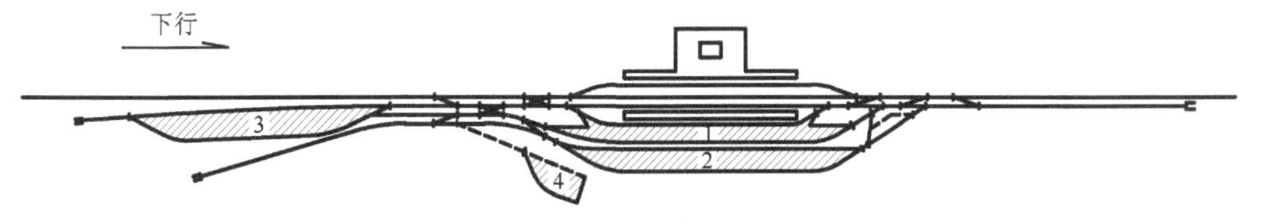

1—到发场；2—调车场；3—机务段；4—物流中心。

图 2－8　单线铁路横列式区段站布置图

图 2－9 为路网双线铁路单向横列式编组站布置图，正线外包各主要车场。

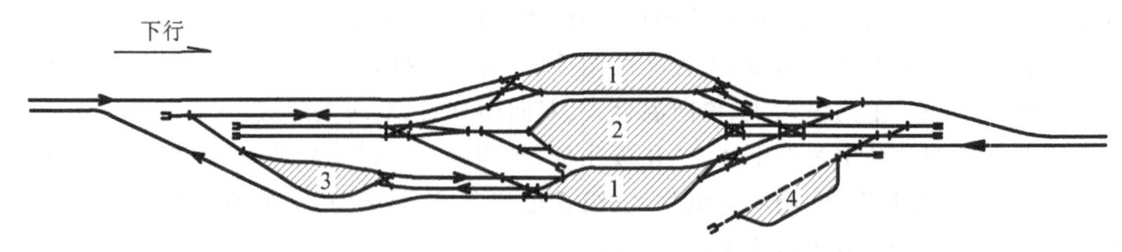

1—到发及通过车场；2—调车场；3—机务段；4—车辆段。

图 2-9 一级三场横列式编组站布置图

2. 纵列式车站布置图型

(1)线路与线路顺序排列的纵列式站型。

图 2-10 为纵列式车站布置图,其中图(a)、(b)为单线铁路车站,这种布置图的特点是两条到发线纵向排列,并向逆运转方向错移一个货物列车到发线的有效长,如图 2-10(a)所示。因此,需要较长的站坪,工程费用大;车长与值班员联系时,走行距离较长;在人工扳道非集中联锁的情况下,车站值班员瞭望信号不便,确认进路困难;道岔分设在三处,增加车站定员,运营管理不便。在山区地形陡峻狭窄的情况下,这种布置图可以减少工程量。当运量增长较快,且在短期内需修建第二正线时,可采用图 2-10(b)中的布置。图 2-10 (c)为双线铁路车站布置图。应注意图 2-10(b)和 2-10(c)中渡线的设置方向。

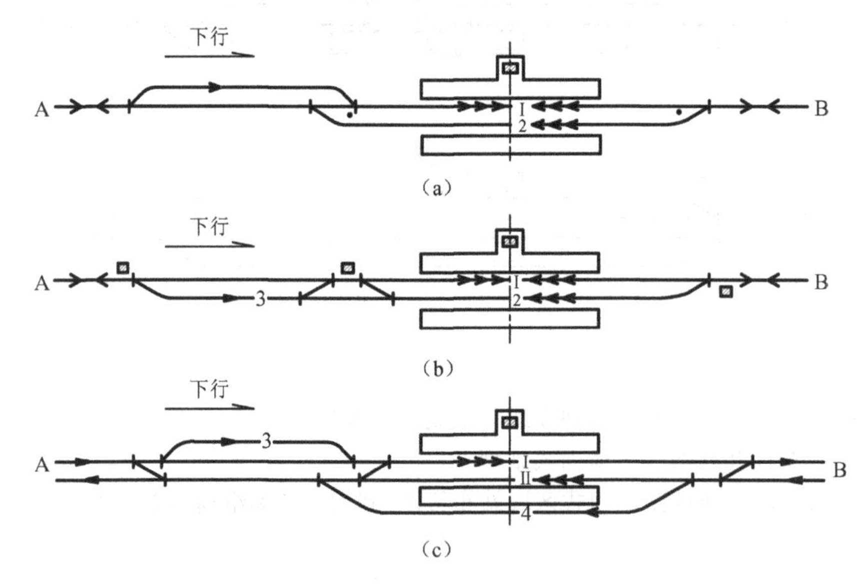

图 2-10 纵列式车站布置图

(2)车场与车场顺序排列的纵列式站型。

图 2-11 为单向三级三场纵列式编组站布置图。其主要特征是,所有衔接方向到达的改编列车,都接入一个共用的到达场,全部解编作业集中在共用的编组场上办理,发往各个方向的自编列车,又是在一个共用的出发场上作业,而共用的到达场、编组场和出发场是依次纵列配置,所以称它为三级三场布置图。其车流作业流程如图 2-12 所示。

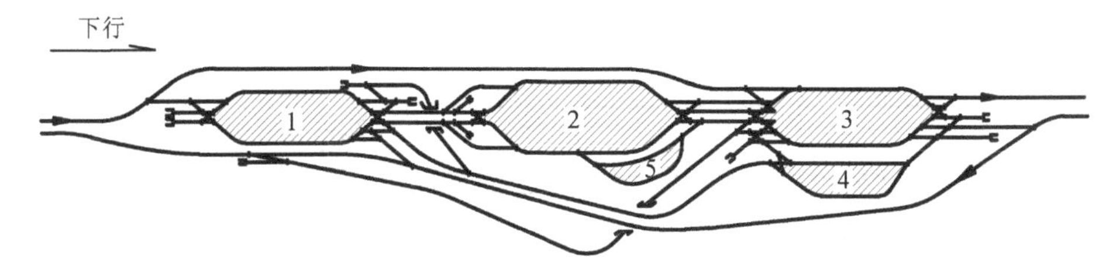

1—到达场；2—调车场；3—出发及通过车场；4—机务段；5—车辆段。

图 2－11　单向三级三场纵列式编组站布置图

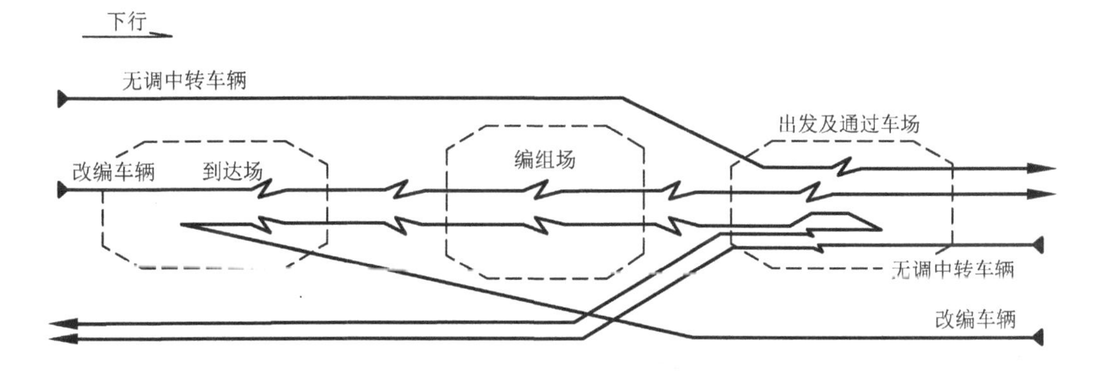

图 2－12　车辆在单向三级三场纵列式编组站内的作业流程图

图 2－13 为双向三级六场纵列式编组站布置图。其主要特征是上、下行各有一套独立的改编作业系统，车场配置都是按照到达、编组、出发顺序排列。图 2－14 为双向三级六场纵列式编组站站内车流作业流程图。

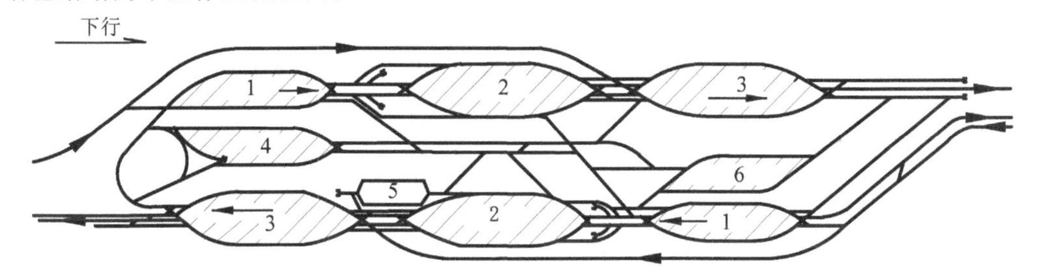

1—到达场；2—调车场；3—出发及通过车场；4—机务段；5—车辆段；6—整备设备。

图 2－13　双向三级六场纵列式编组站布置图

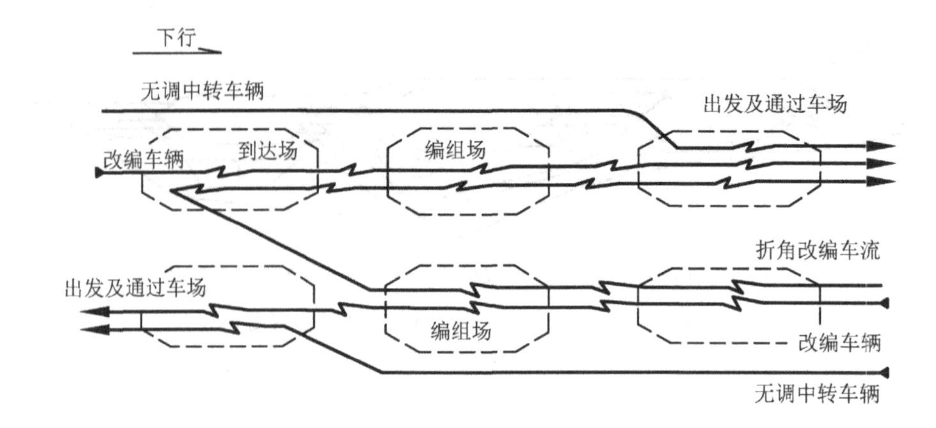

图 2－14　车辆在双向纵列式编组站内的作业流程图

3. 混合式车站布置图型

图 2－15 为单向二级四场混合式编组站布置图。其主要特征是，各衔接线路方向共用的到达场和编组场纵列配置，而上、下行的出发场分别并列在编组场两侧。图 2－16 为单向二级四场混合式编组站站内车辆作业流程图。

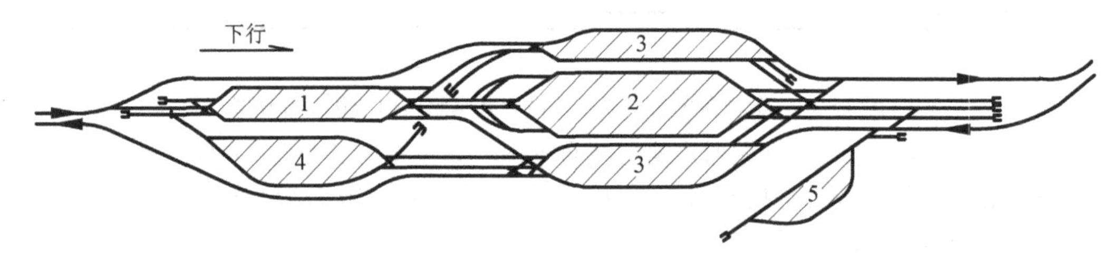

1—到达场；2—调车场；3—出发及通过车场；4—机务段；5—车辆段。

图 2－15　单向二级四场混合式编组站布置图

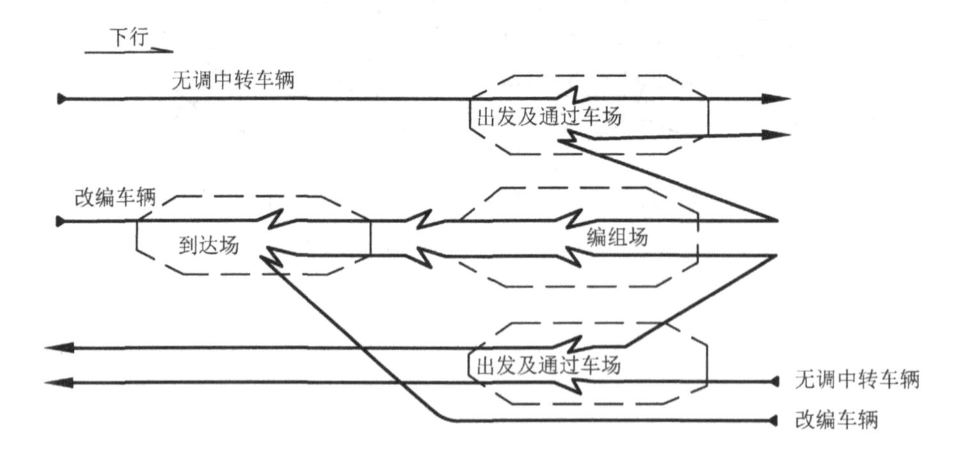

图 2－16　车辆在二级四场混合式编组站内作业流程图

图 2－17 为双向三级六场混合式编组站布置图。

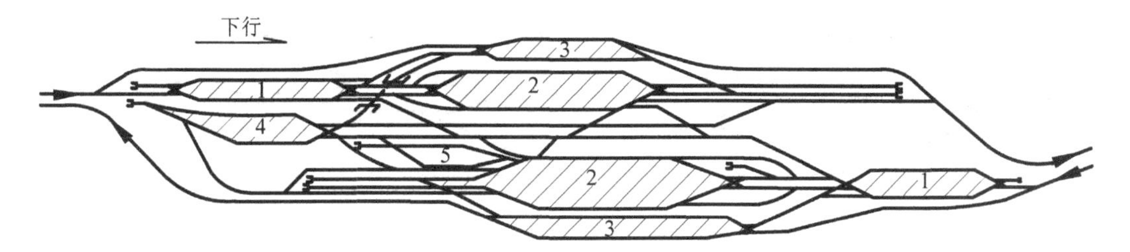

1—到达场；2—调车场；3—出发及通过车场；4—机务段；5—车辆段。

图 2－17　双向三级六场混合式编组站布置图

2.3.4　正线、车场的位置

1. 正线在车站范围内的位置

正线在车站范围内的位置一般有以下三种情况。

(1)中穿式正线。

中穿式正线是正线从车站中间穿过，即正线两侧都设有车场，如图 2－18 所示。这种布置正线顺直，咽喉长度较短，但转场作业与正线交叉，影响不停车通过。这种形式适用于通过作业较少的情况，特别是适用于中、小型企业编组站，在路网铁路编组站一般不采用。

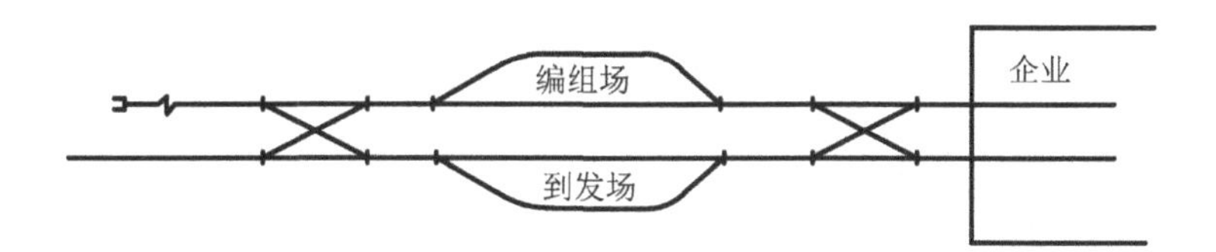

图 2－18　中穿式正线车站示意图

(2)一侧式正线。

如图 2－19 所示，车场均设在正线的一侧，优点是正线顺直，转场作业不干扰正线，但咽喉较长，适用于通过作业较多的情况。

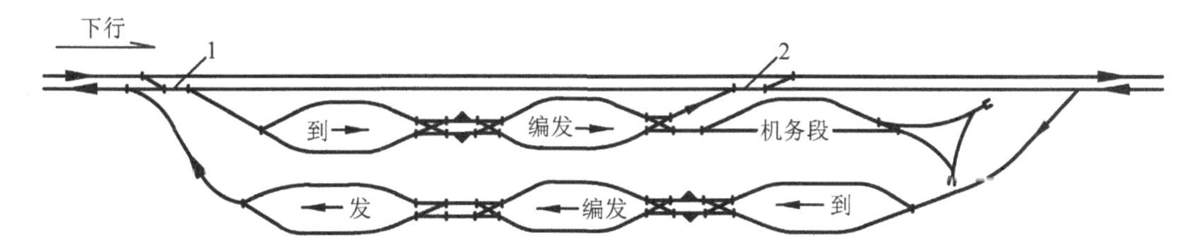

图 2－19　一侧式正线示意图

(3)外包式正线。

如图 2－20 所示，正线在车站最外侧，通过列车与站内作业完全分开，能适应作业量大的要求。缺点是上、下行正线需要单独路基，相应增加了工程费。外包式正线，曲线较多，线路不顺直，对高速通过列车运行不利，适用于大型编组站。

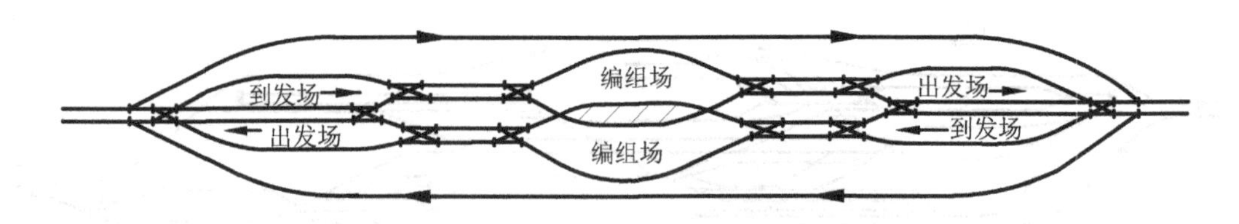

图 2－20　外包式正线车站示意图

2. 车场位置

各个车场在车站中的相互位置应使得运输作业流程顺畅，减少交叉干扰。对于横列式企业编组站来说，车场位置主要决定于企业内部的总平面布置，以及车站设备的布置，并有利于车站未来的发展。

2.3.5　站型的选择

1. 横列式车站与纵列式车站的比较

横列式车站的主要优点：布置紧凑，站坪长度短，如单线铁路车站到发线有效长为850 m时，站坪长度约为 1650 m，而纵列式车站站坪长度则约为 2600 m；占地少，设备集中，投资省，管理方便，车站定员少。但它所能适应的运量较纵列式车站小，折角运输多。

纵列式车站的主要优点：作业交叉干扰较横列式少，折角运输少，能适应大运量。缺点是站坪长度长，占地多；设备分散，投资大；定员多，管理不便。

2. 选择站型应考虑的主要因素

在具体设计中，选用什么样的站型是一个复杂的问题，站型选用适宜，不仅能提高设计质量，减少占地，节省投资，而且直接影响运输效率和运营费用。影响站型选择的主要因素有以下几个方面。

①站型应与企业总平面的布置形式相配合。铁路线路和站场设计，是总图运输设计中不可分割的部分，必须统筹安排，顾此失彼必然造成严重后果。

②站型的选择应与车站的运输作业量相适应。

③站型应与企业内部生产流程相适应，使铁路运输作业与企业生产流程成为一个有机的整体。

④注意地形、地物、工程地质的影响。

⑤少占地、少占好地；减少投资和运营费。

2.4　限界及相邻线路中心线间的距离

2.4.1　限界

在制定铁路建筑限界时，不但要考虑超限货物的运输要求及车辆在运行中的振动偏移量，而且对超限货物的尺寸也要限定一个范围。为此，需要规定超限货物的最大装载限界尺寸。

图 2－21 标明了客货共线铁路限界的主要尺寸，图 2－22 标明了高速铁路建筑限界轮廓及基本尺寸。

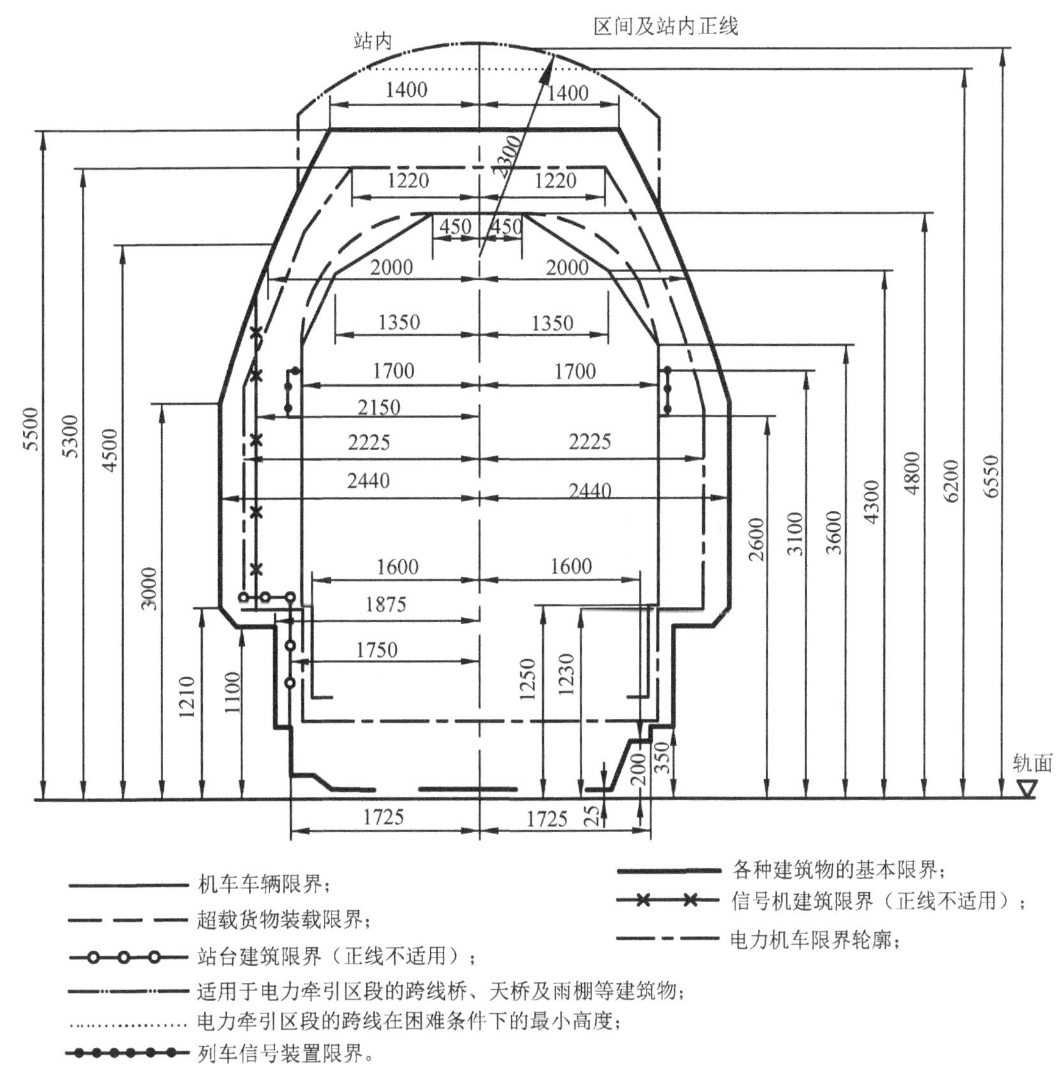

图 2-21　客货共线铁路(v≤160 km/h)限界

(注：图中尺寸单位为 mm)

2.4.2　线路中心线至主要建筑物(设备)的距离

站内各种用途线路的两旁，一般都设有相应的建筑物和设备，如信号机、警冲标、水鹤、接触网及电力照明的支柱、旅客站台、货物站台及各种技术房屋等。这些建筑物和设备的设置位置必须保证行车及人身安全和不影响办理规定的作业，故其位置应根据建筑接近限界和机车车辆限界以及其他有关因素来确定。

在线路的直线地段，站内各建筑物及设备至相邻线路中心线的距离如表 2-2 所示。

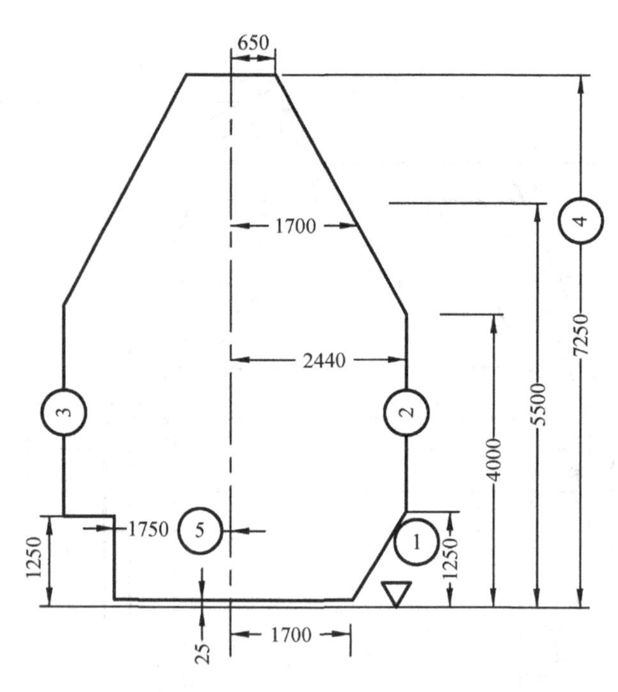

图 2-22 高速铁路建筑限界轮廓及基本尺寸
(注:图中尺寸单位为 mm)

表 2-2 主要建(构)筑物和设备至线路中心线的距离

序号	建(构)筑物和设备名称			高速铁路主要建(构)筑物和设备至线路中心线的距离/mm	城际铁路主要建(构)筑物和设备至线路中心线的距离/mm	客货共线铁路和重载铁路主要建(构)筑物和设备	
						高出轨面的距离/mm	至线路中心线的距离/mm
1	跨线桥柱、天桥柱、雨棚柱和电力照明等杆柱边缘	位于站内正线一侧		≥2440	≥2200	—	≥2440
		位于站线间	通行超限货物列车时	—	—	1100 及以上	≥2440
			不通行超限货物列车时	≥2150	≥2150	1100 及以上	≥2150
		位于站场最外站线的外侧		≥3100	≥3100	1100 及以上	≥3100
		位于最外梯线或牵出线一侧		≥3100	≥3100	1100 及以上	≥3500
2	接触网支柱边缘	位于站内正线一侧或站场最外线路的外侧	无砟	≥3000	≥2500	—	—
			有砟	≥3100	≥3100	—	≥3100
		位于站线间	通行超限货物列车时	—	—	1100 及以上	≥2440
			不通行超限货物列车时	≥2150	≥2150	1100 及以上	≥2150
		位于最外梯线或牵出线一侧		≥3100	≥3100	1100 及以上	≥3500

续表

序号	建(构)筑物和设备名称			高速铁路主要建(构)筑物和设备至线路中心线的距离/mm	城际铁路主要建(构)筑物和设备至线路中心线的距离/mm	客货共线铁路和重载铁路主要建(构)筑物和设备	
						高出轨面的距离/mm	至线路中心线的距离/mm
3	高柱信号机边缘	高速铁路和城际铁路	正线	≥2440	≥2200	—	
			到发线	≥2150	≥2150	—	—
		客货共线铁路和重载铁路	通行超限货物列车时	—	—	1100 及以上	≥2440
			不通行超限货物列车时	—	—	1100 及以上	≥2150
4	货物站台边缘	普通站台		—	—	950～1100	1750
		高站台				≤4800	1850
5	旅客站台边缘	高站台	位于正线一侧	1800	1800	—	—
			位于站线一侧	1750	1750	1250	1750
		普通站台	位于不通行超限货物列车的到发线一侧	—	—	500	1750
		低站台	位于通行超限货物列车的到发线一侧	—	—	300	1750
6	车库门、转车盘、洗车架和洗罐线、机车走行线上的建(构)筑物边缘			—	—	1250 及以上	≥2000
7	清扫或扳道房和围墙边缘			≥3500	≥3500	1100 及以上	≥3500
8	起吊机械固定杆柱或走行部分附属设备边缘至货物装卸线			—	—	1100 及以上	≥2440
9	连续墙体、栅栏、声屏障边缘		位于正线或站线外侧(无人员通行)	路基外面	路基外面	—	路基外面

注:①表列序号 1、序号 2 有砟轨道线路考虑大型养路机械作业时,路基地段杆柱内侧边缘至正线线路中心的距离不应小于 3100 mm。

②表列序号 2 接触网支柱边缘距线路中心的距离,困难条件下,位于有砟轨道正线一侧不应小于 2500 mm,位于不通行超限货物列车的站线一侧不应小于 2150 mm。

③表列序号 5 正线无列车通过或列车通过速度不大于 80 km/h 时,高站台边缘至线路中心线的距离可采用 1750 mm。

④表列序号 9 栅栏边缘至线路中心线的距离,高速铁路上应不小于栅栏距地面的高度加 2440 mm 之和,城际铁路上应不小于栅栏距地面的高度加 2200 mm 之和。

在曲线地段，各类建筑物和设备至线路中心线的距离须根据国家现行的有关规定进行加宽。

2.4.3 相邻线路中心线间的距离

线间距是指相邻两线路中心线间的距离。区间正线的线间距见表 2－3。

表 2－3 区间正线第一、二线间最小线间距

铁路类型	客运专线				客货共线铁路		
最高设计时速 $v_{max}/(km \cdot h^{-1})$	350	300	250	200	200	160	≤140
最小线间距/m	5.0	4.8	4.6	4.4	4.4	4.2	4.0

在车站内，线间距一方面要保证行车安全及车站工作人员进行有关作业的安全和便利，另一方面还要考虑通行超限货物列车、大型养路机械和在两线间装设行车设备的需要。线间距离决定于下列各项因素：

①机车车辆限界；

②建筑限界；

③超限货物装载限界；

④设置在相邻线路间有关设备的计算宽度；

⑤在相邻线路间办理作业的性质；

⑥线路上通行的列车速度；

⑦车站平面布置。

当相邻两线间装有高柱信号机，且只有一线通行超限货物列车，其线间距按式(2－1)计算。

$$S=S_{JX}+S_{XK}+S_{XJ}+S_{Y} \tag{2-1}$$

式中：S 为线间距(mm)；S_{JX} 为建筑限界(mm)；S_{XK} 为信号机宽(mm)；S_{XJ} 为信号机建筑限界(mm)；S_{Y} 为余量(mm)。

到发线与其他线间有中间站台时的线间距为

$$S=S_{ZX}+S_{ZK}+S_{ZX} \tag{2-2}$$

式中：S_{ZX} 为站台边缘至站线中心线距离(mm)；S_{ZK} 为站台宽度(mm)。

根据相邻线路的类型，对以上因素进行取舍、累加，并考虑一定的余量，便可计算出线间距。

例 2－1 在 $v \leqslant 160$ km/h 客货共线铁路车站上，相邻两线间装有高柱信号机，且只有一线通行超限货物列车，其线间距按式(2－1)计算：

$$S=S_{JX}+S_{XK}+S_{XJ}+S_{Y}=2440\ mm+380\ mm+2150\ mm+30\ mm=5000\ mm$$

例 2－2 在速度为 250～350 km/h 高速铁路车站上，站台宽度 10.5 m，到发线与其他线间有中间站台时的线间距按式(2－2)计算：

$$S=S_{ZX}+S_{ZK}+S_{ZX}=1750\ mm+10500\ mm+1750\ mm=14000\ mm$$

在新建或改建车站时，在线路的直线地段，站内两相邻线路中心线的最小间距见表 2－4。

表 2-4　车站线间距

<table>
<tr><td>序号</td><td colspan="5">名称</td><td>线间最小距离/mm</td></tr>
<tr><td rowspan="6">1</td><td rowspan="6">站内正线间</td><td rowspan="4">高速铁路和城际铁路</td><td colspan="3">站内正线间无渡线时</td><td>与区间正线相同</td></tr>
<tr><td rowspan="3">站内正线间有渡线时</td><td colspan="2">$v\leqslant 250$ km/h</td><td>4600</td></tr>
<tr><td colspan="2">250 km/h$<v\leqslant$300 km/h</td><td>4800</td></tr>
<tr><td colspan="2">300 km/h$<v\leqslant$350 km/h</td><td>5000</td></tr>
<tr><td colspan="4">客货共线铁路</td><td>5000</td></tr>
<tr><td colspan="4">双线与第三线间或相同行车方向的正线间</td><td>5300</td></tr>
<tr><td rowspan="7">2</td><td rowspan="7">站内正线与相邻到发线间</td><td colspan="4">无列检、上水及卸污作业</td><td>5000</td></tr>
<tr><td rowspan="6">有列检、上水及卸污作业</td><td colspan="2" rowspan="2">$v\leqslant 120$ km/h</td><td>一般</td><td>5500</td></tr>
<tr><td>改建特别困难</td><td>5000(保留)</td></tr>
<tr><td colspan="2" rowspan="2">120 km/h$<v\leqslant$160 km/h</td><td>一般</td><td>6000</td></tr>
<tr><td>改建特别困难</td><td>5500(保留)</td></tr>
<tr><td colspan="2" rowspan="2">$v>160$ km/h</td><td>一般</td><td>6500(设栅栏)</td></tr>
<tr><td>改建特别困难</td><td>5500(保留)</td></tr>
<tr><td rowspan="3">3</td><td rowspan="3">到发线间、调车线间</td><td colspan="4">一般</td><td>5000</td></tr>
<tr><td colspan="4">铺设列检小车通道或有客车上水、卸污作业</td><td>5500</td></tr>
<tr><td colspan="4">改建特别困难</td><td>4600(保留)</td></tr>
<tr><td rowspan="2">4</td><td rowspan="2">装有高柱信号机的线间</td><td colspan="4">相邻两线均通行超限货物列车</td><td>5300</td></tr>
<tr><td colspan="4">相邻两线只一线通行超限货物列车</td><td>5000</td></tr>
<tr><td>5</td><td colspan="5">动车组存车线间</td><td>4600</td></tr>
<tr><td rowspan="2">6</td><td colspan="2" rowspan="2">客车车底停留线间</td><td colspan="3">一般</td><td>5000</td></tr>
<tr><td colspan="3">改建特别困难</td><td>4600</td></tr>
<tr><td rowspan="2">7</td><td rowspan="2">动车组及客车整备线间</td><td colspan="4">线间无照明和通信等电杆</td><td>6000</td></tr>
<tr><td colspan="4">线间有照明和通信等电杆</td><td>7000</td></tr>
<tr><td>8</td><td colspan="5">货物直接换装的线路间</td><td>3600</td></tr>
<tr><td rowspan="2">9</td><td rowspan="2">牵出线与其相邻线间</td><td colspan="4">区段站、编组站及其他调车作业频繁者</td><td>6500</td></tr>
<tr><td colspan="4">中间站及其他仅办理摘挂取送作业者</td><td>5000</td></tr>
<tr><td>10</td><td colspan="5">调车场各线束间</td><td>6500</td></tr>
<tr><td>11</td><td colspan="5">调车场设有制动员室的线束间</td><td>7000</td></tr>
<tr><td>11</td><td colspan="5">梯线与其相邻线间</td><td>5000</td></tr>
</table>

注:①表列序号 1,城际铁路当正线间设置反向出站信号机时,线间距应计算确定。

②表列序号 2,在有列检作业的区段站上,路段设计速度 120 km/h 及以上时,运营中必须采取保证列检人员人身安全的措施。

③表列序号 3,列检小车通道不宜设在通行超限货物列车的到发线间,线间铺设机动小车通道的相邻到发线间距不应小于 6000 mm。

④在区段站、编组站及其他大站上,最多每隔 8 条线路或 40 m 应设置一处不小于 6500 mm 的线间距,此线间距宜设在两个车场或线束之间。

⑤照明和通信电杆等设备,在站线较多的大站上应集中设置在有较宽线间距的线路间,在中间站宜设置在站线之外;其他杆柱不宜与高柱信号机布置于同一线间,若确需布置于同一线间时,应确保高柱信号机的瞭望条件。

2.4.4 曲线线间距离的计算

当车站设在曲线上时，曲线与曲线间的线间距应加宽。

1. 曲线加宽计算

在车站线路的曲线地段，由于车辆在曲线上时，车辆中部向曲线内侧凸出，而两端向外侧凸出，以及当曲线设有外轨超高时，车体向内侧倾斜，上述基本建筑限界及线间距要比直线地段加宽。

(1)建筑物在曲线内侧时：

$$W_{内}=W_1+W_3=\frac{40500}{R}+\frac{H}{1500}h(\text{mm})$$

(2)建筑物在曲线外侧时：

$$W_{外}=\frac{44000}{R}(\text{mm})$$

(3)加宽值计算：

曲线地段线间距加宽值，应为内外侧加宽值之总和，即，

$$W=W_{内}+W_{外}=\frac{84500}{R}+\frac{H}{1500}h(\text{mm}) \tag{2-3}$$

实际计算站内线间距加宽时，W 常根据内外侧线路设置超高的情况分三种方式进行简化计算(式中 H 值常采用 2000 mm)：

①当外侧线路无超高或超高小于、等于内侧线路超高时

$$W=\frac{84500}{R}(\text{mm}) \tag{2-4}$$

②当外侧线路超高大于内侧线路超高时

$$W=\frac{84500}{R}+\frac{1}{2}\left(\frac{H}{1500}h\right)=\frac{84500}{R}+\frac{2}{3}h(\text{mm}) \tag{2-5}$$

③当外侧线路有超高而内侧线路无超高时

$$W=\frac{84500}{R}+\frac{H}{1500}h=\frac{84500}{R}+\frac{4}{3}h(\text{mm}) \tag{2-6}$$

表 2-5、表 2-6 是按上述公式计算的曲线车站线间距加宽及基本建筑限界加宽值，可供设计时查用。

表 2-5 曲线车站线间距加宽及基本建筑限界加宽

曲线半径/m		2000	1500	1000	800	700	600
行车速度 $v_{max}\leqslant 120$ km/h		120	120	120	120	114	105
外轨超高 $h\leqslant 150$ mm		55	75	110	135	150	150
车站线间距加宽值/mm	外侧线路无超高或超高小于、等于内侧线路超高时	45	55	85	105	120	140
	外侧线路超高大于内侧线路超高时	80	105	155	195	220	240
	外侧线路有超高而内侧线路无超高时	115	155	230	290	320	340

续表

<table>
<tr><td colspan="3">曲线半径/m</td><td>2000</td><td>1500</td><td>1000</td><td>800</td><td>700</td><td>600</td></tr>
<tr><td rowspan="6">建筑物突出部分至线路中心的加宽值/mm</td><td colspan="2">建筑物在曲线外侧时</td><td>20</td><td>30</td><td>45</td><td>55</td><td>65</td><td>75</td></tr>
<tr><td colspan="2">建筑物在曲线内侧、曲线无超高时</td><td>20</td><td>25</td><td>40</td><td>50</td><td>60</td><td>70</td></tr>
<tr><td rowspan="4">建筑物在曲线内侧，且曲线有超高时，各处高度</td><td>H=3000 mm 处</td><td>130</td><td>175</td><td>260</td><td>325</td><td>360</td><td>370</td></tr>
<tr><td>H=1100 mm 处</td><td>60</td><td>80</td><td>120</td><td>150</td><td>170</td><td>180</td></tr>
<tr><td>H=500～0.6 h(mm)处</td><td>35</td><td>50</td><td>70</td><td>90</td><td>100</td><td>110</td></tr>
<tr><td>H=300～0.6 h(mm)处</td><td>30</td><td>40</td><td>60</td><td>70</td><td>80</td><td>90</td></tr>
</table>

注：表中 0.6 h 表示因曲线外轨超高 h 引起的站台高度相对降低值。

2. 曲线车站线间距离的确定

曲线车站的线路，一般均设计为同心圆曲线。

两曲线间的最小距离为该两线间所需的基本距离（为直线时的距离）与其加宽值之和。当车站设在曲线上时，两端咽喉道岔区仍为直线，如图 2－23 所示，每条线是由直线段和曲线段两部分所组成。在确定曲线线间距时，应考虑缓和曲线的移动量和两曲线间设置站台或其他建筑物等因素，且曲线范围以外的直线部分线间距应按表 2－3 查用，而曲线部分的线间距按要求加宽。可采用下述方法进行加宽。

(1)加宽直线部分的线间距。其加宽值为两曲线间计算所需要的加宽值。这种方法的优点是设计计算简便，缺点是咽喉长度长，增加了占地和投资。

(2)曲线车站的站线可以不设缓和曲线，但为了利用缓和曲线移动量的特性，使曲线部分的线间距加宽，而直线部分的线间距不变，可视实际需要在部分或全部站线上设置缓和曲线，以实现曲线线间距加宽。这种方法的优点是不影响咽喉长度，节省占地和投资，缺点是计算麻烦。站线设缓和曲线可减少工程量，在地形困难地段应优先考虑设置缓和曲线的方案。

(3)以上两种方法同时采用。

①站线不设缓和曲线时。

当正线位于内侧而缓和曲线的移动量大于两曲线间的加宽值时，则两曲线间的加宽量即采用缓和曲线移动量。此时直线部分之线间距不加宽。

当正线位于内侧而缓和曲线的移动量小于两曲线间的加宽值时，两曲线间的加宽量采用其加宽值。此时直线部分之线间距 D' 为

$$D'=S+\Delta-P \tag{2-7}$$

式中：S 为两直线间的标准线间距离；Δ 为两曲线间的加宽值；P 为正线缓和曲线的移动量。

当正线位于外侧时，两曲线间的加宽量采用其加宽值，此时直线部分之线间距 D' 为

$$D'=S+\Delta+P \tag{2-8}$$

当站线与站线相邻，两曲线间的加宽量采用其加宽值。此时直线部分之线间距需随着曲线部分同时加宽。

②站线设置缓和曲线时。

站线设置缓和曲线以后，无论站线与正线或站线与站线相邻，一般均利用其缓和曲线移动量之差来调整两曲线间的线间距，以满足加宽的要求。缓和曲线移动量的计算公式为

表 2－6　在区间与车站上两相邻曲线线路中线的水平距离及曲线线路中线与建筑物的水平距离的加宽表

曲线半径 R/m	外轨的计算超高 h/mm	标准值/mm															
		在区间与车站上，线路中线间					线路中线与建筑物最突出部分间										
		如无超高或内外侧线路外轨超高相等，或外侧线路外轨超高小于内侧线路外轨超高时 a	如外侧线路外轨超高大于内侧线路外轨超高时		内侧线路如无外轨超高时		无论有无外轨超高	如无外轨超高时	如有外轨超高时								
			区间 $a+d_1$	在车站上两正线间 $a+d_2$	区间 $a+d_3$	在车站上正线与相邻线间 $a+d_4$	在曲线外侧 b	在曲线内侧 c	曲线内侧并在下列高度处								
									5800 mm $c+d_5$	5500 mm $c+d_6$	4500 mm $c+d_7$	3000 mm $c+d_8$	1210 mm $c+d_9$	1100 mm $c+d_{10}$	500～0.6 h (mm) $c+d_{11}$	350 mm $c+d_{12}$	300～0.6 h (mm) $c+d_{13}$
1	2	3	4	5	6	7	8	9	10	11	12	13	14	15	16	17	18
4000	25	20	55	40	85	60	10	10	115	110	90	65	30	30	20	15	15
3000	35	30	70	50	115	75	15	15	155	145	125	85	45	40	25	20	20
2500	45	35	85	65	140	90	20	15	185	175	150	105	50	50	30	25	25
2000	55	45	110	80	175	115	20	20	230	220	185	130	65	60	35	35	30
1800	60	50	120	90	195	130	25	25	260	245	205	145	70	65	40	35	35
1500	75	55	145	105	230	155	30	25	310	295	245	175	85	80	50	45	40
1200	90	70	180	130	290	190	35	35	385	370	305	215	105	100	60	55	50
1000	110	85	215	155	345	230	45	40	465	440	370	260	130	120	70	65	60
800	135	105	270	195	435	290	55	50	580	550	460	325	160	150	90	85	70
700	150	120	300	220	480	320	65	60	640	610	510	360	180	170	100	95	80
600	150	140	320	240	500	340	75	70	650	620	520	370	190	180	110	105	90

550	150	155	335	255	515	355	80	75	655	625	525	375	195	185	115	110	95
500	150	170	350	270	530	370	90	80	660	630	530	380	200	190	120	115	100
450	150	190	370	290	550	390	100	90	670	640	540	390	210	200	130	125	110
400	150	210	390	310	570	410	110	100	680	650	550	400	220	210	140	135	120
350	150	240	420	340	600	440	125	115	695	665	565	415	235	225	155	150	135
300	150	280	460	380	640	480	145	135	715	685	585	435	255	245	175	170	155
250	150	340	520	440	700	540	175	160	740	710	610	460	285	270	200	195	185

注:①表内每栏的说明如下:

第 1 栏:曲线半径 R(m)。设计的曲线半径如与表内所列半径不同时,其水平距离加宽数值,可用接近的较小半径数值,或另行计算;第 2 栏:曲线线路外轨的超高 $h=\frac{7.6V_{max}^2}{R}\leqslant 150$ mm;第 3 栏:$a=\frac{84500}{R}$(mm);第 4 栏:$a+d_1=a+\frac{3600}{1500}\times\frac{h}{2}$(mm);第 5 栏:$a+d_2=a+\frac{2000}{1500}\times\frac{h}{2}$(mm);第 6 栏:$a+d_3=a+\frac{3600}{1500}h$(mm);第 7 栏:$a+d_4=a+\frac{2000}{1500}h$(mm);第 8 栏:$b=\frac{44000}{R}$(mm),曲线外侧车辆两端的突出部分;第 9 栏:$c=\frac{40500}{R}$(mm),曲线内侧车辆中部的突出部分;第 10 栏:$c+d_5=c+\frac{5800}{1500}h$(mm);第 11 栏:$c+d_6=c+\frac{5500}{1500}h$(mm);第 12 栏:$c+d_7=c+\frac{4500}{1500}h$(mm);第 13 栏:$c+d_8=c+\frac{3000}{1500}h$(mm);第 14 栏:$c+d_9=c+\frac{1210}{1500}h$(mm);第 15 栏:$c+d_{10}=c-\frac{1100}{1500}h$(mm);第 16 栏:$c+d_{11}=c+\frac{500-0.6h}{1500}h$(mm);第 17 栏:$c+d_{12}=c+\frac{350}{1500}h$(mm);第 18 栏:$c+d_{13}=c+\frac{300-0.6h}{1500}h$(mm)。

②在上述各公式中

$$d=\frac{H}{1500}h\text{(mm)}$$

式中:d 为由外轨超高决定的建筑接近限界至曲线线路中线的水平距离加宽值(mm);H 为上述建筑接近限界点的高度(mm);h 为外轨超高(mm);1500 mm 为两钢轨中线的距离。

在求 d_1、d_3 时,H 为 3600 mm 即线路中线距离 4000 mm 的区间线路间中线与建筑接近限界轮廓交叉的高度。

在求 d_2、d_4 时,H 为 2000 mm 即人身的最大高度。

在求 d_5、d_6、d_7、d_8、d_9 与 d_{12} 时,H 值相应为 5800 mm、5500 mm、4500 mm、3000 mm、1210 mm 与 350 mm,即建筑接近限界"建限-1"的变坡点高度。

在求 d_{10} 时,H 为 1100 mm 即旅客高站台和一般货物站台的高度。

在求 d_{11},d_{13} 时,H 为 500～0.6h(mm)及 300～0.6h(mm),其中 500 mm、300 mm 为旅客低站台的高度,0.6h(mm)为因曲线外轨超高而降低站台或提高线路的尺寸。

③曲线内侧设有旅客低站台者,除按列表第 16 栏或 18 栏数值加宽外,并应考虑降低站台或提高线路的高度 0.6h(mm)。

④表内所列数值系根据计算结果,凡尾数≥2.5 mm 者进位至 5 mm、不足 2.5 mm 者舍去而得。

$$P=\frac{l^2}{24R} \tag{2-9}$$

式中:R 为圆曲线半径;l 为缓和曲线长度。

设正线缓和曲线的移动量为 $P_{正}$,正线与站线间的曲线加宽值为 W,当站线位于内侧时,$P=P_{正}+W$;当站线位于外侧而 $P_{正}>W$ 时,$P=P_{正}-W$。将 P 代入计算公式,则站线缓和曲线的长度为

$$l=\sqrt{24R(P_{正}\pm W)} \tag{2-10}$$

在双线车站,当第Ⅱ正线位于外侧,而 $P_{\text{I}}<W$ 或Ⅱ线缓和曲线长度小于规范所规定的同级铁路的最小值时,外侧正线可按与内侧正线缓和曲线等长设计。此时直线部分与曲线部分之线间距均按两曲线间的加宽值同时加宽。也可视实际需要先定外侧正线之缓和曲线长度,再按计算方法将内侧正线缓和曲线加长。

当站线位于外侧,而 $P_{正}<W$ 或外侧站线缓和曲线长度小于 20 m 时,外侧站线可按不设缓和曲线设计。

两相邻站线的缓和曲线长度计算方法同上。当 l 不变时,由于内侧线路的半径小,所以有

$$P_{内}>P_{外}$$

如果再将 l 值进行调整,使得

$$P_{内}-P_{外}\geqslant W \tag{2-11}$$

则达到了曲线线路间距加宽的目的,而其直线部分保持原来的间距。

例 2-3 车站线路如图 2-23 所示,为路网Ⅲ级铁路车站,求各股道之间的线间距。已知:$R_{\text{II}}=600\ \text{m}$;$S_1=6.5\ \text{m}$;$S_2=S_3=5\ \text{m}$。

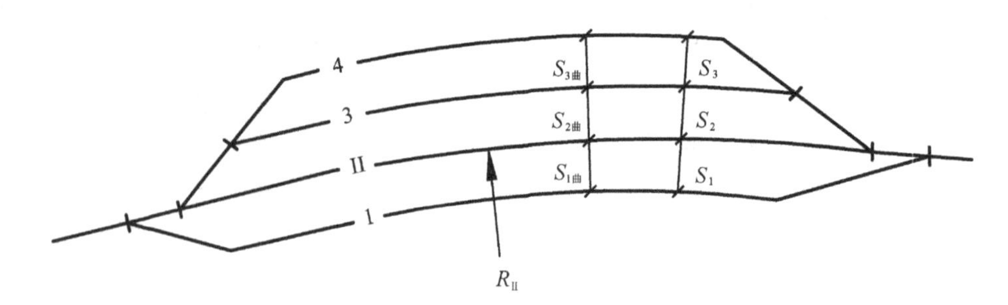

图 2-23 曲线车站示意图

解 计算方法和步骤

①Ⅱ道为正线,应设缓和曲线和外轨超高,按路网Ⅲ级铁路最小缓和曲线长 $l=50\ \text{m}$,计算Ⅱ道缓和曲线移动量

$$P_{\text{II}}=\frac{l^2}{24R}=\frac{(50\ \text{m})^2}{24\times600\ \text{m}}$$
$$=0.174\ \text{m}$$

②计算 $S_{1曲}$

Ⅱ道正线设外轨超高,1 道站线不设外轨超高。由本章表 2-6 查得 $W_{1\text{-II}}=0.340\ \text{m}$。

若按两曲线间所需加宽值计算的缓和曲线理论半径为 R',缓和曲线的理论长度及移动量分别为 l'、P',则求理论值 R'_1、P'_1、l'_1:

$$R'_1 = R_{\text{II}} - (S_1 + W_{1\text{-II}}) = 593.160 \text{ m}$$

$$P'_1 = P_{\text{II}} + W_{1\text{-II}} = 0.514 \text{ m}$$

$$l'_1 = \sqrt{24R'_1P'_1} = 85.541 \text{ m}$$

取 $l=86$ m 为 1 道缓和曲线实设长度。由 l 再反求 1 道缓和曲线移动量 P_1、实设的曲线线路间距 $S_{1曲}$ 及曲线半径 R_1：

$$P_1 = \frac{l^2}{24R'_1} = \frac{(86 \text{ m})^2}{24 \times 593.160 \text{ m}} = 0.520 \text{ m}$$

$$S_{1曲} = S_1 + (P_1 - P_{\text{II}}) = 6.5 \text{ m} + (0.520 \text{ m} - 0.174 \text{ m}) = 6.846 \text{ m}$$

$$R_1 = R_{\text{II}} - S_{1曲} = 593.154 \text{ m}$$

③计算 $S_{2曲}$

求 $W_{\text{II-3}}$

$$W_{\text{II-3}} = \frac{44 \text{ m}}{R_{\text{II}}} + \frac{40.5 \text{ m}}{R_{\text{II}} + S_2} = 0.140 \text{ m}$$

求理论值 R'_3、P'_3、l'_3：

$$R'_3 = R_{\text{II}} + S_2 + W_{\text{II-3}} = 605.140 \text{ m}$$

$$P'_3 - P_{\text{II}} - W_{\text{II-3}} = 0.034 \text{ m}$$

$$l'_3 = \sqrt{24R'_3P'_3} = 22.222 \text{ m}$$

取$l_3=22$ m 为 3 道缓和曲线实设长度。由l_3反求P_3、$S_{2曲}$及R_3：

$$P_3 = \frac{(22 \text{ m})^2}{24R'_3} = 0.033 \text{ m}$$

$$S_{2曲} = S_2 + (P_{\text{II}} - P_3) = 5.140 \text{ m}$$

$$R_3 = R_{\text{II}} + S_{2曲} = 605.140 \text{ m}$$

④计算 $S_{3曲}$

求 $W_{3\text{-}4}$：

$$W_{3\text{-}4} = \frac{44 \text{ m}}{R_3} + \frac{40.5 \text{ m}}{R_3 + S_3} = 0.140 \text{ m}$$

求理论值 R'_4、P'_4、l'_4：

$$R'_4 = R_3 + S_3 + W_{3\text{-}4} = 610.280 \text{ m}$$

$$P'_4 = P_3 - W_{3\text{-}4} = -0.107 \text{ m}$$

因为，$P'_4<0$，故 4 道不能按计算方法设置缓和曲线，而应设计为单曲线。3、4 道直线部分加宽后的线间距为

$$S_{3曲} = S_3 + W_{3\text{-}4} = 5.140 \text{ m}$$

曲线部分线间距为 $S_{3直} = S_{3曲} - P_3 = 5.107$ m。计算结果填入表 2-7。

表 2-7　曲线线间距计算表　　单位：m

线路	$R_{计}$	l	P	$P_{内}-P_{外}$	W	$S_{直}$	$S_{曲计}$	$S_{直计}$
1	593.154	86	0.520	0.346	0.340	6.5	6.846	6.5
Ⅱ	600	50	0.174	0.141	0.140	5.0	5.140	5.0
3	605.140	22	0.033	−0.107	0.140	5.0	5.107	5.140
4	610.280	—	0.140					

3. 注意点

有关线间距加宽值的各项，分别按下述原则进行取舍后再行计算。

l 值的取舍：正线 l 应为 10 m 整倍数，其他线取整数米。由内股向外股推算时，外股舍至米，如 95.8 m 取 95 m，由外股向内股推算时，内股 l 进至米，如 95.1 m 取 96 m。

W 值的取舍：W 值取为 5 mm 的整倍数，尾数小于 2.5 mm 时，舍至 5 mm 整倍数，如 167.4 mm，取为 165 mm；尾数大于 2.5 mm 时，进至 5 mm 的整倍数，如 167.8 mm，取为 170 mm。

P 值的取舍：P 值原则上 4 舍 5 入至毫米。如果因为进或舍而造成 $P_{内}-P_{外}<W$ 时，进或舍可灵活掌握。

R、S 均 4 舍 5 入至毫米。

l 的长度不小于 20 m，困难时也不小于 14 m。

圆曲线的长度不小于 20 m，困难时也不小于 14 m。

2.5 线路数目的确定

不分车场的小型车站，线路数目根据运量及作业需要设置。例如：只有会让作业的专用线或矿区线路上的车站，连同正线在内最少应设两条线路；当有会让作业时，单线铁路中间站最少应有三条线路。

冶金企业内的专业站，多以调车作业为主，有一台机车在车站上工作时，一般可设置 4 条线路，最少 3 条线路，其中一条线路机车走行，其余为调车线兼办接发列车，而这种车站每昼夜的接发列车数不大。调车牵出线可以占用区间正线而不另设牵出线。

分车场的车站先要考虑各车场的线路数目，然后再考虑特殊用途的线路。

2.5.1 一般车站到发线数量的分析计算法

到发线数目的计算是一个比较复杂的问题，计算时不仅要考虑到发列车数量和列车到发的技术作业过程，而且要考虑邻接区段的通过能力，旅客列车运行的影响以及调车设备的解编速度等各种因素。

计算到发线数目的方法一般可分为两种：一种是按各种货物列车一昼夜占用到发线的总时间计算到发线的数目；另一种是按列车到发间隔时间计算到发线的数目。两种计算方法考虑的因素都较简单，所以计算的结果只能作为参考。

分析计算法是在分析每一列车占用到发线时间的基础上，来推算到发线的总数量。它有下列两种算法。

1. 直接计算法

直接计算法就是根据各种不同性质列车在到发线上技术作业的需要，分别确定其占用到发线的时间，将时间汇总加以折算，得出需要的到发线数目。计算公式如下：

$$m=\frac{\sum NT}{1440\alpha}=\frac{N_{中}T_{中}+N_{解}T_{解}+\cdots+N_{编}T_{编}}{1440\alpha} \qquad (2-12)$$

式中：m 为到发线数目；$N_{中}$，$N_{解}$，…，$N_{编}$ 为设计年度各种货物列车数；$T_{中}$，$T_{解}$，…，$T_{编}$ 为各种货物列车占用到发线的时间标准(min);α 为技术折算系数;1440 为一条到发线每昼夜可利用的时间(min)。

各种货物列车数根据设计年度的运量和编组计划确定。

各种货物列车占用到发线的时间可用下列公式分别计算:

无改编中转列车:

$$T_{中}=t_{到}+t_{停}+t_{发} \tag{2-13}$$

到达解体列车:

$$T_{解}=t_{到}+t'_{停}+t_{转} \tag{2-14}$$

自编始发列车:

$$T_{编}=t'_{转}+t''_{停}+t_{发} \tag{2-15}$$

式中:$t_{到}$ 为接车时占用到发线的时间;$t_{发}$ 为发车时占用到发线的时间;$t_{转}$ 为解体转线时占用到发线的时间;$t'_{转}$ 为编组转线时占用到发线的时间;$t_{停}$、$t'_{停}$、$t''_{停}$ 为根据技术作业过程中规定的列车在到发线上的停站时间。

上述各项时间标准可按下述办法分别确定。

停站时间($t_{停}$、$t'_{停}$、$t''_{停}$):无改编中转列车停站时间是由到达停车时起至发车起动时止;到达解体列车停站时间是由到达停车时起至转线时止;自编始发列车停站时间是由转到发车线时起至发车起动时止。它除了规定的技术作业时间之外,实际上还包括必要的待解(对到达解体列车)或待发(对无改编中转列车及自编始发列车)时间。

$t_{到}$、$t_{发}$、$t_{转}$、$t'_{转}$ 等各项时间,是按作业需要的时间标准、进路长度及运行速度分别计算。

接车时间($t_{到}$):自开始准备接车进路时起,至列车进入到发线警冲标内方停车时止。

$$t_{到}=t_{准}+t_{进}\ (\mathrm{min}) \tag{2-16}$$

式中:$t_{准}$ 为准备接车进路及显示信号时间;$t_{进}$ 为列车进站时间(min)。自进站准备完毕时起,到列车进入到发线警冲标内方停车时止,其值为

$$t_{进}=0.06\times\frac{L_{进}}{v_{进}}=0.06\times\frac{l_{列}+l_{确}+l_{制}+l_{进}}{v_{进}} \tag{2-17}$$

式中:$L_{进}$ 为列车进站距离(m);$v_{进}$ 为列车进站平均速度(km/h);$l_{列}$ 为列车长度(m);$l_{确}$ 为司机确认信号的时间内列车所走行的距离(m);$l_{制}$ 为列车制动停车距离(m);$l_{进}$ 为列车进站时行经车站咽喉区的长度(m),由进站信号机起至咽喉道岔联锁区轨道绝缘节(分段解锁时)止的距离。

发车时间($t_{发}$):自列车起动时起,至列车腾出该线路时止。

$$t_{发}=t'_{准}+t_{出}\ (\mathrm{min}) \tag{2-18}$$

式中:$t'_{准}$ 为由准备发车进路时起,至列车起动时止的时间(min),发车进路应事先准备,已包含在停站时间之中,故实际上计算$t_{发}$时,并不包括$t'_{准}$;$t_{出}$ 为列车出站时间(min)。其值为

$$t_{出}=0.06\times\frac{L_{出}}{v_{出}}=0.06\times\frac{l_{列}+l_{出}}{v_{出}} \tag{2-19}$$

式中:$L_{出}$ 为列车出站距离(m);$v_{出}$ 为列车出站平均速度(km/h);$l_{列}$ 为列车长度(m);$l_{出}$ 为列车出站时行经车站咽喉区的长度(m)。

转线时间($t_{转}$、$t'_{转}$):解体转线的时间,为到达解体列车自到发线向牵出线转线起动时起,至腾空该线时止(调车进路应事先准备)。编组转线的时间,则是自准备由牵出线向到发线的转线进路时起,至整个车列在到发线警冲标内方停车时止。

$$t_{转}(t'_{转})=t''_{准}+0.06\times\frac{L_{转}}{v_{转}}(\text{min}) \tag{2-20}$$

式中：$t''_{准}$为由准备进路起，至车列起动时止的时间(min)。在解体转线时，这项作业因事先已准备好，故该项时间亦可略去不计；$L_{转}$为转线调车时行经的距离(m)；$v_{转}$为转线调车的平均速度(km/h)。上述各项时间中，有关准备进路的时间标准，应根据道岔和信号的操纵方式来确定。

列车和车列的走行时间，应用牵引计算方法求得，或参照规范规定的速度进行计算。式中各种进路长度，在新建时，可根据近似的布置图确定；在改建时，可通过实际丈量求出。同样，在条件具备时，这些时间也可以用查定的方法确定。

技术折算系数 α，是考虑到列车到发间隔时间与列车技术作业过程的时间不可能完全配合所产生的空费时间以及列车到发不均衡、咽喉进路交叉及调车设备的利用情况等因素，使到发线无法充分利用的技术损失，一般可采用 0.80。

2. 到达间隔时间计算法

当运量较大、列车密集到达时，每一方向列车到发线的数量可按到达间隔时间计算法计算。在双线铁路上，用直接计算法计算后，还应当用列车密集到达的时间间隔 $t_{隔}$ 按方向分别验算到发线数量。计算公式如下：

$$m=\frac{t_{占}}{t_{隔}} \tag{2-23}$$

式中：$t_{占}$为一个列车占用到发线的平均时间(min)；$t_{隔}$为列车密集到达的间隔时间(min)；m 为到发线数量。

上述方法求得到发线的数量 m 如带有小数时，应进为整数。如办理快运货物列车时，可增加一条到发线。个别情况下，如区段和零摘列车较多时，可以增加两条线路。

从上述可见，尽管在计算中采用了技术折算系数 α 或考虑了列车密集到达的影响。但是由于影响到发线的因素十分复杂，分析法很难全面反映出各方面的情况。然而，这种方法对确定到发线数量的主要因素(运量及运输性质)却作了较清楚的解析。故其计算结果虽不能作为确定到发线的唯一依据，但对合理确定到发线数量仍有一定的参考价值。在实际工作中，到发线数量要根据运量、列车种类、性质和列车运行方式等因素确定。

一般情况下可按《铁路车站及枢纽设计规范》(TB 10099－2017)推荐的值，提出初步意见，由设计单位与运营部门共同协商决定。

1)《站规》中，区段站到发线的数量规定见表 2－8

表 2－8 区段站到发线数量

换算列车对数/对	到发线数量(正线及机车走行线除外)/条
≤12	3
13～18	4
19～24	5
25～36	6
37～48	6～8
49～72	8～10
73～96	10～12
>96	12～14

注:①对表中到发线数量的幅度,可按换算列车对数的大小对应取值。

②两个方向以上线路引入(包括按行车办理的铁路专用线)的区段站,考虑列车的同时到发,到发线数量可适当增加。

③采用追踪运行图时,到发线数量增加 1 条。

④区段站的尽头式正线按到发线计算。

⑤客货纵列式区段站的货物列车到发线数量应扣除旅客列车的换算对数后按本表采用。一级三场区段站的到发线数量按上、下行分别换算列车对数,分别按本表采用。

⑥区段站某一方向的换算列车对数,等于该方向各类客、货列车(客运列车按该方向接发的各类列车列数除以 2 求得)分别乘以相应的换算系数后相加的总数。当查表确定到发线数量时,尽端式区段站按接发车一端的各个方向相加后总的换算对数的 1/2 确定。列车对数的换算系数:直达、直通、小运转列车为 1,有解编作业的直达、直通、区段、摘挂和快零货物列车为 2,始发、终到的旅客列车为 1,立即折返的小编组旅客列车为 0.7,停站的旅客列车为 0.5,机车乘务组换班不列检的货物列车为 0.3,不停站的客、货列车不计。

2)《铁路车站及枢纽设计规范》(TB 10099－2017)中,中间站到发线的数量规定

(1)高速铁路中间站可取 2～5 条到发线;

(2)城际铁路中间站每 3～5 个车站或 20～30 km 范围内应有一个车站设置到发线,到发线可设 2 条,其余中间站可不设到发线;

(3)客货共线铁路中间站的到发线应设 2 条,作业量较大时可设 3 条。下列中间站的到发线数量可根据需要增加,当车站同时具备下列两项及以上条件时,其线路数量应综合分析确定,不宜逐项增加。

①局界站、编组站前方站、补机始终点站和长大下坡的列车技术检查站、机车乘务员换乘站;

②有两个方向以上的线路引入或岔线接轨的中间站;

③有摘挂列车进行整编作业的中间站;

④办理机车折返或客车立即折返作业的中间站。

3)《铁路车站及枢纽设计规范》(TB 10099－2017)中,会让站到发线的数量规定

会让站的到发线应设 2 条;当行车量较少或困难条件时可设 1 条,但不应连续设置。

4)《铁路车站及枢纽设计规范》(TB 10099－2017)中,越行站到发线的数量规定

越行站的到发线应设 2 条。

5)《铁路车站及枢纽设计规范》(TB 10099－2017)中,旅客列车到发线的数量规定(见表2－9)

表 2－9　以机车牵引客车为主的车站到发线数量

始发、终到旅客列车折算对数/对	到发线数量/条
≤12	3
13～24	3～5
25～36	5～7
37～50	7～9

注:①表中到发线数量的幅度,可按列车对数的多少对应取值。

②办理通过旅客列车的客运站到发线数量,可将通过旅客列车折合始发、终到列车后采用表中数值,每对通过的普速列车可按折合 0.5 对始发、终到列车计;

③始发、终到普速旅客列车在 50 对以上时,到发线数量可分析计算确定。

2.5.2 编组站到发场线路数目计算

铁路编组站是一个复杂的大系统,其到发线数目的计算,不仅受编组站本身各技术设备数量和负荷的影响,而且与区间通过能力、各衔接方向行车量等有密切关系。而其中的许多因素,又往往难以精确确定,对于新建设计的编组站更是如此。常常有这种现象,某些车站行车量相同,但所需到发线数目却相差较大,原因就是车站的其他设备,例如驼峰、牵出线的能力及其负荷和区间能力存在差异所致。

编组站到发线数目计算问题,经历了分析计算法、图解法、利用排队模型计算和计算机仿真确定等阶段。

分析计算法是根据各级服务和输入间隔的平均时间,以及各项服务间的相互关系来确定服务机构的数量。这是一种简捷的方法,有一定实用价值。但是,它存在着只能独立地考察某一级作业,不能对与其他作业间的关系做很好描述的缺点。同时,也难以考察实际作业过程变化的规律性。因而,其使用条件受到一定限制。

图解法具有最直观的意义,通过对作业的图解,可以清楚地显示出各种设备的运用情况。但是,由于系统各项服务时间的不均衡性,输入间隔和列流量的波动性,作业过程的延续性以及统计分析所要求的平稳性,使系统求解问题变得相当复杂。而图解法却不能很好地反映这些特点。因而计算也有相当误差。

排队模型是广泛应用的一种分析方法。由于它考虑了系统的服务流和输入流的随机因素,以广泛的数理统计为计算基础,因而得到较快发展。由于编组站是一个串联的就近排队服务系统,数学模型极难建立。为此,将系统分解并略去某些次要环节,仅按解体和编组两大作业进行分析。实践表明,这种简化是必要的和可行的。

利用计算机仿真技术,对请求接车、列车接入到达场、车列进行到达技术检查、推峰和解体等四级作业过程,进行实时模拟,以确定到达场线路数目,这将更切合实际。

在具体设计编组站时,往往是参照国内运营的实际情况,与有关部门协商解决。一般可按表 2-10 数据选用。

表 2-10 编组站到达场、到发场和出发场线路数量

到发列车数/列	线路条数/条
≤18	3
19~30	3~4
31~42	4~5
43~54	5~6
55~66	6~7
67~78	7~8
79~90	8~9
91~102	9~10

注:①表中的到发列车数,是指车场各方向到、发列车的总和。

②表中线路数量的幅度,可按列车数的大小对应取值,超出本表范围的,可按外延法推算。

③有一定数量的小运转列车的到达场、到发场和出发场,其线路数量可按表中数值酌量减少。

④办理无甩挂或有甩挂列车的通过车场,其线路数量可分别按表中数值(通过列车的到及发按 1 列计算)

的下限或上限取值。

⑤机车走行线可根据需要另行设置。

⑥按上表选用时，如车场到达的衔接线路达到 3 个及以上，可再增加 1 条线路。对峰前到达场，尚应考虑每一衔接方向不少于 2 条线路，如办理的列车数较小，也可将到达场线路总数适当减少。

至于车场内调机和本务机的走行线，双向编组站折角车流的转场线，可根据需要另设。

一般情况下，按方向别使用的一级三场编组站，其机务段对侧的到发场，因考虑本务机车出入段的需要，应增加一条机车走行线。二级四场编组站的顺向出发场中，应增加一条机车走行线，到达场内增加一条调机走行线。三级三场编组站的到达场和出发场，都应增加一条调机走行线。至于到达场和出发场的本务机车走行线是否需要，则视机务段的位置决定。

2.5.3　编组站调车场线路数目和有效长度的确定

调车线的使用，最好是波浪式的高一阵低一阵，也就是车辆集结成列后，立即转线发车，紧跟着又集结下一列。这样，车场内车辆集结时间短，线路利用率高。

但是，要达到这样要求，并不容易。这和列车运行线的排列、本站与邻站的编组分工、线路固定使用办法，以及有无可能实行调发或坐编作业等因素有关。从设备角度来讲，就是要保证调车场有足够的容车量和必要的线路数。这主要是从这样一个思想出发的，即调车场的线路数目及其总容量，既要保证车列不要因为调车场容量小经常满线而产生待解时间，或者因线路数目不够需重复解体，影响驼峰或牵出线能力，又要使线路不过于富裕，浪费基建投资。

调车场的线路按其用途可分为以下四类。

①供列车编组计划规定的到站或去向的车辆解体、集结、编组用的线路。包括直达、直通、区段、零摘列车以及小运转列车集结、解编用的线路和调发线。

②供空车解体、集结、编组用的线路。

③供本站作业车或两调车系统交换车用的线路。

④供进行其他专门作业用的车辆停留线路，主要指守车、待整车、倒装车、待修车、超限车或禁止过峰车以及危险品、易燃品车等的停留线。

调车场线路用途不同，所需线路数及有效长也不一样。

①各种列车集结、解编所用的线路。这类线路为调车场的主要线路，其数量是根据列车编组计划的组号和车流量来确定的，通常是一个组号或一个去向设一条。其优点是解体照顾编组，可减少重复解体作业，同时可加速解编作业进度，均衡调车场头部驼峰和尾部牵出线的作业负荷。

当某些组号车流量大，采用一条线路对续溜车辆重复解体作业不利时，可适当增加一条线路。根据我国路网铁路目前实际运营情况统计，直达、直通或区段列车中某个组号每昼夜车流量超过 200(250)辆时增设一条线路，或者小运转列车每一组号日车流量 250(300)辆及以下时设 1 条线路，250(300)辆以上设 2 条线路。集结编组沿零摘挂列车用的线路每一衔接方向设 1 条线路，如开行重点摘挂列车时，根据到站数和车流量大小可适当增设线路。

若车流量较小，如直达、直通或区段列车两个组号日车流量之和不足 100 辆时，可合用一条调车线。

②集结空车用的调车线。这类线路每站至少需设一条。如空车较多时，应分空车车种(空敞车、空棚车等)分别按第①项集结直达、直通或区段列车用的调车线数量的规定设置。当列

车编组计划规定空重车混编不分组时，也可不设。

③编发线。集结编组大运转列车用的编发线每一组号车流量在150～350辆时设2条，350辆以上时，可增设1条。如若干组号的车流量均较小时，其编发线总数可适当减少。由于编挂辆数随牵引定数而不同，因此设计时还应考虑平均每条编发线编发列车不应少于2列，以提高编发线的效率。

④集结本站作业车用的调车线。其数量应根据卸车地点(堆场、仓库等)和卸车数量而定。线路有效长应根据车流量大小确定。

⑤调车场的其他线路，包括守车线，整装车辆线，倒装车辆线，待修车线，超限货物车辆和禁止过峰车辆停留线，爆炸品、液化气、放射性物品停留线等。这些线路应根据当地具体情况和需要设置。

集结编组直达、直通、区段和空车用的调车线有效长可按到发线有效长确定，该长度能够满足上述车列集结的需要。集结编组零摘、小运转列车的调车线有效长，按各自列车的车列长度加80～100 m。

为各种列车集结所用的调车线，其有效长除满足车列长度需要外，还应考虑以下两项附加长度。

(a)流放车辆的“天窗”总长度；

(b)零摘列车进行编组作业时，需要利用调车线尾部的情况。

这两项附加长度之和，约为列车长度的1/5，所以《站规》规定，这类线路有效长应按列车长度再加20%设计。

当然，并不是所有线路都要这么长。除上述车列集结线路须满足以上要求外，其余线路可以短些。

编组站调车场线路的数量和有效长度，应根据线路用途、列车编组计划的组号、每一组号每昼夜的车流量和到发线有效长度等因素确定。调车场的线路数量和有效长度可按《站规》中推荐值选用，如表2－11所示。

表2－11 调车场线路数量和有效长

序号	线路用途	线路数量	有效长度
1	集结编组直达、直通和区段列车	按编组计划每一组号1条；当每昼夜的车流量超过200辆，可增设1条；当车流量较小，两个组号可合用1条	按到发线有效长度，部分线路可略小于上述长度
2	集结空车	按空车车种和每昼夜车流量参照第一项规定确定，但集结空车的线路每站(或双向编组站的每一调车场)不少于1条	按到发线有效长度，部分线路可略小于上述长度
3	集结编组直达、直通和区段列车的编发线	重车按组号、空车按车种，根据每昼夜的车流量分别确定：车流量150～350辆设2条，350辆以上可增设1条	按到发线有效长度
4	集结编组摘挂列车	每一衔接方向设1条，开行重点摘挂列车可根据车流量大小适当增加	每一衔接方向有1条按其列车长度加80～100 m

续表

序号	线路用途	线路数量	有效长度
5	集结编组小运转列车（包括集结编发小运转列车的编发线）	按编组计划每一组号每昼夜车流量大小分别确定：250辆及以下设1条；250辆以上设2条	按其车列长度加80～100 m
6	交换车（需要重复解体的车辆）	双向编组站每一调车场不少于1条，采用双溜放的单向编组站根据图型布置需要确定	根据车流量大小确定
7	本站作业车	根据卸车地点和卸车数确定	根据车流量大小确定
8	整装、换装车辆	1条	可小于到发线有效长
9	待修车辆	1条	可小于到发线有效长
10	装载超限货物的车辆和禁止过驼峰的车辆	1条	可小于到发线有效长
11	装载危险货物车辆	1条	可小于到发线有效长

注：①表列序号1、2，“有效长度”栏，“按到发场有效长度”的线路，可按集结编组单组列车的需要确定。

②调车线有效长的计算点为调车线内进口第一制动位末端（或其后绝缘节）至调车线尾部警冲标（或编发线的出站信号机）。

③当到发线的有效长度为1050 m时，表列序号1、3、5，“线路数量”栏之车流量应再增加50辆。

④表列序号8～11对应项，根据实际需要可单独或合并设置。

第3章　线路长度

3.1　线路和道岔编号

为了车站作业和设备管理、维修的方便，线路和道岔均应按照规定进行统一编号。

3.1.1　线路编号的规定

车站只有一条线路与区间正线直接连通的单线铁路车站的线路编号，是从靠近站房的线路起，向离开站房的方向顺序编号，正线用罗马数字，其他线用阿拉伯数字，如图 3－1 所示。

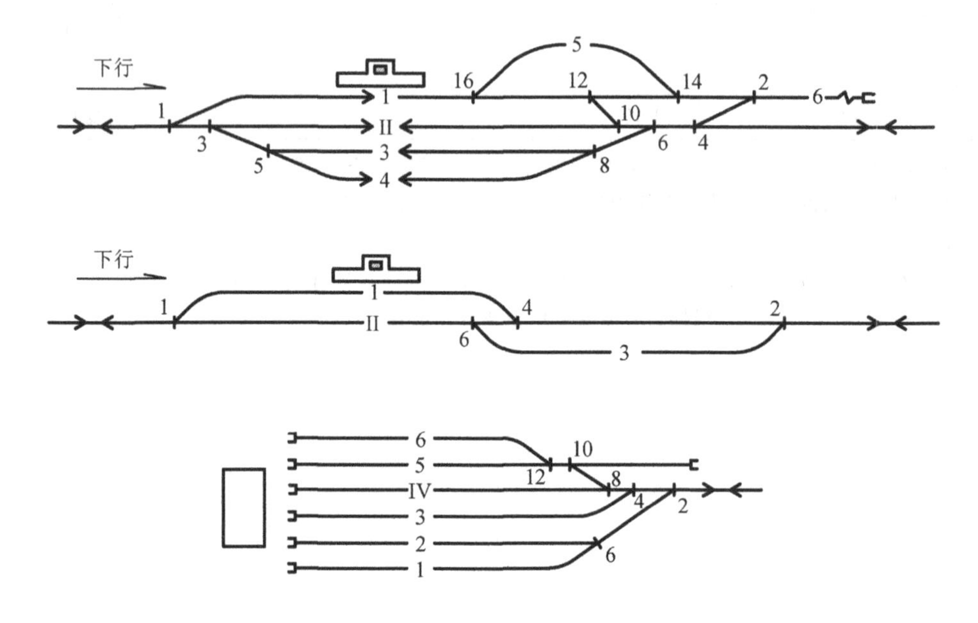

图 3－1　单线铁路车站线路编号示意图

车站有两条或两条以上线路与区间正线直接连通的复线铁路车站的线路编号，先编正线，上行线为双号，下行线为单号。从正线起，上行线一侧的线路用连续双数顺序编号，下行线一侧的线路用连续单数顺序编号，正线用罗马数字，其他线用阿拉伯数字，如图 3－2 所示。

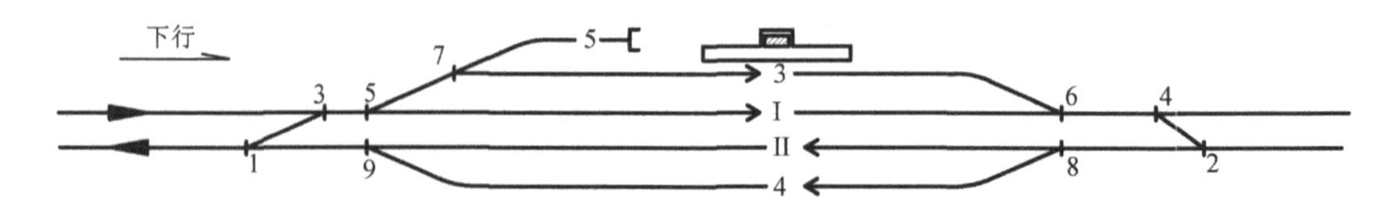

图 3－2　双线铁路车站线路编号示意图

尽头式车站，当站房在车站线路尽端时，面向终端，由左侧起向右侧顺序编号，正线用罗马数字，其他线用阿拉伯数字，如图3-1所示。当站房在车站一侧时，从靠近站房的线路起，向远离站房方向顺序编号。

区段站及特大、大型客运站股道编号以主站房基本站台为基准，按顺序编号；有多个车场时，各车场股道应按顺序连续编号，不按车场别单独编号；车场内其他股道的编号，应在正线及到发线编号后，再按先下行端、后上行端的顺序，由（主）站房侧向对侧依次编号。

厂内的作业区线组，没有干线贯穿时，可面向生产流程前进方向自左向右顺序编号。如有贯通车间的线路，车间内外线路编号应一致。

3.1.2 道岔编号的规定

道岔均用阿拉伯数字进行编号。从车站两端由外而内依次编号，上行列车进站一端用双号，下行列车进站一端用单号。原则上先编行车进路，再编调车进路及其他进路。同一渡线或梯线上的道岔应编为连续的单号或连续的双号。一般以车站站房中心线为界，一端是单号，另一端为双号，如图3-1及图3-2所示。

3.2 常用的线路长度

在铁路站场设计中，常用的线路长度有全长、铺轨长、有效长和建筑长度。

全长(total length of track)是指车站线路一端的道岔基本轨接头至另一端的道岔基本轨接头的长度。如为尽头式线路，则指道岔基本轨接头至车挡长度，如图3-3所示。确定线路全长，主要是为了设计时便于估算工程造价，比较设计方案。线路全长减去该线路上所有道岔的长度，叫做铺轨长度。路网车站站内正线铺轨长已在区间正线合并计算，故不另计全长。为了简明和计算方便，全长也可以从线路一端的道岔中心算到线路另一端的道岔中心，这时在计算铺轨长度时应注意如何减去道岔长度。

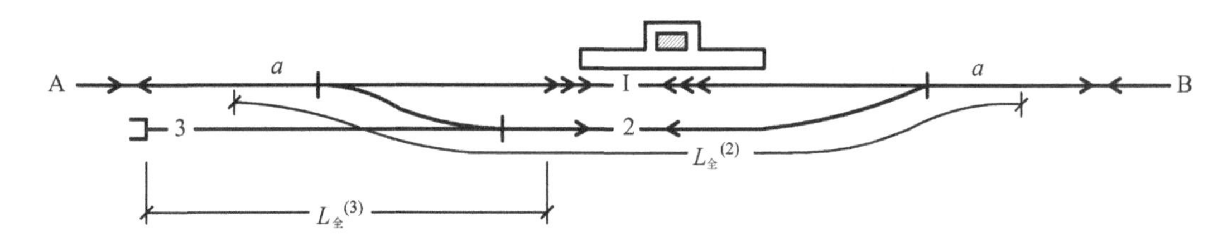

图3-3 线路全长的确定

铁路建筑长度主要用来统计铁路线路数量，是各线路建筑长度之和。如某厂现有铁路多少千米，这个千米数应为铁路建筑长度。

计算方法如图3-4所示。主线（1道）沿线路量取，侧线（2道）应从线路两端道岔的岔尖量取。渡线的长同样是两端道岔岔尖之间的实际长度。侧线在道岔部位所占的长度为$b+a-q$或$b+a_0$。

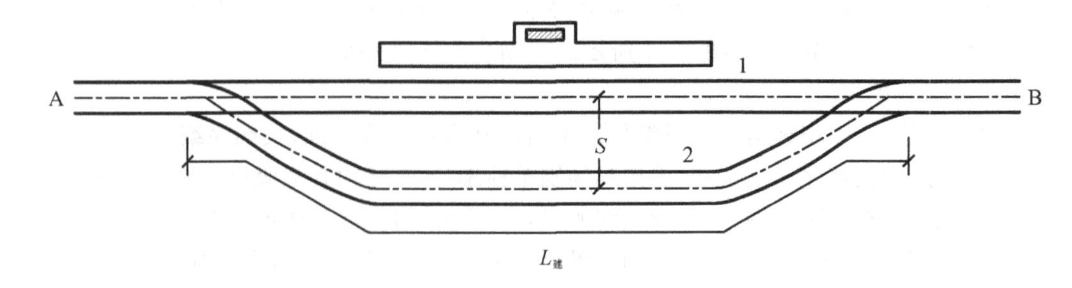

图 3-4 线路建筑长度计算

下一节重点介绍线路有效长。

3.3 线路有效长

从一般意义来讲，车站线路的有效长度(effective length of track)，是指线路长度范围内可以停留机车车辆而不妨碍邻线行车的部分。但在实际应用中，线路有效长的概念，根据不同的需要，具有三种不同的意义，分别指线路的需要有效长、标准有效长和实际有效长。

3.3.1 需要有效长

线路的需要有效长，指在铁路线路的规划和可行性研究阶段，由线路的用途和运输需要确定的有效长度。线路的需要有效长反映了运输量对线路长度的要求。

到发线有效长与线路的运输能力密切相关，又是确定牵出线、调车线等线路有效长的依据，对站坪长度影响最大，因此确定到发线需要有效长非常重要。

货物列车到发线需要有效长度应根据输送能力要求、机车类型及所牵引列车的长度等因素确定，并与相邻铁路到发线有效长度相协调，可按下式计算确定：

$$L_{效}=L_{机}+\frac{Q}{W}+L_{附} \tag{3-1}$$

式中：$L_{效}$为到发线需要有效长度(m)；$L_{机}$为机车长度(m)；Q为重车方向的货物列车牵引重量(质量)(t)；W为列车平均每单位长度的重量(质量)(t/m)；$L_{附}$为进站停车时的附加距离，30 m。

列车平均每单位长度的重量W，按预计期内可以达到的车辆比来确定。

例 3-1 已知货车平均长度为 13.914 m，车辆平均总重为 78.998 t，机车长度按电力和内燃机车取 20 m。试分别计算牵引定数为 4500 t 和 5500 t 的铁路线上到发线的需要有效长度。

解 $L_{机}=20\ \text{m}$，$L_{附}=30\ \text{m}$，$L=13.194\ \text{m}$，$q=78.998\ \text{t}$，则

$$W=q/L=78.998\ \text{t}/13.914\ \text{m}=5.678\ \text{t/m}$$

①当 $Q=4500$ t 时

$$L_{效}=L_{机}+\frac{Q}{W}+L_{附}=20\ \text{m}+\frac{4500\ \text{t}}{5.678\ \text{t}\cdot\text{m}^{-1}}+30\ \text{m}=842.5\ \text{m}$$

②当 $Q=5500$ t 时

$$L_{效}=L_{机}+\frac{Q}{W}+L_{附}=20\ \text{m}+\frac{5500\ \text{t}}{5.678\ \text{t}\cdot\text{m}^{-1}}+30\ \text{m}=1018.7\ \text{m}$$

旅客列车到发线需要有效长度应按列车编组长度和列控系统要求计算确定。可按下式计算：

$$L_{效} = L_{机} + \sum L_{车辆} + L_{附} \tag{3-2}$$

式中：$L_{车辆}$为编挂车辆的长度(m)。

3.3.2 标准有效长

到发线的标准有效长，指由线路的等级和运输量确定的线路有效长度的标准，保证各条到发线的有效长度大于或等于这个标准长度。

旅客列车贯通式车站的到发线有效长度，高速铁路应采用 650 m，采用 CTCS－2 级列控系统且停靠 8 辆编组动车组的城际铁路不应小于 400 m，仅供旅客列车停靠的客货共线铁路应采用 650 m。

我国铁路采用的客货共线列车到发线有效长的标准系列为 1050 m、850 m、750 m 或 650 m，在低等级的铁路上可采用 550 m。

开行重载列车为主的铁路可采用大于 1050 m 的到发线标准有效长度。新建重载铁路到发线有效长度当牵引质量为 10000 t 时，宜采用 1700 m；当牵引质量为 20000 t 时，宜采用 2800 m。改建重载铁路到发线有效长度可根据采用的机车车辆参数计算确定。

3.3.3 实际有效长

线路的实际有效长度，指在一定的车站布置图型中，由线路两端起止控制点确定的长度范围，如图 3－5 所示。

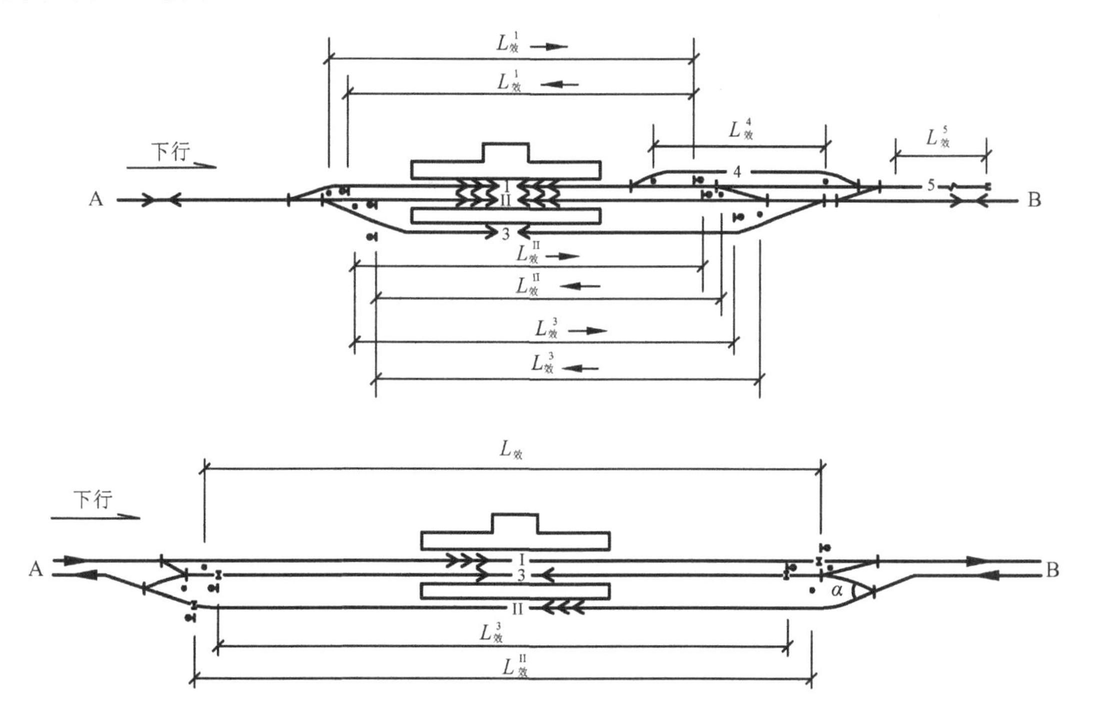

图 3－5　线路有效长度的确定示意图

线路实际有效长的起止范围由下列各项因素决定：

(1)警冲标；

(2)道岔的尖轨始端(无轨道电路时)或道岔基本轨接头处的钢轨绝缘(有轨道电路时)；

(3)出站信号机(或调车信号机)；

(4)车挡(为尽头式线路时)；

(5)车辆减速器末端(调车线)。

上述各项因素怎样影响线路有效长度，视线路的用途及连接形式而定，如图 3-5 所示。

各到发线的实际有效长度是各不相同的，也没有必要使其完全相等，但是最短的到发线的有效长度应等于到发线标准有效长。

3.4 警冲标与信号机的位置

为了确定线路有效长，必须先确定影响有效长各因素的具体位置。

3.4.1 警冲标的位置

警冲标(fouling post)应设置于道岔辙叉后两汇合线路之间，保证当警冲标内方停留机车车辆时，列车可沿邻线安全通过。因此在作业中要求机车车辆必须停留在警冲标以内。

当警冲标位于两直线之间时，如图 3-6(a)所示，警冲标至线路中心线的距离为 $P_1=P_2=2$ m，这是根据机车车辆限界 3.4 m，再加一些富余间隙确定的。当警冲标位于直线与曲线(包括道岔的导曲线)之间时，如图 3-6(b)所示，警冲标与直线的距离仍为 $P_1=P_2=2$ m，与曲线的距离则为 P_2+W_1(W_1 为曲线内侧限界加宽值)。

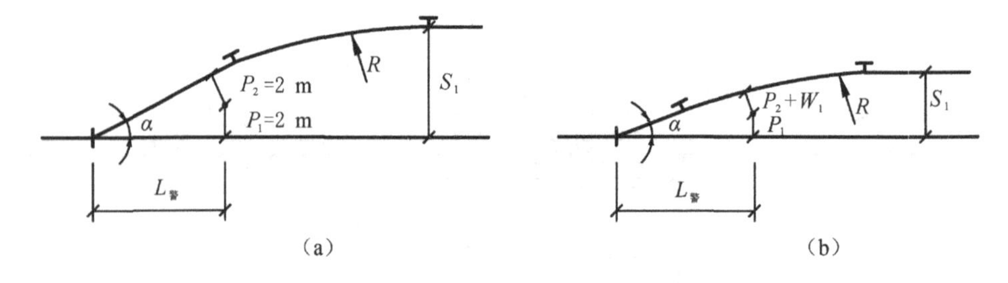

图 3-6 警冲标位置示意图

道岔中心至警冲标的水平投影距离 $L_{警}$ 与辙叉角 α、线间距离 S_1 及连接曲线半径 R 等因素有关，其值可查阅附表 9。

3.4.2 出站信号机的位置

出站信号机(starting signal)的位置除应满足限界要求外，还决定于信号机处道岔的方向(逆向或顺向)、信号机的类型及有无轨道电路等。出站信号机布置在线路运行方向的左侧。

(1)出站信号机前为逆向道岔：如无轨道电路，出站信号机应与逆向道岔的尖轨尖端并列，如图 3-7(a)所示。如有轨道电路，可将信号机安设在基本轨接头绝缘节处(道岔基本轨接头处)，如图 3-7(b)所示。

(2)出站信号机前为顺向道岔，如图 3-8 所示。出站信号机至道岔中心的距离 $L_{信}$ 的计算方法与$L_{警}$相同，但确定信号机中心与两侧线路中心的最小垂距时，要考虑信号机的基本宽度和相邻线路是否通行超限货物列车。

图3-7 出站信号机位置(一)

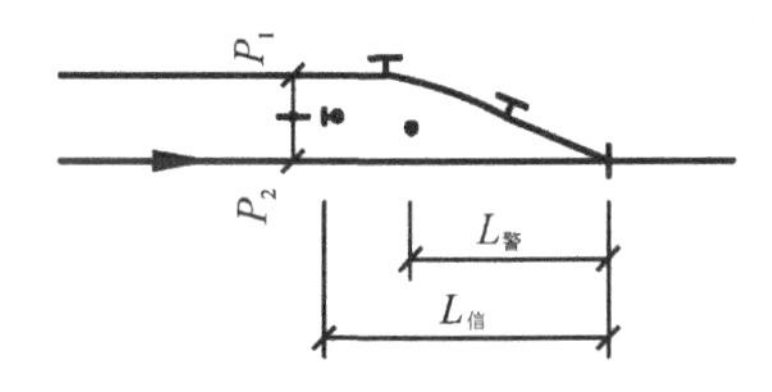

图3-8 出站信号机位置(二)

我国采用的高柱信号机的基本宽度为380 mm，如邻线通行超限货物列车时，直线建筑限界应为2440 mm，如邻线不通行超限货物列车时则为2150 mm。

透镜式矮型一机构色灯信号机基础中心至相邻线路中心距离为2029 mm；矮型双机构色灯信号机基础中心至相邻线路中心距离为2199 mm。

出站信号机至道岔中心的距离$L_{信}$与线间距、辙叉号码及连接曲线（包括导曲线半径）有关，具体数据参见附表10和附表11。

3.4.3 出站信号机与钢轨绝缘节的关系

如有轨道电路时，出站信号机、钢轨绝缘节与警冲标三者的位置设置应满足如下关系。

(1)钢轨绝缘节的位置原则上与出站信号机设于同一坐标处，如图3-9(a)所示。为避免安装信号机时造成串轨、换轨或锯轨等，钢轨绝缘节允许设置在出站信号机前方1 m或后方6.5 m的位置，如图3-9(b)和(c)所示。

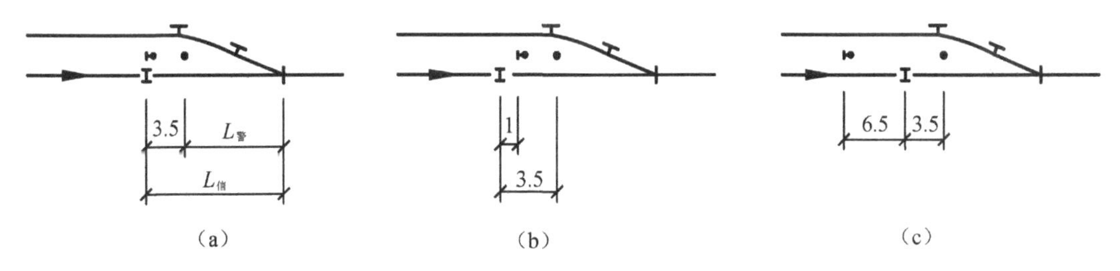

图3-9 信号机和警冲标处的钢轨绝缘设置图

(注：图中尺寸单位为m)

(2)警冲标与钢轨绝缘节的距离，在通行ET型机车的车站为3.5～4 m，其他车站为3～4 m。这样可保证车轮停在钢轨绝缘节内方时，车钩不致越过警冲标。

在确定出站信号机、钢轨绝缘节和警冲标的位置时，首先应考虑在不影响到发线有效长度的条件下，按照现有的钢轨接缝另设绝缘节，同时考虑信号机的安设位置，然后再将警冲标移设至距钢轨绝缘 3.5～4 m 处。如现有的钢轨接缝安装钢轨绝缘节不能保证到发线有效长度或不宜设置信号机时，应以短轨拼凑等办法安装钢轨绝缘节以满足各方面的要求。

3.5 坐标及线路实际有效长度的计算

设计车站线路时，在平面图上要计算各有关点的坐标，并确定各线路的实际有效长。现举例说明其计算过程。

例 3－2 客货共线的设计时速为 160 km/h 的中间站 A 共有 4 条线路，如图 3－10 所示。正线兼到发线Ⅱ道通行超限货物列车，安全线有效长为 50 m，中间站台宽 4 m。出站信号机采用基本宽度为 380 mm 的高柱色灯信号机，有轨道电路，到发线采用双进路，选用图号为专线 4249 的 12 号道岔。请确定车站各到发线的实际有效长。

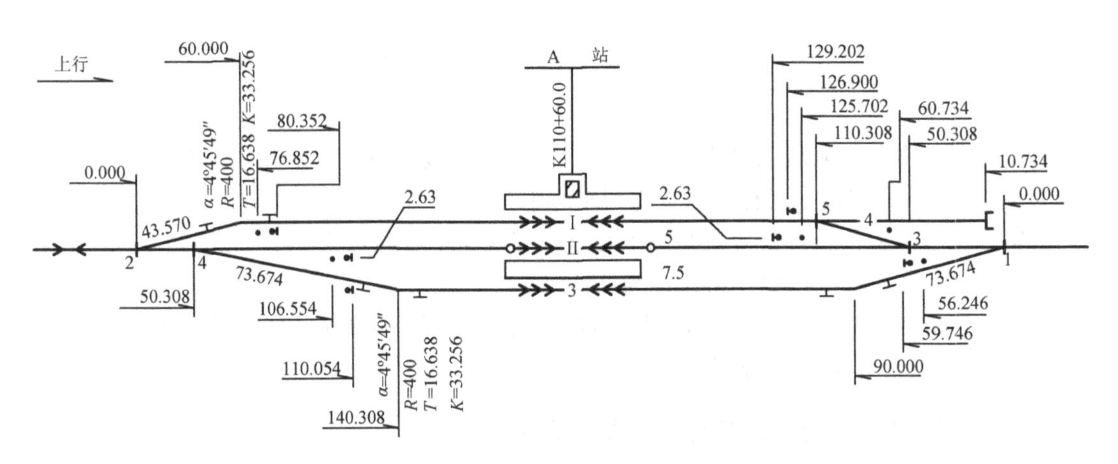

图 3－10 中间站 A 站设计图

（注：图中尺寸单位为 m）

要求：标出各道岔中心、连接曲线角顶、警冲标及信号机坐标；确定各到发线的实际有效长度，到发线标准有效长度为 850 m。

解 （1）坐标计算。

坐标计算一般可按下列顺序进行。

①线路及道岔编号。

②确定各线路的间距。

③确定各道岔的辙叉号码及岔心距离。

④确定各连接曲线半径，并标明转角 α、曲线半径 R、切线长 T 及曲线长度 K（几个相同的曲线，标明其中一个即可），在线路终端连接的斜边上应标明道岔中心至曲线切点的距离，如图 3－10 中的 73.674 m。

⑤以车站两端正线上的最外方道岔中心为原点，对两个咽喉区分别由外向内，按表 3－1 的格式，逐一算出各道岔中心、连接曲线角顶、警冲标及出站信号机等的坐标。y 坐标一般可以不计算，因为车站线路与正线一般是平行的，从图上标明的线间距离数值，很容易看出各道岔中心与正线（即 x 轴）的垂直距离。

表 3－1 中的计算说明一栏的有关数据可以从附录中查出。线路不多的区段站和中间站，

坐标计算的结果可标在车站布置图上，如图 3－10 所示。线路多且咽喉结构复杂的车站，因坐标点太多，无法在平面图上清楚地标注，应列坐标表示。

表 3－1　A 站坐标计算表　　单位：mm

基点	x 平标	计算说明	基点	x 坐标	计算说明
2	0.000	—	1	0.000	—
4	50.308	$b_2+f+a_4+\Delta=50.308$	3	50.308	$b_1+f+a_3+\Delta=50.308$
JD_2	60.000	$NS=12\times5=60$	5	110.308	$x_3+NS=50.308+12\times5$ $=50.308+60.000$ $=110.308$
JD_4	140.308	$x_4+NS=50.308+12\times7.5$ $=140.308$	JD_1	90.000	$NS=12\times7.5=90$
X_{I}	80.352	$L_{信}=80.352$	S_1	126.900	$x_5+a_5=110.308+16.592$ $=126.900$
X_{II}	110.054	$x_4+L_{信}=50.308+59.746$ $=110.054$	S_{II}	129.202	$x_3+L_{信}=50.308+78.894$ $=129.202$
X_3	110.054	$X_3=X_{\text{II}}$	S_3	59.746	$L_{信}=59.746$
②	76.852	$L_{警}=L_{信}-3.5$ $=80.352-3.5$ $=76.852$	①	56.246	$L_{警}=L_{信}-3.5$ $=59.746-3.5$ $=56.246$
④	106.554	$x_{警}=X_{\text{II}}-3.5$ $=110.054-3.5$ $=106.554$	③	125.702	$x_{警}=S_{\text{II}}-3.5$ $=129.202-3.5$ $=125.702$
—	—	—	⑤	60.734	$x_5-L_{警}=110.308-49.574$ $=60.734$
—	—	—	┤	10.734	$60.734-50.000=10.734$

注：①1、3、5、2、4 为各道岔岔心。

②S_i 为第 i 道上行出站信号机。

③表中①为第 1 号道岔警冲标。

④X_i 为第 i 道下行出站信号机。

⑤┤ 为尽头线车挡。

(2)各条线路实际有效长度的推算。

线路有效长度推算如表 3－2 所示。将各条线路有效长控制点(信号机及警冲标)的 x 坐标填入表 3－2 中的 3、4 两栏，这两栏数字相加得第 5 栏。第 5 栏中数值最大者就是有效长度最短的线路(即控制有效长的线路)，其有效长度按规定的标准有效长度 850 m 设计。其他各条线路的实际有效长度，根据与该线路有效长度的差额(第 6 栏中数据)即可确定。车站站房中心里程为铁路选线时所定，如A站站房中心里程为K110＋500.00。根据现场实际情况，确定站房中心至某一点(例如2号道岔中心)的距离，即可将所有点的相对坐标换算为铁路线路的里程标。

表3-2 A站线路有效长度推算表

单位:m

线路编号①	运行方向②	线路有效长控制点 x 坐标		共计⑤	各线路有效长之差⑥	各线路有效长⑦
		左端③	右端④			
1	上行方向	76.852	126.900	203.752	32.004	882
	下行方向	80.352	126.900	207.252	28.504	878
Ⅱ	上行方向	106.554	129.202	235.756	0	850
	下行方向	110.054	125.702	235.756	0	850
3	上行方向	106.554	59.746	166.300	69.456	919
	下行方向	110.054	56.246	166.300	69.456	919

第 4 章　站场咽喉设计及通过能力

4.1　站场咽喉概述

车场或车站两端道岔汇聚的地方，是各种作业(列车到发、机车走行、调车和车辆取送作业等)必经之地，故可称其为车场或车站的咽喉区(station throat section)，简称咽喉区，如图 4－1 所示。

自进站最外方道岔基本轨始端(或警冲标)至最内方出站信号机(或警冲标)的距离为车站咽喉长度，如图 4－1 中的 $l_{咽}$ 所示。

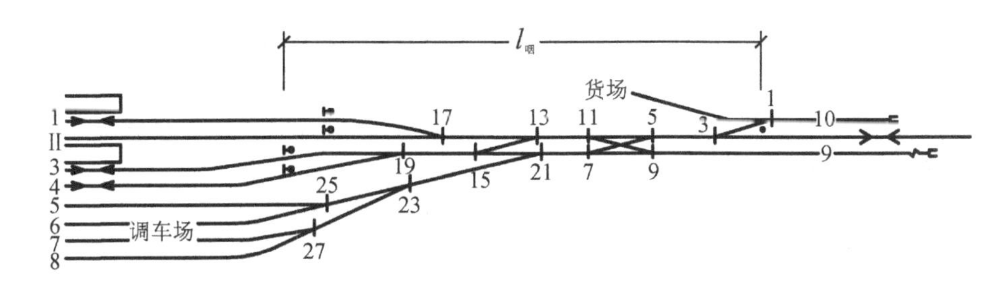

图 4－1　K 站咽喉图

在车站或车场咽喉区要办理行车和调车作业，每项作业的运行径路叫作作业进路，简称进路(route)。根据作业的列车或车列种类，作业进路一般分为行车进路(主要为列车到达、出发进路)、调车进路(主要为推送、解体、转场、编组和取送进路)、机车进路(含本务机、调机的出入段进路和调机的转场、转线进路)等。

互不妨碍的两条进路叫做平行进路(parallel route)，即两项作业可以同时办理的进路；例如，图 4－1 中 3 道列车接发与调车场作业可以同时进行，二者为平行进路。互相妨碍的两条进路叫做敌对进路(conflicting route)(或称交叉进路)，即两项作业不能同时办理的进路。例如，图 4－1 中货场从调车场接送货物需要穿越正线，与正线列车的到发作业不能同时进行，二者是敌对进路。

车站或车场咽喉区是行车和调车作业繁忙的地方。它的布置是否合理，对作业安全和效率关系很大，对工程建设费用及运营费用也有影响，所以咽喉区的布置必须符合保证作业安全、提高运营效率和节约费用的原则。

为保证有关作业能够同时办理，应根据需要设置渡线，以保证必需的平行进路。例如，图 4－1 中的渡线 13/15 可保证 3 或 4 道发车(或接车)与牵出线调车作业平行进行。同时，15 及 21 两道岔的距离必须符合道岔配列有关规定才能保证安全。各线路之间应有必要的连通，如图 4－1 中的渡线 9/11 连通正线(到发线)和牵出线，在必要时可以牵出旅客列车至站修所。

为了节省费用，应尽量缩短咽喉区长度，咽喉区道岔应合理配置，不应有多余的道岔，如图 4－1 中的交叉渡线 5/7－9/11 比八字形普通渡线节约用地。同时，各道岔辙叉号码亦应按规定选用。从图 4-1 中可以看出，13、15、17 及 19 四组道岔侧向接发列车，当列车侧向通过速度大于 50 km/h 但不大于 80 km/h 时，应采用 18 号道岔；当列车侧向通过速度不大于 50 km/h 时，应采用 12 号道岔。其余单开道岔号码所选道岔均不应小于 9 号。

4.2 站场咽喉设计

在车站上，设备及作业之间的相互联系或制约（矛盾）必然要大量、集中地在咽喉区反映出来，咽喉区成为车站运转作业最复杂的区域，也往往是车站通过能力的薄弱环节。因此，对咽喉区的各类作业进行深入细致的分析，对咽喉区的线路设备进行合理而经济的布置，是车站设计中一个极其重要、关键性的环节。

4.2.1 咽喉设计的基本要求

车站的咽喉设计，应使车站具有必要的通行能力及改编能力，应能保证作业安全、提高作业效率，具有较好的作业灵活性，能创造良好的运营条件，并应力求布置紧凑，节省工程费用，同时留有余地，保留进一步发展的可能性。具体地说，车站咽喉区应当满足下列各项要求。

①保证各项作业的安全和作业流程顺畅，满足各项设施设备的布设和建筑限界的要求，并充分考虑现场作业的实际需要，便于日常的运营和维护。

②咽喉区必须设置一定数量的平行进路，以保证必要的平行作业。

③尽量减少敌对进路的交叉，特别是列车到达进路的交叉应尽量避免。

④满足设备的互换使用及作业的机动灵活性。在改编作业量大的车站，到发场的部分线路应有列车到发与调车转线的平行进路；各方向到发场应具备反方向接发车的进路；调车场的部分线路应接通正线，线路较少或有条件时也可全部接通，以便必要时可从调车场直接发车。

⑤尽量缩短咽喉区的长度，力争各条线路的有效长均衡，避免无效的铺轨长度，节省用地及工程投资，并使调车行程为最短。

⑥尽量减少道岔数量，特别是正线上的道岔数，以利行车及线路养护。

4.2.2 咽喉进路交叉及疏解的基本概念

1. 进路交叉的分类

在车站同一平面上，一项作业进路穿过另一项作业进路，即为“进路交叉”。两项作业进路在同一平面上的交会点，即称为“交叉点”。站场内的进路交叉，是由进行各项作业的有关线路和设备的相互配列的位置决定的，通常不可能完全避免。

从作业的性质来看，进路交叉可分为以下三类。

（1）行车交叉——指旅客列车到发、货物列车到发之间的进路交叉。这些交叉可进一步划分为到达与到达交叉、到达与出发交叉、出发与出发交叉；此类交叉占用交叉点时间长，行车速度较快，不利影响大，当为对向交叉时，影响最严重。

（2）行调交叉——指列车到发与调车作业（或机车出入段）之间的进路交叉；此类交叉占用交叉点时间长，影响调车作业效率，是编组站的主要不利交叉。

（3）调车交叉——指调车作业之间、调车作业与机车出（入）段之间及机车出、入段之间的进路交叉。

2. 进路交叉的分析

进路交叉对作业及通过能力的影响主要从质和量两个方面来分析。

质是指交叉的性质而言，它影响到行车安全及运营条件。一般来说，行车交叉影响较严重，行调交叉次之，调车交叉又次之。同为行车交叉，旅客列车之间的交叉影响最严重，客、货列车之间的交叉次之，货物列车之间的交叉又次之。而在同类列车的交叉中，到达进路之间的交叉影响较严重，到、发进路之间的交叉次之，出发进路之间的交叉又次之。同样，在行调交叉中，到达与调车进路交叉显然比出发与调车进路交叉影响严重些。

量是指交叉点的负荷而言。它对咽喉通过能力有直接的影响。交叉点负荷的轻重取决于两方面因素：一为交叉点本身被各种进路所占用的次数($n_{占}$)及每次占用的时间($t_{占}$)；二为由于其他作业的影响，使本交叉点作业受到妨碍的次数($n_{妨}$)及每次妨碍的时间($t_{妨}$)。交叉点负荷(T)即为总占用时间及总妨碍时间之和，可用公式表示：

$$T=\sum n_{占}\ t_{占}+\sum n_{妨}\ t_{妨} \tag{4-1}$$

式中：$n_{占}$、$t_{占}$ 较易确定，而 $n_{妨}$、$t_{妨}$ 的确定涉及因素较复杂。

交叉点的负荷愈大，则交叉点对通过能力的影响也相应增加。所以，在分析进路交叉时，必须将交叉的性质与交叉的负荷两者综合在一起比较，不可偏废。

以双线铁路横列式车站为例，如图 4-2 所示，车站两端咽喉区都能保证不少于三项平行作业：列车到、列车发、调车；或者列车到(发)、机车出(入)段、调车。A 端咽喉最大平行作业数量可达五项：下行旅客列车到达、上行旅客列车出发、机车出段、机车入段、调车作业。B 端咽喉最大平行作业数量可达四项：下行货物列车或旅客列车出发、上行货物列车或旅客列车到达、机车经机待线出(入)段、调车作业。

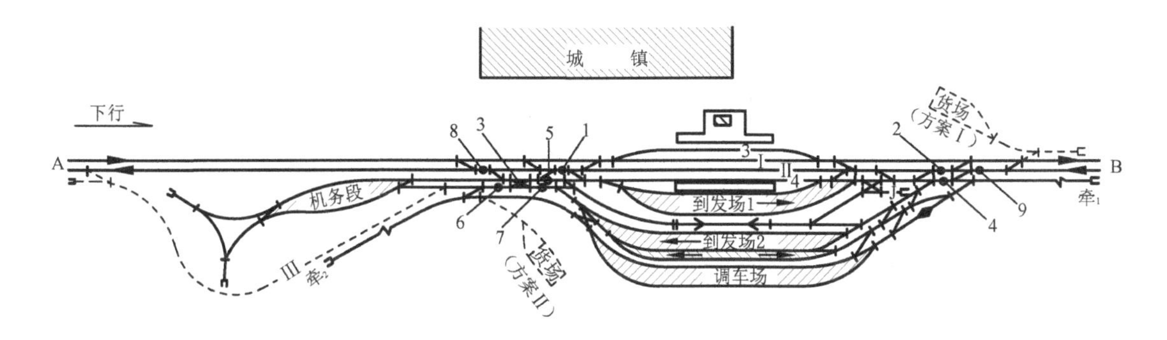

图 4-2　双线铁路横列式车站布置图

双线铁路横列式车站布置图中，存在以下主要的进路交叉。

(1)由于两个货物列车到发场同在正线一侧而且与旅客列车到发线平行布置，车站 A 端上行旅客列车出发进路与下行货物列车到达进路产生交叉(见图 4-2 中交叉点 1)；B 端上行旅客列车到达进路与下行货物列车出发进路产生交叉(见图 4-2 中交叉点 2)。这属于行车交叉，同时也是客货交叉，危害性质比较严重，是双线铁路横列式车站的主要矛盾。在旅客列车对数较多时，这种进路交叉会严重影响行车安全，增加进站信号机外方停车或列车晚点发车的可能性。

(2)由于两个货物列车到发场平行布置在调车场同一侧，上行货物列车自到发场 2 的出发进路与到发场 1 解编车列经由牵出线 2 的转场进路产生交叉(见图 4-2 中交叉点 3)；上行货物列车接入到发场2的到达进路与到发场1解编车列经由牵出线1的转场进路产生交叉(见图4-2中交叉点4)。这两个交叉点属于行调交叉。

(3)由于两个货物列车到发场平行布置在调车场同一侧,而机务段又位于站对右的位置,因此,上、下行货物列车机车出入段与到发场1的解编车列经由牵出线2的转场进路产生进路交叉(见图4-2中交叉点5、6)。这两个交叉点属于调车交叉。

(4)由于两个货物列车到发场平行布置在调车场同一侧,因此到发场2的上行货物列车出发进路与下行货物列车机车出入段进路产生交叉(见图4-2中交叉点7)。这个交叉点属于行调交叉。

(5)交叉点8和9是到发线固定使用方案产生的交叉点。当把下行改编列车固定到到发场2外侧的股道进行到发作业时,下行改编列车的到发与上行货物列车的发、到产生交叉,即交叉点8和9,属于行车交叉。

客货列车之间的到发进路交叉(交叉点1、2)是双线铁路横列式车站布置图型的主要矛盾,对行车安全及通过能力均有较大的影响。当双线铁路行车量不大,旅客列车对数不大时,这一矛盾并不显得十分突出。随着旅客列车对数的增加,这种进路交叉会严重影响行车安全,同时对车站的通行能力产生不利影响。

从性质上来看,机车出入段与车列转线的进路交叉(交叉点5、6)并不严重,但当解编作业量较大,每昼夜机车出入段次数较多时,同样会对咽喉通过能力及车站改编能力产生较大的不利影响。

3. 进路交叉的疏解

为了改变进路交叉的性质,减轻进路交叉的负荷及消除进路交叉所采取的各种措施,统称为进路交叉的疏解。

从行车组织工作方面来看,常用的疏解措施:变更到发线的固定使用,活用线路,变更机车运转制度等。

从线路设备及建筑物的布置来看,常见的疏解布置方式有平面疏解和立体疏解两种。

平面疏解布置方式:在作业进路发生敌对交叉情况时,采取变更车站的布置图型,变更设备的位置,设置机待线、平行线、渡线、梯线,进行线路分组,布置线路所等方式,优化调整作业进路以消除交叉问题。

立体疏解布置方式:设置跨线桥,从而使发生平面交叉或敌对进路上的线路相互立体隔开,化解交叉进路。

这些措施,有的用于进出站线路上,称为进出站线路的疏解;有的用于车站咽喉区,称为咽喉疏解,两者作用紧密相联并相互影响。在有必要时,站内咽喉区的进路交叉可移至进出站线路上去疏解;反之,在进出站线路上没有得到疏解的交叉点亦必然会反映到站内的咽喉区来。

以图4-2双线铁路横列式车站布置图为例,可以采取以下的措施来疏解交叉点。

(1)在设有机务段的车站上,采用机车循环运转制交路,列车机车在到发线上进行整备,不再入段,5、6、7三个交叉点就可以避免。尤其是在采用电力或内燃牵引的条件下,在到发线上或其附近进行整备作业的可能性增加,这些进路交叉被疏解的可能性就加大。

(2)在运量较大的双线铁路上,在A端修建绕过机务段的外包正线Ⅲ,见图4-2中机务段外侧虚线,这时,上行货物列车可经由正线Ⅲ出发,交叉点7可以得到有效疏解。

(3)通过变更到发场与调车场的相互位置,将到发场1、2分设于调车场两侧,可以有效疏解交叉点 3、4、5、6。

(4)根据列车到发及调车作业情况活用线路，将下行改编列车随机地接入到发场 1 或 2，利用时间间隔来疏解空间交叉点 8 和 9，是运营实践中行之有效的疏解办法。

4.2.3 咽喉平行作业(进路)数量的确定

咽喉区内的作业种类繁多，平行作业可以出现各种不同的组合。这里所说的主要平行作业数量，是对在一定条件下的平行作业组合而言。它既不是指最大的平行作业数，也不是指在不利条件下最小的平行作业数，而是指主要的能同时进行的平行作业数量。如图 4-3 中所示的双线铁路横列式车站机务段一端的咽喉区，它的最大平行作业数可达到 5 项：旅客列车到、发，机车出段、入段，牵出线调车。但当接发货物列车时，一般只有 3 项平行作业：货物列车到、发，牵出线调车。而当下行改编列车接入上行到发场靠调车场一侧线路时，这时只有牵出线调车作业可以同时进行。同样还可以举出多种平行作业的组合。

一个咽喉区能进行平行作业数量的多少，同运营条件及工程投资都有密切联系。为了疏解交叉，在咽喉区设置一定数量的平行进路，保证足够的平行作业数量是完全必要的。随着平行进路的增加，车站的通过能力及改编能力也相应提高，运营条件也得到了改善。然而咽喉的长度亦随之而增加，咽喉构造也就更为复杂，势必增加工程投资，延长单项作业占用咽喉的时间。可见要合理确定车站咽喉平行作业的数量，必须综合分析各项有关因素，根据实际需要考虑决定。影响咽喉区平行作业数量的有关因素为：列车对数、性质及其密集到达情况；改编作业量；机车交路方式；支线、工业企业线(专用线)引入数量及其衔接情况以及区段通过能力和车站布置图型等。

现行《铁路车站及枢纽设计规范》(TB 10099—2017)规定，采用肩回交路的区段站咽喉区，其进路应保证不少于表 4-1 中所列的主要平行作业数量。有其他线路引入车站时，需相应地增加平行作业的数量。

表 4-1 车站咽喉区平行作业数量

<table>
<tr><th>图型</th><th colspan="2">条件</th><th>咽喉区位置</th><th>平行作业数量/个</th><th>平行作业内容</th></tr>
<tr><td rowspan="5">横列式</td><td rowspan="2">单线铁路</td><td>平行运行图列车对数在 18 对及以下</td><td>非机务段端</td><td>2</td><td>列车到(发)、调车</td></tr>
<tr><td>平行运行图列车对数在 18 对以上</td><td>机务段端</td><td>2</td><td>列车到(发)、机车出(入)段</td></tr>
<tr><td colspan="2" rowspan="3">双线铁路</td><td>非机务段端和机务段端</td><td>3</td><td>列车到(发)、机车出(入)段、调车</td></tr>
<tr><td>非机务段端</td><td>3</td><td>列车到、列车发、调车[或列车到(发)、机车出(入)段、调车]</td></tr>
<tr><td>机务段端</td><td>4</td><td>列车到、列车发、机车出(入)段、调车[或列车到(发)、机车出段、机车入段、调车]</td></tr>
<tr><td>纵列式</td><td colspan="2">双线铁路</td><td>中部</td><td>4</td><td>下行列车发(通过)、上行列车发、机车出(入)段、调车</td></tr>
</table>

4.2.4 车站咽喉区设计步骤及示例

车站咽喉设计应遵循“先整体设计，后局部设计；先铺画主要进路，再铺画次要进路；进行并通过必要的检算；先画草图，后画比例尺图”的原则。车站咽喉设计的步骤大体可以分为五步：

(1)选择车站参考详图；

(2)铺画咽喉设计草图，连接平行线路；

(3)检算咽喉设计草图；

(4)计算并调整线路有效长，缩短咽喉区长度；

(5)绘制比例尺平面图。

现以图4－3双线铁路横列式车站咽喉区布置图为例来说明咽喉设计的大体步骤和一般做法。

1. 选择车站参考详图

确定车站布置图型和线路等设备的数量，根据车站规模和车站作业性质及各项设备的数量，尽可能选择较为近似的车站详图作为设计车站咽喉时的参考，但很难直接套用定型图。

2. 铺画咽喉设计草图，连接平行线路

依据《站规》，确定平行进路的数量，并根据各种列车的数量合理确定到发线运用方案，确定到发线、机车走行线、牵出线、调车线等各条线路布设的相互位置；根据相关资料确定相邻线路的距离，画出车站主要线路的平行线图；然后依据所参照的咽喉设计详图，进行车场线路分组，铺画道岔、渡线和曲线(角顶及切点)，把平行线路连接起来，画出咽喉设计草图。

在设计草图阶段有以下几个方面需要注意。

(1)保证咽喉区平行进路的数量。

按《站规》规定，咽喉区平行进路的数量应保证不少于必要的平行作业数目。图4－3为两个方向的双线铁路横列式车站布置图，A端咽喉区有5条平行进路，B端咽喉区有4条平行进路，A端咽喉最多可保证5项平行作业，B端咽喉可以保证4项平行作业。

(2)合理确定线路间距及线路运用方案。

首先根据各种列车的数量，在尽量减少敌对进路的前提下，合理地确定到发线固定使用方案，设置到发线的单进路或双进路。双线铁路车站一般按照上、下行方向分设到发场，以保证列车到发的平行作业，故其到发线也应按上、下行方向分别设计为单进路(见图4－3中5、6股道和8、9股道)。靠近旅客基本站台和中间站台的到发线，供接发各方向旅客列车之用，故应设计为双进路(见图4－3中Ⅰ、Ⅱ股道和3、4股道)。当双线铁路横列式车站只设置一个调车场时，靠近调车场的部分到发线一般均固定用于接发各方向有调车作业列车，以减少有调车作业列车调车时与其他作业的交叉并缩短车列转线的走行距离，故该部分到发线宜设计为双进路(图4－3中10股道和11股道)。

其次，确定通行超限货物列车的线路，图4－3中超限线路为Ⅰ股道、6股道和11股道。

再者，根据相邻线路间办理作业的性质，设置在相邻线路间的有关设备的计算宽度、线路中心线至主要建筑物(设备)的距离、车站线间距离等规定，确定相邻线路之间的距离。如图4－3中，相邻线路之间的距离有两种，分别是5.0 m，6.5 m。

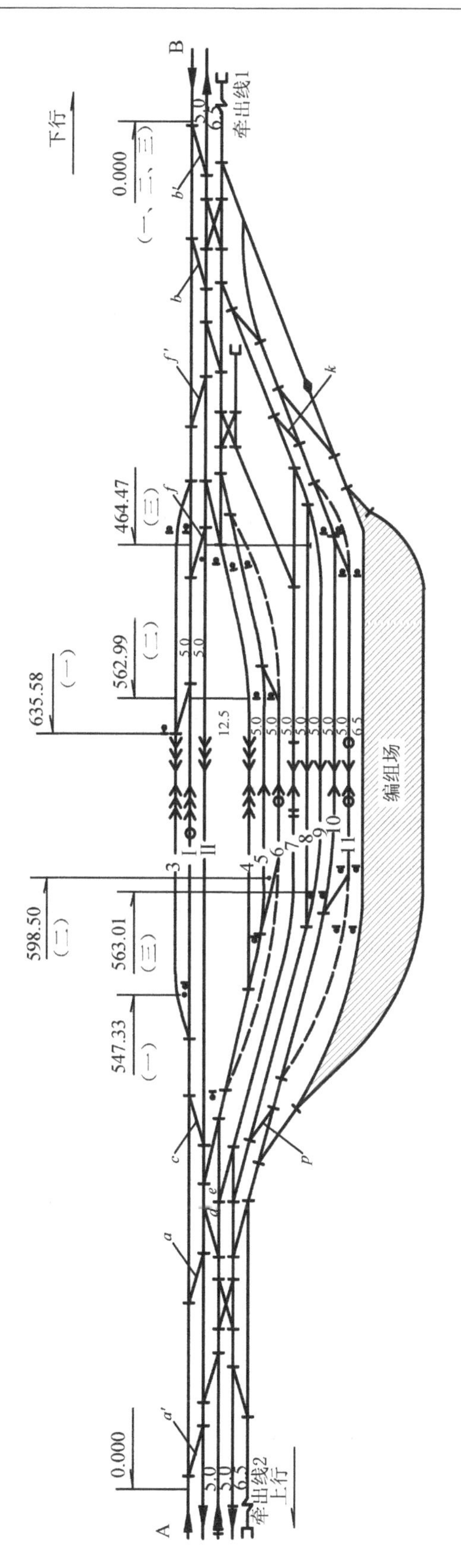

图4-3　双线铁路横列式车站咽喉布置图

(3)到发场线路分组。

到发场内线路的合理分组,可以增加咽喉作业的机动灵活性,保证必要的平行作业,调整线路的有效长。此外,分组所形成的隔开进路,有利于保证作业的安全。

到发线分组的方法应根据线路数量、分工及作业要求来确定。图 4-3 下行到发场有 4 道、5 道、6 道共 3 条到发线,由于到发场 A 端主要办理下行中转货物列车到达或 4 道的部分上、下行旅客列车的出发作业,它们在咽喉区有部分共同路径,因此这两项作业不可能同时进行。

到发场分组不能增加列车到、发的平行作业反而延长了咽喉区的长度,所以下行到发场在 A 端不分组。下行到发场 B 端按 1(条)+2(条)分组,即是 4 道+(5、6 道)分组,以使 4 道列车出发与 5、6 道机车出(入)段同时进行。上行到发场有 4 条线路,A、B 两端均为 2(条)+2(条)分组,这样就能使 8 道(或 9 道)在接发列车时 10 道(或 11 道)可以同时进行车列转线作业。

在线路分组时,应考虑到每组内的线路数目大致相等,一般每组不少于 2 条线路,否则分组的意义就不大。同时线路分组必须与相应的渡线、梯线结合起来。当咽喉区平行线路数目较多时,则有关的道岔、渡线及梯线必须成排铺设,才能达到平行进路的目的。

(4)合理布置道岔和渡线。

道岔和渡线的布置应保证咽喉区各项作业进路的要求,同时应尽量减少道岔的数量,缩短各项作业进路及整个咽喉区的长度。

布置道岔和渡线时首先要按作业要求设置一定数量的平行进路,保证必要的平行作业。图 4-3 中 A、B 两端咽喉区至少应保证下列各项主要作业:①旅客列车到(发);②货物列车到(发);③机车出(入)段;④区段及零摘等改编列车在解编时车列的转线;⑤牵出线调车。

例如图 4-3 中 A、B 两端咽喉设置 a、b 渡线,能保证上、下行同时接发货物列车。又如在 A 端咽喉若不设渡线 p,对 10、11 道而言,照样可以办理 A 方向列车的到、发,但这时牵出线 2 的作业就受到干扰。在增设渡线 p 后,就增加了 10、11 道的列车到、发与牵出线 2 进行调车的平行作业。同样,在 B 端咽喉增设渡线 k 可避免在 10、11 道上 B 方向列车到发与驼峰迂回线上作业的干扰。

其次,两端咽喉区还应设置必要的渡线和道岔,保证车站各项作业进路畅通,并增加咽喉的机动灵活性。咽喉区设计考虑的因素主要有以下几项:①上行到发场能反方向接发列车;②上(下)行到发场部分线路接发列车时,其余线路可以进行转线调车作业;③调车场能直接向区间发车;④旅客列车到发线应与牵出线有直接通路。例如图 4-3 中 A、B 两端分别设渡线 a、b 就是为了使下行货物列车能在下行到发场(4、5、6 道)办理到发,这是必不可少的进路,但这时下行改编列车仍无法利用上行到发场,调车场与下行正线亦无直接通路,故需添设渡线 a′、b′,以保证这些作业的进行。

再者,道岔和渡线的布置应尽量使车站各条线路的有效长度相对均衡,在满足作业进路要求的前提下,出岔点和渡线应尽量外移,以增加线路的有效长度。如渡线 f 的设置位置较为靠里,导致线路Ⅰ、Ⅱ股道的有效长度较短。

(5)咽喉道岔布置要紧凑。

在保证咽喉区有必要的作业数量及灵活性的前提下,力求咽喉区的长度最短。咽喉区道岔的配列,一般均按道岔岔心间最小长度设计,必要时也可采用交叉渡线、交分道岔等设备。有时为了缩短咽喉区长度,在保证同样进路的情况下,将道岔配列顺序作必要的调整,也可达到缩短咽喉区长度的目的。例如图4-3中A端咽喉区a、c、d、e四条渡线，其道岔配列有三种排列形式，如图4-4所示。

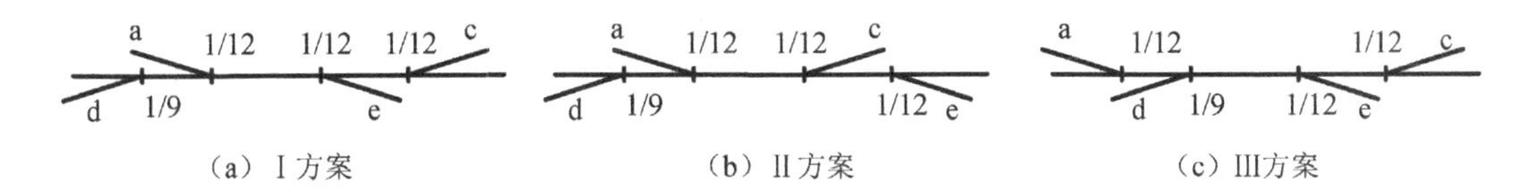

图4-4　道岔配列

这三种排列形式的两端最外方岔心间的最小长度，Ⅰ方案为141.822 m，Ⅱ方案为141.822 m，Ⅲ方案为136.869 m。显然，第Ⅲ种布置形式对缩短咽喉长度是最有利的。当然，道岔排列的顺序还不能仅从咽喉的某一段来看，更应看它对整个咽喉区长度的影响。在A端咽喉a、c、d、e处，若换成Ⅰ或Ⅱ形式的排列时，不但该段长度会拉长，而且还会造成整个咽喉区长度的增加。

不必要的道岔、渡线应尽量压缩，不必要的线路分组可以省略。例如在A端咽喉，下行到发场4、5、6道就无须分组，考虑到5、6道有可能接发下行改编列车，为使到发列车与改编车列转线有可能平行进行，可利用B端咽喉进行这项作业，以尽量减少A端咽喉区的铺轨长度。

具体设计时，一般是从上到下，由里及外成排布置有关道岔、渡线及梯线。如图4-3中，一般先布置3、4道，然后按线路顺序逐步向下、向外布置。

3. 检算咽喉设计草图

检算咽喉设计草图以保证咽喉设计中线路连接、道岔布设的正确性。所参照的设计详图不一定完全符合车站具体设计的要求，当线路数量、线间距离、线路布置形式发生变化时，需要对线路连接的形式进行修改，修改后的设计经过检算才能最后确定。

在检算之前，需要对咽喉设计进行全局考虑，确定哪些部位需要进行检算。一般而言，新开出的道岔、复式连接等部位应进行检算。如图4-3中，5股道和6股道出岔点外移，改变了线路连接的形式，应进行检算。如果在检算中发现有不满足理论约束条件的情况，应进行重新设计并再次检算，直至检算通过为止。

4. 计算并调整线路有效长，缩短咽喉区长度

当咽喉区道岔和渡线的布置确定之后，在计算咽喉区长度和到发线的有效长时，应首先确定道岔辙叉号码、线路间距、相邻道岔中心的距离以及警冲标和信号机的位置等，并将这些数据填写在详图上。然后从咽喉区最外道岔的基本轨接头向内分别推算出A、B两端各线路咽喉区的长度。如图4-3中，最初的设计方案，A端咽喉4、5、6道为直线梯线连接，B端咽喉Ⅰ和Ⅱ道布设渡线f，5道和6道在里侧出岔，如图中实线所示。10道和11道在里侧出岔，如图中实线所示。计算的结果填入车站咽喉长度及到发线有效长的计算表中，得到表4-2。

从表4-2中看出两端咽喉区长度之和以Ⅰ、3道为最长，则Ⅰ、3道即为全部到发线中有效长最短的线路。若使这两条到发线的有效长达到了规定的有效长(本例为850 m)，则其他各条到发线的有效长肯定能达到或大于规定的有效长。Ⅰ、3道称为控制有效长的线路，其两端咽喉区则为控制站坪长度的咽喉区(A端咽喉区长547.33 m，B端咽喉区长635.58 m)，长度之和为1182.91 m。如按此方案进行设计，当线路标准有效长为850 m时，该站所需站坪长度为2032.91(1182.91＋850)m，超过《铁路线路设计规范》(TB 10098—2017)规定的双线铁路横列式车站的站坪长度 1950 m，并且Ⅱ、4、8、9 等线路有效长超过规定有效长达 155～242 m之多，增加不必要的铺轨数量。故咽喉区长度有必要进一步采取措施予以压缩。

表 4-2 车站咽喉区长度及到发线有效长计算表(一) 单位：m

线路	A端咽喉区长度	B端咽喉区长度	A、B两端咽喉区长度之和	各线路有效长度之差	各线路有效长度
3	547.33	635.58	1182.91	0	850
Ⅰ	547.33	635.58	1182.91	0	850
Ⅱ	441.33	498.67	940.00	242.91	1092
4	541.80	482.69	1024.49	158.42	1008
5	598.50	562.99	1161.49	21.42	871
6	598.50	562.99	1161.49	21.42	871
7	—	—	—	—	—
8	563.01	464.47	1027.48	155.43	1005
9	563.01	464.47	1027.48	155.43	1005
10	594.15	511.77	1105.92	76.99	926
11	594.15	511.77	1105.92	76.99	926

Ⅰ、3 道的咽喉区过长，主要是由于 B 端咽喉中渡线 f 及其相应的终端式线路连接铺设位置过分靠里面。如果将渡线 f 及其相应的线路连接外移至 f′的位置，则Ⅰ、3 道有效长相应增加，Ⅰ、3 道咽喉区长度缩短，再次进行车站咽喉区长度及各条线路有效长计算，得到表 4-3。

表 4-3 车站咽喉区长度及到发线有效长计算表(二) 单位：m

线路	A端咽喉区长度	B端咽喉区长度	A、B两端咽喉区长度之和	各线路有效长度之差	各线路有效长度
3	547.33	472.60	1019.93	141.56	991
Ⅰ	547.33	472.60	1019.93	141.56	991
Ⅱ	441.33	453.90	895.23	266.26	1116
4	541.80	482.69	1024.49	137.00	987
5	598.50	562.99	1161.49	0	850
6	598.50	562.99	1161.49	0	850
7	—	—	—	—	—
8	563.01	464.47	1027.48	134.01	984
9	563.01	464.47	1027.48	134.01	984
10	594.15	511.77	1105.92	55.57	905
11	594.15	511.77	1105.92	55.57	905

从表 4-3 看出：Ⅰ、3 道咽喉区长度已从 1182.91 m 减至 1019.93 m。这时控制咽喉区长度的线路已从Ⅰ、3 道转移至 5、6 道，其两端咽喉区长度之和为 1161.49 m，所需的站坪长度为

2011.49 m，仍超过《铁路线路设计规范》(TB 10098—2017)的相应数字，其他线路的有效长也发生相应的变化，但除 10、11 道超过规定有效长 55.57 m 外，其余超长数值仍在 134～266 m 之间，铺轨浪费大。因此还应对有效长进行调整。

对图 4-3 进行分析，5、6 道咽喉区过长的原因，主要是线路两端出岔点太靠里之故，如将 5、6 道道岔外移(图中虚线所示)，则这两条线路的咽喉区将分别缩短至 1026.65 m 及 967.43 m，这时 10、11 道的咽喉区将成为控制站坪的呕喉区，所以同样可以再用道岔外移的办法来缩短其长度(图中虚线所示)。当 5、6、10、11 道两端道岔外移之后，再次进行计算，得到表 4-4。

表 4-4　车站咽喉区长度及到发线有效长计算表(三)　　单位：m

线路	A 端咽喉区长度	B 端咽喉区长度	A、B 两端咽喉区长度之和	各线路有效长度之差	各线路有效长度
3	547.33	472.60	1019.93	7.55	857
Ⅰ	547.33	472.60	1019.93	7.55	857
Ⅱ	441.33	453.90	895.23	132.25	982
4	541.80	482.69	1024.49	2.99	852
5	541.80	484.85	1026.65	0.83	850
6	482.58	484.85	967.43	60.05	910
7	—	—	—	—	—
8	563.01	464.47	1027.48	0	850
9	563.01	464.47	1027.48	0	850
10	556.47	455.43	1011.90	15.58	865
11	556.47	455.43	1011.90	15.58	865

从表 4-4 看出，控制咽喉区长度的线路已转移至 8、9 道，其两端咽喉区长度之和为 1027.48 m，其所需站坪长度已在《铁路线路设计规范》(TB 10098—2017)规定的范围之内。经计算，各线路有效长除Ⅱ、6 道较长外，其余都已接近 850 m。经过调整有效长后，新设计的不足之处是 5、6、10、11 道在有效长范围内都有一段曲线，瞭望不便。

5. 绘制比例尺平面图

按 1∶2000 或 1∶1000 的比例尺，绘制车站咽喉设计的详图，并进行各种尺寸标注。在绘制过程中，对图型和线路设备数量进行核对，检查无误之后完成车站咽喉设计。

4.2.5　咽喉设计方案的评价

在进行咽喉设计中，如有几个方案时，必须根据前述咽喉布置的基本要求，进行全面分析比较。在比较时可参考以下几项咽喉设计方案的评价指标。

(1)接发货物列车时，咽喉区的平行作业数量。

(2)咽喉区的通过能力。

(3)影响车站站坪长度的咽喉区长度。

(4)车列从到发场或调车场向牵出线牵出转线时,各调车半程的平均长度。

(5)到发线的实际有效长的总和与标准有效长的总和的比值。这一比值一般大于1,当比值愈接近1时,表示咽喉区的布置越完善。

(6)到发线标准有效长的总和与包括到发线、机车走行线和连接正线之间的渡线在内的总全长之比值。这项比值肯定小于1,当它愈接近1时,意味着咽喉布置愈紧凑。

(7)咽喉区道岔的数量。

4.2.6 咽喉设计的检算

咽喉设计是车站平面设计的核心内容,综合了线间距离、岔心距离、线路连接和线路有效长等几个方面的内容。咽喉设计突出反映了总体设计的要求,而咽喉设计的检算是咽喉总体正确性的保证。《站规》只是规定了单个的线间距、道岔配列的岔心距、线路连接等项目的合理取值范围,但是满足这些规定的单个项目如综合在具体的咽喉区内,并不能保证咽喉区具有正确的几何设计。按照几何关系构造出来的咽喉设计草图,须经过计算其中的岔心距离和夹直线长度等几何要素,并与《站规》中规定的取值范围进行比较,才能确定草图的正确性。

咽喉设计检算的过程又是咽喉布局优化调整的过程,专业人员在设计咽喉过程中,很难一下子就得出正确合理的设计方案,而是需要经过初步设计、检算、修改、再检算的多次反复,最终形成一个较好的设计方案。

咽喉设计的检算类型主要有出岔检算、复式梯线检算、终端连接检算等,可以按照以下3个步骤进行。

(1)确定设计参数应该满足的约束条件。

只有全部满足这些约束条件,才能保证设计的正确性;只要有一个条件不满足,这个设计就是不正确的。

(2)确定参数。

确定部分参数为已知参数,已知参数按照对应的约束条件取正确的值,称之为理论值。其余的一个或几个参数为未知参数,未知参数由已知参数和设计图型的平面几何关系(线路间距、曲线偏角、道岔角)推导出来,称之为实际值。

(3)检验。

将实际值与理论值进行比较,当实际值大于理论值时,表明咽喉设计满足约束条件,咽喉设计是正确的;否则,咽喉设计不能满足《站规》规定的取值,咽喉设计需要进行修改。

4.2.7 咽喉疏解举例

为了提高车站的通过能力和改编能力,应设法保证有关作业能够同时办理,在车站咽喉处设置平行进路的设计,叫做咽喉疏解。

如图4-5所示的车站咽喉,当布置为图4-5(a)时,乙丙方向的货物列车不能同时到发,调车场调车与货物列车到发不能平行办理,车站通过能力很低。

图4-5(b)增设了一条牵出线,并多设了一条平行梯线和一条渡线把到发场和调车场划分开来,这样牵出线调车与货物列车到发可以同时进行。

图4-5(c)再增加一条梯线和两条渡线将上下行到发线分开,乙丙两方向的货物列车可以同时到发。

图 4－5(d)将 6 道延长接于调车场梯线上，则 4 道接车与 6 道转线可平行作业。增加了正线Ⅱ道通向牵出线的渡线，把Ⅰ、Ⅱ道与牵出线连接起来，调车场梯线与到发线的梯线用渡线接通，则调车场能直接向乙丙方向发车。

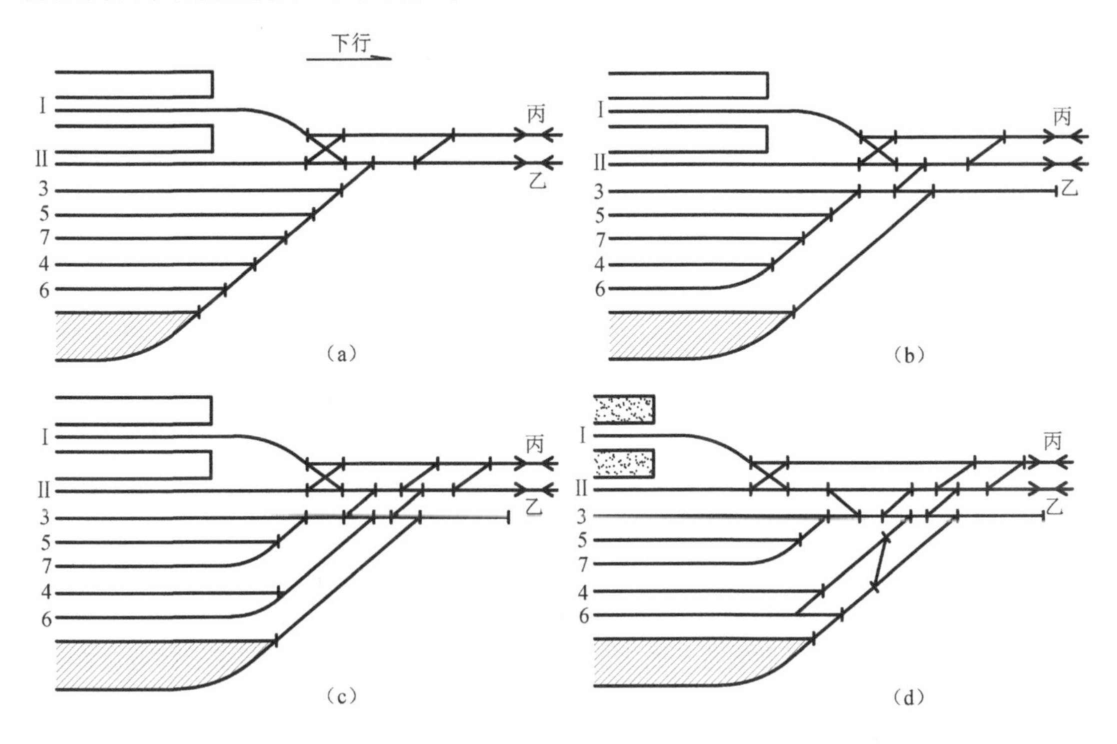

图 4－5　咽喉疏解示意图

从图 4－5 可以看出，随着平行进路的增加，车站的通过能力提高了，运营条件得到了改善，但咽喉长度也随之增加，咽喉构造也更加复杂。咽喉长度增加，有关作业占用咽喉的时间增大。咽喉构造复杂化，意味着要多用钢轨和增加投资。可见，车站咽喉的平行进路必须根据实际需要考虑决定，既要保证必要的通过能力和良好的运营条件，也应节约投资和节省用地。在设计咽喉时必须按照有关站场设计规范，特别是前述关于道岔配列方面的规定进行设计，这样才能保证设计的经济、合理，保证行车和站场工作人员的安全。

上述图例是一种用增加平行进路疏解咽喉的方法，但不是唯一的办法，变更车站有关设备的相互位置、改变车站工作组织和适当灵活运用线路，也可以达到疏解咽喉的目的。

4.3　车站通过能力

车站通过能力(carrying capacity of station)是车站在现有设备条件下，采用合理的技术作业过程，一昼夜能够接发各方向的货物(旅客)列车数和运行图规定的旅客(货物)列车数。车站通过能力是铁路运输能力的重要组成部分，它包括到发线通过能力(carrying capacity of receiving departure track)和车站咽喉通过能力(carrying capacity of station throat)。

到发线通过能力是指到达场、出发场、通过场或到发场内办理列车到发作业的线路，采用合理的技术作业过程和线路固定使用方案，一昼夜能够接、发各方向的货物(旅客)列车数和运行图规定的旅客(货物)列车数。

车站咽喉通过能力有两个不同概念,其一是咽喉道岔组通过能力,是指在合理固定到发线使用方案及作业进路条件下,某方向接、发车进路上最繁忙的道岔组一昼夜能够接、发该方向的货物(旅客)列车数和运行图规定的旅客(货物)列车数,其作用是检算区间通过能力与车站咽喉通过能力是否协调。其二是咽喉区通过能力,是车站某咽喉区各方向接、发车进路咽喉道岔组通过能力之和,其作用是检算车站咽喉区能力与到发线能力是否协调。

为了保证铁路运量按计划增长,铁路车站的通过能力也必须随着运量的增长而有步骤、分阶段地加以提高。分析及计算车站通过能力的目的在于:

①计算新建站场的通过能力,检查其是否能满足设计年度运量的要求;

②查明既有车站通过能力的利用情况,根据运量增长的需要,有计划、有步骤地进行车站改、扩建;

③找出车站设备和作业组织中的薄弱环节,挖掘潜力,提高效益;

④查明车站与区间以及车站各项设备之间的通过能力是否协调,以便制定加强措施。

车站通过能力的影响因素有以下几项。

①车站技术设备特征。如站场的类型,咽喉区的结构,到发线的数量和进路、到发线的有效长,调车设备类型和数量,信号联锁闭塞设备类型等。

②车站作业组织情况。如各种列车的技术作业过程,所采用的先进工作方法,各项作业占用设备的时间标准,各车场的分工及线路的固定使用等。

③车站办理列车的种类和数量。如客、货列车的比重、摘挂列车的数量等。随着旅客列车和摘挂列车数量的增加,车站通过能力将降低。

④到发线的空费时间。到发线一昼夜不能被用来接发列车的空闲时间称为空费时间。它是由于列车到发的不均衡、列车各作业环节配合不紧密以及平均每列车占用到发线的时间不可能为 1440 min 的整倍数等原因而产生的。随着空费时间的增加,车站通过能力将降低。空费时间的大小可用空费系数 $\gamma_{空}$ 表示,即

$$\gamma_{空} = \frac{\sum t_{空费}}{\sum t_{占}} \tag{4-2}$$

式中:$\sum t_{空费}$ 为昼夜某项设备总的空费时间;$\sum t_{占}$ 为昼夜某项设备被作业占用的总时间。

上述各项因素对通过能力的影响,集中表现在各项作业占用设备的次数(n)及每次占用的时分(t)这两项计算通过能力的原始数据上。

计算车站通过能力时,应具有下列各项原始资料:

①车站平面图;

②列车运行图及有关车流资料(或列流图);

③《车站行车工作细则》及各项技术作业时间标准。

计算车站通过能力的方法有以下三种。

①分析计算法或称公式计算法,包括直接计算法和利用率计算法两种。

分析计算法是根据分析确定的各项作业时间,用公式计算出通过的列车数。对各种列车的占用时间,它只能求出概略的平均值,但简便适用,节省时间。无论对新建车站或对既有车站均可采用此方法计算通过能力。

直接计算法是根据每一列车到发作业和改编作业占用某项设备的平均时间，直接算出车站最大的通过能力。直接计算法的一般计算公式为

$$N=\frac{1440}{t_{占}} \tag{4-3}$$

式中：N 为车站某项设备的通过能力（列）；$t_{占}$ 为每列车到发作业占用某项设备的平均时间（min）；1440 为昼夜时间的分钟数（min）。

利用率计算法是根据所规定的工作任务、各项技术作业时间标准和技术设备条件等，先求出该项设备能力的利用率，再用利用率求出车站通过能力。这是计算车站能力最常用的方法，它能反映出在完成规定的任务下，车站各项设备的利用程度。使用该法时，还应按计算通过能力和使用通过能力两种方式分别进行计算。

计算通过能力系指车站设备具有一定潜力，通过采取措施能达到的能力，它根据规定或查定的技术作业时间标准，计算出一昼夜能通过的列车数；使用通过能力系指在现行作业组织方法下所具有的能力，它考虑到日常作业中在到发线和咽喉道岔使用上，都有一定的空费时间不能利用，故在计算通过能力的基础上，再按使用系数折算而成。车站通过能力使用系数一般按 0.80 取值。利用率计算法的一般计算公式为

$$K=\frac{\sum n\,t_{占}}{1440},N=\frac{n}{K} \tag{4-4}$$

式中：K 为车站某项设备的利用率；n 为占用某项设备的现有列车数。

②图解计算法。该法是根据车站相邻区段的列车运行图、车站技术设备的固定使用方案、车站技术作业过程和作业时间标准等有关资料，绘出车站一昼夜或繁忙阶段列车接发、车列解体、集结、编组、机车出入段等作业过程的图表，以求得车站各项设备的通过能力。它的最大特点是能够反映出列车到发密度对通过能力的影响。

图解计算法不是孤立地去计算单项技术设备的能力，而是从车站实际情况出发，把各项技术设备与先进的作业方法结合起来，把区间和车站各项技术设备作为一个统一的整体来求得车站的通过能力，比分析法更符合实际。这样不仅可以检查车站的通过能力能否适应现有运量的需要，而且还能找出车站作业的薄弱环节，以便采取必要的技术组织措施或改建措施，来提高或加强车站通过能力。

在新建设计中，往往缺少绘制图表的必要原始资料，而且绘制图表复杂费时，因此，目前可在作业繁忙的既有车站上，当用分析法计算，其通过能力利用率达到 70%以上时，应用图解法进行检验，用来弥补分析计算法之不足。图解法也适用于计算作业繁忙的客运站通过能力（旅客列车和市郊列车到发最多的几小时）。此外，机务整备设备、装卸地点等的通过能力，也可采用图解计算法确定。

③计算机模拟法。计算机模拟法以排队论为理论基础，以计算机模拟为基本手段，把列车到、解、集、编、发各项作业过程作为一个相互关联的排队系统，模拟输出计算车站通过能力有关参数的回归方程，然后计算出既有车站的能力。这是解决多因素相关联问题求解的较先进方法。它不但克服了分析法片面考虑某单项因素求解的缺陷，而且还可以解决车站与区间之间、车站内各项技术设备之间能力的协调问题。

4.4 车站到发线通过能力的计算方法

4.4.1 到发线通过能力的计算

到发线通过能力是指到发场中办理列车到发作业的线路一昼夜能够接、发各方向的货物列车数和运行图规定的旅客列车数。

到发线通过能力可采用分析计算法中的利用率计算法进行计算。

1. 到发线总占用时间的计算

一昼夜总占用时间按下式计算。

$$T = n_{中}t_{中} + n'_{中}t'_{中} + n_{解}t_{解} + n_{编}t_{编} + n_{机}t_{机} + \sum t_{固} + \sum t_{其他} \tag{4-5}$$

式中：$n_{中}$、$n'_{中}$、$n_{解}$、$n_{编}$、$n_{机}$为列入计算中一昼夜在该到发场办理到发作业的无调中转、部分改编中转、到达解体、自编始发的列车数和单机数；$t_{中}$、$t'_{中}$、$t_{解}$、$t_{编}$、$t_{机}$为办理以上各种列车一列或单机一次平均占用到发线的时间(min)，其中包括必要的待发、待解等停留时间；$\sum t_{固}$ 为一昼夜固定作业占用到发线的时间(min)；$\sum t_{其他}$ 为一昼夜其他作业占用到发线的时间(min)。

(1)无调中转货物列车占用到发线时间。

$$t_{中} = t_{接} + t_{技}^{中} + t_{待发} + t_{发} \tag{4-6}$$

式中：$t_{接}$为列车接车占用到发线时间(min)；$t_{发}$为列车发车占用到发线时间(min)；$t_{技}^{中}$为无调中转列车技术作业占用到发线时间(根据该种列车技术作业过程的规定取值)(min)；$t_{待发}$为列车等待出发占用到发线时间(min)。

(2)部分改编中转货物列车占用到发线时间。

$$t'_{中} = t_{接} + t_{技}^{中}{}' + t_{待发} + t_{发} \tag{4-7}$$

式中：$t_{技}^{中}{}'$为部分改编中转货物列车(包括变更列车运行方向、变更列车重量、换挂车组)技术作业占用到发线的时间(根据该种列车技术作业过程的规定取值)(min)。

(3)到达解体货物列车占用到发线时间。

$$t_{解} = t_{接} + t_{技}^{解} + t_{待解} + t_{牵} \tag{4-8}$$

式中：$t_{技}^{解}$为到达解体列车技术作业占用到发线的时间(根据该种列车技术作业过程的规定取值)(min)；$t_{待解}$为列车等待解体占用到发线时间(min)；$t_{牵}$为车列牵出占用到发线时间(min)。

(4)自编出发货物列车占用到发线时间。

$$t_{编} = t_{转} + t_{技}^{编} + t_{待发} + t_{发} \tag{4-9}$$

式中：$t_{转}$为车列转线占用到发线时间(min)；$t_{技}^{编}$为自编始发列车技术作业占用到发线的时间(根据该种列车技术作业过程的规定取值)(min)。

(5)单机占用到发线时间。

接发单机占用到发线的时间 $t_{机}$ 可按运行图规定确定。

(6)固定作业占用到发线的时间。

固定作业占用到发线的时间包括下列各项：

①旅客列车占用到发线的时间；

②向车辆段、机务段及货场、专用线装卸地点定时取送车辆占用到发线的时间(不占用到发线时可以不计)。

(7)其他作业占用到发线的时间。

其他作业占用到发线的时间包括下列各项：

①接发军用列车占用到发线的时间；

②保温列车加冰盐占用到发线的时间；

③牲畜列车上水、上饲料占用到发线的时间。

此外，如该站有转场(交换)车，应按一种车列计算其占用到发线的时间。

应采取有效措施，将各种等待(待解、待发)时间标准压缩到最小限度。可用图解法或分析法予以确定。

2. 到发线通过能力利用率的计算

$$K=\frac{T-\sum t_{固}}{\left(1440M-\sum t_{固}\right)(1-\gamma_{空费})} \tag{4-10}$$

式中：K 为到发线通过能力利用率；M 为用于办理列车到发技术作业的线路数；$\gamma_{空费}$ 为到发线空费系数，根据《站规》规定，其值可取 0.15～0.20。

利用率 K 的值不应大于 1，小数点后可保留两位，第三位四舍五入。

3. 到发线通过能力计算

(1)到发线计算通过能力的计算。

求出到发线通过能力利用率 K 后，即可计算到发线的计算通过能力。计算时应按方向和列车种类分别计算接车和发车的计算通过能力。通过能力以列数表示，小数点后保留一位，第二位 4 舍 5 入。

接发无调中转货物列车：

$$N_{货中}=\frac{n_{中}}{K} \tag{4-11}$$

接发部分改编中转货物列车：

$$N'_{货中}=\frac{n'_{中}}{K} \tag{4-12}$$

接入到达解体货物列车：

$$N_{货解}=\frac{n_{解}}{K} \tag{4-13}$$

发出自编货物列车：

$$N_{货编}=\frac{n_{编}}{K} \tag{4-14}$$

到发线(场)接发该方向货物列车的计算通过能力为

$$接车：N_{货接}=N_{货中}+N'_{货中}+N_{货解} \tag{4-15}$$

$$发车：N_{货发}=N_{货中}+N'_{货中}+N_{货编} \tag{4-16}$$

某到发场接发货物列车的计算通过能力为

$$N_{接发}=N_{货中}+N'_{货中}+N_{货解}+N_{货编} \tag{4-17}$$

若该站有几个到发场，则全站接发货物列车的计算通过能力为各到发场通过能力之和。

(2)到发线使用通过能力的计算。

求出到发线计算通过能力后，就可计算到发线的使用通过能力。计算时应按方向和列车种类分别计算接车和发车的使用通过能力，按下式计算：

$$接车：N^{使}_{货接}=0.8N_{货接} \tag{4-18}$$

$$发车：N^{使}_{货发}=0.8N_{货发} \tag{4-19}$$

接发货物列车合计

$$N^{使}_{接发}=0.8N_{接发} \tag{4-20}$$

4.4.2 到发线通过能力计算举例

图 4-6 为一双线铁路横列式车站详图及计算行车量，具有两个到发场，到发场Ⅰ设有 3 条到发线(4、5、6 道)，到发场Ⅱ设有 4 条到发线(8、9、10、11 道)，其固定用途见表 4-5。

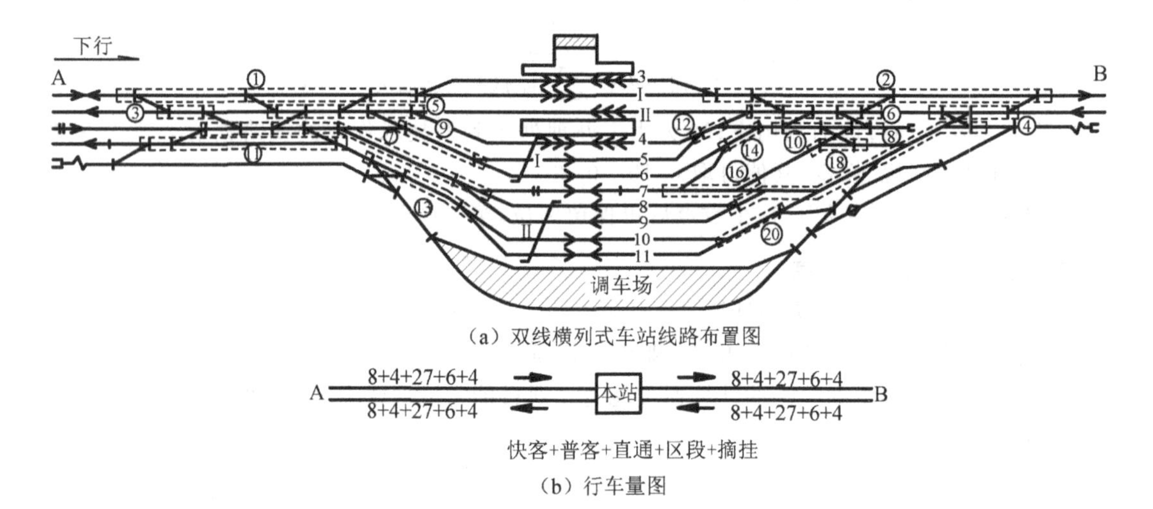

(a) 双线横列式车站线路布置图

(b) 行车量图

图 4-6 某双线车站线路布置及行车量图

表 4-5 到发线使用方案

线路编号	固定用途	一昼夜接发列车数	线路编号	固定用途	一昼夜接发列车数
Ⅰ	A 至 B 旅客快车通过	8	8	接发 B 至 A 无改编中转货物列车	10
Ⅱ	B 至 A 旅客快车通过	8			
3	接发 A 至 B 旅客列车	4	9	接发 B 至 A 无改编中转货物列车	7
4	接发 B 至 A 旅客列车	4		接 B 到解区段列车	6
	接发 B 至 A 无改编中转货物列车	10	10	发 A 自编区段列车	6
				接 A 到解区段列车	6
	接发 A 至 B 无改编中转货物列车	5		发 B 自编区段列车	6

续表

线路编号	固定用途	一昼夜接发列车数
5	接发 A 至 B 无改编中转货物列车	11
6	接发 A 至 B 无改编中转货物列车	11
11	接 A 到解摘挂列车	4
	发 A 自编摘挂列车	4
	接 B 到解摘挂列车	4
	发 B 自编摘挂列车	4

已知有以下几项资料。

①本站取送车。

机务段位于车站 A 端，每昼夜取车 2 次，送车 2 次。货场位于车站 B 端，每昼夜向货场取送车 6 次。

②机车运用。

普通旅客列车及各种货运列车，其本务机车均需在本站更换机车，入段作业。快运旅客列车在本站不需更换机车。

③各项作业占用到发线的时间标准。

接发无改编中转列车：60 min；

接到达解体区段列车：83 min；

接到达解体零摘列车：83 min；

发自编始发区段列车：73 min；

发自编始发零摘列车：73 min；

接发普通旅客列车：30 min。

④各项作业占用咽喉的时间标准。

接各种货物列车：8 min；

发各种货物列车：6 min；

本务机车入段：2 min；

本务机车出段：2 min；

到达解体区段、零摘列车转线：15 min；

自编始发区段、零摘列车转线：15 min；

接旅客列车：10 min；

发旅客列车：8 min；

向机务段取车：6 min；

向机务段送车：6 min；

向货场取送车：6 min。

结合到发线使用方案，各车场办理各种列车占用到发线的总时间可列表计算，如表 4 - 6 所示。

表 4-6 各车场占用时间计算表

场别	作业项目	每昼夜作业次数	每次作业所需时间/min	占用时间/min	
				总时分 T	固定作业时分 $\sum t_{固}$
到发场Ⅰ	接发B至A旅客列车	4	30	120	120
	接发B至A无调中转货物列车	10	60	600	
	接发A至B无调中转货物列车	27	60	1620	
	总计	41		2340	120
到发场Ⅱ	接发B至A无调中转货物列车	17	60	1020	
	接B到解区段,摘挂列车	10	83	830	
	接A到解区段,摘挂列车	10	83	830	
	发B自编区段,摘挂列车	10	73	730	
	发A自编区段,摘挂列车	10	73	730	
	总计	57		4140	

各车场的利用率为

$$到发场Ⅰ:K_1=\frac{2340-120}{(1440\times3-120)(1-0.2)}=0.66$$

$$到发场Ⅱ:K_2=\frac{4140-0}{(1440\times4-0)(1-0.2)}=0.90$$

各车场按方向别到发线的通过能力可列表计算,如表 4-7 所示。

由表 4-7 可见,按方向别的通过能力:

A 方向接车能力:$N_{接}^{A}=52.0$ 列;

A 方向发车能力:$N_{发}^{A}=45.2$ 列;

B 方向接车能力:$N_{接}^{B}=45.2$ 列;

B 方向发车能力:$N_{发}^{B}=52.0$ 列。

为了衡量到发线的负荷,到发线的通过能力还应按车场分别进行计算,此时无调中转列车一接一发计 1 列(如表 4-7 中括号内的数字为无调中转列车发车列数,应与接车合并计算列数),有调中转解体 1 列计 1 列,编组 1 列计 1 列。

到发场Ⅰ的通过能力:40.9+15.2=56.1 列;

到发场Ⅱ的通过能力:11.1+11.1+18.9+11.1+11.1=63.3 列;

全站到发线的通过能力:56.1+63.3=119.4 列。

表4-7　各车场按方向别到发线通过能力计算表

方向	作业项目		列入计算中的列车数	到发线通过能力/列		
				到发场1	到发场2	合计
A方向	接车	到发场Ⅰ接A至B无调中转列车	27	40.9		40.9
		到发场Ⅱ接A到解列车	10		11.1	11.1
	总计		37	40.9	11.1	52.0
	发车	到发场Ⅰ发B至A无调中转列车	10	(15.2)		(15.2)
		到发场Ⅱ发B至A无调中转列车	17		(18.9)	(18.9)
		到发场Ⅱ发A自编列车	10		11.1	11.1
	总计		37	15.2	30.0	45.2
B方向	接车	到发场Ⅰ接B至A无调中转列车	10	15.2		15.2
		到发场Ⅱ接B至A无调中转列车	17		18.9	18.9
		到发场Ⅱ接B到解列车	10		11.1	11.1
	总计		37	15.2	30.0	45.2
	发车	到发场Ⅰ发A至B无调中转列车	27	(40.9)		(40.9)
		到发场Ⅱ发B自编列车	10		11.1	11.1
	总计		37	40.9	11.1	52.0

4.5　车站咽喉通过能力的计算方法

车站咽喉通过能力的计算一般采用利用率计算法，可按下列方法和步骤进行。

4.5.1　道岔分组

车站咽喉区的道岔较多，为了简化计算，可按不同情况，对它们进行分组。分组的原则如下。

(1)不能被两条进路同时分别占用的道岔，应合并成一组。因此，凡在一条线路上布置有若干副道岔，如果其中没有任何两副道岔辙叉尾部相对且分别布置在线路两侧时，这些道岔均应划为一组，如图4-7(a)所示。因为当其中任何一副道岔被占用时，其余道岔均无法同时开通其他进路。

(2)可以被两条进路同时分别占用的道岔(包括相邻道岔)，不应并入一组。因此，凡在一条线路上，有两个相邻道岔的辙叉尾部相对，且分别布置在线路的两侧，这两副道岔不应划为一组。它们往往成为两个道岔组的分界处，如图4-7(b)中的道岔组⑤与⑦。又如连接两条平行线路的渡线两端的道岔，亦不应划为一组，见图4-7(c)中的道岔1与3。再如，有的道岔与两条平行进路上两个道岔组相邻，可以分别开通两条平行进路时，该道岔不得与任何一个道岔组合并，应单独划作一组，如图4-7(d)中所示的道岔组⑤。

(3)可以并入相邻两组中任何一组的道岔，必须并入其中任一组，不应单独划作一组。如

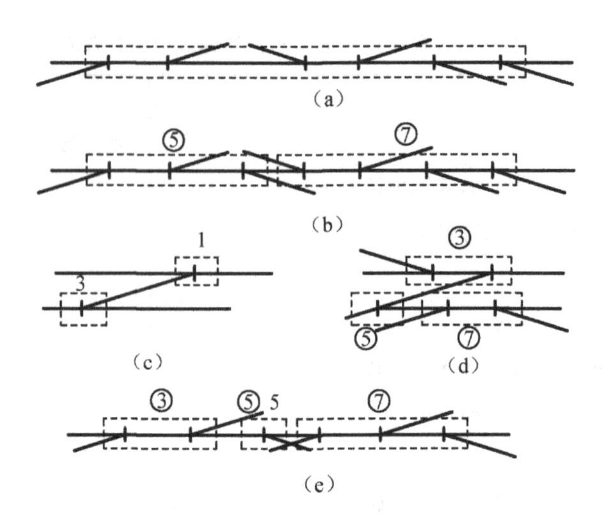

图 4-7 道岔分组示意图

图 4-7(e)中,不论道岔组③还是道岔组⑦被占用时,道岔组⑤均不可能同时再为其他作业占用。这时,如将道岔 5 单列一组,势必会造成道岔 5 的妨碍时间比实际偏大(因为当道岔组③及道岔组⑦同时作业时,道岔 5 会记上二次妨碍时间)。因此,必须将道岔 5 并入③组或⑦组。

在图 4-6 中机务段一端咽喉区按上述分组原则,A 端可分为 7 组,B 端可分为 10 组。

4.5.2 到发场(线)合理分工方案的确定

到发场(线)分工方案的实质,就是合理分配作业量。这应根据到发线数量,线路使用办法、作业量、作业性质、咽喉布置特点等有关因素来确定。所选定的分工方案应尽量满足下列两点要求:

①列车到发线的均衡使用,使各线路接发列车数或总占用时间大致相等;

②合理利用咽喉区的平行进路,使作业量不致过分集中于个别道岔组。

从图 4-6 中可看出,二个衔接方向的各种列车分别按方向使用到发场Ⅰ及到发场Ⅱ。

4.5.3 咽喉区道岔占用时间表的填制及其通过能力利用率的计算

道岔分组及到发场分工确定之后,就需进一步计算出各道岔组一昼夜进行各项作业的总占用时间 T,即

$$T = n_{接}t_{接} + n_{发}t_{发} + n_{机}t_{机} + \sum t_{调} + \sum t_{妨} + \sum t_{固} \tag{4-21}$$

式中:$n_{接}$、$n_{发}$为列入计算中一昼夜占用道岔组到达、出发的货物列车数(包括摘挂列车);$t_{接}$、$t_{发}$为到达、出发的列车平均一次占用道岔组的时分;$n_{机}$为列入计算中一昼夜占用道岔组的单机次数;$t_{机}$为单机平均一次占用道岔组的时分;$\sum t_{调}$为一昼夜调车作业占用道岔组的总时分(包含在$\sum t_{固}$中的调车作业时分除外);$\sum t_{妨}$为由于列车、调车车列或机车作业占用该道岔组敌对进路上的其他道岔组,而须完全停止使用该道岔组的妨碍时分;$\sum t_{固}$为一昼夜固定作业占用道岔组的总时分。包括旅客列车到、发、调移及机车出入段等作业,向货物装卸地点、车辆段定时取送车辆的作业以及调车机车出入段作业等占用道岔组的时间。

上述道岔组的各项占用时间，均可分为准备进路时间和通过有关距离所需时间两个部分。在车站设计时，这两部分的占用时间，一般均采用《铁路工程设计技手册：站场及枢纽》所列举的“作业时分参考指标”中规定的时间标准。在运营的车站，这两部分时间，一般用查定并分析的方法确定。有时为了分析比较，也有用公式计算法或牵引计算法来计算，以便与查定时间进行核对或验证。

图 4－6 中 A 端咽喉总占用时间可列表计算（见表 4－8）。

表 4－8　A 端咽喉区占用时间计算表

序号	作业进路名称	占用次数	每次占用时间/分	总占用时间/分	咽喉区道岔组占用时间/分						
					①	③	⑤	⑦	⑨	⑪	⑬
主要作业											
1	4 道接 A 至 B 无改编中转列车	5	8	40	40		40				
2	4 道发 B 至 A 无改编中转列车	10	6	60		60	60				
3	5、6 道接 A 至 B 无改编中转列车	22	8	176	176		176		176		
4	8、9 道发 B 至 A 无改编中转列车	17	6	102		102		102			
5	10 道接 A 到解区段列车	6	8	48	48	48	(48)	48	(48)	48	48
6	10 道发 A 自编区段列车	6	6	36		36		36		36	36
7	4、5、6 道本务机车经 7 道入段	27	2	54				54		54	
8	4、5、6 道本务机车经 7 道出段	27	2	54				54			
9	4 道本务机入段	10	2	20			20	20	(20)	20	
10	4 道本务机出段	10	2	20			20	20	(20)		
11	8、9 道本务机车入段	23	2	46				46		46	
12	8,9 道本务机车出段	17	2	34				34			
13	10 道本务机车经 7 道入段	6	2	12				12		12	
14	10 道本务机车经 7 道出段	6	2	12				12			
15	10 道本务机车出段	6	2	12				12		12	12
16	10 道自编区段列车转线	12	15	180							180
17	11 道接 A 到解摘挂列车	4	8	32	32	32	(32)	32	(32)	32	32
18	11 道发 A 自编摘挂列车	4	6	24		24		24		24	24

续表

编号	作业进路名称	占用次数	每次占用时间/分	总占用时间/分	咽喉区道岔组占用时间/分						
					①	③	⑤	⑦	⑨	⑪	⑬
19	11 道摘挂列车本务机经7道入段	4	2	8				8		8	
20	11 道摘挂列车本务机经7道出段	4	2	8				8			
21	11 道摘挂列车本务机入段	4	2	8						8	8
22	11 道摘挂列车本务机出段	4	2	8				8		8	8
23	11 道自编摘挂列车转线	8	15	120							120
	固定作业										
24	3 道接 A 至 B 旅客列车	4	10	40	40						
25	Ⅰ道通过 A 至 B 旅客列车	8	8	64	64						
26	Ⅱ道通过 B 至 A 旅客列车	8	8	64		64	64				
27	4 道发 B 至 A 旅客列车	4	8	32		32	32				
28	3 道旅客列车本务机车经Ⅰ道入段	4	2	8	8	(8)	8	8	(8)	8	
29	3 道旅客列车本务机车经Ⅰ道出段	4	2	8	8	(8)	8	8	(8)		
30	4 道旅客列车本务机车入段	4	2	8		(8)	8	8	(8)	8	
31	4 道旅客列车本务机车出段	4	2	8		(8)	8	8	(8)		
32	往机务段送车	2	6	12						12	12
33	向机务段取车	2	6	12				12		12	12
	$\sum t_{固}$				120	128	128	44	32	40	24
	T				416	430	524	574	328	348	492
	$T-\sum t_{固}$				296	302	396	530	296	308	468
	$K=\dfrac{T-\sum t_{固}}{(1-\gamma_{空费})(1440-\sum t_{固})}$				0.28	0.29	0.38	0.48	0.26	0.27	0.41

注：括号内数据表示妨碍时间。

同样，可计算 B 端咽喉的总占用时间(从略)。

当求得 T 及 $\sum t_{固}$ 值后，即可用下式计算咽喉道岔(组)通过能力利用率

$$K=\frac{T-\sum t_{固}}{\left(1440-\sum t_{固}\right)(1-\gamma_{空费})} \tag{4-22}$$

4.5.4　负荷量最大的咽喉道岔组的选定

车站内凡办理接发列车作业的咽喉区,均应计算其通过能力。它是由各咽喉区内负荷量最大即 K 值最大的道岔组(最繁忙咽喉道岔组)一昼夜内能够办理的到发列车数所决定的。但当有下述情况时,则需要根据以下规定选定两个或更多的咽喉道岔组。

①一个咽喉区内如有两个以上的衔接方向时,应分别将各该衔接方向接车进路或发车进路上负荷量最大的道岔组选定为咽喉道岔组。该咽喉区的通过能力,应等于各该衔接方向咽喉道岔通过能力之和。

②同一衔接方向的不同列车(有调中转、无调中转)经由各个不同的进路到、发时,应分别为不同列车进路选定咽喉道岔组。该咽喉区的通过能力,应等于各该进路上咽喉道岔通过能力之和。

在图 4-6 的示例中 A 端咽喉接 A 方向无改编列车经由道岔组①、⑤、⑨,由表 4-8 可以看出其中道岔组⑤的值最大(0.38);接 A 方向到达解体列车经由道岔组①、③、⑦、⑪、⑬,由表 4-8 中可以看出其中道岔组⑦的 K 值最大(0.48),因而该咽喉区 A 方向的接车进路有两个咽喉道岔组(⑤、⑦),作为该咽喉计算 A 方向接车通过能力的咽喉道岔组。

同样,A 端咽喉发 A 方向的无改编中转列车经由道岔组⑦、③,由表 4-8 可以看出其中道岔组⑦的值最大(0.48),发 A 方向的自编列车经由道岔组⑬、⑪、⑦、③,由表 4-8 可以看出其中道岔组⑦的 K 值最大(0.48),因而该咽喉区 A 方向发车进路上有一个咽喉道岔组(⑦),作为该咽喉计算 A 方向发车通过能力的咽喉道岔组。

同理,可以确定 B 端咽喉,接 B 方向无改编中转列车的咽喉道岔组为④;向 B 方向发无改编中转列车的咽喉道岔组为②;接 B 方向到达解体列车的咽喉道岔组为④;向 B 方向发自编列车的咽喉道岔组为④。

该站两端咽喉道岔(组)利用率见表 4-9。

表 4-9　咽喉道岔(组)利用率表

<table>
<tr><th rowspan="3">接发车</th><th rowspan="3">方向</th><th rowspan="3">列车种类</th><th colspan="3">A 端咽喉</th><th colspan="3">B 端咽喉</th></tr>
<tr><th rowspan="2">经由道岔组号</th><th colspan="2">咽喉道岔组</th><th rowspan="2">经由道岔组号</th><th colspan="2">咽喉道岔组</th></tr>
<tr><th>组号</th><th>K</th><th>组号</th><th>K</th></tr>
<tr><td rowspan="4">接车</td><td rowspan="2">A 方向</td><td>无调</td><td>①、⑤、⑨</td><td>⑤</td><td>0.38</td><td></td><td></td><td></td></tr>
<tr><td>有调</td><td>①、③、⑦、⑪、⑬</td><td>⑦</td><td>0.48</td><td></td><td></td><td></td></tr>
<tr><td rowspan="2">B 方向</td><td>无调</td><td></td><td></td><td></td><td>④、⑳、⑥、⑫</td><td>④</td><td>0.35</td></tr>
<tr><td>有调</td><td></td><td></td><td></td><td>④、⑳、㉒</td><td>④</td><td>0.35</td></tr>
<tr><td rowspan="4">发车</td><td rowspan="2">A 方向</td><td>无调</td><td>⑦、③</td><td>⑦</td><td>0.48</td><td></td><td></td><td></td></tr>
<tr><td>有调</td><td>③、⑦、⑪、⑬</td><td>⑦</td><td>0.48</td><td></td><td></td><td></td></tr>
<tr><td rowspan="2">B 方向</td><td>无调</td><td></td><td></td><td></td><td>②、⑥、⑫、⑭</td><td>②</td><td>0.22</td></tr>
<tr><td>有调</td><td></td><td></td><td></td><td>②、④、⑳、㉒</td><td>④</td><td>0.35</td></tr>
</table>

4.5.5 咽喉通过能力计算

(1)车站各衔接方向咽喉道岔(组)计算通过能力计算。

到发线(场)接发该方向货物列车的计算通过能力为

$$接车:N^{i}_{货接}=\frac{n^{i}_{货接}}{K} \tag{4-23}$$

$$发车:N^{i}_{货发}=\frac{n^{i}_{货发}}{K} \tag{4-24}$$

式中:$N^{i}_{货接}$、$N^{i}_{货发}$为 i 方向货物列车接车或发车的咽喉道岔组计算通过能力;$n^{i}_{货接}$、$n^{i}_{货发}$为 i 方向列入计算中接入或发出的货物列车数。

该站咽喉道岔(组)的计算能力如表 4-10 所示。

表 4-10 咽喉计算通过能力表 单位:列

接发车	方向	列车种类	A 端咽喉道岔组计算通过能力			B 端咽喉道岔组计算通过能力			受控制咽喉道岔组
			⑤组	⑦组	小计	②组	④组	小计	
接车	A 方向	无调	71.1		71.1				⑤
		有调		20.8	20.8				⑦
	B 方向	无调					77.1	77.1	④
		有调					28.5	28.5	④
	小计				91.9			105.6	
发车	A 方向	无调		56.2	56.2				⑦
		有调		20.8	20.8				⑦
	B 方向	无调				122.7		122.7	②
		有调					28.5	28.5	④
	小计				77.0			151.2	

A 方向货物列车接车能力:$N^{A}_{货接}=71.1+20.8=91.9$ 列;

A 方向货物列车发车能力:$N^{A}_{货发}=56.2+20.8=77.0$ 列;

B 方向货物列车接车能力:$N^{B}_{货接}=77.1+28.5=105.6$ 列;

B 方向货物列车发车能力:$N^{B}_{货发}=122.7+28.5=151.2$ 列。

(2)咽喉区的计算通过能力计算。

接车:$N_{货接}=\sum N^{i}_{货接}$;

发车:$N_{货发}=\sum N^{i}_{货发}$。

该站咽喉区货物列车的计算通过能力:

A 端咽喉接车:$N^{A}_{货接}=91.9$ 列;

发车:$N^{A}_{货发}=77.0$ 列。

B 端咽喉接车:$N^{B}_{货接}=105.6$ 列;

发车:$N^{B}_{货发}=151.2$ 列。

(3)咽喉区的使用通过能力计算。

咽喉区的计算通过能力乘以使用系数 0.8,即为咽喉区的使用通过能力。

4.6　车站最终通过能力的确定

车站最终通过能力(final carrying capacity of station)是将咽喉、到发线的通过能力以及调车设备的改编能力进行综合分析,针对车站的薄弱环节,重新调整咽喉、车场、驼峰和牵出线的分工,最后确定的车站按方向别一昼夜所能通过的最多货物列车数和运行图规定的旅客列车数。

在确定车站最终通过能力时,应首先将车站各项设备的能力进行汇总,可按下列步骤和方法进行。

4.6.1　咽喉通过能力的汇总

当某方向接车或发车经由两条及其以上进路时,汇总后的咽喉能力应等于各进路咽喉道岔组办理该方向接车或发车的通过能力之和。如表 4-10 中 A 方向咽喉的接车能力,无调中转列车的咽喉道岔组为⑤号,其通过能力为 71.1 列;有调中转列车的咽喉道岔组为⑦号,其通过能力为 20.8 列,则 A 方向货物列车咽喉的接车通过能力为 71.1+20.8=91.9 列。

4.6.2　到发线通过能力的汇总

当某方向接车或发车由几个车场办理时,汇总后到发线通过能力应等于各车场办理该方向接车或发车的通过能力之和。如表 4-7 中 A 方向到发线的接车能力:无调中转列车到发场Ⅰ到发线的通过能力为 40.9 列;有调中转列车到发场Ⅱ到发线的通过能力为 11.1 列,则 A 方向到发线的接车通过能力为 40.9+11.1=52.0 列。

4.6.3　方向别最终通过能力的确定

咽喉和到发线通过能力按方向别汇总后,车站最终通过能力应按办理该方向列车的各项设备中受控制的(即利用率最大)那项设备的能力来确定。

当车站有几个到发场分别接发列车,而经由的咽喉有几个不同进路时,则最终通过能力的确定应考虑以下两种情况。

①一条固定进路在一个到发场接发:如果同一方向的列车,只经由一条固定的接(发)车进路并在一个到发场内办理接(发)列车作业时,则该方向的接(发)车最终通过能力,即等于该进路上受控制的那项设备(咽喉或到发线)能够办理该方向最多的列车数。

②几条不同进路在几个到发场接发:如果同一方向的列车,经由几条不同的接(发)车进路并在不同的到发场内办理接(发)车作业时,则该方向的接(发)车最终通过能力,应等于各该进路上受控制的那几项设备(咽喉或到发线)能够办理该方向最多的列车数之和。例如:表 4-7 中 A 方向的接车能力受到发场Ⅰ和到发场Ⅱ到发线通过能力的限制,到发场Ⅰ的接车能力为 40.9 列,到发场Ⅱ的接车能力为 11.1 列,故 A 方向最终的接车能力为 40.9+11.1=52.0 列。

必须指出:当某些车站上有调改编中转列车较多时,其接发车能力还可能受车站改编能力的限制。此时,应对该站改编能力进行计算平衡后,再求得该站按方向别有调中转列车的最终接(发)车通过能力。

4.6.4 车站最终通过能力的确定

车站最终通过能力应按受控制的那项设备的接车和发车通过能力分别进行计算。

$$接车能力:N_{接}=\sum n_{接}^{i} \tag{4-25}$$

$$发车能力:N_{发}=\sum n_{发}^{i} \tag{4-26}$$

式中:$n_{接}^{i}$、$n_{发}^{i}$为i方向的接车或发车能力。

例如:本站A、B方向的通过能力均受到发线能力的控制,由表4-11计算可得,

全站的接车能力:$N_{接}=n_{接}^{A}+n_{接}^{B}=52.0+45.2=97.2$ 列;

全站的发车能力:$N_{发}=n_{发}^{A}+n_{发}^{B}=45.2+52.0=97.2$ 列。

表4-11 车站最终通过能力计算表

方向	作业和列车种类		列入计算中的列车数	各部分通过能力/列						受何控制	最终通过能力/列
				道岔组⑤	道岔组⑦	到发场Ⅰ	到发场Ⅱ	道岔组②	道岔组④		
A方向	接车	无调	27	71.1		40.9				到发场Ⅰ	40.9
		有调	10		20.8		11.1			到发场Ⅱ	11.1
		总计								到发场	52.0
	发车	无调	27		56.2	(15.2)	(18.9)			到发场	34.1
		有调	10		20.8		11.1			到发场Ⅱ	11.1
		总计								到发场	45.2
B方向	接车	无调	27			15.2	18.9		77.1	到发场	34.1
		有调	10				11.1		28.5	到发场Ⅱ	11.1
		总计								到发场	45.2
	发车	无调	27			(40.9)		122.7		到发场Ⅰ	40.9
		有调	10				11.1		28.5	到发场Ⅱ	11.1
		总计								到发场	52.0
利用率K				0.38	0.48	0.66	0.90	0.22	0.35		

注:括号内的数字为无调中转列车发车列数,应与接车合并计算列数。

4.6.5 提高车站通过能力的措施

车站的通过能力是铁路通过能力的重要组成部分,直接关系着运输生产过程的实现。提高车站通过能力的措施有技术组织措施和改建措施两大类。

1. 提高车站通过能力的技术组织措施

根据车站通过能力的计算过程,对影响车站能力的各种因素进行系统分析,车站通过能力通常受制于咽喉道岔组中最繁忙的道岔组或者是到发线,采取的主要技术组织措施如下。

(1)调整车站技术设备的使用方案,均衡设备的作业负担。

通过调整车场分工和到发线使用方案,重新分配驼峰、牵出线工作,调整调机分工及其作业区域,调整咽喉道岔的作业负担,使各项技术设备的作业负担均衡并减少敌对进路的干扰,从而提高和协调车站咽喉通过能力、到发线通过能力和驼峰、牵出线的改编能力。

必须注意的是,通过调整到发线的使用方案,到发线的通过能力重新调整计算后,应根据新的分配方案,对咽喉道岔组的作业占用时分予以验算。同理,当某咽喉道岔组限制了车站的通过能力,亦可通过充分利用平行进路来调整原来的接车、发车和调车进路,减轻该咽喉道岔组的作业负担,以提高车站通过能力。

(2)压缩各项作业占用技术设备的时间。

采用先进的工作方法,改进各种列车的技术作业过程和调车作业方法,采取解体照顾编组、解体照顾送车、取车照顾编组、解编结合等方法,利用车辆集结过程预编、预检车组等,实现流水作业和最大限度的平行作业,在压缩单项作业时间的同时,减少或消除等待和妨碍作业时间。

(3)改进运输组织工作。

加强车站作业计划与调度指挥,根据列车编组内容和到发时间,有预见有计划地组织车流和装卸作业,合理组织调车机工作,充分发挥调车机效率,减少固定作业占用时间。

(4)对车站现有设备进行小量技术改造。

在工程量和投资不大的情况下,可在咽喉区增铺或改铺道岔,移设信号设备,增加咽喉平行进路,延长牵出线,增加辅助调车机车等,以加强车站通过能力。

2. 提高车站能力的改建措施

(1)改造车站咽喉。

改进车站咽喉布置,增设联络线,增加平行进路。在必要和可能时,采用立体交叉,以疏解列车进路,使各方向客货列车接发、机车出入段、解编和取送调车等能够最大限度地平行作业。

(2)改建或扩建站场线路。

改进车场布置,增加或延长到发线、调车线,分别设置货物列车到达场、出发场,或在办理直通货物列车较多的车站增设直通车场。

(3)改造现有固定调车设备。

改造牵出线、驼峰设备的平纵断面,增设预推线、尾部牵出线,采用先进的峰下制动设备等。

(4)采用各种新技术,安装先进的信号、联锁、闭塞设备。

第5章　调车设备

凡是有调车作业的车站、车场及货物装卸场，除调车作业量不大，且有条件利用正线、联络线调车者外，都应设置专用调车设备。

5.1　调车设备的分类

调车设备按车辆溜放动力和线路设备等情况，可划分为以下几类：

①平面牵出线：调车时车辆的溜放靠机车的推力，牵出线基本是设在平道上；

②特殊断面牵出线（坡度牵出线）：调车时车辆的溜放以机车的推力为主，以车辆的重力为辅。牵出线部分比调车场部分的标高要高，其纵断面也是为了提高改编能力特殊设计的；

③驼峰：调车时车辆的溜放是以它本身的重力为主，而以机车的推力为辅。

上述各种调车设备的纵断面如图5－1所示。

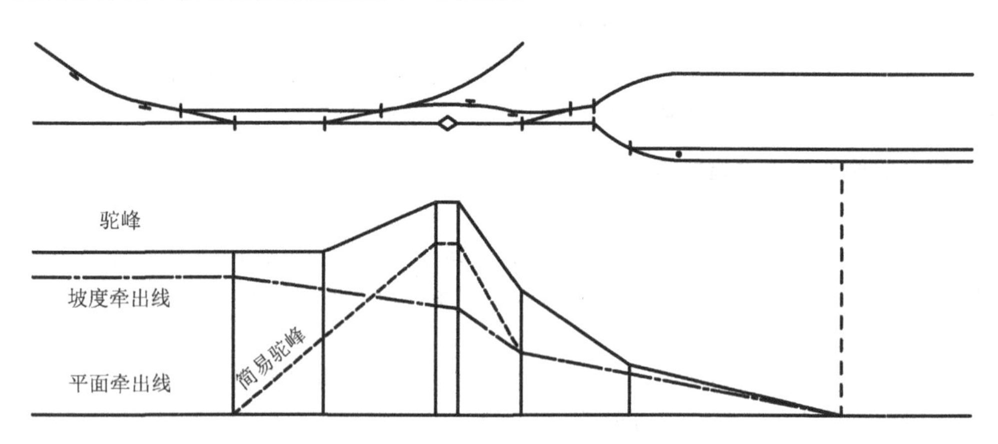

图5－1　调车设备类型示意图

根据作业能力大小，驼峰可以划分为：大能力驼峰、中能力驼峰和小能力驼峰。

①大能力驼峰：日解体能力在4000辆以上，应设30条及以上调车线和2条溜放线，应配有驼峰进路控制、溜放车组速度控制、推峰速度控制和调车场尾部停车防溜控制系统。大能力驼峰均设置在路网性编组站上，为提高驼峰的作业效率，保证作业安全，应设有先进的自动化设备。

②中能力驼峰：日解体能力在2000～4000辆，应设17～29条调车线，宜设2条溜放线，应配有驼峰进路控制、溜放车组速度控制、推峰速度控制和调车场尾部停车防溜控制系统。中能力驼峰多设在区域性和地方性编组站上。

③小能力驼峰：日解体能力为2000辆以下，应设16条及以下调车线和1条溜放线，应配有驼峰进路控制和调车场尾部停车防溜控制系统，宜设驼峰机车信号。小能力驼峰多设在小型编组站或区段站上。

驼峰根据其设备条件的不同，又可分为以下几种。

①简易驼峰：道岔控制一般采用电气集中或非集中；制动工具主要采用铁鞋，并辅以手闸。简易驼峰的推送坡较陡。一般设在调车线不少于 5 条，每昼夜解体车数不少于 200 辆的编组站上。

②非机械化驼峰：道岔控制一般采用电气集中或自动集中，初期也可以是非集中的；制动工具一般采用制动铁鞋。非机械化驼峰一般设在调车线少于 16 条(在南方地区少于 20 条)，每昼夜解体车数少于 2000 辆的中、小型编组站上。但应预留有发展为机械化、自动化的条件。

③机械化驼峰：道岔控制采用自动集中；制动设备在溜放部分采用人工控制的车辆减速器，在调车线内可以采用制动铁鞋，推峰机车采用遥控系统。一般设在调车线(指车辆经驼峰溜放进入的线路)不少于 16 条(在南方地区不少于 20 条)的大、中型编组站上，每昼夜解体车数为 2000～4000 辆。

④半自动化驼峰：在机械化驼峰的基础上采用部分自动控制设备的驼峰。溜放部分设有车辆减速器，调车线始端设有车辆溜放速度半自动控制系统，调车线内采用调速设备。道岔控制采用自动集中。有适当根据时，可用在大、中型编组站上。

⑤自动化驼峰：设有推送速度和溜放速度自动控制、溜放进路自动控制及推峰机车遥控系统等设备。每昼夜解体车数在 4000 辆以上。有充分根据时，可用在大型编组站上。

20 世纪 80 年代以来，我国广泛采用了先进的驼峰技术，一些调速设备、控制系统、检测系统、管理系统不断推广使用，提高了驼峰的自动化水平。原有的机械化驼峰，通过技术改造，实现了车辆溜放速度自动或半自动控制。

5.2　牵　出　线

5.2.1　牵出线调车的作业方法

(1)推送调车法。

凡使用机车将车辆由一条线路调送到另一条线路，在调动过程中不摘车的调车方法被称为推送调车法，如图 5－2 所示。

这种调车方法，消耗调车时间较多，但是一种比较安全的调车方法。适用于不许可溜放调车的车站和地点。车组连挂、车列转线、向货场及专用线取送车等都用此种调车法。

(2)溜放调车法。

使用机车推送车列达到一定的速度，在行进中提钩，使摘离的车组利用所获得的动能，溜向指定地点的调车方法被称为溜放调车法，如图 5－3 所示。

5.2.2　路网铁路车站牵出线的设置

在路网铁路上不同类型的车站，特别是中间站和区段站一般都采用定型设计，因此不同类型车站的牵出线设置也有一定的规律。

1. 中间站

(1)设置条件。

①设有货物装卸线的物流中心均应设置牵出线。

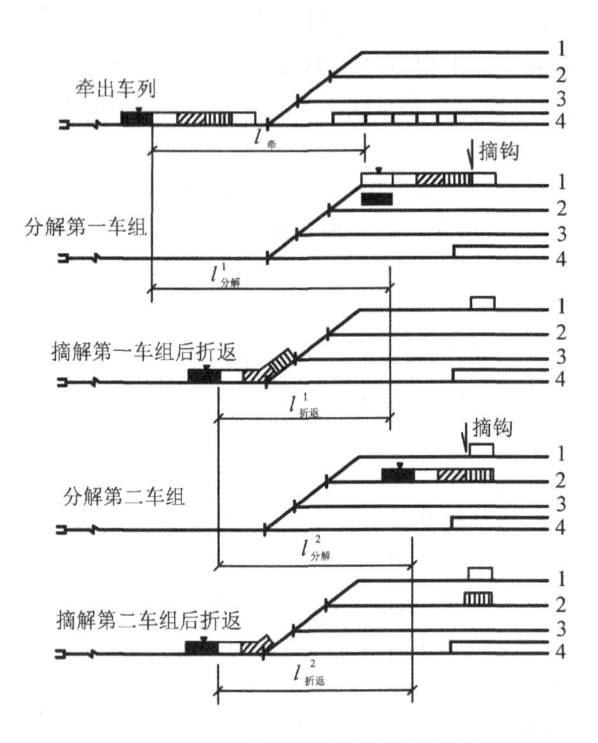

图 5-2 推送调车法示意图

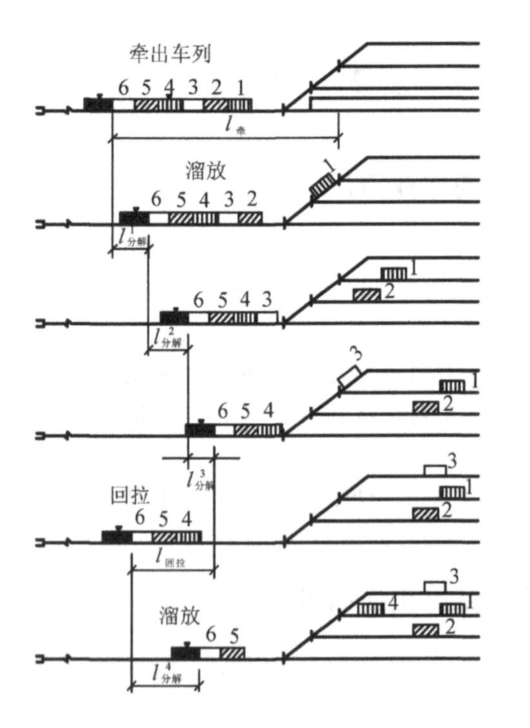

图 5-3 溜放调车法示意图

中间站的物流作业场所应满足集约化、直达化和物流化的发展需求。设有货物装卸线的物流作业场所，年到发运量较大，相应的调车作业量也较大。加上正线行车速度提高，为确保行车安全和线路区间通过能力，设有铁路物流中心的中间站均应设置牵出线，如图5-4所示。

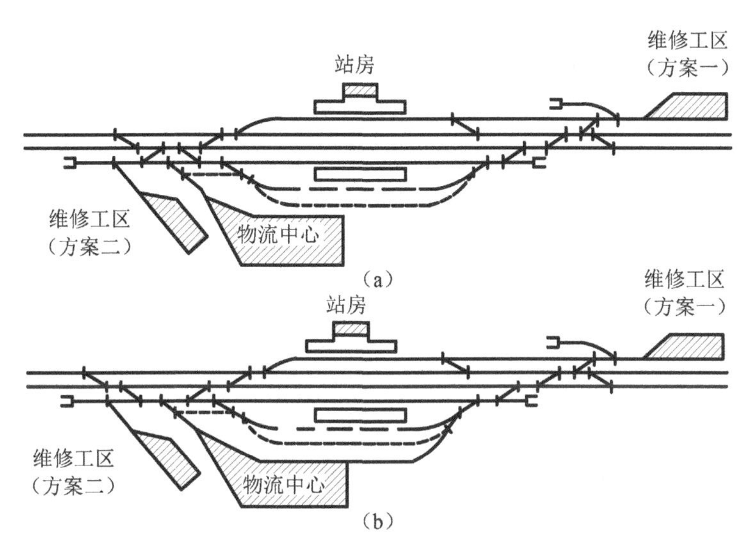

图5-4 客货共线双线铁路中间站布置图

②当中间站有岔线接轨，且符合调车作业条件时，可利用岔线进行调车作业。牵出线可不设或缓设。这样既能节省工程投资，又能满足调车作业需要。

利用岔线进行调车时，其平、纵断面及视线等条件应适合调车作业的要求。在困难条件下，曲线半径不应小于300 m，坡度不应大于6‰。

利用岔线调车时，为避免调车作业越出站界，进站信号机应外移，外移距离应满足调车作业的需要，但不宜超过400 m。

(2)牵出线有效长。

牵出线的有效长应满足零摘、摘挂列车一次牵出车列长度的需要。牵出线过短，调车时必须分批牵出，增加调车钩数，延长作业时间。目前由于中间站的车流组织加强，成组集中到达显著增多，在站作业常牵引20辆以上，因此，中间站牵出线的有效长度原则上不应短于该区段运行货物列车长度的一半。在困难条件下，当受地形限制或本站作业量小时，至少应满足每次能牵出10辆，有效长不小于200 m的要求。

2. 区段站

牵出线是区段站的主要调车设备。调车作业量不大时，可采用平面牵出线；调车作业量较大时(调车线数量不小于5条、每昼夜解体车数不小于200辆)，可在牵出线上设小能力驼峰。

(1)牵出线数目的确定。

在区段站上，有调作业车数量的多少、改编列车的编组要求、调车作业的方法、铁路物流中心、站内调机的台数及分工、货场与工业企业线的位置及其作业量等，对牵出线的数量和长度都有影响。

区段站的调车场两端应各设一条牵出线。如每昼夜实际解编作业量不超过7列(即解、编各7列)时，次要牵出线可缓设。

如有运量较少的铁路支线或工业企业线接轨，其平、纵断面又适合调车时，可利用该线作为次要的牵出线。

在纵列式区段站上，当有换挂车组的部分改编中转列车，并受线路条件或通过能力的限制不能利用正线调车时，应在旅客站房同侧到发场的一端设专用的牵出线，如图 5-5(a)中 G 线。

货场取送车作业，一般可利用调车场牵出线进行。如货场位于站房同侧，装卸作业量又较大，且区间列车对数较多时，宜设专用的货场牵出线，如图 5-5(b)中 M 线。

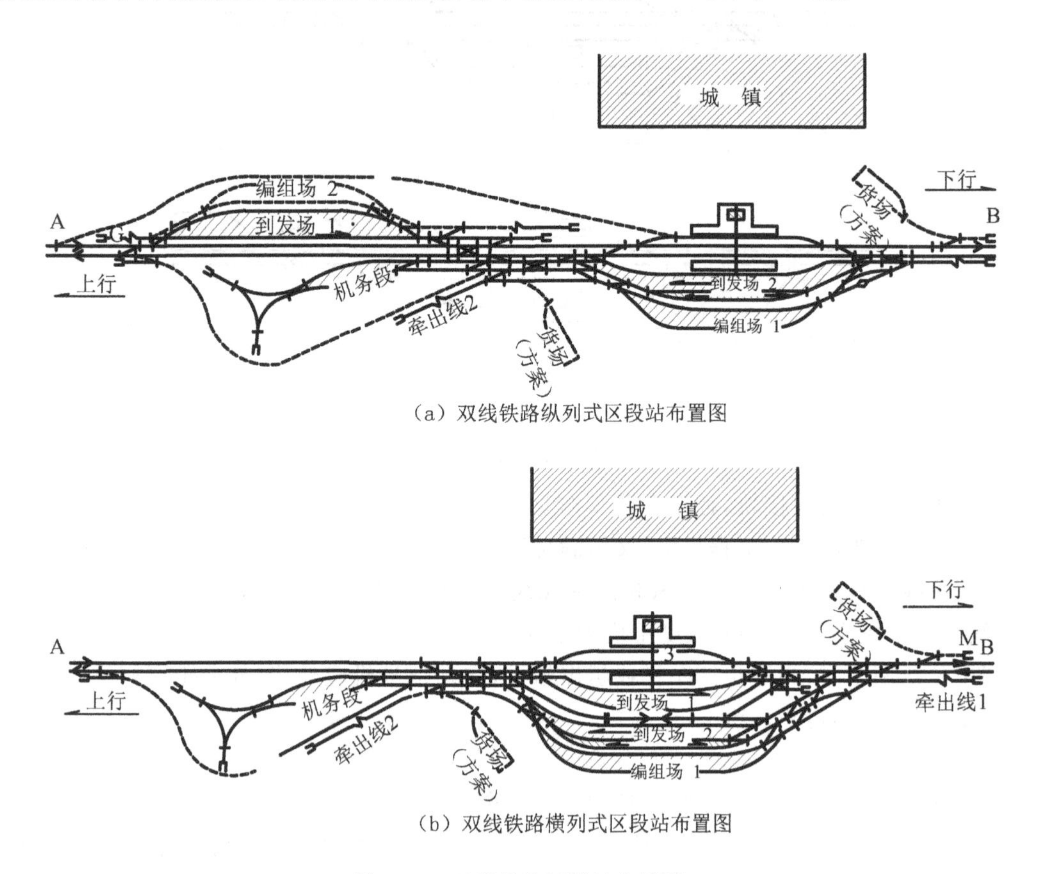

图 5-5 双线铁路区段站布置图

(2)牵出线的有效长。

区段站主要牵出线的有效长不应小于到发线的有效长，并应满足调车作业通视良好的要求，以保证整列一次转线的安全和提高作业效率，但在困难条件下仅进行加减轴作业时可适当减少。次要牵出线的有效长不宜小于到发线的有效长，调车作业量不大时可为到发线有效长的一半。

调车作业量较大的区段站，一般都在主要牵出线上设置小能力驼峰。它投资少，作业效率高，能大大减轻劳动强度。但当区段站的到发场与调车场横列布置时，在采用小能力驼峰后，车列解体、转线的行程比使用平面牵出线长。若作业量不大，解体钩数又不多，有时反而不及平面调车方便。根据运营实践，当有调作业车数在 500 辆以上，调车线在 4 条以上的区段站，设置小能力驼峰是合适的。

小能力驼峰一般都设在调车场主要牵出线的一端，次要牵出线仍为平面调车。解编作业两端各有所侧重，在设驼峰一端，以解体为主，在平面牵出线一端，主要进行编组或辅助解体，充分发挥设备特长，以提高总的改编能力。

3. 编组站

牵出线是编组站必不可少的调车设备。一般解体用驼峰，编组利用牵出线，因此编组场尾部设置牵出线，头部是驼峰。

(1)牵出线平、纵断面技术条件。

编组站尾部牵出线，一般是分工担当列车编组作业。根据列车性质、编组作业方法的不同，要求牵出线的平、纵断面也不一样。

例如单组列车，当调车线上车组集结完毕，调机只要进去连挂即可，然后整列转至出发场。采用整列牵出的优点是节省调车行程、钩数和时间。因此不管是三级式、二级式或一级式车站，对单组列车都要尽量采用一次转线。为了便于这种作业，最好采用平面牵出线。

对于多组列车，由于列车内的二、三个组号是在不同调车线上集结，当满轴时，不同站型就有不同作业方法。三级式车站是逐线连挂，编成一列后，一次牵至出发场。因而牵出线最好是平面型的。而二级式和一级式车站，一般是连挂完一条调车线上的车组后，就将该车组溜至出发场，然后再挂另一条线路上的车组，送至出发场编成一整列。为了便于转线溜放作业，最好采用坡度牵出线。

至于零摘列车，由于按区段内站顺编组，作业最为复杂。一般是驼峰解体时将该方向的零摘车溜至一条线路集结，不管是否满轴，均应在图定发车时间前编好，编组作业过程通常是尾部整列牵出，按不同到站再行溜放解体，然后依站顺逐一并钩。由此可见，零摘列车的特点是到站多、钩数多，并且需要先解后编，因此，在牵出线上设置小能力驼峰可以提高作业效率。

上述三种不同性质的列车，对牵出线纵断面的要求也各不相同。但是，在同一个编组站上，往往三种列车都要办理，那么牵出线究竟照顾谁好呢？在具体设计时，既要分析三种列车的比例和数量，又要考虑其编组时间的不同，并结合站型进行比较决定。要使设备适应大多数列车编组作业的需要，必要时甚至可以采用两种不同设备以加强尾部编组能力。

不管是平面牵出线、坡度牵出线或者小能力驼峰，均应设在直线上。牵出线设在曲线上会造成调车机车司机瞭望信号困难，调车机车司机与调车人员联系不便，调车速度不好控制，给作业带来困难，不仅降低调车效率，而且作业也不安全，容易发生事故。

对于办理解编作业的调车牵出线，因调车工作量大，作业较繁忙，在困难条件下，可将牵出线设在半径不小于1000 m的同向曲线上；在特殊困难条件下，半径不得小于600 m。

牵出线不应设在反向曲线上。牵出线如设在反向曲线上，在进行调车作业时，信号瞭望更加困难，对司机和调车员的联系极为不利，影响作业安全；此外，列车受到的外力复杂，不易掌握调车速度。因此，牵出线不应设在反向曲线上。但在咽喉区附近为调整线间距离(如由5 m加宽至6.5 m)而设置的转线走行地段的反向曲线除外。改建车站特别困难条件下，且调车作业量较小时，可设在反向曲线上，也可保留既有曲线半径。

牵出线的纵断面应根据不同的调车方式采用不同的设计。平面牵出线应设计为面向调车场不大于2.5‰的下坡道或平道。在调车场尾部咽喉区部分，因考虑道岔、曲线阻力折减，采用不陡于4‰的下坡道。

坡度牵出线，也叫特殊断面牵出线，一般是由三个坡段所组成。第一分路道岔或转线道岔前，设一段长20～30 m，坡度为15‰～20‰的加速坡，道岔区坡度为3‰～4‰，牵出线其余部分的坡度为2.5‰。设有坡度牵出线时，应检算调机牵出能否顺利起动问题。

小能力驼峰和坡度牵出线的纵断面应根据车辆阻力等条件单独设计。

总之，不能将牵出线设在面向调车场的上坡道上。

(2)牵出线数目的确定。

编组站上牵出线的数目主要根据调车作业量和调车区的划分确定。

在设计编组站时，调车场尾部牵出线的编组能力与驼峰头部解体能力协调配合是十分重要的。在调车场头尾解编分工较明确的编组站上，一般解体能力较大。牵出线能力不足会造成调车场内车辆集结满线，解体能力不能充分发挥，致使到达列车不能及时解体，严重影响运输秩序。因此，设计牵出线的基本原则是按照驼峰最大解体能力计算确定牵出线的数量。初期运量较小时可缓建，但应预留位置。

除按调车作业量进行计算外，不同编组站布置图型和作业方法对牵出线的数量也有影响。横列式布置图两端牵出线的分工比较灵活，为照顾上、下行到发列车的编组作业，一般尾部设两条牵出线。但一级二场上、下行到发列车均在调车场一侧，2 条牵出线互相干扰严重，通常只设 1 条。二级式编组站头尾解编分工比较明显，当头部为小能力驼峰时，尾部设 2 条牵出线可满足需要。头部为大、中能力驼峰时，尾部需设 3 条牵出线才能配合头部能力，但编发作业较多时，也可减为 2 条。三级式编组站的尾部牵出线一般应设 3 条或更多，以与头部能力相适应。

(3)牵出线有效长。

牵出线的有效长可按到发线有效长加 30 m 设计，主要考虑以下因素：

①调车机车长度一般为 25 m；

②调车时距车挡安全距离不少于 10 m；

③在到发线上列车到达的附加制动距离规定为 30 m。牵出时由于使用调机，只有部分车辆连接风管，牵引力和制动力都不如正规列车。为保证能以较高的调车速度安全转线，可考虑比照上述制动距离再适当增加，采用 50 m。

以上三项共计比车列计算长度增加 85 m。最大车列计算长度等于到发线有效长减 55 m(本务机车长度和附加制动距离)，故牵出线有效长设计为到发线有效长加 30 m。

根据调查，各站的列车解体都是采用一次牵出，故为解体用的牵出线应满足整列牵出的作业要求。但如受地形限制或工程特别困难，在某些作业量较小的编组站，特别是在一级二场横列式编组站上，当到发场与调车场尾部咽喉区贴近时，有时可结合编组作业采用溜放转场的作业方法。这种方法一般分两次转场，第一次不超过半列，溜放时用手闸制动；第二次再由调机带车连挂。在这种情况下，以编组为主的牵出线，其有效长应满足分两次完成整列转场。考虑到第一次溜放时车辆不宜过多和制动距离等需要，故规定其有效长不应小于到发线有效长的 2/3。

5.2.3 工业企业铁路车站牵出线设置

工业企业铁路车站是直接为厂、矿服务的，情况比较复杂，车站设计不像路网铁路车站设计那样有规律，所以不同车站的牵出线设置也较灵活。一般来说，中小型企业的工厂编组站多采用牵出线进行解编作业，当运量较大时在调车场头部也采用驼峰进行解体作业，调车场尾部仍设牵出线进行编组作业。

厂矿内部的各种专业车站，翻车机车场，货物装、卸点及堆场等处，一般也要设置牵出线。当调车作业量较小时，可利用区间正线或联络线进行调车作业，但这些线路的平、纵断面技术条件要符合调车作业的要求。

大型工业企业的路厂联合编组站、工厂编组站的牵出线设置,类似路网铁路编组站或区段站的牵出线设置。

1. 牵出线数目的确定

(1)不设驼峰时牵出线数目的确定。

有解编作业的车站,每昼夜解编的实际列车数如不超过5列时(解5列、编5列),可设1条牵出线,解体、编组、转线等各项调车作业均在这一条牵出线上进行。解编作业每昼夜超过5列时,用下列公式计算牵出线的数量:

$$m_{牵} = \frac{\sum NT}{1440\alpha - t_{固}} \tag{5-1}$$

式中:$m_{牵}$为牵出线的数量(条);α为牵出线时间利用系数,一般取0.75~0.80;$t_{固}$为因调车机车整备作业、调车乘务组和调车组交接班、吃饭以及进路交叉干扰等引起的牵出线一昼夜固定不能进行作业的时间(min);$\sum NT$为各项作业一昼夜占用牵出线的时间(min)。

$$\sum NT = N_{解}\ T_{解} + N_{编}\ T_{编} + N_{摘}\ T_{摘} + N_{挂}\ T_{挂}$$

式中:$N_{解}$、$N_{编}$、$N_{摘}$、$N_{挂}$为一昼夜解编各种列车数;$T_{解}$、$T_{编}$、$T_{摘}$、$T_{挂}$为上述各项作业占用牵出线的时间(min)。

各项时间可以按下式计算:

$$T_{解} = t_{机} + t_{转} + t_{解} \tag{5-2}$$

$$T_{编} = t_{机} + t'_{转} + t_{编} \tag{5-3}$$

$$T_{摘} = t_{机} + t_{转} + t_{挂} \tag{5-4}$$

$$T_{挂} = t_{机} + t'_{转} + t_{摘} \tag{5-5}$$

式中:$t_{解}$、$t_{编}$、$t_{摘}$、$t_{挂}$为分别为解体,编组,摘、挂车组占用牵出线的时间(min);$t_{转}$、$t'_{转}$为由到发线至牵出线和由牵出线至到发线的转线时间(min);$t_{机}$为调车机车由到发线至牵出线或由牵出线至到发线的单机走行时间(min)。

当计算结果$m_{牵} \leqslant 1$时,取1;$1 < m_{牵} \leqslant 2$时,取2。设2条牵出线时,一般设在编组场的两端,一端为主要牵出线主要作解体列车之用,另一端为次要牵出线主要作编组作业之用。当设一条牵出线稍嫌不足,设2条又过于富裕时,可以考虑设一条牵出线,并利用区间正线或其他联络线进行调车作业,但区间正线及联络线必须是作业不太繁忙,且平、纵断面技术条件及视线条件都符合调车作业的要求,否则仍需设2条牵出线。如果$m_{牵} \geqslant 2$时,应考虑设置坡度牵出线或小能力驼峰。

(2)设置驼峰时牵出线数目的确定。

设置驼峰时牵出线数目可参照路网铁路编组站牵出线数目的确定方法确定。

2. 牵出线有效长

路厂联合编组站及工厂编组站的牵出线有效长可按下式确定:

$$L_{效} = l_{机} + l_{车列} + 30 \tag{5-6}$$

式中:$L_{效}$为牵出线有效长(m);$l_{机}$为调车机车长度(m);$l_{车列}$为一次牵出的车列长度(m);30为附加长度(m)。

其他车站或装卸点牵出线的有效长为机车长度、机车所挂车辆总长度及附加长度三项之和。

5.3 驼 峰

驼峰(hump)是指将调车场始端道岔区前的线路抬到一定高度,主要利用其高度使车辆自动溜到调车线上用来解体车列的一种调车设备。驼峰调车时,车辆溜放是以车辆重力为主,机车推力为辅。

5.3.1 驼峰的主要组成部分和主要设备

1. 驼峰的组成部分

驼峰的范围是指峰前到达场(不设峰前到达场时为牵出线)与调车场头部之间的部分线段(见图 5-6),它包括驼峰推送部分(pushing section of hump)、驼峰溜放部分(rolling down section of hump)和峰顶平台(platform of hump crest)。

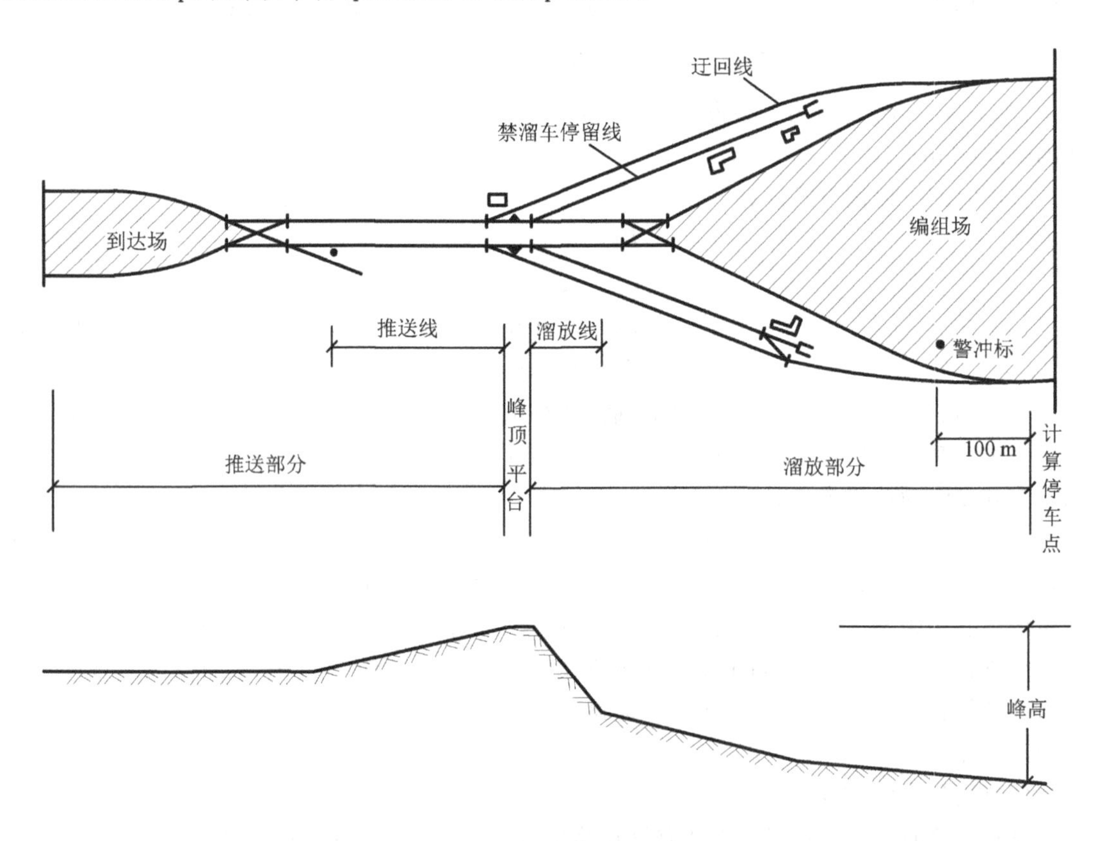

图 5-6 驼峰各组成部分示意图

(1)驼峰推送部分。

推送部分是指经由驼峰解体的车列,其第一钩位于峰顶平台始端时,车列全长所在的线路范围。其中,由到达场出口咽喉的最外警冲标到峰顶平台始端的线段叫推送线(pushing track of hump)。设置这一部分的目的是使车辆得到必要的高度,并使车钩压紧,以便摘钩。

(2)驼峰溜放部分。

溜放部分是指由峰顶(hump crest)(峰顶平台与溜放部分的变坡点)到峰高计算点(calculate point of hump height)的线路范围。驼峰调车场的调速制式不同,计算点的位置也不同。一般由峰顶至调车场头部各条线警冲标后100 m(对机械化驼峰)或50 m(对非机械化驼峰或简易驼峰)处的线路长度叫做驼峰计算长度,计算长度的末端叫做驼峰的计算停车点(计算点)。因为各调车线的警冲标不在调车场的同一条横向线的位置上,所以每一调车线各有一个计算停车点(该点只是计算的根据,在现场并无任何标志)。

(3)峰顶平台。

峰顶平台是指推送部分与溜放部分的连接部分,设有一段平坡地段,叫做峰顶平台。峰顶平台包括压钩坡(coupler compression grade)和加速坡(accelerating grade)两条竖曲线的切线长。不包括竖曲线的切线长时叫净平台。

2. 驼峰的主要设备

为了提高驼峰改编能力,保证作业安全,驼峰应设有下列主要设备。

(1)驼峰调速设备。

驼峰调车场调速设备的作用,是使溜放的车辆不超过规定的容许速度,保证自峰顶连续溜放的两钩车之间有最小而必要的时间间隔,以便道岔转换,或者按规定要求,使钩车停留在一定的目的地。因此,必须借助调速设备来控制钩车的溜放速度。

在自动化驼峰上,自峰顶至调车场尾部的整个溜放径路上可根据需要设置各种调速设备(减速器、减速顶、加减速顶)及相应的测试设备和控制设备,根据车辆阻力、重量、停车距离和溜放速度等条件自动控制调速设备,自动调整钩车溜放速度,如图5-7所示。

(2)驼峰信号设备。

驼峰的主要任务是进行车列的解体、编组和其他调车作业。驼峰信号设备分为设在峰顶指示车列推送速度的驼峰主体信号机和设在调车场头部指示调车机车上峰和下峰的调车信号机,如图5-7所示。

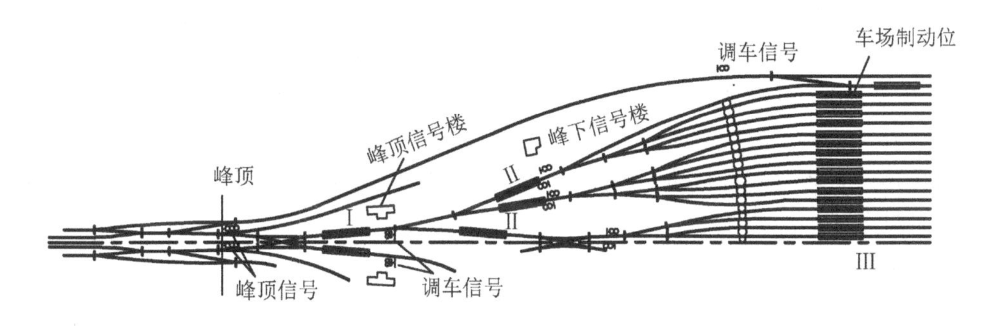

图5-7 驼峰主要技术设备示意图

(3)驼峰测量设备。

为了对驼峰溜放车辆的速度进行准确控制,必须测定影响速度控制的各项参数(如车辆重量、车辆阻力、停留车距离和钩车溜放速度等),设置相应的设备(测重设备、测阻设备、测长器和测速雷达),并将测得的这些参数随时输送到计算机及控制设备,自动控制减速器的制动和钩车的溜放速度。

(4)驼峰溜放车辆进路自动控制设备。

驼峰溜放车辆进路自动控制是驼峰解体作业过程的重要环节,其设备是驼峰自动化的基础设备之一。国内外绝大多数驼峰均采用道岔自动集中来实现溜放进路的自动控制。

(5)驼峰机车无线遥控及推送速度自动控制设备。

驼峰机车上装设无线遥控装置可以改善乘务员的劳动条件,提高作业效率,为进一步实现驼峰推送速度自动化创造条件。

5.3.2 驼峰设计的基本要求

铁路驼峰的设计原理是,利用能量守恒定律,车辆自峰顶平台具有的动能和势能,在溜放过程中利用各种阻力消耗做功,使车辆溜放至计算点处时具有的动能满足车辆安全连挂的需要。

1. 驼峰设计的基本参数

驼峰设计的基本参数有气象资料、车辆计算类型和溜放阻力、转动惯量影响的自由落体加速度等。

1)气象资料

在车辆溜放过程中,车辆的基本阻力和风阻力都与气象条件相关,主要有计算温度 t 和计算风速 v。设计驼峰时,应采用所在城市或地区 10 年的月平均气温和月平均风速的气象资料。当无该城市或地区的气象资料时,也可采用邻近城市或地区的气象资料。

依据气象资料,对我国进行气象地区划分。10 年各月的月平均气温均在 0 ℃及其以上的地区为南方地区;10 年各月的月平均气温均在 0 ℃及其以下的地区为北方地区。

2)车辆受力分析

车辆自峰顶向调车场溜放过程中,作用在车辆上的力主要有以下几种。

(1)推力:车辆自峰顶脱离车列自由溜放时,由于机车的推力而得到溜放的初速度。车辆在溜放过程中,也可以受到加速顶或牵引推送小车及风的推力。

(2)车辆本身的重力:车辆自峰顶向下溜放时,是由高处往低处沿着面向调车场的一系列下坡道运行,因而车辆本身的重力产生与斜坡平行的分力,可以促使车辆加速溜放。

(3)车辆溜放阻力:车辆在溜放过程中所受到的阻力包括基本阻力、风和空气阻力、道岔阻力和曲线阻力。

(4)制动力:制动力是指制动设备(减速器、减速顶、停车器等)对溜放中的车辆施加制动而产生的制动阻力。

3)过峰车辆的分类

为了计算货车的溜放阻力,将经过驼峰解体的车辆分为易行车、中行车和难行车三种。我国对三种车辆的规定如下:

易行车:经驼峰溜放时,车辆总重量较大、基本阻力和风阻力之和较小的车辆,一般采用满载的 60 t 敞车(C_{62A}),总重 80 t。随着新型车型比重的增加,现采用 C_{70},总重 94 t。

中行车:经驼峰溜放时,车辆总重量适中、基本阻力和风阻力之和适中的车辆,一般采用不满载的 50 t 敞车(C_{50}),总重 70 t。

难行车:经驼峰溜放时,车辆总重量较小、基本阻力和风阻力之和较大的车辆,一般采用不满载关门窗的 50 t 棚车(P_{50}),总重 30 t。

4)车辆溜放的基本阻力

基本阻力是指车辆在平直线上溜行时,除风阻力以外所受的车辆自身产生的阻力。基本阻力主要由下述原因产生:车轮轴颈与轴瓦间的滑动摩擦;车轮踏面与轨面间的滚动摩擦;车轮与轨面间的滑动摩擦;车辆溜行中的冲击、振动和摇摆。

5)车辆溜放的风阻力和空气阻力

车辆溜放时的风阻力包括风和空气阻力。当无风时,风阻力即为空气阻力。风阻力是车辆在溜放过程中车辆与周围空气的相对运动而产生的阻力或推力。风阻力与车体形状、车辆溜放速度、风速、风向以及空气阻力系数等因素相关。

6)车辆溜放的曲线阻力和道岔阻力

曲线阻力是车辆溜经曲线时产生的附加阻力。引起曲线阻力的原因:车辆进入曲线时,由于离心力的作用,车轮轮缘压向外轨轨头内侧,并产生横向滑动,引起摩擦;车辆心盘及旁承因为转向架的转动而产生摩擦;由于曲线部分内外轨的长度不等,使轮轨间产生滑动摩擦。曲线阻力的大小与曲线半径、车辆溜放速度、车辆重量及外轨超高等有关。

道岔阻力是由于车轮溜经道岔时撞击尖轨和辙叉而产生的阻力。道岔阻力与气温、货车重量关系不大。货车通过道岔的速度不是很高,对阻力的影响也不大。

2. 驼峰平面设计的基本要求

驼峰调车场头部平面是计算峰高和设计纵断面的依据,头部平面设计质量对调车作业的效率、占地和各项设施的布置有重大影响。

1)驼峰平面设计基本要求如下:

(1)尽量缩短自峰顶至各条调车线警冲标的距离并相互接近。

(2)各条调车线自峰顶至警冲标所经过的道岔和曲线总转角(包括侧向通过道岔时的转角)宜小并相互接近。尽量减少道岔数量、反向曲线、插入非标准短轨,以免增加车辆溜放阻力。

(3)使各溜放钩车共同溜行径路的长度宜短,以便各钩车迅速分散。

(4)合理设置减速器和操纵道岔需要的保护区段,使减速器、道岔有充分的转换时间间隔,避免发生追钩情况。

(5)道岔的布置、各类调速设备的设置以及各部分线路间的距离均应符合安全作业的需求。

(6)满足设置各种信号设备的安装和生产房屋(驼峰信号楼、峰顶连接员室、减速器动力室等)、道路及各种管沟布置的要求。

2)驼峰平面设计的一般规定

(1)在驼峰及调车场线路的直线地段上,两相邻线路中心线的线间距应符合表5-1的规定。

(2)调车场应设在直线上,推送线、牵出线应设在直线上。在困难条件下,推送线和牵出线距峰顶80 m范围以外可设在曲线上,其曲线半径不应小于1000 m;在特别困难条件下,曲线半径不应小于600 m,但不应设在反向曲线上。

改建驼峰及调车场,在特别困难条件下,可保留既有推送线、牵出线的曲线半径。

表 5-1 驼峰及调车场线间距

<table>
<tr><th>序号</th><th colspan="2">名称</th><th>线间距/mm</th></tr>
<tr><td>1</td><td colspan="2">推送线与其提钩地段侧相邻线间、牵出线与其相邻线间</td><td>6500</td></tr>
<tr><td>2</td><td colspan="2">峰顶平台两相邻线间</td><td>6500</td></tr>
<tr><td rowspan="2">3</td><td rowspan="2">编发线间</td><td>线间有列检小车通过</td><td>5500</td></tr>
<tr><td>线间无列检小车通过</td><td>5000</td></tr>
<tr><td>4</td><td colspan="2">调车线间</td><td>5000</td></tr>
<tr><td rowspan="2">5</td><td rowspan="2">调车场各线束间</td><td>有制动员室</td><td>7000</td></tr>
<tr><td>无制动员室</td><td>6500</td></tr>
<tr><td>6</td><td colspan="2">迂回线与禁溜线间</td><td>5000</td></tr>
<tr><td>7</td><td colspan="2">梯线与其相邻线间</td><td>5000</td></tr>
<tr><td>8</td><td colspan="2">非同一道岔分开的两相邻线间在道岔至警冲标范围内</td><td>4000(3900)</td></tr>
<tr><td>9</td><td colspan="2">非同一道岔分开的两相邻线间在警冲标之后</td><td>4000</td></tr>
</table>

5.3.3 驼峰线路平面设计

1. 驼峰推送部分线路平面

(1)推送线或牵出线数量。

推送线为自到达场出口咽喉的最外道岔到峰顶平台始端的一段线路。驼峰推送线或牵出线的数量,应根据站型、驼峰解体作业量和作业方式确定,设计时可按表 5-2 采用。

表 5-2 驼峰推送线或牵出线数量

<table>
<tr><th>站型</th><th>作业方式</th><th>调车线数量/条</th><th>解体作业量/(辆 · d^{-1})</th><th>推送线或牵出线数量/条</th></tr>
<tr><td rowspan="2">无峰前到达场</td><td>单推单溜</td><td>5～12</td><td>1000 以下</td><td>1</td></tr>
<tr><td>双推单溜</td><td>13～20</td><td>1000～2000</td><td>2</td></tr>
<tr><td rowspan="2">有峰前到达场</td><td>双推单溜</td><td>20～36</td><td>1800～4300</td><td>2</td></tr>
<tr><td>多推双溜</td><td>33 以上</td><td>4000 以上</td><td>3～4</td></tr>
</table>

(2)驼峰前设有到达场的推送线长度根据作业要求及站坪长度确定。到达场靠峰顶端最外道岔基本轨缝或逆向道岔后警冲标至迂回线道岔基本轨接缝间长度可采用 130 m,困难时不小于 50 m。

(3)推送线经常提钩地段应设计成直线,推送线不宜采用对称道岔。

(4)驼峰两推送线的线间距不应小于 6.5 m,不应设置房屋。两线间当需要设置有关设备时,不应妨碍调车人员的视线和作业安全。

(5)设有减速器的驼峰,宜在推送线上距峰顶 80～100 m 处,安装减速器的限界检查器。

2. 驼峰溜放部分线路平面

(1)驼峰溜放线系指由峰顶到驼峰第一分路道岔始端的一段线路。溜放线的数量,应根据调车线数量、线束数量、解体作业量和作业方式确定。设计时可按表5-3采用。

表5-3 驼峰溜放线数量

作业方式	调车线数量/条	线束数量/束	解体作业量/(辆·d^{-1})	溜放线数量/条
单溜放	5～22	1～3	2000以下	1
	20～36	4～6	1800～4300	2
双溜放	33以上	5以上	4000以上	2

(2)驼峰溜放部分的线路平面应采用线束形布置,每个线束的调车线数量宜为6～8条。线束的分配可按表5-4采用。

表5-4 常用的线束分配方案

调车线数量/条	12	16	18	20	24	28	32	36	40	48
线束数(束)×每束线路条数(条)	2×6	2×8	3×6	1×8+2×6	4×6或3×8	2×8+2×6	4×8	6×6	4×6+2×8	6×8

(3)道岔方案:驼峰溜放部分的线路应采用6号对称道岔,在困难条件下,可采用其他对称道岔;当调车场外侧线路连接特别困难时,个别可采用9号单开道岔。调车线路较少的小能力驼峰,当采用6号对称道岔有困难时,可采用9号单开道岔和复梯线平面布置。当改建特别困难时,可保留原有梯线形平面布置。

(4)曲线半径不宜小于200 m,困难时可采用180 m。曲线可直接连接除第一分路道岔岔前外的道岔基本轨或辙叉跟,此时轨距加宽和外轨超高可在曲线范围内处理。

(5)峰顶至第一分路道岔基本轨轨缝间的最小距离应为30～40 m。当峰顶至第一分路道岔间设有道岔时,该距离可根据具体情况确定。

5.3.4 驼峰线路纵断面

1. 驼峰溜放部分线路纵断面

驼峰溜放部分的线路纵断面,应设计为面向调车场的下坡,其坡段组成应符合下列规定:

(1)加速坡坡度不应大于55‰,同时,加速坡过缓,影响难、易行钩车在第一分路道岔的必要间隔,为保证正常作业时溜放钩车在第一分路道岔的必要间隔,加速坡坡度最缓不应小于35‰。

(2)中间坡可设计成多段坡或一段坡。设有车辆减速器地段的线路坡度不宜小于8‰。中间坡与加速坡的变坡点宜设在第一分路道岔基本轨前。

(3)道岔区平均坡度不宜大于2.5‰;边缘线束平均坡度不应大于3.5‰。

(4)驼峰溜放部分的线路纵断面设计应根据所采用的调速系统进行检算。

2. 驼峰推送部分线路纵断面

推送部分线路的平均坡$i_{推}$由车场坡$i_{场}$和压钩坡$i_{压}$组成,如图5-8所示。

推送部分纵断面对车列的推峰、启动、提钩和解体速度以及机车的燃料消耗都有影响,对峰前到达场(牵出线)、进站线路的纵断面和工程数量也有影响,设计时应综合考虑作业的要求和运营费、工程费的经济合理性。

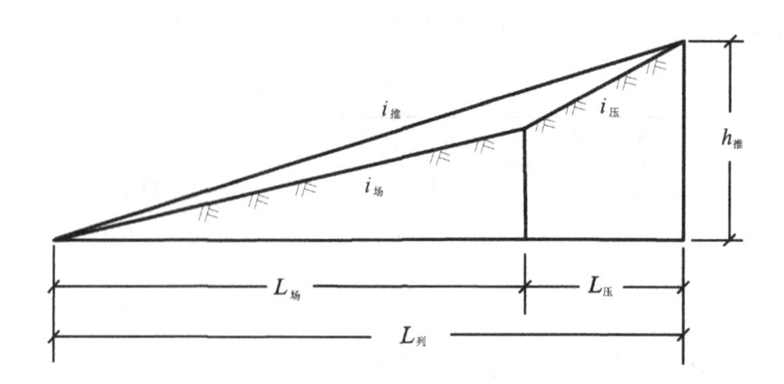

图 5－8 驼峰推送部分纵断面图

驼峰推送部分的线路纵断面设计条件如下：

(1)应保证在任何困难条件下，用 1 台调车机车可起动车列。

(2)峰顶前应设一段坡度不小于 10‰且长度不小于 50 m 的压钩坡。

(3)连接驼峰线路各坡段的竖曲线半径，峰顶邻接压钩坡时不应小于 350 m，邻接加速坡时应为 350 m，其余溜放部分和迂回线应分别不小于 250 m 和 1500 m。

3. 峰顶平台

峰顶平台的用途是连接溜放部分和推送部分，防止解体作业中发生车辆断钩、脱钩，并保证不致降低驼峰的实际高度等。峰顶净平台长度宜采用 7.5～10 m。压钩坡坡度较大时，峰顶平台长度也应采用较大值。峰顶净平台的长应满足禁溜车停留线在峰顶出道岔时设置尖轨或辙叉的长度，如图 5－9 所示。

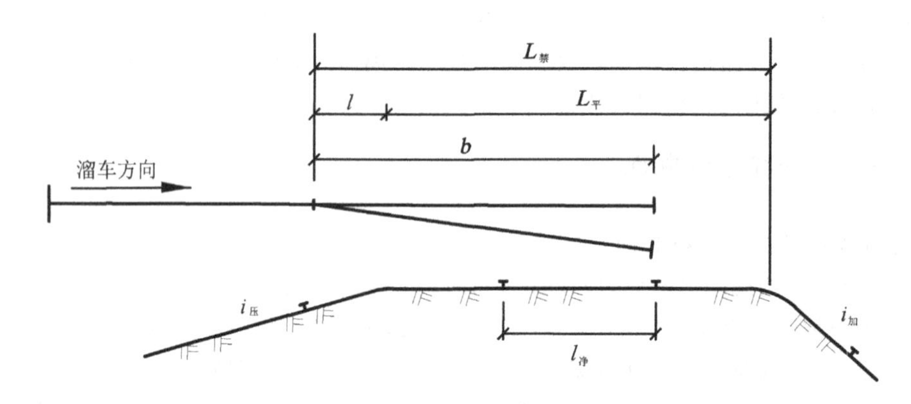

图 5－9 峰顶平台示意图

5.3.5 调车场平面和纵断面设计

1. 调车场尾部平面设计

调车场尾部的作业主要为编组连挂、摘挂及零摘列车重复解体编组，以及扣修车取送等，一般有多台调机同时作业，同时是头尾能力协调的关键。

(1)调车场尾部牵出线数量，根据车站布置图型、调车区作业分工、作业量和作业方法等因素按表 5－5 确定。

表5-5 调车场尾部牵出线数量

站型		调车线数量	编组作业量/(辆·d^{-1})	牵出线数量(条)
调车场后无出发场	无编发线	5～12	1000以下	1
		13～22	1000～2000	1～3
		23～32	2000～4000	2～3
	有编发线	24～32	2000～3400	2～3
调车场后有出发场		30～36	3000～4300	3

(2)尾部咽喉区主要平行作业数量:当调车场无编发线时,宜与牵出线数量一致;当调车场内设有编发线时,宜按出发方向数增加出发作业进路。

(3)调车场尾部咽喉区宜采用线束布置,每条牵出线连接的调车线数量宜尽量均衡、相等。

(4)咽喉区道岔宜采用9号单开道岔、交叉渡线,在集中控制时可采用交分道岔,主要为编组摘挂等多组列车的线束,也可采用6号对称道岔。如既有车站改建确有困难时,可保留原有道岔及布置形式。

(5)编发线的岔后连接曲线半径不宜小于300 m,困难条件下不应小于250 m,特别困难条件下不应小于200 m;调车线的岔后连接曲线半径不应小于200 m。

(6)主要为编组摘挂等多组列车作业的线束,其位置宜根据编组站站型、车流去向等具体情况设置。

2. 调车场纵断面设计

驼峰调车场纵断面系指调车场减速器入口(点连式调速系统)或顶群区入口(连续式调速系统)至调车场尾部停车区范围内的坡段,由减速器(减速顶群)区段、打靶区段、连挂区坡段和尾部停车区坡段组成。调车场纵断面与采用的调速系统类型和控制长度以及调车场所处的地理位置相关。

车辆自峰顶脱钩后,经溜放部分Ⅰ、Ⅱ制动位调速后进入调车线,再由调车线头部的Ⅲ制动位(减速顶群)"打靶"一段距离,使车辆低速进入减速顶控制的连挂区段,然后以不大于允许的连挂速度继续往前溜行,直至与停留车或前行车安全连挂。下图5-10为点连式驼峰调车场平、纵断面示意图。

减速器(顶群)坡段应设计为顺溜车方向的下坡,打靶区应设计为下坡;连挂区为车辆集结的区段,以减速顶为调速设备的连挂区应设计为前陡后缓多坡段的纵断面;尾部停车区段的作用是防止驼峰解体时溜出调车线的末端,并利用停车区进行尾部调车作业。尾部停车区应采用面向调车场的坡度为1.5‰～2.5‰的下坡,坡长100～150 m。当调车场尾部无多组列车编组作业的线束时,该坡道可加大到4‰,但应保证牵出车列在任何地段停车后能够启动。

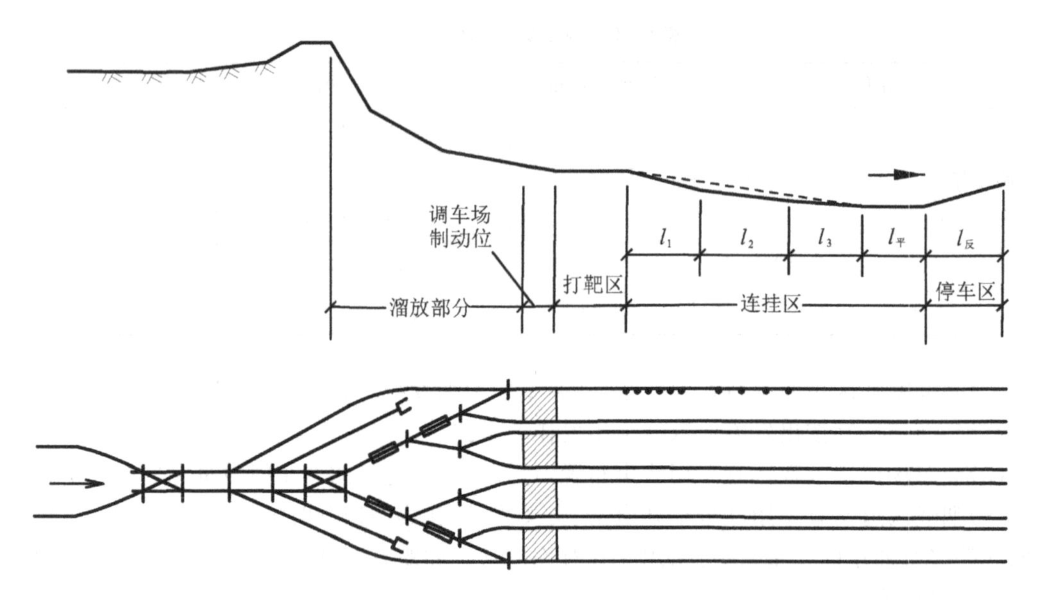

图 5-10 点连式驼峰调车场平纵断面示意图

第6章 站坪、站场路基及排水

6.1 站 坪

6.1.1 站坪长度

在铁路正线的平纵断面上设置车站配线的地段叫做站坪(station site)。

车站一端最外道岔基本轨端部至车站另一端最外道岔基本轨端部间满足有效长度设置所需的最小长度叫做站坪长度。它等于远期到发线有效长度加两端咽喉区长度。站坪长度应根据远期车站布置形式、到发线数量、到发线有效长度以及道岔咽喉区长度等因素计算确定。如A站已初步确定远期采用图6-1所示的布置形式,到发线标准有效长为850 m,采用基本计算宽度为380 mm的高柱色灯信号机,试计算该站的站坪长度。

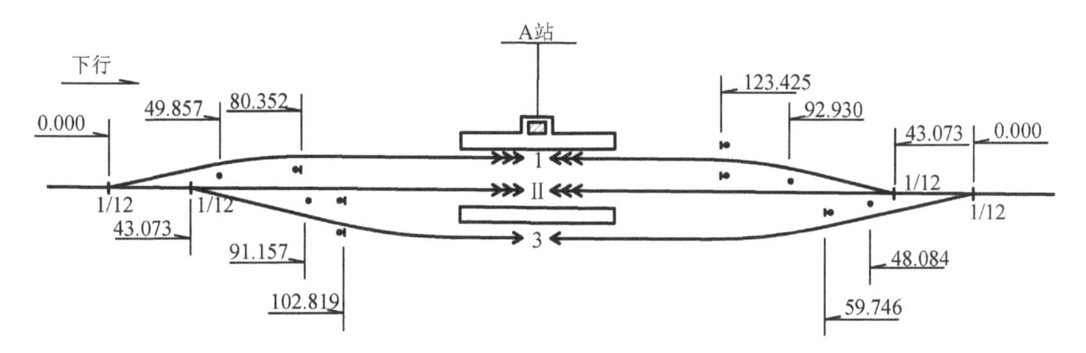

图6-1 A站线路布置图

(注:图中长度单位为m)

①计算各道岔中心、警冲标和信号机的坐标,如图6-1所示;

②由各点坐标可知Ⅱ道下行有效长为控制有效长,为此该站站坪长度为

$$\begin{aligned} l_{站} &= a + 91.157\ \text{m} + 850\ \text{m} + 123.425\ \text{m} + a \\ &= 16.853\ \text{m} + 1064.582\ \text{m} + 16.853\ \text{m} \\ &= 1098.288\ \text{m} \end{aligned}$$

在平面上,站坪端部应设在平面圆曲线的缓和曲线以外(见图6-2),在地形条件允许时应适当留有余地。

根据《铁路线路设计规范》(TB 10098—2017)规定,客货共线铁路及重载铁路车站的站坪长度可采用不小于表6-1规定的数值。困难条件下,站坪长度可按实际需要确定。根据《Ⅲ、Ⅳ级铁路设计规范》(GB 50012—2012)规定,Ⅲ、Ⅳ级铁路车站的站坪长度应根据远期的车站布置形式、种类和到发线有效长确定,并不小于表6-2规定的数值。改建车站困难条件下,站坪长度可按实际需要计算确定。

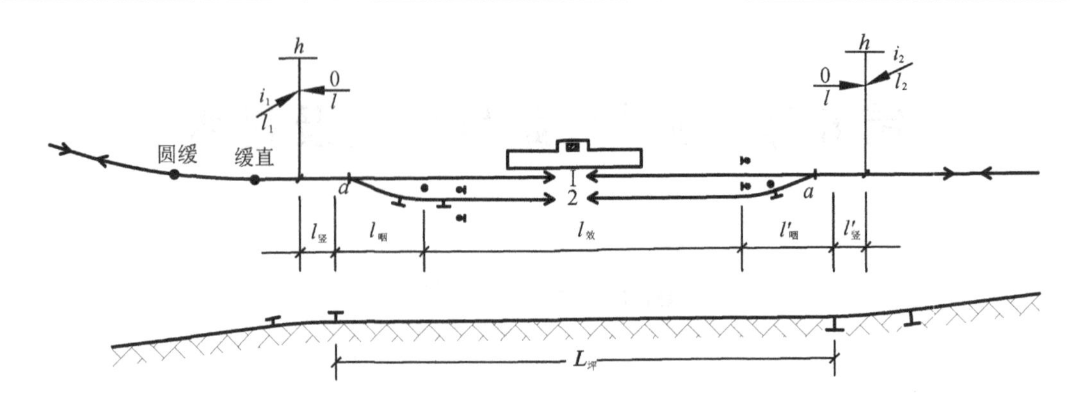

图 6-2 站坪与区间平、纵断面的配合

表 6-1 客货共线铁路及重载铁路车站的站坪长度

车站种类	车站布置形式	路段设计速度 (km·h^{-1})	远期到发线有效长度/m						
			1050		850		750		650
			单线	双线	单线	双线	单线	双线	单线
中间站	横列式	200		2150 (2600)		1950 (2400)		1850 (2300)	
		≤160	1550	2050	1350	1850	1250	1750	1150
会让站 越行站	横列式	200		1750 (2200)		1550 (2000)		1450 (1900)	
		≤160	1400	1700	1200	1500	1100	1400	1000

注:①表中不带括号的数值为正线上按 12 号道岔布置时的数值,带括号的数值为正线上按 18 号道岔布置时的数值。

②如有其他铁路接轨或采用其他站型时,站坪长度应根据需要计算确定。

③多机牵引时,站坪长度应根据机车数量及长度计算确定。

④中间站、会让站与越行站的站坪长度,路段旅客列车设计速度为 200 km/h 时,越行站、双线中间站正线上道岔采用 18 号或 12 号、旅客列车进路上的其他道岔采用 12 号计算确定;路段旅客列车设计速度为160 km/h及以下时,正线及旅客列车进路上的道岔采用 12 号计算确定;当采用其他型号道岔时应另行计算确定。

⑤编组站、区段站、复杂中间站(组合分解站)等的站坪长度可按实际需要计算确定。

⑥远期到发线有效长度大于 1050 m 的站坪长度计算确定。

表 6-2 Ⅲ、Ⅳ级铁路的站坪长度

车站种类	车站布置形式	远期到发线有效长度/m					
		1050	850	750	650	550	450
		单线	单线	单线	单线	单线	单线
会让站	横列式	1350	1150	1050	950	850	750
中间站	横列式	1500	1300	1200	1100	1000	900
区段站	横列式	1850	1650	1550	1450	1350	1250
	纵列式	3000	2600	2400	2200	2000	1800

6.1.2　车站站坪的平面布置

车站的站坪，应尽可能设置在铁路正线的直线地段，如设置在曲线上时，有司机瞭望条件不好、列车起动困难、车站管理不便、设计和养护都较困难等缺点。

但是，在选线设计时，不可能做到将所有站坪都设置在直线地段，尤其是在地形复杂的地区。因此，在困难条件下，允许将站坪布置在曲线上，但必须遵守相关规定。

《铁路线路设计规范》(TB 10098—2017)对车站正线的平面布置有如下规定。

(1)高速铁路中间站、越行站的正线应设计为直线。高速铁路始发站的正线宜设计为直线，困难条件下设计为曲线时，曲线半径不应小于相应路段设计速度的最小曲线半径，且不得小于 600 m。

(2)城际铁路的车站正线宜设计为直线。困难条件下设计为曲线时，曲线宜采用较小的偏角，曲线半径不应小于相应路段设计速度的最小曲线半径，且不得小于 600 m。

(3)客货共线铁路的车站正线的平面设计规定。

①区段站、中间站、越行站 、会让站的正线应设计为直线。特殊困难条件下，如有充分技术经济依据，可设计为曲线，但其曲线半径不应小于表 6－3 规定的数值。改建车站时，特殊困难条件下，如有充分技术经济依据，可保留小于表 6－3 规定的曲线半径。

表 6－3　客货共线车站平面最小曲线半径

路段设计速度/(km·h^{-1})				200	160	120	100	80
最小圆曲线半径/m	区段站			2000	1600	800		
	中间站、会让站、越行站	工程条件	一般	3500	2000	1200	800	600
			困难	2800	1600	800	600	

②横列式车站的正线不应设计为反向曲线。纵列式区段站的正线设计为曲线时，每一运行方向的到发线有效长度范围内不应有反向曲线。

③车站曲线宜采用较小的偏角。

《Ⅲ、Ⅳ级铁路设计规范》(GB 50012—2012)对车站正线的平面布置规定：

①车站宜设在直线上，困难条件下必须设在曲线上时，车站平面最小圆曲线半径不应小于表 6－4 的规定。改建车站有充分技术经济依据时，可保留小于表 6－4 规定的曲线半径。

表 6－4　Ⅲ、Ⅳ级铁路车站平面最小圆曲线半径

路段设计行车速度/(km·h^{-1})				120	100	80	60	40
最小曲线半径/m	区段站			800				
	中间、会让、越行站	工程情况	一般	1200	800	600	500	400
			困难	800	600		400	

②横列式车站不应设在反向曲线上；纵列式车站设在反向曲线上时，每一运行方向的线路有效长度范围内不应有反向曲线，如图 6－3 所示。

③车站咽喉区范围内的正线应设在直线上。

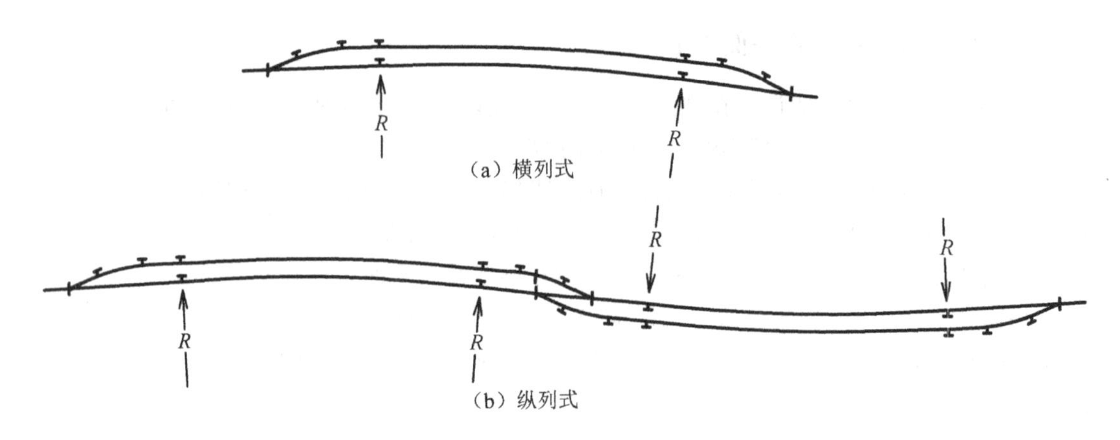

图 6-3 设在曲线上的车站

6.1.3 车站站坪的纵断面布置

设置车站配线的站坪，从车站作业安全和运营方便考虑，应尽可能地设置在平道上，如设置在坡道上有下坡方向列车停车困难、上坡方向列车起动困难、不利于调车工作、站内停留的车辆可能溜走等缺点。

但在实际选线时，不可能完全达到要求，尤其是在地形复杂的地区，如要求车站都设在平道上，会增加大量的土石方工程，有时还会放弃有利的选线方案。所以选线和选择车站站址时，在困难条件下，允许将站坪设在坡道上但必须保证列车停车后能够起动，单独停留的车辆受到外界条件(如风力及震动等)影响时不致溜走，车站范围内纵断面的连接要平顺，站内作业要安全。

《铁路线路设计规范》(TB 10098—2017)对站坪纵断面布置的规定如下。

(1)高速铁路、城际铁路站坪范围内的正线坡度要求。

①到发线有效长度范围内的正线应设计为一个坡段。

②到发线有效长度范围内的正线应设在平道上，当设在坡道上时坡度不应大于 1‰，地下车站坡度不宜大于 2‰。

③越行站及无配线车站正线坡度不宜大于 6‰。

④车站咽喉区的正线坡度宜与到发线有效长度范围内坡度一致；困难条件下，始发站坡度不宜大于 2.5‰，中间站坡度不宜大于 6‰。

⑤线路所的正线坡度不宜大于 15‰，困难条件下不应大于 20‰。特殊困难条件下，应经技术经济论证后确定。

(2)客货共线、重载铁路车站站坪坡度的要求。

①到发线有效长度范围的正线宜设计为平坡。困难条件下可设计为不大于 1.0‰的坡度；特殊困难条件下，有充分技术经济依据时，会让站、越行站可设计为不大于 6‰的坡度，但不应连续设置。改建车站在特殊困难条件下，如有充分技术经济依据，可保留既有坡度，但应采取防溜安全措施。

②咽喉区的正线坡度，宜与到发线有效长度范围内的坡度相同。特殊困难条件下，咽喉区的正线坡度不应大于限制坡度减 2‰，且区段站、客运站咽喉区的正线坡度不应大于 2.5‰，中

间站、会让站、越行站咽喉区的正线坡度不应大于10‰，并满足车站技术作业要求。

③咽喉区外的个别道岔和渡线的坡度不应大于限制坡度。

④改建车站的咽喉区，在特殊困难条件下，有充分技术经济依据时，可设计为不大于限制坡度或双机牵引坡度的坡道，但区段站和中间站、会让站、越行站咽喉区的坡度分别不得大于4‰和15‰，并满足车站技术作业要求。

⑤车站的站坪坡度均应保证列车的起动。

⑥旅客乘降所应设计为能保证旅客列车起动且坡度不大于8‰的坡道。特殊困难条件下，有充分技术经济依据时，可设计为坡度大于8‰的坡道。

《Ⅲ、Ⅳ级铁路设计规范》(GB 50012—2012)对车站纵断面布置的规定。

(1)进出站线路的纵断面符合相邻路段正线的规定。仅为列车单方向运行的疏解线路，可设在大于限制坡度的下坡道上，其最大坡度不应大于各级铁路规定的限制坡度最大值。相邻坡段的坡度差应符合第一篇表3-10的规定。

(2)办理解编作业的牵引线，宜设在不大于2.5‰的面向调车线的下坡道或平道上，但坡度牵出线的坡度应计算确定。平面调车的牵出线，在咽喉区范围内应设在面向调车场的下坡道上，但坡度不应大于4‰。办理其他作业的牵出线，宜设在不大于1‰的坡道上，在困难条件下，可设在不大于6‰的坡道上。

(3)货物装卸线宜设在平道上，在困难条件下可设在不大于1‰坡道上。滚体货物、危险货物装卸线和漏斗仓线应设在平道上。货物装卸线起讫点距离凸形竖曲线起终点不宜小于15 m。

(4)维修基地和维修工区内的线路宜设在平道上，在困难条件下可设在不大于1‰的坡道上。维修基地咽喉区可设在不大于2.5‰的坡道上，在困难条件下可设在不大于6‰的坡道上。维修工区咽喉区坡度宜采用与维修基地咽喉区相同的标准，在特别困难条件下，可设在不大于10‰的坡道上。

站坪范围内，一般设计为一个坡段，为了减少工程，也可将站坪设计在不同的坡段上。但应注意坡长和竖曲线半径宜符合正线的规定，且竖曲线不要与道岔重叠，以免增加道岔铺设和养护的困难，减少列车通过时的摇摆和振动。

6.1.4　站坪两端的线路平面和纵断面

(1)竖曲线和缓和曲线不应伸入站坪纵断面上。

竖曲线不应伸入站坪，站坪端点至站坪处变坡点的距离不应小于竖曲线的切线长度T_{SH}，如图6-4右端所示。

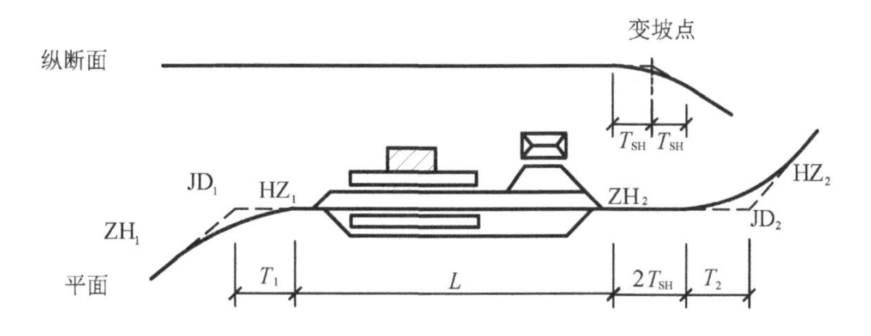

图6-4　站坪两端的平纵断面

在平面上，缓和曲线不应伸入站坪，站坪端点至站坪外曲线交点的距离不应小于曲线的切线长度，如图 6 - 4 左端所示。

若站坪两端的线路，在平面上有曲线，在纵断面上有竖曲线，则应考虑竖曲线不与缓和曲线重叠的要求，如图 6 - 4 右端所示，曲线交点距站坪端点的距离不应小于 $2T_{SH}+T_2$。

(2)进站起动缓坡。

站内作业繁忙的车站，机车或车组在站内往返调动，要跨越正线占用咽喉区道岔，使进站列车的通路被占用，往往造成进站列车在进站信号机前方临时停车。为了使上坡进站的列车临时停车后能顺利起动，就需要在进站信号机前方设置起动缓坡。

(3)出站加速缓坡。

车站前方有长大坡道时，为了使列车出站后能较快加速，缩短运行时分，在地形条件允许时，最好设计一段坡度较缓的坡段，这种缓坡称为出站加速缓坡。当地形困难时，应绘制速度距离曲线图进行检查，判断列车尾部进入限制坡道上时，是否能达到计算速度；如未达到计算速度，则需设置加速缓坡，以免列车运行发生困难。

计算表明，内燃机车的起动牵引力较大且计算速度较低，一般在站坪范围内即可加速到计算速度，不需要设置加速缓坡。电力机车因计算速度高，所以在站前为限制坡道上坡的不利情况下，通常需要设置加速缓坡。

(4)站坪与区间纵断面的配合。

地形条件允许时，站坪尽可能设在两端坡度较缓、升高不大的凸形纵断面顶部，以利于列车进站减速和出站加速。设在凹形纵断面底部的站坪，不利于列车进站减速和出站加速，对运营是不利的。在选线时，车站站坪与区间纵断面的配合，常见的有如下六种形式。

①站坪和两端线路均为平道或和缓坡道。此种配合有利于车站组织不停车会车和利用区间正线调车等作业。

②站坪位于凸形断面上如图 6 - 5(a)所示。列车出站为下坡，有利于加速；列车进站为上坡，便于制动停车；当上、下行列车同时进站时也较安全。但这种配合也有缺点，如进站上坡较陡，列车因故在进站信号机外方停车后，起动较困难。为了克服这个缺点，可在进站信号机前不短于远期列车长度范围内，设置能保证列车起动的缓坡，如图 6 - 6(a)所示。

③站坪位于凹形断面上，如图 6 - 5(b)所示。列车出站为上坡不易加速；列车进站为下坡，不易减速。当两端坡度较陡时，为了克服上述缺点，可将站坪两端 200～300 m 范围内设计为缓坡，如图 6 - 6(b)所示。这种站坪也有其优点，当站线上停留车辆时，尤其是车辆采用滚珠轴承后，偶有外力推动时不会溜入区间。

④站坪位于阶梯形纵断面上，如图 6 - 5(c)所示。此种配合一般用于越岭地段，其特点是半凸半凹，对一个方向列车运转有利，而对另一方向列车运转不利。

⑤站坪位于半凹形断面，如图 6 - 5(d)所示，特点与凹形相似。

⑥站坪位于半凸形断面，如图 6 - 5(e)所示，特点与凸形相似。

上述六种配合形式从运转方面考虑，以凸形为佳。但采用这种配合形式时，要注意进站信号机外方停车的起动条件。

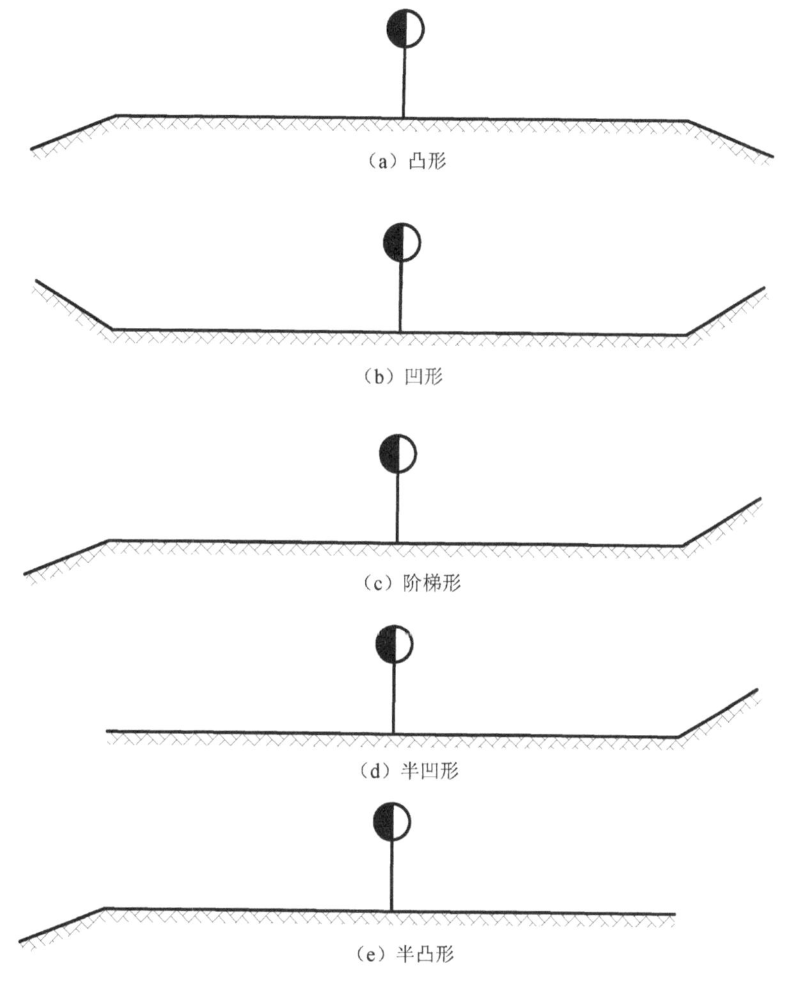

图 6-5　站坪与区间纵断面的配合

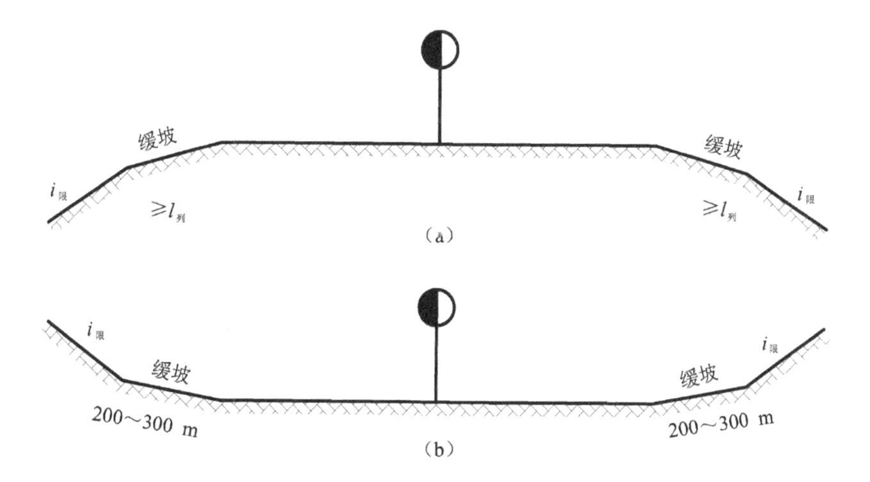

图 6-6　进出站线上缓坡的设置

6.2 站场路基

路基面(subgrade surface)是由道床及两侧路肩组成的。路基面和两旁边坡的交点称为路基边缘。

站场路基设计与区间一样,应保证路基稳定,填挖土方量少,尽量不占或少占农田,在取土和弃土时要考虑修路造田,并有利于排水和农田灌溉。

6.2.1 路基面宽度及形状

(1)路基面宽度的确定。

车站范围内的路基面宽度(B),应根据线路数目按下式确定。

$$B=K_1+E+K_2 \tag{6-1}$$

式中:E 为各线路间距的总和;K_1、K_2 为最外侧线路中心线至路基边缘的宽度,参照表 6-5 中数值。

表 6-5 外侧线路中心至路基边缘宽度表

线路名称	距离/m
一般站线	≥3
梯线	≥3.5
牵出线有调车人员上下一侧	≥3.5
驼峰推送线无摘钩作业一侧	≥4
驼峰推送线有摘钩作业一侧	≥4.5

不通行列车的站内联络线、机车走行线等单线,土质路基面宽度不应小于 5.6 m,硬质岩石路基面宽度不应小于 5.4 m。

(2)路基加宽。

按上述方法确定的路基面宽度如遇下列情况应进行加宽:

①曲线地段;

②路基边缘设有扳道房、埋有电杆、信号机柱及其他设备时;

③机械化养路对路基面宽度有加宽要求时。

(3)路基面的形状。

站内正线和单独线路路基面的形状,按设计区间正线时的方法和标准考虑。

多线路路基面的形状,可根据排水要求、路基宽度和填挖情况,设计为单面坡、双面坡或锯齿形坡(见图 6-7),其横向坡度应根据土与道砟种类、降雨量以及同一坡面上的线路数而定,一般可采用表 6-6 中的标准。

在小车站和线路较少的货场,一般可以设计为单面坡,如图 6-7(a)所示,其横向排水坡应从旅客站房、仓库或堆放场向外侧倾斜。降雨量较大及线路较多的车站可采用双面坡,如图 6-7(b)所示,其横向排水坡应由中间的线路向两侧倾斜。为了减少土石方工程,挖方时一般宜采用单面坡,填方时宜采用双面坡。

线路较多的编组站、大工业站、车辆段、机务段和货场等，宜采用锯齿形坡，如图 6-7(c)所示。

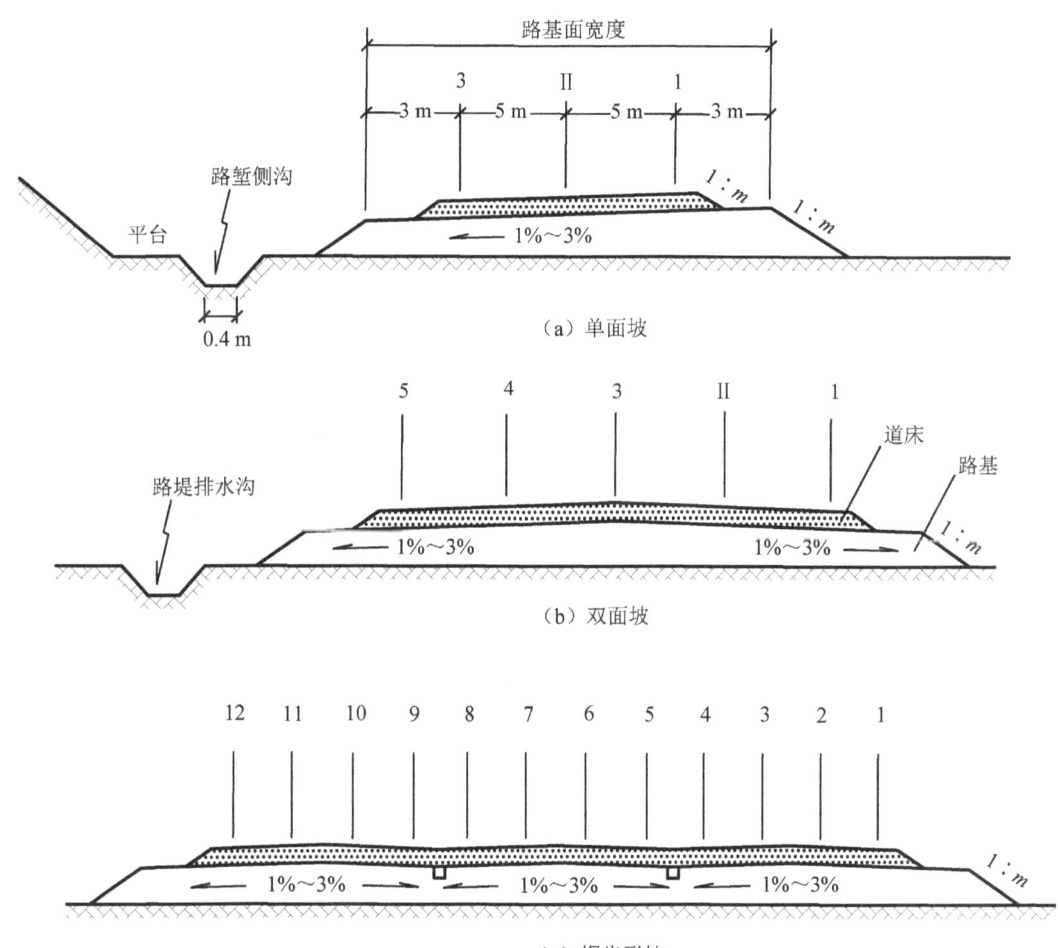

图 6-7　站场路基面的形状

表 6-6　路基面横向坡度

路基土的种类	地区年降雨量/mm	横向坡度/%	一个坡面最多线路数/条
石质路堑、填块石、砾石、中砂、粗砂等	少于 350	≤1	8
	350～700	1～2	7
	700～1000	1～2	6
	1000 以上	2	5
除上述外其他土质	少于 350	1～2	5～6
	350～700	2	4～5
	700～1000	2～3	3～4
	1000 以上	2～3	3

注：横向坡度为零时，其线路数不受本表限制。

6.2.2 路基边坡的坡度及路肩标高

(1)路堤边坡。

路堤边坡坡度应根据填料的物理力学性质、边坡高度和基底工程地质条件等因素确定。路堤边坡高度在 8～20 m 时,其边坡坡度一般为 1∶1.3～1∶1.75。

(2)路堑边坡。

路堑边坡坡度应根据土的性质、工程地质、水文条件和施工方法、边坡高度并结合自然极限山坡的调查决定。当路堑边坡高度不超过 20 m,且地质条件良好时,其边坡坡度一般为 1∶0.1～1∶1.75。

(3)路肩标高。

一般站场的最外线路(包括外包正线)路基边缘的高度,应保证不被洪水或内涝积水所淹没,在有可能被洪水淹没地带的路肩标高,应高出设计水位加波浪侵袭高和壅水高 0.5 m。当站场与河流平行,靠河一侧筑有防洪堤时,站场路基边缘的标高按内涝水位另加 0.5 m。站场线路的所有路基路肩标高应高出最高地面积水或最高地下水位,高出的数值应视土中毛细水上升可能达到的高度和冻结深度而定。在易于积雪地区,新建车站的站坪,应设在路堤上。路堤高度不应低于当地不少于十年的每年最大积雪厚度的平均值,但不论何种情况,路堤高度不应低于 0.6 m。

站内路基一般不设路拱,采用横向坡度排水,因此站内路基正线中心标高应高于区间正线路肩标高,其抬高数值见表 6－7,站内路基与区间正线路基标高关系见图 6－8。

表 6－7 站内路基正线中心标高较区间正线路肩标高抬高值

站内路基横向坡度/%	站内路基正线中心标高抬高值/m	
	单面坡	双面坡
0	0.15	0.15
1	0.14	0.16
2	0.14	0.16
3	0.13	0.17

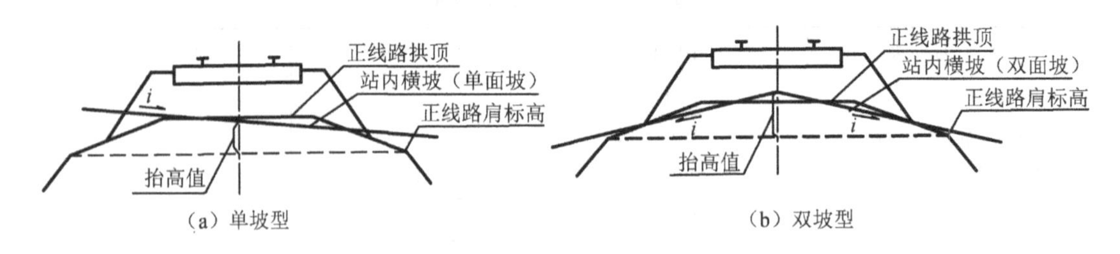

图 6－8 站内路基正线中心标高与区间正线路肩标高关系示意图

6.2.3 路基横断面

设计站场路基横断面时,首先应根据正线纵断面的标高(轨顶或路肩)计算出站内正线的中心标高。然后,再根据排水和其他要求,计算其他各点的标高。

车站路基的设计可以有不同方式，最普通的是车站范围内所有的路基都在一个平面上，如图 6-9(a)所示。为了节省土石方数量，在大站上的个别车场(到发场或调车场等)或个别主要设备(机务设备或车辆设备等)，可以设在不同的平面上，如图 6-9(b)所示。有时，这样对作业更有利。当新建车站遇有路基设在不同标高上时，路基横断面设计应根据线路平面和纵断面情况，车站排水要求和路基横向坡度等因素综合考虑。

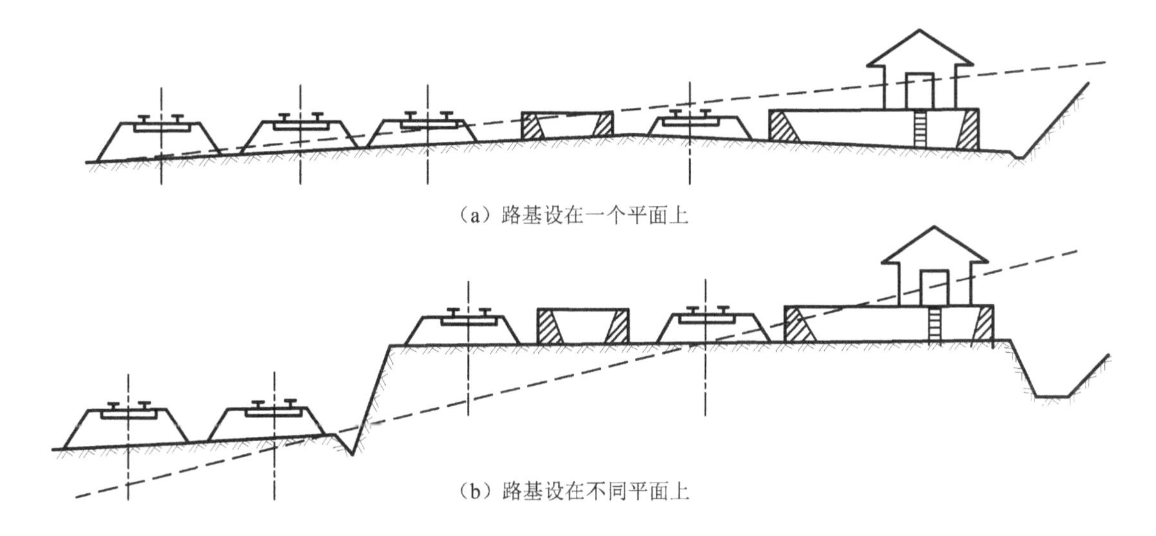

图 6-9　车站路基的设计方式

站场路基的横断面，除了要表示一般区间路基所包括的内容外，还应表示客货运站台、站坪及有关道路等的填挖限界以及排水建筑物的横断面轮廓(见图 6-10)。

6.3　站场排水

设计站场路基时，一般应有排除路基地面水的设备。必要时还应设计排除或降低地下水的设备。

在站场范围外有流向站场的地面水及危害路基稳固的地下水时，应在站外设置拦截地面水及地下水设备，以保证路基的干燥和稳固，并避免暴雨时水淹站场。

站场排水设备主要是排除路基面的雨水、雪水、客车上水时的漏水、洗车时的废水等。其排水系统主要由纵、横向排水设备组成，它对车站的运营作业及行车安全都有直接影响。排水不良，往往会造成严重后果。例如，线路积水会使路基下沉、线路冻涨及翻浆冒泥、钢轨及道岔锈蚀；设有轨道电路的车站积水，会使信号机显示失灵，直接影响行车安全；调车场积水，对调车工作人员危害很大，不但降低调车效率，而且危及调车安全；机务段、车辆段等段内积水，影响机车、车辆的整备和维修作业；货场积水，货物被浸泡，使国家财产遭受损失，给货物装卸工作也带来很多困难，甚至延误车辆的周转时间和货物的取送。因此，搞好站场排水设计，对完成铁路运输任务具有重要意义。

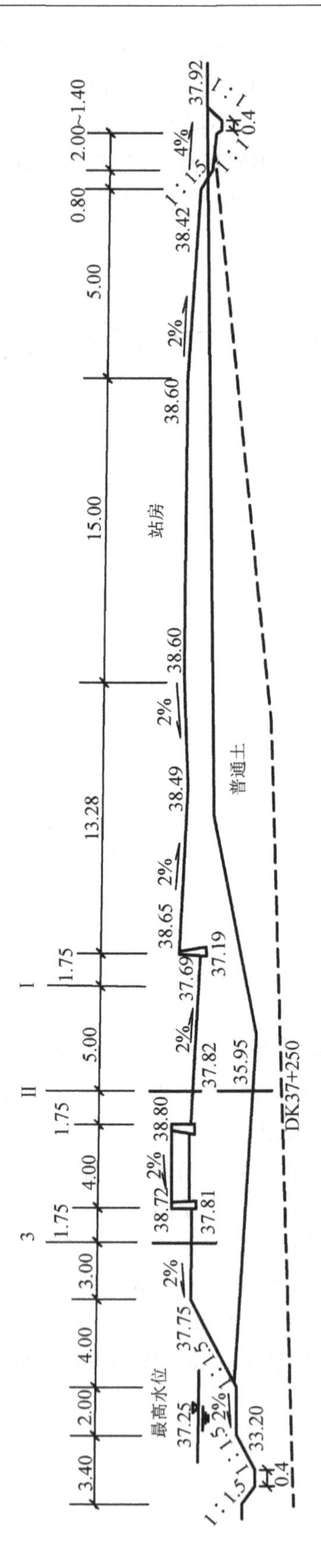

图6-10 车站路基横断面图
（注：图中长度单位为m）

6.3.1　站场排水设备的布置原则

(1)站场排水设备布置一般原则。

①应有总体规划,从全局出发,做到经济合理;

②纵向和横向排水设备应紧密配合。为了使站内积水迅速、畅通地排出站外,应使水流径路最短,并尽量顺直;

③在改建或扩建站场时,应尽量利用既有的排水设备;

④站场排水设施的断面尺寸应按 1/50 洪水频率的流量设计。有充分依据时,可按当地采用的洪水频率进行设计。纵、横向排水槽的底部宽度不应小于 0.4 m,深度不宜大于 1.2 m;当深度大于 1.2 m 时,其底部宽度应加宽;

⑤站场纵向排水槽单面排水坡长度不宜过长,必要时可设置横向排水槽。

(2)站(段)场内下列部位,根据具体情况应适当加强路基排水。

①设有给水栓和有车辆洗刷作业的客车到发线、整备线;

②货场内的仓库站台线、两站台夹一条线路的装卸线和车辆清洗线以及加冰线和牲畜装卸线;

③设有车辆减速器、设有轨道电路的大站道岔区;

④驼峰立交桥下的线路路基、进出站疏解线路所形成的低洼处。

6.3.2　站场排水设备

站场排水设备按位置分为纵向排水设备和横向排水设备。纵向和横向排水设备的主要作用,前者是汇流路基面上的水,包括路基上修建的站台、仓库、雨棚及生产房屋的雨水,后者主要作用是把纵向沟内的水排出站外。

站场排水设备的类型有多种。排除地面水的纵向排水设备一般采用排水槽(碴顶式或碴底式)、排水管或排水沟等;穿越线路的横向排水设备一般采用三角涵管、排水槽(砟底式)、排水管和检查井等(见图 6 - 11)。

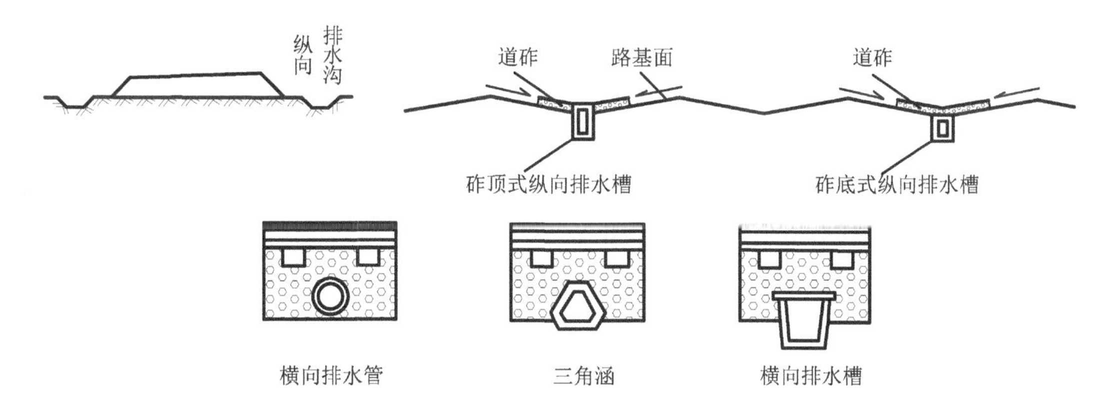

图 6 - 11　纵、横向排水设备

排水设备类型的选择,应根据地区气候、站场作业性质及特点、各类排水设备的性能,结构的经济合理性以及施工养护方便等因素,本着因地制宜的原则确定。

风沙大的地区,明排水沟槽容易堵塞,宜采用盖板槽和暗管(沟)。

严寒地区在土壤冻结线以上的排水设备容易冻坏，冻结线深度大于 0.8 m 的地区一般采用排水管，其基底应埋设在冻结线以下。气候不太寒冷，土壤冻结线深度小于 0.8 m 的地区，可采用明排水沟(槽)。

站、场、段、所内排水槽应设置盖板，当路堑侧沟位于调车作业区，列检作业区，装卸作业区和工作人员通行的地段时，为保证人员安全，侧沟应设置盖板。

由于站内排水沟(槽)内泥沙和杂物较多，为避免淤塞，排水设备的纵向坡度不应小于2‰，最好采用坡度值为 3‰～5‰的纵向坡。位于平坦、沼泽和河滩地区的站场，当排水系统出水有困难或采用较大纵坡将引起大量工程时，纵向排水坡坡度可减至 1‰。为使下游不发生夹带物沉积，保证水能及时排出站外，必须使水流速度由上游至出水口逐渐增大，因此排水沟(槽)的设计坡度也应从上游至下游逐渐增大。

穿越线路的横向排水设备的坡度不应小于 5‰，有条件时可增至 8‰或以上。

为避免排水设备的淤塞，有条件时，纵、横向排水设备的坡度应适当加大。

6.3.3 站场排水设备的布置

站场排水系统由纵、横向排水设备所组成，它们的共同作用都是为着迅速地排出站内路基面的水。因此，站场排水设备布置的合理与否，对车站路基面排水的好坏起着决定性的作用。

站场排水设备的布置应按地区降雨量、站场平面布置、路基横断面和路基土的种类综合考虑。

在客运站、客车整备所和有客车上水作业的车站，纵向排水设备设在设有给水栓的线路间；货场内有的水槽不应设在货位下，宜布置在道路与货位间；在机务段纵向排水设备宜布置在通路一侧和机车上水、冲洗机车等经常产生大量废水和漏水的地段。此外，纵向排水设备还设在除上述情况外的路基横坡最低处。

横向排水设备的布置要根据车站的布置、路基的地质情况，以及整个车站的地形条件等综合考虑。一般情况下，应首先考虑利用站内桥涵排水。如无桥涵可利用，在路基比较稳定或填方较低时，可采用横向排水槽(管)。为及时排除线路间的积水，根据需要，可每隔适当距离在轨枕间设置小型排水涵(管)。

站场排水系统的设计，应使纵向和横向排水设备紧密结合，汇水面积内的水至出水口的径路最短，并尽量顺直。

连接横向排水设备的纵向排水沟(槽)不宜太长，太长易于淤积，而且排水槽较深，清淤困难。因此，横向排水槽所连接的纵向排水沟(槽)一般不超过 300 m，个别的排水沟(槽)也不要超过 500 m。纵向和横向排水槽(管)的交汇点，排水管道的转弯处和标高改变处，应设检查井或集水井。检查井的间距，应考虑地区降雨量、路基土的种类及横向坡度的要求，一般为 3～6 条线路，并以 40 m 左右为宜。

站场横向排水应与纵向排水相配合，如图 6－12 所示。该站位于年降雨量大于 700 mm 的地区，地形平坦，地面横坡不明显，而且车站设在高度小于 2 m 的路堤上，按规定应在路堤两侧设纵向排水沟，因降雨量较大，而且为填方(路堤)，故路基横断

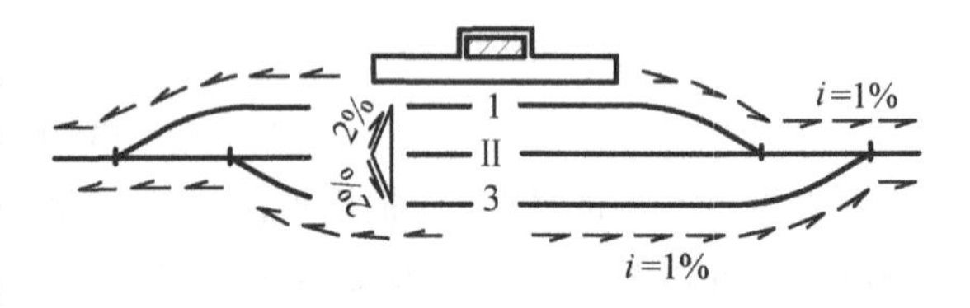

图 6－12 小站排水示意图

面采用双面坡。

图 6－13 是位于年降雨量大于 1000 mm 地区的站场排水系统示意图。

图 6－13(a)是路基横断面图。由于路基土质渗水性较差而且线路数量较多，采用锯齿式横断面，一个坡面上设两条线路，路基面横向坡度为 3%。

图 6－13(b)是排水系统平面图。每隔 4 条线路设一条纵向排水槽，线路间的地面水经过排水槽流入集水井，经横向排水涵管流出站外。

图 6－13(c)是排水槽槽底纵断面图。它表明各集水井间距、排水槽各段的坡度及各变坡点的标高。

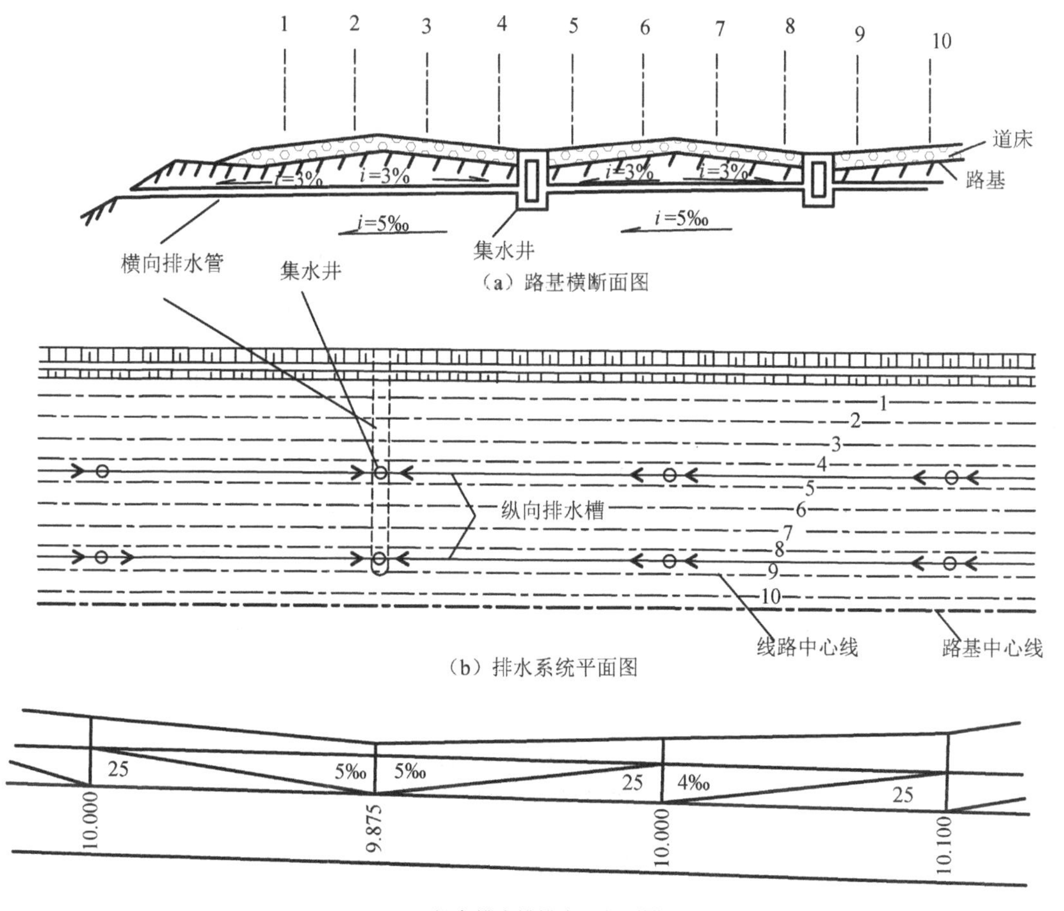

图 6－13　站场排水系统示意图

(注：图中长度单位为 m)

解决站场排水问题要靠合理设计，也要注意经常维修，否则很好的排水设备由于年久失修也会失去作用。为了确保站场排水设备的完好和畅通，排水设备较多的站场应建立定期检查和专人养护维修的管理制度。

第7章 接轨站、港口车站、工厂编组站及其他车站(线)布置

工业企业运输分为外部运输和内部运输两部分。工业区外部运输与内部运输铁路设备的总体构成工业铁路枢纽。

7.1 工业铁路枢纽的设备

工业铁路枢纽的设备一般可由下列各主要部分组成：

①位于铁路干线上的接轨站(或称工业站)；

②连接接轨站与企业站之间的铁路专用线；

③位于企业内部为编解企业内各站间车流的企业编组站(矿内称集配站)；

④为企业各工厂、车间服务的各种作业站、装卸站或地区车场、装卸线；

⑤连接企业站或地区车场之间的站间联络线等。

由于工业企业的性质、规模、地形条件、运输组织方式的不同，工业铁路枢纽设备的种类和数量也有所不同，因此，上述各项设备可分别设置或部分合并。

图7-1是加工工业区铁路枢纽总体布置图。图的上半部是大型钢铁联合企业的主要工厂、企业站及场库。图的左下部是城市及铁路车站。从图中可以看出，该工业区的铁路衔接有三个方向，设有两个接轨站为企业外部运输服务，工业站1(接轨站1)以输入原料(煤、矿石、石灰石等)为主，工业站2(接轨站2)以输出产品(钢材)为主。企业内设有专用铁道为内部运输服务。联合企业各工厂的分布完全按生产流程安排，在原材料入口处设置焦化厂和烧结厂，炼铁、炼钢、轧钢三个主要工厂依次排列，并与焦化、烧结厂成人字形布置。图中设有为企业内部

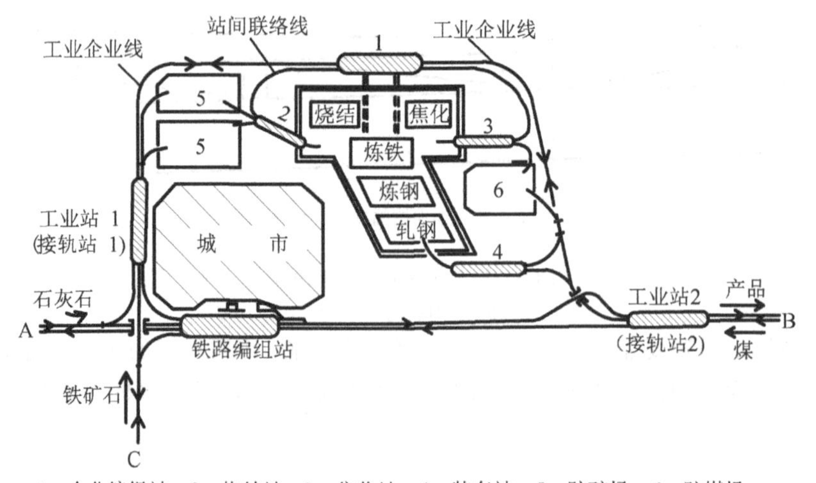

1—企业编组站；2—烧结站；3—焦化站；4—装车站；5—贮矿场；6—贮煤场。

图7-1 加工工业区铁路枢纽总体布局图

运输服务的各种车站,如企业编组站、烧结站、焦化站、轧钢站等。连接接轨站与企业站之间有工业企业线和站间联络线,接轨站与铁路编组站间均有便捷的通路相连。

图 7-2 为采掘工业区铁路枢纽总体布置图。图中煤矿区在铁路干线一侧,设有一个接轨站为外部运输服务。矿区内设有专用铁道为内部运输服务。矿井或露天矿附近设有装车站,办理原煤的装车作业。选煤厂附近设有选煤站,办理各种煤的装车作业。集配站设在矿区的出入口处,由接轨站来的空车到达集配站后,按装车地点选编车组,然后将空车配送各装车站进行装车,并将装完的重车收集到集配站,选编成组向接轨站发出。此外,在矿区内还设有为露天矿排土用的剥离站以及排矸石用的矸石线等。

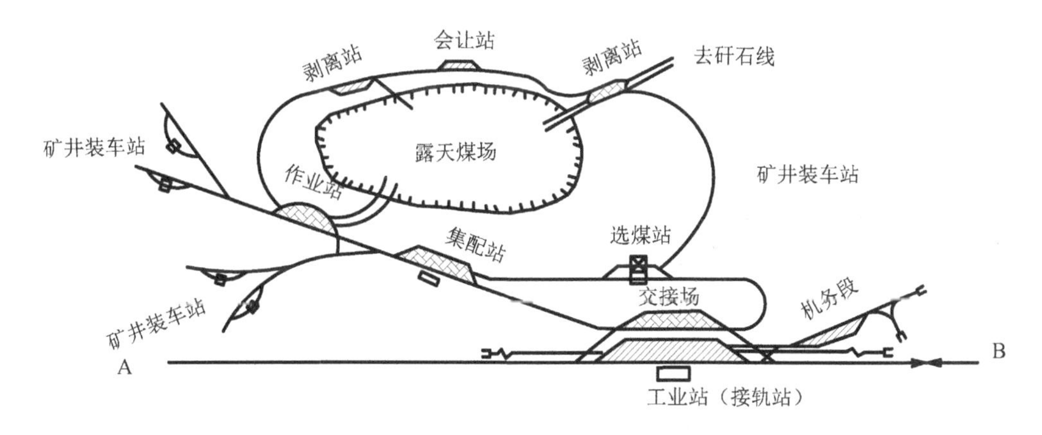

图 7-2　采掘工业区铁路枢纽总体布置图

7.2　接轨站的数量和位置

接轨站的数量对企业的总平面布置和铁路运输组织有较大影响。为同一企业和工业区服务的接轨站,原则上以集中设置一个为宜,这有利于国家铁路的车流组织、机车交路的衔接、设备集中和车辆交接简单等。因此,只有在某些特定条件下,则可研究是否设置多个接轨站。当企业生产规模越大,各种原、燃料和辅助用料的数量和产地越多时,到达企业和由企业发出的货物运量和流向也越多,为适应运量和流向,大型厂可考虑设两个接轨站,使到发车流可以选择较为方便的进出路径,经相应的接轨站出入厂。可避免车流的折角和迂回运输,这对加速机车、车辆周转和降低运输成本均有积极意义。但当企业运量不很大时,也会造成车流和设备过于分散,增加工程投资和运营开支。因此,对接轨站的布局必须结合厂、矿总图规划通过全面衡量,铁路与企业部门共同确定接轨站数目。

根据现状,年产量在 1 Mt 及以下的钢铁厂,可设置一个接轨站(当设置两个接轨站并不增加大量工程而对运输显著有利时,也可考虑设置两个接轨站);年产量在 1～2 Mt 的钢铁厂,当其原料和产品绝大部分通过铁路运输时,可根据条件设置一个或两个接轨站。煤炭企业接轨站的数目,应根据矿区大小、产量、矿井和装车点的分布及其与铁路网的相对关系、煤炭流向、空车来源,以及各个接轨点的铁路专用线修建长度和技术条件等因素进行综合比较,选择合理的设站和接轨方案后确定。对于大型矿区,当其位置与 2 条或 2 条以上铁路线相邻,或矿区沿铁路线带状分布,当地形条件许可时,可考虑在铁路线上适当增加接轨站的数目,以利于各矿点的均衡生产和运输，缩短铁路专用线的修建长度，但必须考虑车流组织的合理性。对于石油开采和加工工业，可根据所在油田的开采和运输方案以及炼油厂的规划，设置一个或数个为原油或成品油装车服务的接轨站。对于不设在油田的大型炼油厂，其原油如经铁路送达时，可结合炼油厂的总体布置，设置一个为原油卸车和成品油装车用的接轨站。当原油经管道输入时，则可设置一个为成品油装车用的接轨站。对为一个工业区多个企业服务的接轨站，应根据所服务的工业区范围、各企业的性质、生产规模、运量及运输要求、工业区所在位置与铁路网的关系和铁路专用线接轨条件等因素，确定在该工业区设置一个或一个以上的接轨站。

当大型钢铁厂总平面布置采用串联布置时，厂区长度可达 3～5 km，只设一个接轨站时，最远运距长达 5～7 km，增设接轨站后，厂外车流可选择较近线路由就近接轨站进出厂，可缩短运输距离，节约运输费用。增设接轨站可避免大量迂回、折角运输，减少改编作业，加速车辆周转。

接轨站的位置可设在国家铁路线上或靠近企业。当企业距国家铁路线较近或该站需担当路网车流的作业等情况时，应设在国家铁路线上，否则应尽量靠近企业大量货流入口或出口的地点，并使原料或空车来源和产品去向适合于企业内部的总图布置和生产流程，尽量避免车流的折角和迂回运输。例如煤炭企业的接轨站应尽量设在矿区出口处产煤集中的地点；石油企业的接轨站应靠近油田或炼油厂的装卸点。对于钢铁厂，当仅设一个接轨站时，应尽量使其靠近原料入口处或企业中部；当设置两个接轨站时，一个可设于原料入口处，另一个靠近成品出口处。当铁路线上两个方向都有原料和成品出入时，则应根据企业总布置条件，考虑合理的车流组织方案，以确定接轨站之间的分工。

在选择接轨站位置时，尚应考虑铁路专用线接轨方案的合理性，包括其修建长度，工程投资的大小，平剖面技术条件是否与企业的运量和运输要求相适应，该线在接轨站内接轨是否干扰铁路正线行车和车站作业，至各作业站（分区车场）和装卸点（特别是作业量大的装卸点）取送车有无方便的条件，以及接轨站的位置在将来扩建时与企业的生产运输和基建的发展有无矛盾等。

位于城市中的接轨站，其位置应与城市规划相互配合，尽量避免铁路车站与城市发展和对城市道路、居民区的干扰，减少房屋拆迁工程，满足城市的环保、安全、消防和卫生要求，并与其他运输方式密切配合。

接轨站的规模，主要取决于所服务企业的性质和规模，由铁路负担的运量和改编作业量的大小，大宗货物的运输性质及装卸作业特点，该站所担当路网上的作业量以及管理和交接方式等因素。接轨站的规划必须与企业的规划密切配合。在考虑企业规划的基础上，进行接轨站的远期布置，以适应将来的发展，并按分期建设的原则设计分期工程。由于一些大型企业建设周期往往较长，从投产至达到远期产量需要一定时间，分期建设可以避免过早投资，提高投资效益。

7.3 接轨站与工厂编组站的路、厂（矿）交接作业方式及车站的设置方案

7.3.1 路、厂（矿）交接作业方式

铁路与企业（或港口）间的管理方式分为：由铁路统一管理的，简称“统管”；由铁路和企业、港口各自管理的，简称“分管”。交接方式可分为货物交接、车辆交接和列车交接。

1. 货物交接

货物交接方式是指铁路与企业(或港口)之间仅将到达企业(或港口)和从企业(或港口)发出的货物交给对方。一般由铁路机车将装运进入企业(或港口)货物的重车送到卸车点卸车,自企业(或港口)发出的货物由铁路机车将空车送至装车点装车,路、企(港)双方只在企业(或港口)装卸地点办理货运交接(包括对货物装车状态进行检查及接受货票等),企业(或港口)不配备调送铁路车辆的机车,但负责货物的装卸。

2. 车辆交接

车辆交接方式是指企业(或港口)备有机车,铁路与企业(或港口)在指定地点将货物连同车辆一并交给对方,即同时进行货运及车辆技术状态的交接。对到达企业(或港口)的重、空车,一般在接轨站的到发线或交接线上进行车辆交接,然后由企业(或港口)机车在接轨站按企业(或港口)内装卸点的要求分组(有条件者可整列进、出装卸线)送入企业(或港口);自企业(或港口)发出的重、空车由其自备机车送至上述地点交接,再由铁路机车按列车编组计划解编后发车。

3. 货物交接与车辆交接并存

货物交接与车辆交接并存系指两种情况:一种情况是在一个多企业共用的工业站(或接轨站)内,部分企业进、出货物在装卸线上办理货物交接,其余企业在指定地点办理车辆交接;另种情况是某些进入钢铁企业的大宗原料燃料重车,由铁路机车推送至厂方设在工业站(或接轨站)的翻车机(或受料坑)卸车(然后通过皮带运输机进厂),双方办理货物交接,其余车流在交接线办理车辆交接。铁路与港口的交接也存在类似的情况。

4. 列车交接

列车交接是近几年发展起来的一种交接方式,又称路企(港)直通运输,主要是指通过适应性技术改造和运输组织优化等措施,实现列车在铁路与“三厂”(电厂、钢厂、石化及炼油厂)、“两矿”(煤矿、金属及非金属矿)、“一港”(主要港口)、“一路”(合资及地方铁路)等企业间直入直出、运输作业全过程贯通和结合部的无缝衔接。到达企业(或港口)的重、空车,由路网车站(装卸站、区段站、编组站)直接编组到达企业(或港口)内部的直达列车,由本机务段机车牵引,不停车通过工业站(或港湾站),直接进入企业站(或港口站),在到发线上进行列车的交接,包括货运及列车技术状态的交接;然后由企业(或港口)自备机车进行企业(或港口)内部往各装卸地点的车辆取送作业。从企业(或港口)发出的重、空车由其自备机车送至企业站(或港口站)进行集结,按铁路列车编组计划直接编组列车,进行交接后发往铁路网。

列车交接的方式简化了运输结合部处路企(港)交接的作业环节,铁路的机车车辆直接通到企业(或港口)的交接场装车源头和卸车终端,大幅度地减少了货车在铁路站场、路企(港)交接场和企业(或港口)内部的停留时间,并同步消除大量的机车换挂、列检作业、车号作业等重复劳动,运输效率大大提高。

上述管理和交接方式的选择,主要取决于企业(或港口)的生产性质与规模、企业(或港口)内部是否主要采用铁路运输和复杂程度,以及企业(或港口)生产流程和铁路运输是否紧密结合等因素,在考虑上述因素的基础上,经技术经济比较后设计方与企业(或港口)协商确定。

7.3.2 接轨站、工厂编组站布置

1. 接轨站的布置

接轨站的布置应根据交接方式、作业量、作业性质、该站在路网上所担当的作业分工和货物装卸地点等因素确定。设计时可按下列规定布置。

①当采用货物交接时，交接作业是在货物装卸点办理，车辆的取送和调车作业均由路方承担。采用此种交接方式的作业量一般不会很大，因此，宜采用横列式图型(见图 7－3)。

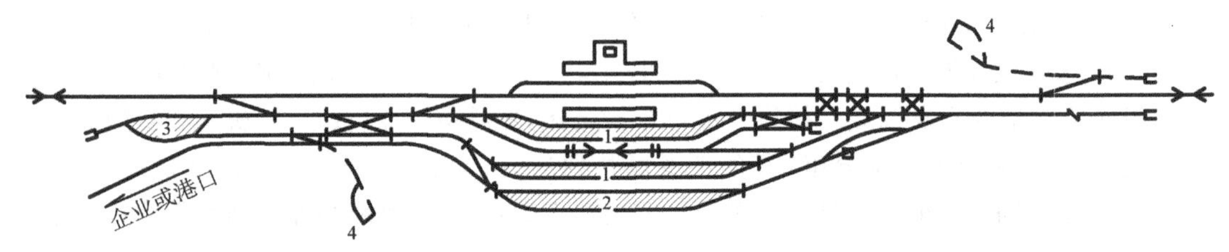

1—铁路到发场；2—铁路调车场；3—铁路机务段；4—货场（方案）。

图 7－3 货物交接横列式接轨站图型

②当采用车辆交接双方车站分设时，宜采用横列式图型(见图 7－4)。如作业量大时，可采用其他合理站型。

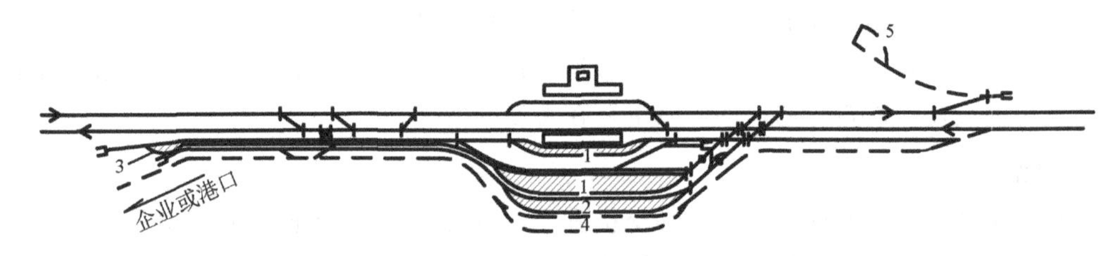

1—铁路到发场；2—铁路调车场；3—铁路机务段；4—交接场；5—货场。

图 7－4 双方车站分设横列式接轨站图型

我国既有的这类车站多为横列式图型。由于到达接轨站的直达列车和大组车占一定比重，且部分发往路网的车流在企业进行取送车时已照顾编组，有条件在交接线上坐编发车，或者接轨站与路局编组站间只开行小运转列车，有些解编作业可在路局编组站办理。所以当接轨站的解编作业量较小时，宜采用横列式图型。它具有站坪长度短、占地少、定员少、设备集中和管理方便等优点。

这种布置方案的作业过程：由铁路网进入企业的列车接入铁路到发场，办理列车到达技术检查，其中直达列车或大车组可直接在铁路到发场与企业办理交接，其他车流经牵出线解体至交接场，集结一定数量后，双方在交接场办理车辆交接，然后由企业机车拉回工厂编组站。由企业发往路网的直达车流可从工厂编组站由企业机车直接送往接轨站的铁路到发场，双方在到发场办理车辆交接后，由铁路进行出发技术检查再发往铁路网；其他车流则由企业机车送往交接场，办理交接后再由铁路改编成新的列车发往铁路网。

③当采用车辆交接双方车站联设时，双方车场均可采用横列式图型(见图 7－5)或纵列式图型(见图 7－6)。如作业量大可采用双方车站联设的双向混合式图型(见图 7－7)或其他合理图型。

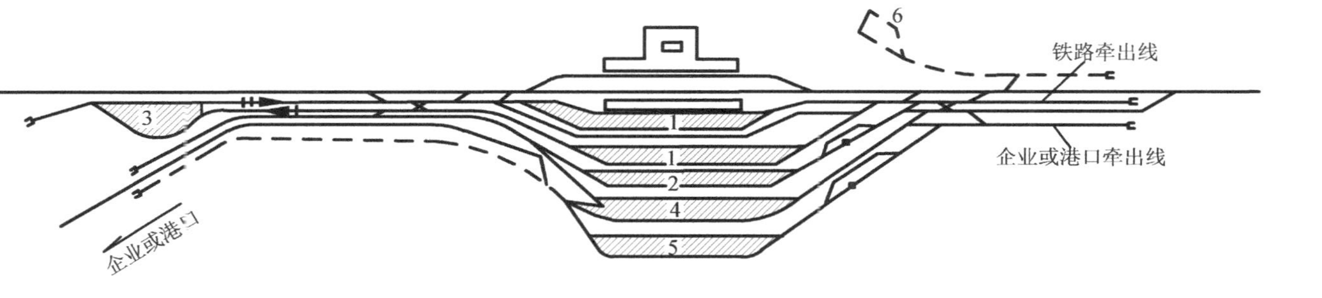

1—铁路到发场；2—铁路调车场；3—铁路机务段；4—企业或港口到发场兼交接场；5—企业或港口调车场；6—货场。

图7-5　双方车站联设横列式图型

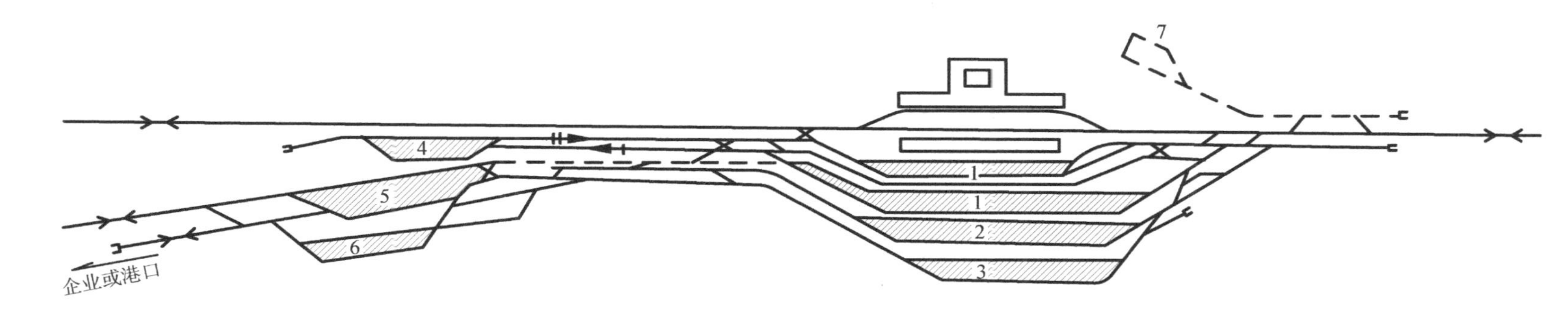

1—铁路到发场；2—铁路调车场；3—交接场；4—铁路机务段；5—企业或港口到发场；6—企业或港口调车场；7—货场。

图7-6　双方车站联设纵列式图型

（注：5场兼交接场时，采用图中虚线联络线，取消3场及其联络线）

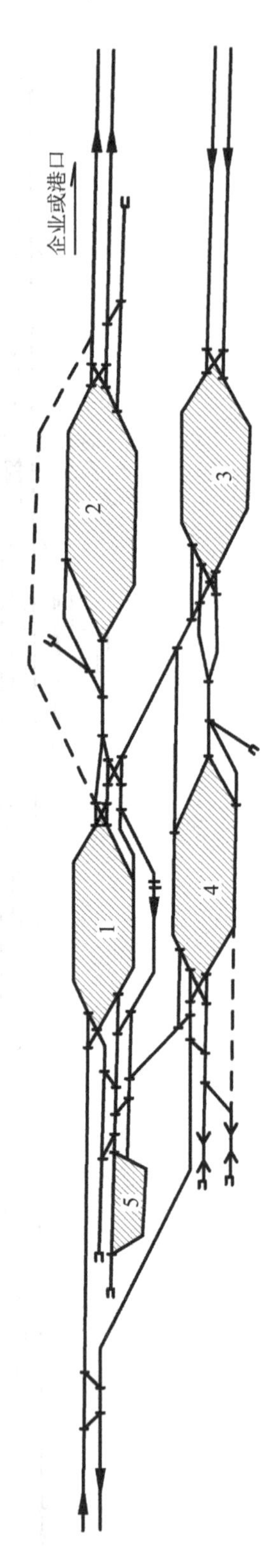

1—铁路到发场；2—企业或港口编发场；3—企业或港口到达场；4—铁路编发场；5—铁路机务段。

图7-7 双方车站联设双向混合式图型

前者具有站坪长度短、车场布置紧凑和双方联系方便等优点;缺点是解编车流调车行程长,当作业量增多时进路交叉干扰多。后者的优点是各车场咽喉区布置简单,双方作业互不干扰,在密切配合的情况下,进入企业车场的车列(组)可直接经由驼峰解体进入交接场,减少转场作业,缺点是双方车场相距稍远。

双方车站联设横列式布置图的作业过程:到达企业的直达列车,在接入铁路到发场办理车辆的交接作业以后,由企业机车拉入企业内装卸站进行装卸;到达企业的改编列车,在接入铁路到发场办理车辆交接及有关作业后,由企业机车按厂内装卸地点进行解体,在企业调车场集结,然后连挂成列转往企业到发场或直接从企业调车场送入企业内各装卸地点。企业发出的直达列车,由企业机车送至铁路到发场,在双方办理交接作业以后再发往铁路网;企业发出的非直达车流应接入企业到发场,在双方办理车辆交接及有关作业后,由铁路机车按列车编组计划解体,在铁路调车场集结,然后编成列车,转线至铁路到发场发往路网。

④多企业共用的接轨站布置图。

这种接轨站为许多个不同性质的工业企业服务,各工业企业线首先应分区集中,必要时设置地区车场,如图7-8所示。工业企业线最好都从车场一侧合并引入,以免取送车干扰正线。如需从站房一侧引入时,应根据正线的行车密度及该专用线平、纵断面情况设置安全线或立体交叉设备。

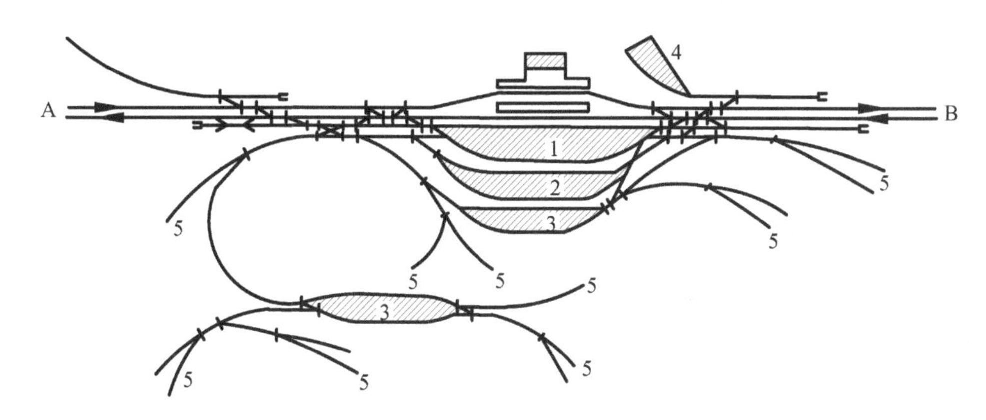

1—到发场;2—编组场;3—地区车场;4—货场;5—企业专用线。

图7-8 多企业共用的接轨站布置图

这种接轨站所服务的工业企业,一般都采用货物交接方式,故图中不设交接线。如有个别工业企业采用车辆交接方式时,可根据具体情况在适当地点设置交接线。

2. 工厂编组站布置

工厂编组站的主要作业:办理进入企业的局车到达和发出作业;当在编组站办理交接作业时,办理出入企业局车的交接作业;办理企业发出的局车和企业车辆的到发作业;进入企业的局车的解编和企业发出局车的集结作业;企业内部车流的折返和解编作业;出入企业车辆的称量作业;调配车辆向料场或车间取送车辆作业;机车整备和车辆检查作业等。

工厂编组站一般采用横列式图型,只有经过技术经济比较,纵列式较为合理时,方可采用纵列式图型。

作业量较小的工厂编组站一般设置一个车场,办理列车到发(交接)和编组作业,当有较多解编作业时,可设置编组场。为了发挥调车设备能力,减少企业内的重复作业,在工厂编组站上尽可能进行较细的车辆分类。

工厂编组站宜尽量靠近企业,以减少取送车的走行距离。工厂编组站的布置如第二篇图2-3所示。

工厂编组站到发场到发线路数量应根据办理的列车数、列车性质、列车密集到发和车站技术作业过程等因素确定,见第二篇2.5.2节。到发线有效长的确定与计算见第二篇第3章。

工厂编组站调车场线路的数量和有效长确定见第二篇2.5.3节。

工厂编组站为列车解编作业用的牵出线数量应根据调车区的分工、作业量和作业方法确定,牵出线有效长,可按到发线有效长加30 m计。当地形条件困难且作业量较小时,以编组为主的牵出线有效长可根据所采用的作业方法确定,但不应小于到发线有效长的2/3。

7.4 港口车站布置

港口是水陆联运的枢纽和咽喉,也是铁路、公路、远洋、内河运输的汇集点和货物、旅客的集散地。由港口输出的货物由各种运输工具运到港口,或者直接装船运出,或者暂存仓库、堆场后再行装运;自港口输入的货物,由船舶卸下后,或者直接用各种运输工具运往目的地,或者暂存仓库、堆场,然后转运。

港口是由水域和陆域两部分组成。水域包括通海航道、外堤、口门、锚地、港池;陆域是指与水面相毗连并与港务工作直接有关的港区,包括码头岸线、各种装卸机械、前方和后方仓库及堆场、铁路和公路系统、船台、船坞以及护岸工程等。

7.4.1 港口铁路的组成及其功用

完善的港口铁路系统,一般应包括港口车站、分区车场、码头和库场的装卸线,以及将这些部分连成整体的港口铁路区间正线、联络线和连接线等(见图7-9)。目前我国港口铁路的管理方式,因各港具体情况的不同,有归港口管理和路网管理两种方式。对于港口管理的铁路,尚应配备机车及机务整备设备。

各部分的基本功能如下:

①港口铁路区间正线:路网接轨站(港湾站)与港口车站之间的连接线路;

②港口车站:承担港口列车的到发、交接、编组、集结等作业;

③分区车场:承担分管范围内码头、库场的车组到发、编组及取送作业;

④装卸线:按工艺要求布置在码头上、库场内的铁路线,承担货物的装卸车作业;

⑤联络线:分区车场与港口车站之间的连接线路;

⑥连接线:分区车场与装卸线之间的连接线路。

来自路网的列车,在接轨站(在港口区也叫港湾站)解编后,以小运转方式牵引至港口车站,路港之间一般在接轨站或港口车站的到发线办理车辆交接手续。到达港口车站的列车,在港口车站按码头作业区分类编组后送往分区车场,一个分区车场一般分管若干个泊位及其库场装卸线。到达分区车场的车组,尚须按去往的装卸线解编,然后按作业进度,随时向装卸线取送车辆。在港口完成装卸作业后的车辆,在港口车站集结后,以小运转方式牵引至路网接轨

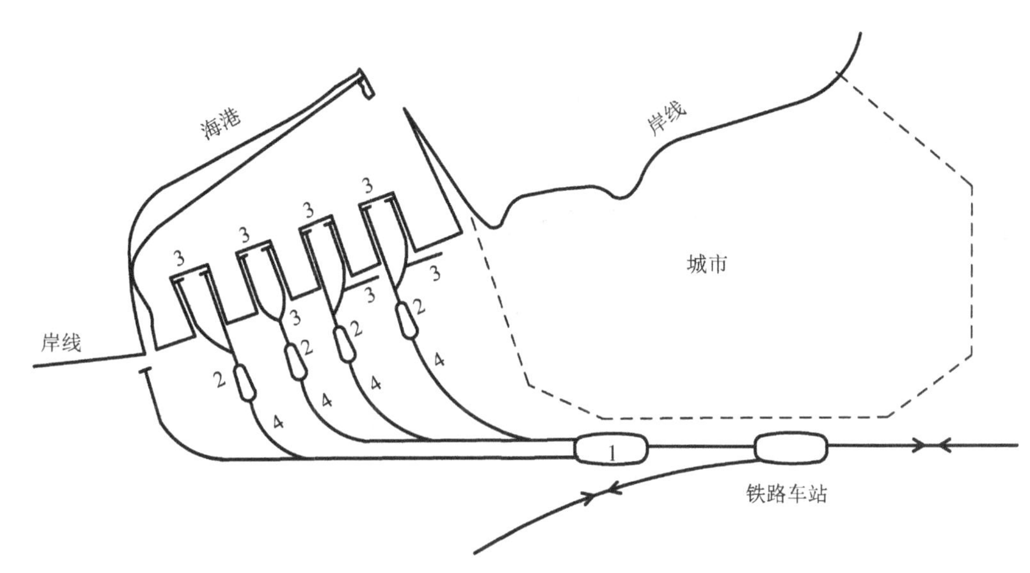

1—港口车站；2—分区车场；3—码头库场装卸线；4—联络线。

图 7-9　港口铁路的基本组成

站，再按去向进行编发。

由于运量、货种的差别，管理方式的不同以及历史原因等因素，港口铁路的组成亦不同，在我国有以下几种类型：

①由港口车站、分区车场、装卸线(包括联络线等)等部分组成，形成完整的港口铁路系统，如天津新港、秦皇岛港等；

②由港口车站(或分区车场)和装卸线等组成，如大连港、湛江港、黄埔港、连云港等；

③港口只设装卸线而无其他设施，如烟台港等，此种情况只适用于邻近有路网接轨站且港区地形受限制的少量码头；

④对运量大、货种单一、货源稳定的专业港(如煤、油、矿石港)，开行单元列车，列车在港内不进行解编作业，港口铁路简化，只设空、重车场(线)及装卸线，如秦皇岛的煤码头。

7.4.2　港口铁路的布置

1. 港口车站

对于铁路疏运量大、货种多的港口，可设置专用的港口车站，其任务是办理来自路网列车的到发、交接、解编作业，并向各分区车场或装卸线取送车辆。港口车站的位置应尽量靠近港区，以减少取送车的距离。

港口车站的规模，应根据所承担的运量和作业要求确定，一般应具有以下线路：

①接发小运转列车的到发线；

②按港口各分区车场(或码头、库场装卸线)进行车辆选编的编组线；

③机车走行线、牵出线、连接线以及机车整备线等。

港口车站的布置，可根据作业量及地形条件等因素，采用下列形式。

1)横列式

横列式布置(见图 7-10)的特点是港口车站的各车场采取并列布置,节省了站坪的占地长度,缺点是车辆的解编作业须折返牵引,占用到达场咽喉部分的时间较长,而且机车在解编作业中往返行程较长,其能力受一定影响。

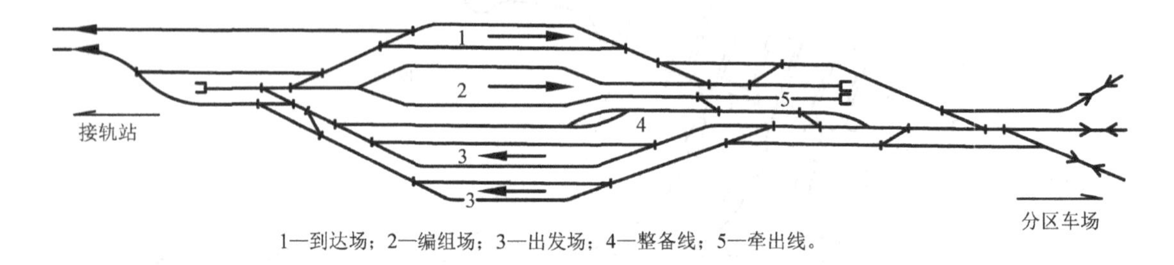

1—到达场;2—编组场;3—出发场;4—整备线;5—牵出线。

图 7-10 横列式港口车站布置图

2)纵列式

纵列式布置(见图 7-6)的优点是各车场咽喉区布置简单,双方作业互不干扰,在密切配合的情况下进入港口车场的车列(组)可直接经由驼峰解体进入交接场,减少转场作业;缺点是双方车场相距稍远,且如该港湾站还担负一定的路网中转作业时,纵列式布置将对车场与正线的连接带来复杂性,此时以采用横列或混合式的布置图为宜。

3)混合式

混合式港口车站的布置与横列式布置基本相似,其特点是将到达场上移,使到达场与编组场形成纵列,而发车场与编组场(或到达场)采取横列布置,其优点是列车的解编作业可直接由到达场向编组场推送,节省解编作业的时间,但站坪的占地长度较长,适用于地形条件好、作业量大的港口车站(见图 7-11)。

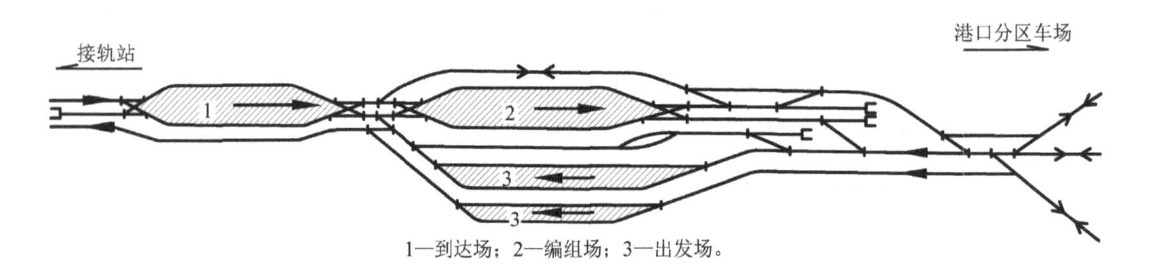

1—到达场;2—编组场;3—出发场。

图 7-11 混合式港口车站布置图

上述三种布置形式比较典型,工程实践中由于具体条件的不同,布置上会有较大的变化,对于作业量较小的港口,根据实际情况,在符合功能要求的前提下,布置上应力求简化,站线数量不宜设置过多,可采取一次布置分期建设的方式。机务整备设备,如港口调车由路网统管而接轨站有能力时,可不设,如港口站地形受限制时,机务整备设备亦可设在港内其他地方。当路网本务机车(或港口机车)在港内有调头要求时,港内应设置三角线,地形困难时亦可设机车回转平台。

如图 7-12 所示为简化的横列式港口车站布置,此种布置方式适用于中等作业量的港口车站,或运量虽大但解编作业量不大的大宗货类港口。

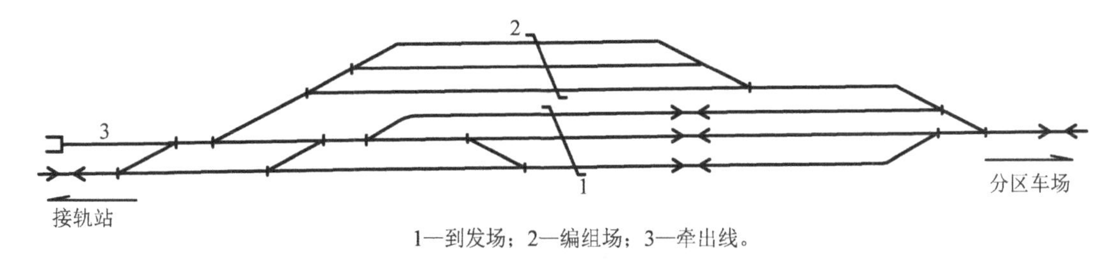

1—到发场；2—编组场；3—牵出线。

图 7-12　简化的横列式港口车站布置图

2. 分区车场

设置分区车场的目的，是为码头的各泊位或货仓以及库场挑选、集结及配置车辆服务，及时为装卸线供应所需的车辆，以保证码头、库场作业的连续进行，并缩短装卸线调车作业的时间。分区车场的位置应尽量靠近前方作业地点，其主要功能是接纳来自港口车站的车组，办理管辖范围内作业车辆按装卸线进行编组和取送车作业。

分区车场的设置应考虑以下几方面的因素：

①尽量与港区划分相适应，便于集中管理；

②大、中型专业港区(码头)，应有专用分区车场；

③各分区车场的作业量应力求均衡；

④分区车场与所辖码头、库场装卸线要尽量靠近。

对泊位较少、作业量不大、距港口车站较近的分区，以及离分区其他泊位较远的个别泊位可不设分区车场，前者可由港口车站直接取送车，后者可在邻近地区设置少量停车线路，作为取送车时临时存放车辆使用。

对于有车辆交换(如利用邻近分区车场集结空车)的分区车场之间，可设置连接线，便于直接调用车辆。

分区车场内线路的设置，应考虑以下内容：

①到发线：接发港口车站的小运转列车或车组的线路；

②编组线：供分编去往码头、库场装卸线的车辆用；

③集结线：收集自码头或库场各装卸线送来的车辆，以便送往港口车站；

④机车走行线：机车在车场内的通行线；

⑤牵出线：进行调车作业用的线路。

在一般情况下，这些线路是互相混用的，其线路数量可根据作业量及作业性质而定，一般可按每衔接一个码头设 2～3 条线路考虑，但应根据码头形式和装卸量予以增减。

分区车场到达线的有效长度，应与来自港口车站的车组长度(包括机车)相适应，为节省用地及取送车作业时间，可取路网列车长度的 1/2 或 1/3。编组线的长度，可按送往装卸线的车组长度和分区车场的布线条件，采取长短线相结合的方式。

分区车场的布置形式，一般为梯形或梭形。梯形车场当线路较多时，线路有效长度变化较大，因此很少采用。一个分区车场一般固定一台调车机车作业，且连接 1～2 个码头或库场为宜。分区车场的布置如图 7-13 示：图(a)连接两个码头，1～2 道为到发线，2 道兼走行线，3～5 道为编组集结线；图(b)中 4～6 道为到发线，1～3 道为编组线，并设计为尽头式。为了调车作业的便利和安全，在作业量大的分区车场应单独设置牵出线。

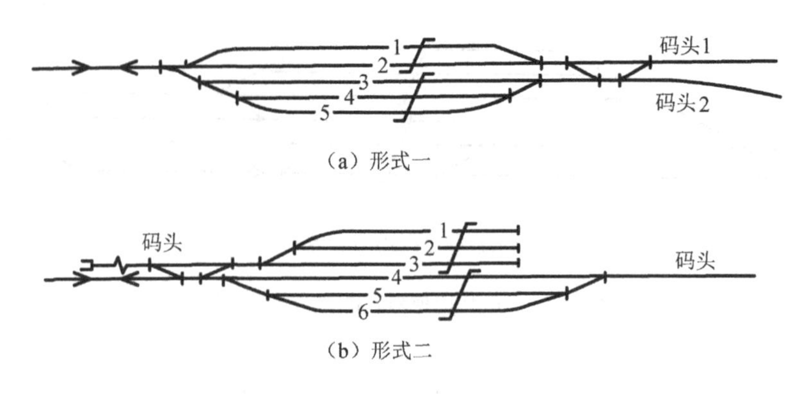

(a) 形式一

(b) 形式二

图 7-13 分区车场布置图

3. 码头与库场区的装卸线

码头前沿和库场内铁路装卸线的布置,应服从装卸工艺的要求,并与道路布置相协调。在港口内,码头应按货物种类进行专门化,例如:杂货、煤、木材、粮谷、石油集装箱及其他,等等,这样就便于采用专门的装卸机械,并停泊各种不同的船只。码头线是直接为港口装卸作业服务的,线路的布置取决于码头的位置、形式、机械化装卸设备的类型以及货物的种类和性质。

成件和杂货码头,其线路一般采用与泊船岸线、仓库平行布置的形式,并设计为尽头式线路,见图 7-14。

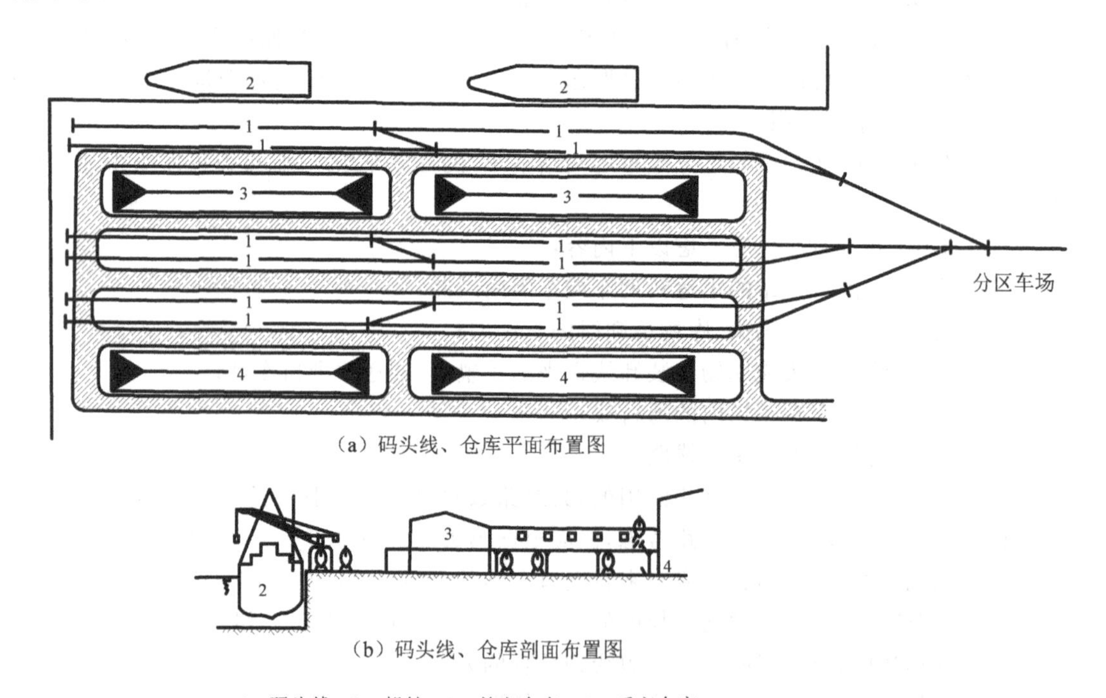

(a) 码头线、仓库平面布置图

(b) 码头线、仓库剖面布置图

1—码头线; 2—船舶; 3—前方仓库; 4—后方仓库。

图 7-14 成件杂货码头线路布置图

散堆货码头线,根据装卸机械及设备类型不同,可以与泊船岸线垂直或平行布置,如图 7-15 所示。

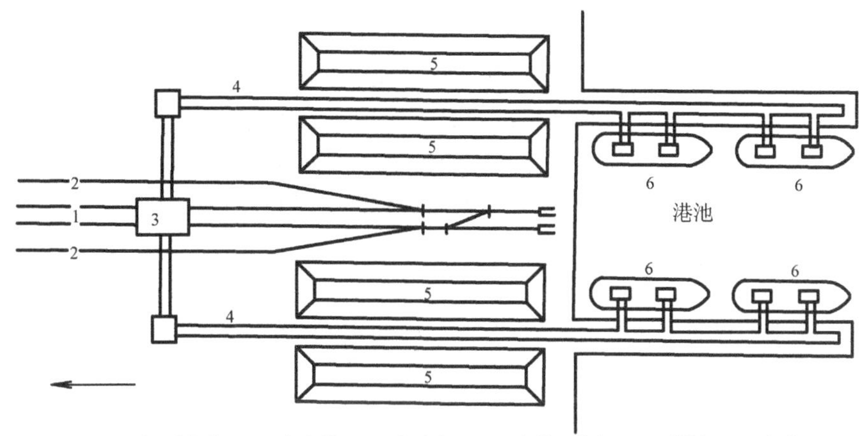

1—卸重车线；2—空车线；3—翻车机；4—胶带运输机；5—煤堆；6—船舶。

图 7－15 散堆货码头线布置图

当有多货位作业又不能采取一次送车方式时，应考虑货位间装卸进度的不均衡性，一般采取与装卸线平行敷设走行线，两者之间用渡线连接，便于灵活取送车，如图 7－14 所示，对于有直取作业的码头，在码头前沿铺设铁路装卸线，多泊位时往往铺设两条或三条(泊位较多时)，但根据经验，海港货物的直取比例很小，而码头面的铁路对流动机械的通行和路面维修都带来不便。因此，对一般杂货码头，倾向于码头前沿不设铁路。

对于在同一岸线上泊位较多的顺岸码头，在铁路布置上应注意后部泊位的车辆取送方便，使走行线保持畅通。

港口铁路与路网铁路接轨的车站称为港湾站，或叫接轨站，其功能、车站作业过程及车站布置等与前述的接轨站相同，在此不再赘述。

7.5 码头站、企业专业车站布置

7.5.1 码头站布置

有大量装卸作业的港口码头，可根据需要设置主要为其服务的码头站(港湾站)。

码头站的站线布置，应符合码头装卸工艺和码头总体布置及其发展的要求，并结合工厂总平面布置和地形条件统一考虑。

码头站的主要作业：列车到达和发出作业；调车作业；向装卸线取送车辆；集结车辆。

码头站作业比较集中，但忙闲不均，来船时忙，无船时闲。原料码头多是接入空车，发出重车，要求及时向码头装卸线配空车取重车，减少货物落地。原、燃料码头，大宗货物所占比例较大，有利于组织固定成组列车运输。

码头站布置的一般要求：码头站线路的布置应符合码头装卸工艺及总体规划布置的要求并与其发展相适应；码头站应靠近码头装卸线布置，便于调车作业；装卸线的布置应便于组织车船换装，以加速车辆周转，减少货物落地和二次转运；装卸线的数量和长度应符合装卸工艺及料场要求；车站咽喉能力应与船舶集中卸货时的频繁调车作业相适应；码头站的布置形式应与当地地形条件相适应，按码头站站线与装卸线的相互位置，可分为纵列式和并列式布置。纵列式布置列车运行顺畅，不需要折返走行，当地形长度足够时，一般宜采用纵列式布置。若场地长度受限制，可采用并列式布置。

码头站的设备应满足取送车辆、调车作业的要求，一般设有装卸线、调车线和走行线。有称量要求的码头需设轨道衡线。若利用区间联络线调车有困难时，可设置牵出线。调车线数量一般设 2～3 条，其有效长度应根据装卸作业需要和行车组织方式确定，一般不大于 300 m。装卸线长度应根据装卸工艺、码头及料场对铁路货位的要求确定。

7.5.2 企业专业车站布置

企业专业车站的设置对运输有很大的影响，因此，在设置专业车站时须考虑下列因素：

①企业的总平面及线路布置情况；

②专业车站所服务生产厂矿（车间）的生产工艺流程；

③车间之间的运输联系；

④装卸线数量及其长度；

⑤到发货物的特征及其数量；

⑥工厂编组站的位置及其工作组织；

⑦企业本身有无原料基地等。

设置企业专业车站，须在满足生产要求的条件下，力求减少专业车站的数目，并使其尽量靠近所服务的生产厂矿（车间）及考虑运输上的管理方便等。

企业专业车站是企业内所有车站的统称，根据其服务对象和作业性质的不同再作不同的划分。但它们共同承担的主要作业包括：小运转列车编组、到发作业，按作业区或货位进行车辆解体和摘调作业，车间或货场的取送车作业，车辆集结作业，车辆称量作业，机车整备作业等。

1. 区域站

区域站包括如原料站、焦化站、烧结站、炼钢站、轧钢站、采矿企业的剥离站、采煤（矿）站等。

1）原料站

原料站的主要作业包括：厂外直达列车、厂内小运转列车和固定循环列车的到发作业；按原料品种、货位选编车组和挑出不宜进入翻车机的车辆；大宗原料的卸车作业；站管区内车辆取送作业；车辆称量作业；机车整备作业。

原料站布置要求：

①原料站一般宜设置在厂区边缘，靠近大宗原、燃料入口方向的出入口处，以减少空、重车流在厂内运行距离；

②要尽量靠近原、燃料需要量大的车间，使原、燃料的转运设施流程顺，距离短，布置合理；

③尽量避免进厂大宗原、燃料车流与其他车流的平面交叉和干扰；

④原料站附近宜有较大的场地，为布置储用合一的料场创造条件。

原料站一般有三个站址位置可供选择，一是布置在厂区边缘，二是布置在厂区内，三是布置在厂区干线进口处。布置在厂区边缘的原料站，一般作为联合编组站或企业编组站的一个车场，其优点：大量的原、燃料重车不进入企业内，运输距离短，车辆周转时间快；进出厂车流交叉减少，进出厂咽喉道岔的负荷减轻；厂区边缘场地较大，为设置储用合一的料场及其发展创造条件；由于原料站是编组站中的一个车场，到发、编解设备在编组站中统一配置，减少重复作业,节省投资,便于管理。布置在厂内的原料站,卸车后的空车能较方便地调往装车点装车,并可担任附近一些生产区车辆的摘调、取送任务,但大量车辆进入企业,走行距离远,增加进出厂咽喉道岔的负荷,原料储用合一场地及其发展均不宜解决,车站的发展亦受限制。布置在厂区干线进口处的原料站,一般卸车作业量较小,由于紧靠编组站并成串联布置,原料站解体、配车等作业主要在编组站进行,原料车列一般从编组站直接送到卸货位,原料站仅作为车辆辅助作业或临时停放及附近生产区车辆作业之用。

原料站的布置形式与企业总平面布置、列车运行方式、解编作业情况、卸车设备、空重车辆进出方向以及地形等条件有密切关系。

横列式原料站为到发场(或调车场)与卸车场成并列布置。一般适用于原、燃料车流从两个方向进入车站,并且站坪长度受地形及建、构筑物等条件的限制。

纵列式原料站为到发场(或调车场)与卸车场成串联布置。适用于卸车等作业量大,重车流从车站一端进入,空车流从另一端排出,并有狭长地形的条件。其优点是作业方便,流程顺畅,车辆在站运行距离短。

当原料站内设有翻车机卸车时,原料站的布置形式要结合翻车机车场布置综合考虑,翻车机车场通常设贯通式和折返式两种,原料站应围绕这两种车场形式进行布置,原料站布置见图7-16。

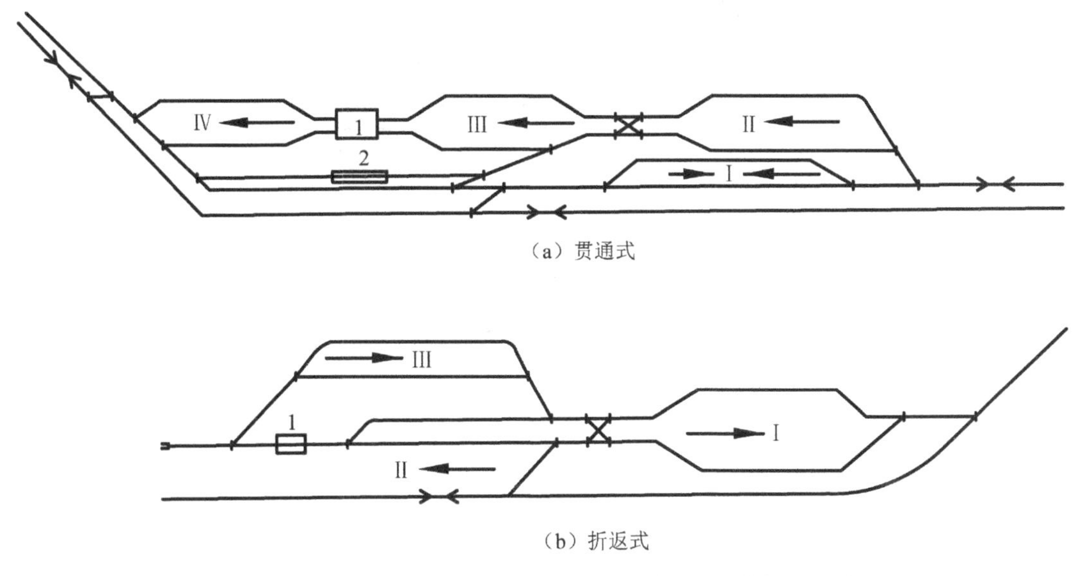

Ⅰ—到发场；Ⅱ，Ⅲ，Ⅳ—卸车场重、空车线；1—翻车机；2—受料坑。

图7-16　原料站布置示意图

原料站到发线数量根据每昼夜到发列车数量及作业时间计算,其到发线的有效长需有1～2条与编组站到发线相同或与到达列车的长度相适应。车辆解编作业的线路按编组线数量确定方法确定。到发场一般需设置机车走行线。调车场须设牵出线。车站应设车辆检修线和机车整备线。车站两端咽喉需有一定数量的平行进路。

2)炼钢站

炼钢站是以向炼钢车间运输冷料为主的车站。其主要作业有接入工厂编组站发来的重车,向工厂编组站发出空车,运送炼钢车间生产中产生的废料、垃圾,按作业区货位送重取空,以及空重车集结，机车整备等。

炼钢站内可分为铸锭、原料、废钢铁等作业区。在不影响车间发展条件下，炼钢站应尽量靠近其服务车间，便于车辆取送作业。其布置原则是线路要多，有效长可短，且与铸锭作业区应有联络线直接相连，以便共用服务设备。炼钢站与主厂房的相对位置有一端式、串联式、一侧平行式等三种布置形式(见图 7 - 17)。

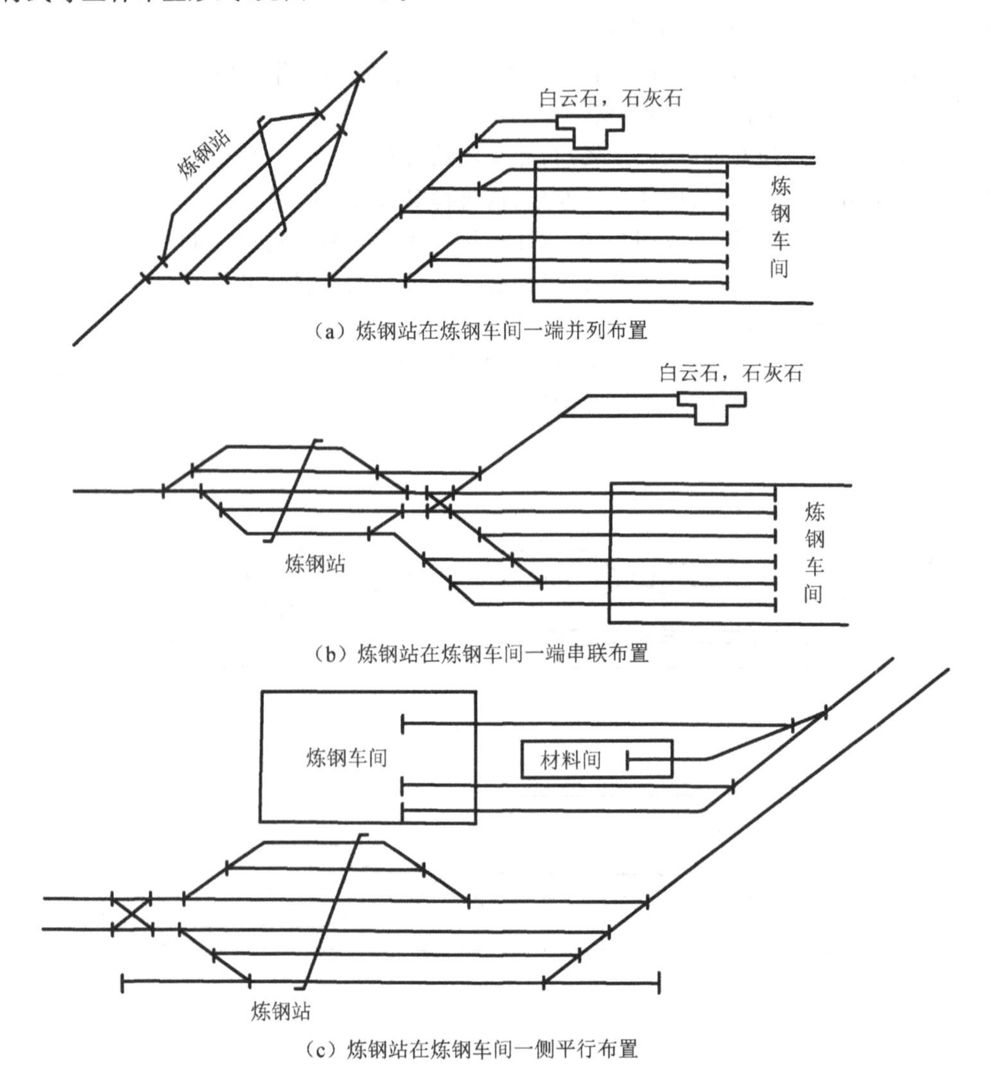

图 7 - 17 炼钢站与主厂房的相对位置

图 7 - 17(a)的优点是对服务的主要车间取送车方便，缺点是占地较多。图 7 - 17(b)的优点是布置紧凑，占地长度短，缺点是向服务车间取送车时有折角迂回行程。图 7 - 17(c)的优点是可从车间两端进线，取送车的作业行程短，占地少，缺点是向服务车间取送车时有折角迂回行程。

炼钢站内的线路数量，可根据作业要求、作业量大小等因素来确定。

编组线数量可按作业区、列车去向、主要货物品类进行确定；到发线数量按小运转列车到发次数确定，一般到发量较大时，设置 2～3 条，到发量较少时，可暂设 1 条；备用车线、待修车停放线、机车走行线、轨道衡线、整备线及调车牵出线,可根据作业要求各设1条,作业量小的线路也可合设、合用或缓设。

炼钢站各种线路有效长度,可根据作业实际加以确定。

3)轧钢站

轧钢站是为轧钢车间运送原材料及成品服务而设的车站。其主要作业有接入空车、发出重车和车间内取送作业,故应设在成品出口端并与工厂编组站相连,这样有利于接空、发重作业,并缩短运输距离,如图7-18所示,轧钢站以办理车间之间的取送作业为主时,其位置应靠近取送作业量大的车间,以缩短取送车的运输距离。

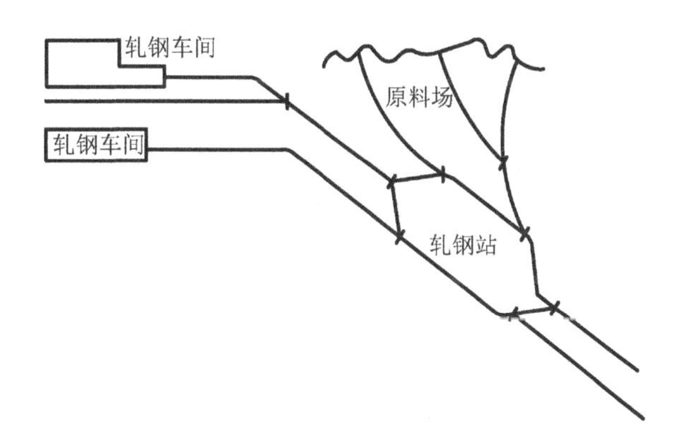

图7-18 轧钢站布置

轧钢站的线路及其有效长度,可按实际作业能力与列车长度确定。一般既有接空、发重,又有取送车作业时,应设置钢成品重、空车停放线,废钢、垃圾重、空车停放线。如有解体、编组作业时,还应设置编组线与调车牵出线。当调车机车台数较多,应设置整备线。如需要还应设置轨道衡线。

以上车站站型一般采用梯形或梭形车场的横列式布置。

4)剥离站

剥离站是采矿企业剥离物运输的枢纽,设在采场与排土场之间,距排土场较近且地形适宜的地点,以缩短列车运行距离。

剥离站的任务,除了办理列车交会、越行和控制剥离车流外,还要进行列车技术检查,机车有关整备作业以及必要的调车(甩挂检修车等)作业。

根据需要,剥离站可以设各种专门用途的线路,如到发线、检修线和联络线等。当排土场排土线距剥离站很近时,尚应设置排土设备(如推土犁或电铲等)的停留线。

图7-19分别为单线通过式和双线尽头式剥离站示意图。

5)采煤站

采煤(采矿)站是组织采煤车流的中心,一般都设在选煤厂附近,采煤列车在此站卸车,有时通过采煤站至专门的卸煤站卸车。采煤站应根据煤炭的开采能力,铺设若干条卸煤线,卸煤线下设漏煤篦子,篦子最好采用可动的,以供翻矸石用。卸煤线的数量根据采煤量与运输能力确定,以最大限度地减少重车的待翻卸时间。

采煤站位置的选择应考虑距离采煤场较近,以减少运距;与选煤厂位于铁路干线的同侧,它们之间的相对位置应保证能修建符合一定要求的选煤厂,且要考虑到选煤厂的发展。采煤

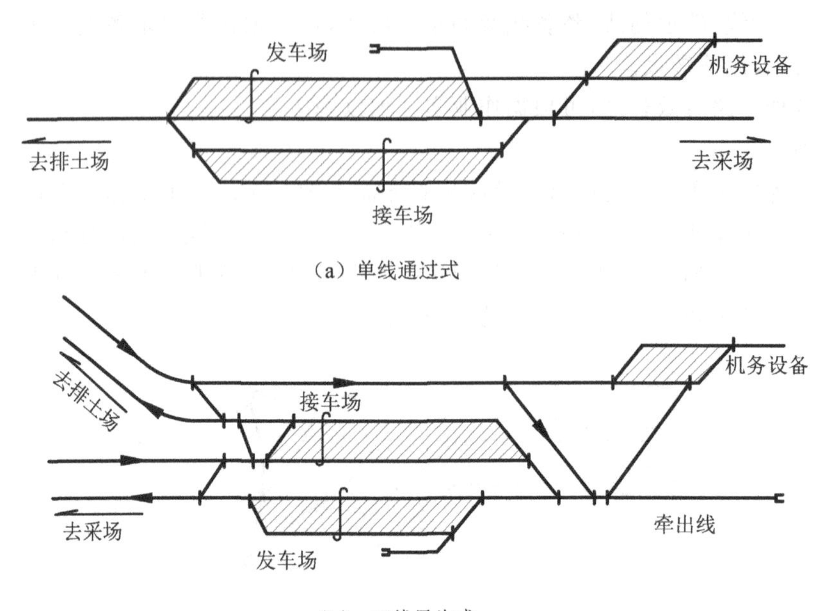

（a）单线通过式

（b） 双线尽头式

图 7-19 剥离站

站位置的合理选择，对加速车辆周转起重要作用。图 7-20 为采煤站布置示意图。

如图 7-20(a)所示，采煤站车场设置于选煤厂的两侧，这种布置形式的缺点是有碍选煤厂的进一步发展。因此，采煤站的车场往往是设置在选煤厂的一侧，其布置形式如图 7-20(b)所示。

2. 特种车作业站

在工业企业中，有的企业、有的车间生产的产品或炉渣等为高温的液体或固体(如铁水、炼铁炉渣、炼钢炉渣、热锭、热烧结矿等)不能用普通车辆运输，需用特种车辆来运输，如铁水罐车、渣罐车、铸锭车、烧结车等。这些车间的运输作业比较繁忙，而且配空车取重车一般都要求与生产密切配合，故一般都要求设置专门的车站，主要为这些特种车服务。这些车站的主要作业包括：特种车辆集结、等待，列车到发、会让，机车调头，车辆调配等作业，有的还有称量、机车整备作业。

1)炼铁站

炼铁站是为铁水运输服务的车站，其主要作业有空铁水罐车配备，重铁水罐车的运送、等待、会让、过磅、单机走行和调头等，有时也办理少量普通车辆作业。

当高炉座数多、容量大、铁水运输比较繁忙，且有两台及其以上机车为运送铁水服务时，应设置炼铁站。

炼铁站应设在炼铁车间与炼钢车间之间，便于重、空车的取送车作业流水进行，并对炼铁车间与炼铁站的发展无直接影响，其布置形式如图 7-21 所示。

图 7-21(a)为铁水运送在车站一端，或担当渣罐车作业的布置图；图 7-21(b)为铁水运送在车站两端的布置图。

炼铁站的线路应根据作业需要，设有 2～3 条站线及轨道衡线(包括站内干线)，站线的有效长一般为 100 m 左右。

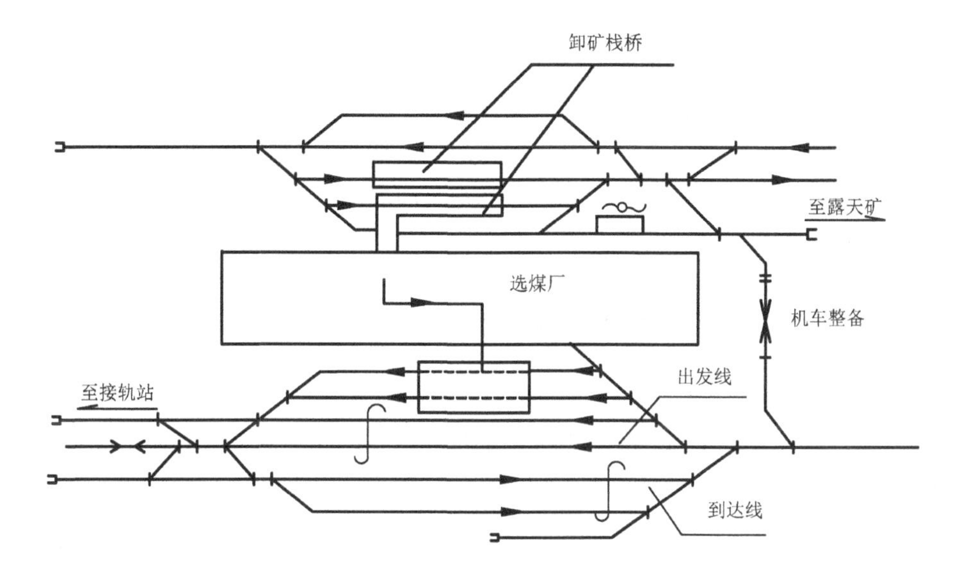

(a) 形式一

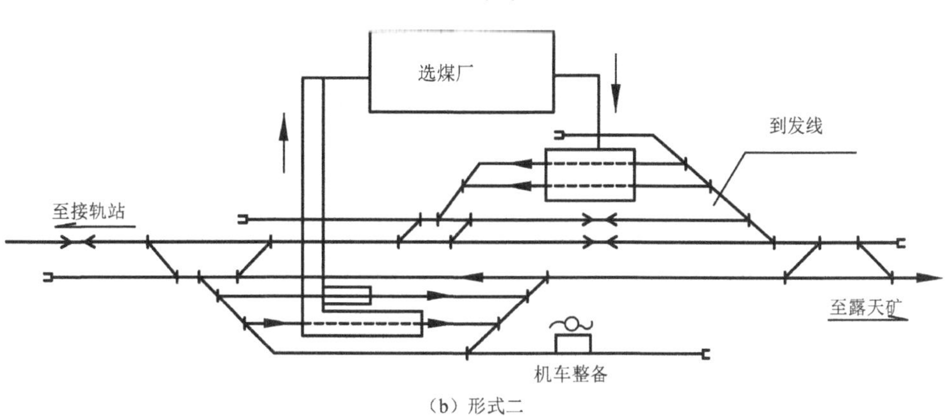

(b) 形式二

图 7 - 20　采煤站布置示意图

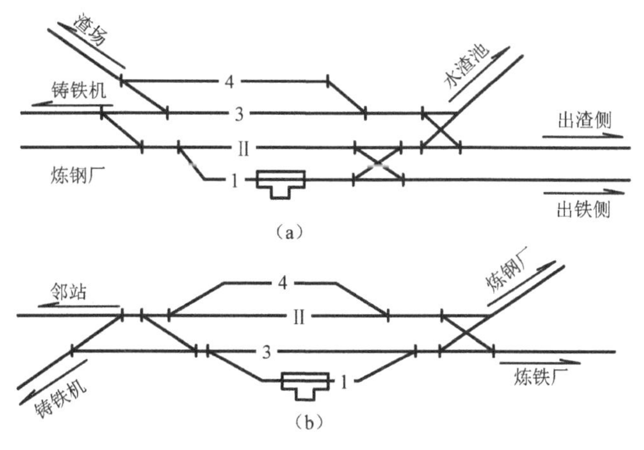

1—轨道衡线；II—干线；3，4—站线。

图 7 - 21　炼铁站布置

2)矿渣站

当高炉炉容量较大,座数较多,高炉不冲水渣或仅部分冲水渣,弃渣场距离高炉较远,高炉出渣侧有两台机车作业,需设置备用罐车和待修罐车停放线时,应设置矿渣站,为特种车辆车站,如图 7-22 所示。矿渣站应设在通往渣场的线路附近,以利渣罐运输,其位置可设在炼铁车间的一端,也可与炼铁站合并设在炼铁与炼钢车间之间。当高炉采用水冲渣时,矿渣用普通车辆运输,其设置的矿渣站为普通车辆车站。

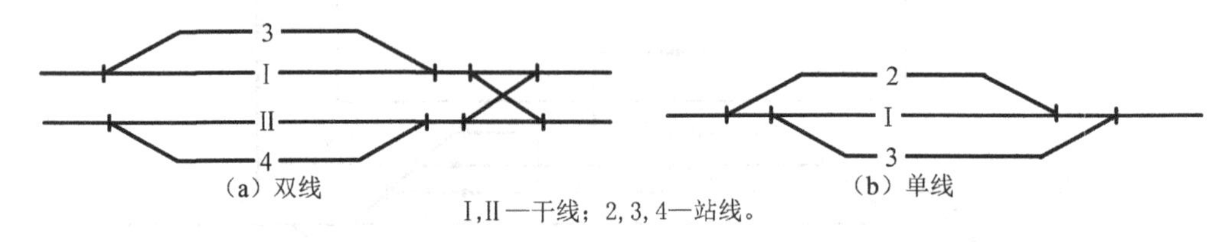

图 7-22 矿渣站

矿渣站的线路数量,应根据作业需要设置重渣罐车停放线,空渣罐车停放线,机车走行线,备用车和待修渣罐车停放线及钢渣罐车停放线等。

3)钢渣站

当热渣运输量较大,为办理渣罐车集结、等待、会让、机车转向和调配车辆作业时,而设置的车站即为钢渣站。钢渣站通常设在通往渣场的干线径路上,并在干线两侧设 1~2 条站线,其有效长度不应小于运行渣罐列车长度加 10 m(总长度一般为 100 m 左右)。当有备用车、待修车等车辆停留时,可另设一条尽头式存车线。根据作业需要也可增设 1 条尽头式煤水线。线路的曲线半径和采用的道岔号数可按所采用的机车和特种车类型来选择,不宜过大。

3. 普通车辅助作业站

工业企业内有用普通车辆运输的生产车间、辅助车间或装卸点,为了办理空、重车辆的集结、停放、捣调货位和机车调头等作业,在车间附近设置辅助作业站,在调度和作业上属某站或作业区管辖。辅助作业站应尽量靠近所服务的主要车间或装卸点,捣调作业不多,可利用联络线进行。线路有效长度根据作业车列长加 10 m 安全距离考虑,线路数量根据作业要求确定,一般为 2~4 条。

在工业企业除设以上车站外,根据需要还应设车场和作业线路,如贮矿料槽线路组(车场),高炉两侧线路,修罐库线路组(车场),铸铁机线路等。

7.6 翻车机线路

翻车机有侧翻式、转子式两种。转子式翻车机,按其夹车装置的不同,分为连杆摇臂式、钢丝绳锁钩式和新月形双翻式翻车机等几种。翻车机适用于大宗散状原、燃料(如块煤、洗煤、精矿粉等)的卸车,目前大、中型钢铁联合企业,火力发电厂,大型化工厂等已广泛采用。

翻车机线路的设计,主要取决于翻车机在翻卸过程中移动重车和空车的方式。目前空、重车的移动方式可归纳为 4 种类型。

①用机车将待翻卸的重车推到翻车机室,翻卸后,翻车机复位,机车再次向翻车机室推送重车,同时将已翻卸的空车顶出翻车机室。被顶出的空车依靠重力作用溜至空车线集结。

②用重车铁牛设备，把重车推送到翻车机室，翻卸后的空车由空车线上的空车铁牛推送至空车线。

③用拨车机移动重车和空车。翻车机呈新月形，每次可翻卸两辆车，卸车效率大为提高。

④不摘钩翻车。机车与车辆之间不摘钩，车辆与车辆之间也不摘钩，机车拉着整列车通过翻车机室，翻车机在翻车时，车钩可以随着车辆的翻卸而转动。这一种效率最高，但车钩需要制作成能转动的形式。

7.6.1 机车推送的翻车机线路

1. 翻车机线路主要设备

如图7-23(a)所示，Ⅰ是翻车机室，室内主要是翻车机。Ⅱ是受料槽，有些不能上翻车机翻卸的车辆需在受料槽卸车，或因翻车机维修，重车辆都需在受料槽卸车。Ⅲ是解冻室，在寒冷地区冬天车内物料被冻结，特别是洗煤、精矿粉等含水量大的物料更容易冻结成块，这时需经解冻室解冻，然后送翻车机翻卸。

1、2道为重车推送线，3道为空车溜放线，4、5道为空车集结线，8道为机车走行线。重车推送线和空车溜放线的纵断面形式如图7-23(b)所示。

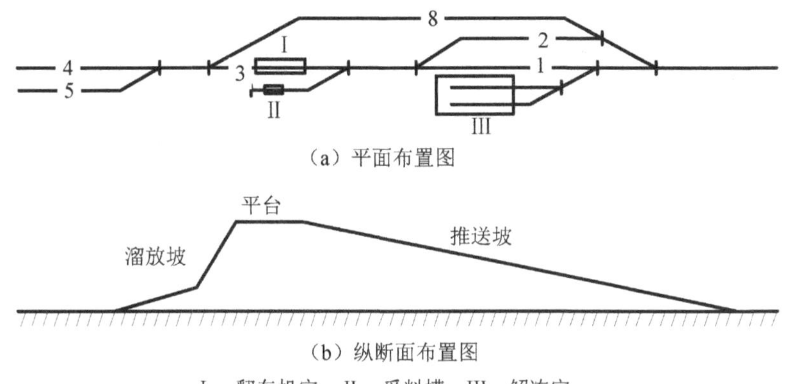

(a) 平面布置图

(b) 纵断面布置图

Ⅰ—翻车机室；Ⅱ—受料槽；Ⅲ—解冻室；
1，2—重车推送线；3—空车溜放线；4，5—空车集结线；8—机车走行线。

图7-23 翻车机车场设备布置示意图

2. 翻车机车场线路布置形式

根据重车推送线、空车溜放线、集结线与翻车机室在平面布置中的相互位置不同，翻车机车场布置分为贯通式和折返式两种。

1)贯通式翻车机车场

贯通式翻车机车场，系指重车推送线、翻车机室、空车溜放线、空车集结线成纵列式布置。按其重车推送和空车集结、排出的方向不同，车场布置可分为三种类型，见图7-24。

甲型：重车从翻车机右端进入翻车机室，经翻卸后，空车从翻车机室左端溜出，在空车集结线集结，并沿溜车方向排空。

这种布置形式适用于外部运输有两个接轨站，重车从一个接轨站进，空车排向另一接轨站；或者虽然只有一个接轨站，但车流组织采用环形运输的情况。

乙型：重车从翻车机右端进入翻车机室，翻卸后空车溜至翻车机室左端的空车集结线，折

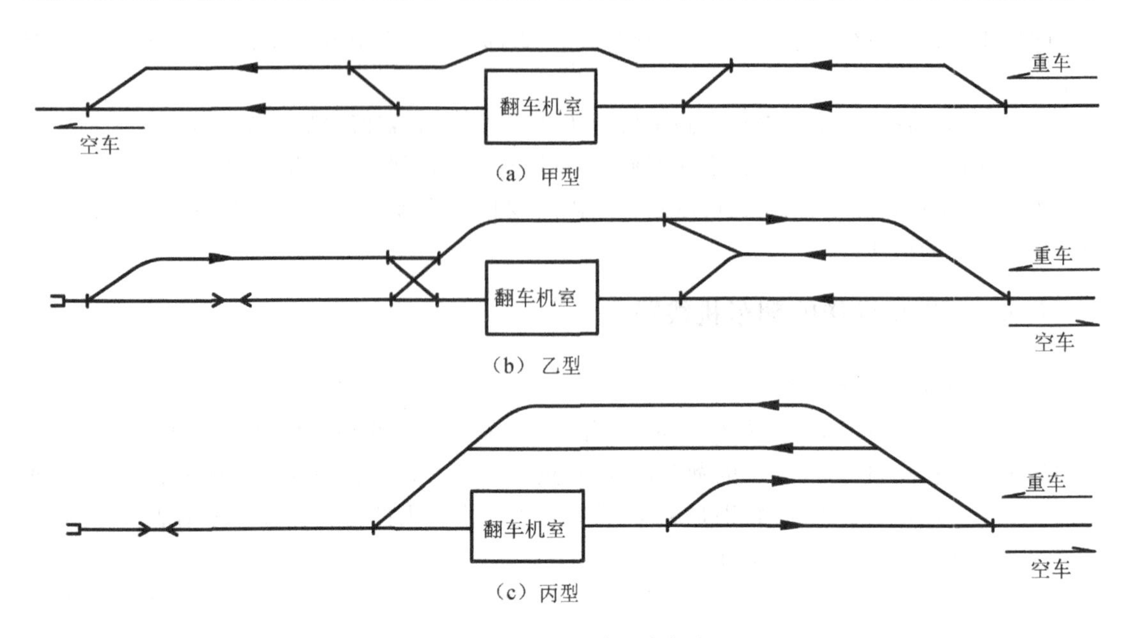

图 7 - 24 贯通式翻车机车场布置

返后仍从右端排出。

丙型:重车从翻车机室右侧的重车线牵引至翻车机室的左端经牵出线折返,从左端进入翻车机室翻卸,空车由翻车机室右端溜出至空车集结线,向右方向排出。

乙型、丙型适用于外部运输只有一个接轨站,而行车组织要求向进重车的方向排空车的情况。

2)折返式翻车机车场

折返式翻车机车场系指重车推送方向与空车集结方向相反,重车推送线与空车集结线成横列布置的翻车机车场(见图 7 - 25)。

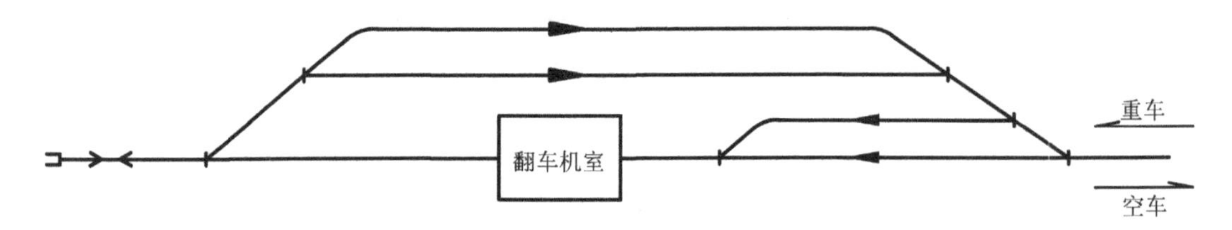

图 7 - 25 折返式翻车机车场布置

空车溜放线末端设有一段反向坡(面向翻车机室下坡),空车从翻车机室溜下,利用它具有的动能挤开弹簧道岔冲上反坡而得到反向溜放的位能,使空车能从反坡上折返溜放,经弹簧道岔溜至空车集结线,如图 7 - 26(b)所示。弹簧道岔靠弹簧的弹力,使该道岔经常向空车停车线方向开通。

折返式车场较贯通式车场有一个显著的优点,就是用地长度较短,这对厂内的翻车机线路来说是非常重要的。

由于重车推送线和空车集结线的坡度是根据具体情况设计的。因此,不同的翻车机车场需要的总长各不相同,一般来说贯通式车场要求场地长度约 1400～1800 m,折返式车场要求场地长度约 800～1000 m。但折返式翻车机车场存在溜放车辆速度难以控制,线路纵断面设计及作业过程较复杂等缺点,故在实际中采用较少。

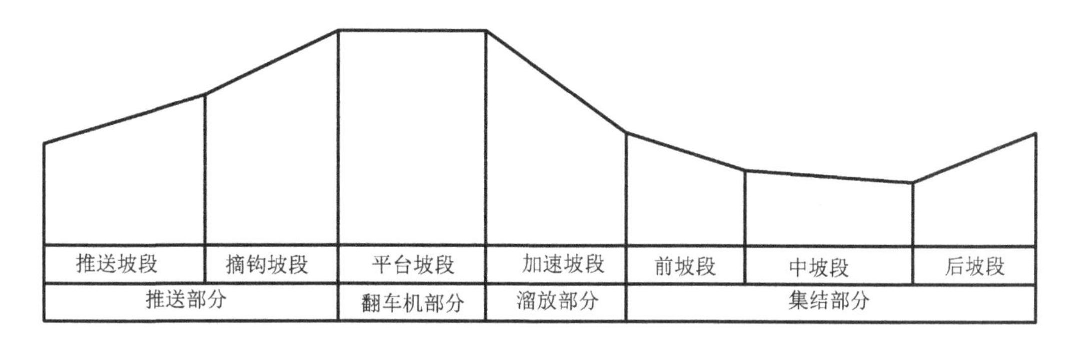

(a)　贯通式翻车机车场纵断面组成图

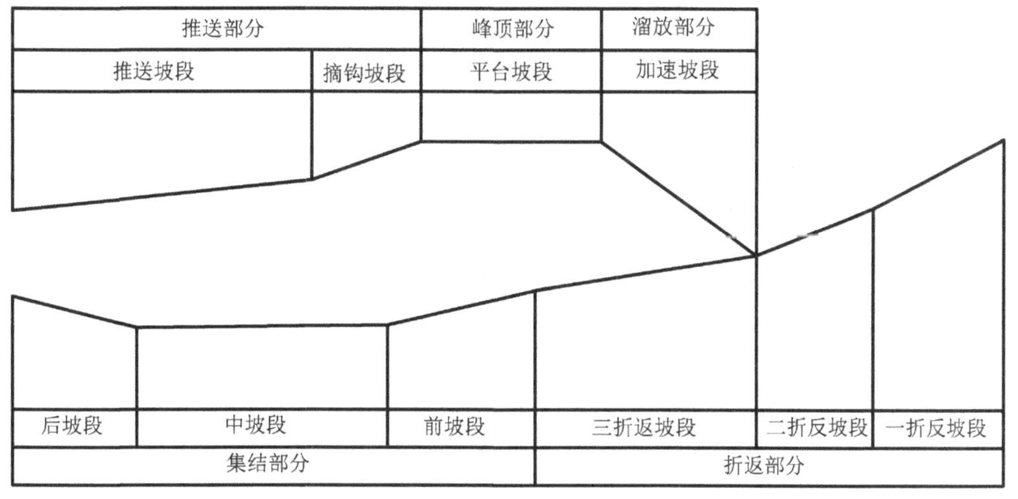

(b)　折返式翻车机车场纵断面组成图

图 7－26　翻车机车场纵断面图

3. 翻车机车场平面布置要求

1)平面曲线半径

重车推送线应尽量设计成直线,条件困难时,可设计成半径不小于 600 m 的曲线,必要时还应在曲线中部安设高柱复示色灯信号机,以保证司机瞭望信号,并对准货位减少事故。其他线路曲线半径一般不小于 200 m。

空车集结线有效长度范围内一般应为直线,特别是空车溜放线的加速坡段应设在直线上。

2)道岔

车辆溜放线上溜放车辆经过的道岔为 7 号或 9 号单开道岔,或 6 号、6.5 号对称道岔。其他机车通过的道岔一般也采用 7 号单开道岔或 9 号单开道岔。

3)线路间距

进入翻车机室的重车推送线与翻车机室侧面的相邻线路的间距与翻车机的高度有关,一般来说贯通式采用 10 m,折返式不小于 13 m。

两台翻车机进口处的重车推送线线间距离与工艺设备有关,一般为 10.5 m。

受料坑线路与相邻线路间距不小于 7 m。

4)其他

翻车机车场平面布置要求重车推送线(可与到达线混用)一般不少于 2 条,空车集结线一般为 1～2 条,其有效长为 400 m 左右(按一次送车 20～25 辆计),采用铁牛推送时,车辆数可酌情增加。

受料坑应与翻车机室平行布置,一般布置在翻车机室一侧,以便共用运料设施(如皮带机)又可减少运距。侧向受料坑线路的道岔应布置在重车推送线上,并宜靠近翻车机室,以便向受料坑送车。当受料坑为两条推送线共用时,两线间应设置单渡线。

解冻库内一般设两条尽头线,其线路长度根据一次推送车列长度和解冻时间等具体情况确定,一般不小于 12 辆车的长度。

翻车机车场线路及有关设备的组成,在不同地区,要求不尽相同,有时还需设置不合格车停放线、轨道衡线等,应按具体需要及具体条件进行布置。

翻车机车场还应设置站修线,以便维修翻车时损坏的车辆。

4. 翻车机车场纵断面

翻车机室与空车集结线计算(停车)点有一个高差,它相当于驼峰的峰顶高度。峰高的计算与简易驼峰的计算方法相同。纵断面的组成见图 7-26,各坡段的长度、坡度值见表 7-1。

表 7-1 翻车机车场纵断面各坡段的坡度及坡长

纵断面组成	坡度名称		坡度/‰	坡长/m	备注
推送部分	推送坡段		平坡或面向翻车机不大于 2.5 上坡	不小于推送车列的长度	推送部分的平均坡度,应能满足最长车列的起动
	摘钩坡段	机车推进	不小于 5 上坡	15	
		铁牛推进	5～110 上坡	20～60	
		摘钩平台溜进	平坡	70～90	
峰顶部分	平台坡段		平坡	36～40	坡长系按翻车机室长 30 m 及翻车机室前后各 3～5 m 平坡计算
溜放部分	加速坡段	贯通式车场	15～20 下坡	50 左右	亦可设计为两个坡段,第二坡段的坡度为 7‰～8‰
		折返式车场	25～35 下坡	按计算	弹簧道岔设在该坡段上
折返部分(折返式车场)	一折返坡段		35～50 下坡	40～50	
	二折返坡段		不大于 13 下坡	30～50	
	三折返坡段		5～9 下坡	按计算	
集结部分	前坡段	贯通式车场	3～6 下坡	100～350	具体坡长与中、后坡段结合考虑确定
		折返式车场	平坡或不大于 1.5 下坡	平坡时,除后坡其余部分	
	中坡段		平坡	除前后坡段外其余部分	
	后坡段	贯通式车场	不大于 2 上坡	100 左右	
		折返式车场	按线路连接需要	约 50	

7.6.2　铁牛翻车机线路

铁牛翻车机线路为翻车机卸车自动线,其系统主要是:用重车铁牛向翻车机室推送重车,用移车平台(又称牵车台)和空车铁牛代替了驼峰溜放,用摘钩平台代替人工提钩以及其他相应的自动控制设备。

1. 作业过程

机车将待卸车推送至重车线上,使第一辆车进入重车铁牛牵引的范围内,机车即可离去,车缓解并摘断风管后,翻车机自动线就可以开始工作。

首先启动停在牛槽内的重车铁牛,使其出槽驶向重车(称铁牛下行或前进),当重车铁牛碰到第一辆重车时,自动停止前进,同时自动与该辆重车挂钩,经过 5 s 的延时,拉着整个车列向翻车机室行驶(称铁牛上行或后退)。当第一辆重车四个轮对经过装在摘钩平台上的机电式计数器时,该计数器自动计数并发出信号,重车铁牛自动停车,制动整个车列。此时安装在重车铁牛上的机械式自动提钩装置摘开重车车辆与重车铁牛的车钩,这一动作在 15 s 的制动时间内同时完成。接着重车铁牛再次启动,后退返回铁牛槽。

当重车铁牛返槽后,摘钩平台的一端升起,自动摘开第一辆车与第二辆车的车钩,并形成坡度为 28.6‰的下坡,使第一辆车溜进翻车机室。在重车起动开始溜放后,可控制摘钩平台升起的一端适时下落,以调节溜车速度。

重车溜进翻车机室后,由装在翻车机轨道上的定位器定位使车辆停在翻车机上。接着翻车机开始转动进行翻卸,翻卸后翻车机复位,在复位过程中,定位器自动落下。待翻车机完全复位后,安装在翻车机线路上的推车器立即自动将空车推出,溜至牵车台。

当空车溜至牵车台后,牵车台上的定位器使空车定位,经 2 s 的延时,牵车台自动移动到空车线,与空车线对位。接着安装在牵车台上的推车器将空车推上空车线,随后牵车台自动移动,返回到与翻车机线路对位。空车在空车线上溜行,当越过空车铁牛槽后,空车铁牛自动出槽(空车铁牛前进),将空车推向某条空车集结线,然后空车铁牛返回牛槽。

上述作业过程按逻辑条件自动运行,亦可在控制室手动单项操作。在现场还设有起停按钮和事故开关,也可就地操作,以作为事故处理之用。

2. 主要设备

1)铁牛

从构造来分,铁牛有长颈式和短颈式两种。

从运行方式来分,有前牵式和后推式两种。前牵式即拉着车辆前进,后推式即推着车辆前进。前牵式均为整个车列被牵着走,后推式有整列后推和单节(每次推一辆车)后推式。此外后推式又分为地面后推和地沟后推。前者铁牛轨道(轨距一般 900 mm)与车辆轨道(轨距 1435 mm)的轨面标高相同。后者铁牛轨道轨面标高低,铁牛在地沟内运行,如图 7－27 所示。

2)摘钩平台

摘钩平台右端支于基础上,平台可绕该点转动,左端支于液压装置上。摘钩时,液压装置将平台左端顶起来,可形成坡度为 28.6‰的下坡,一方面摘钩,另一方面使停于平台上的车辆自动溜入翻车机室。

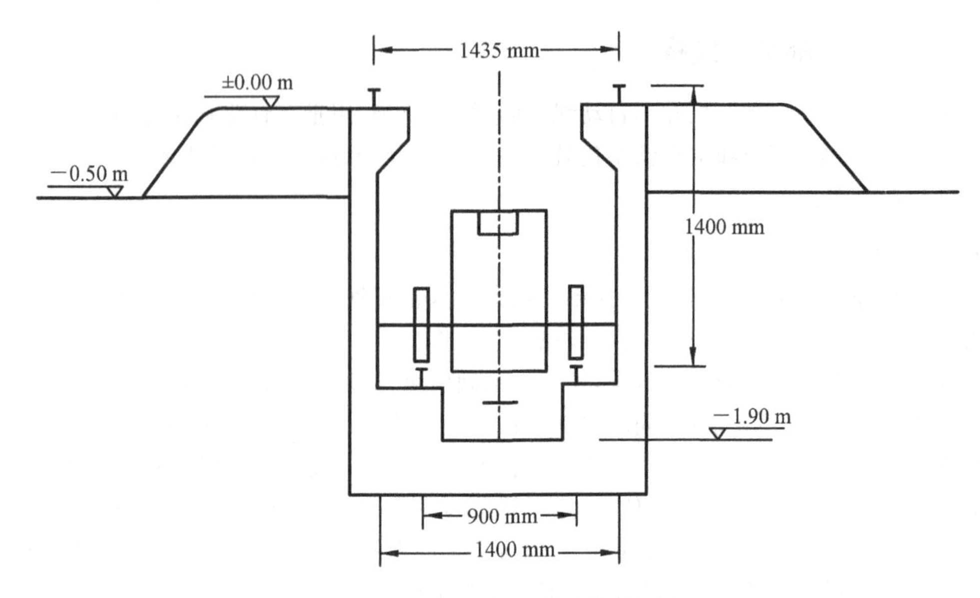

图 7－27 地沟式铁牛线路横断面图

3)牵车台

牵车台是将翻车机卸后的空车移送到空车线的设备。牵车台上设有推车器,将空车推出牵车台,溜至空车线上空车铁牛推车的位置。

3. 前牵式和后推式翻车机线路的比较

前牵式翻车机线路中车辆定位准确,有利于使用摘钩平台;重车铁路线前端(靠翻车机室一端)可以铺设道岔,重车线可以设置为曲线(见图 7－28)。这样线路设计较灵活,缺点是重车铁牛往返起动次数多,运行周期较长。

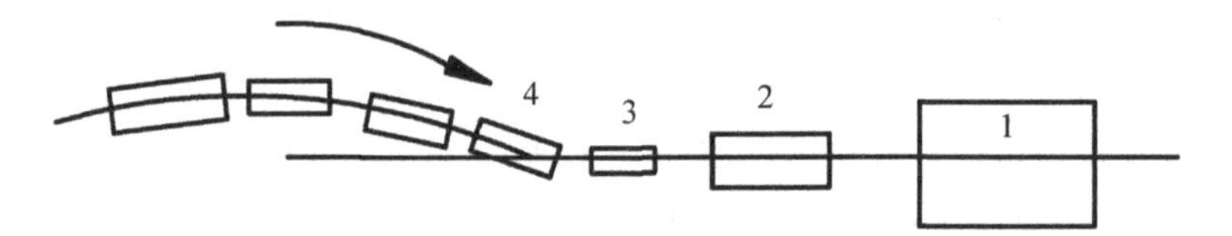

1—翻车机室;2—铁牛槽;3—铁牛;4—车列。

图 7－28 前牵式翻车机线路示意图

7.6.3 新月型串联转子式翻车机线路

用铁牛代替机车推送或牵引车辆使得翻车机线路设计有了很大的改善,特别是占地长度短,实现翻车自动化,减轻了劳动强度,但它向翻车机室送重车时,铁牛不能把重车送到位(翻车机上),而是靠翻车机室前的坡度使重车溜进翻车机室,这样溜速无法有效地控制,车辆在翻车机上定位困难,不安全,也影响翻车机卸车的效率。

使用新月型串联翻车机,即每次可以翻卸两辆车,卸车效率显然有很大提高。特别是它利用拨车机可以把重车安全、准确地送到翻车机上,每小时可以翻卸 60 辆车。它由车辆移动设备、定位设备和控制系统三大部分组成。

新月型翻车机线路布置如图 7－29 所示。机车将车辆推送到拨车机 A 的工作范围内,机车离去。拨车机B将前面的车辆1和2拨到翻车机上，车辆就位，拨车机臂抬起，翻车机的夹车器夹住车辆即开始转动卸车。当拨车机B在拨动车辆1和2时，拨车机A运行到车辆3处，拨车辆3以后的全部车辆向翻车机方向移动，使车辆3和4处在拨车机B的工作范围内。当翻车机开始工作时，拨车机B再去拨动车辆3和4。当车辆3和4进入翻车机时，将卸空的车辆1和2推出到空车线上，车辆3和4即在翻车机就位。

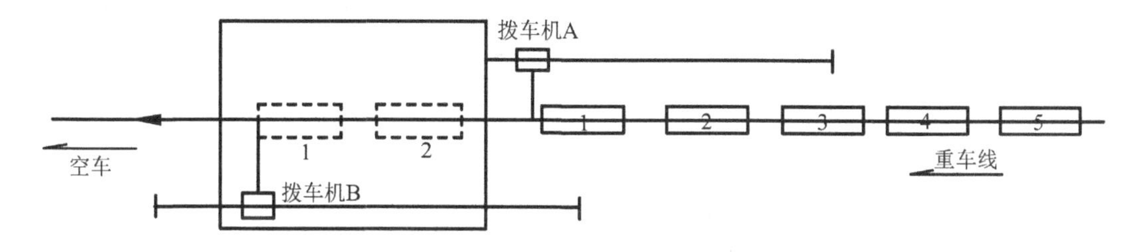

图7-29 新月型翻车机线路

拨车机的运行是由安装在拨车机下面的转动齿轮与安装在两条钢轨中间的齿轨啮合而完成的。

这种翻车机的重车线和空车线的长度都应满足一个整列车的长度。线路平面上可以是直线或曲线，也可以有坡度，但应注意拨车机的动力配合。

7.7 避难线、安全线及轨道衡线布置

7.7.1 避难线和安全线的设置

1. 避难线

在山丘或丘陵陡峻地区，区间线路纵断面特殊不利时，为了防止在陡长的下坡道上失去控制的列车发生冲突或颠覆，应根据线路情况，按牵引计算确定在区间或站内设置避难线(refuge siding)。避难线应设在陡长坡道的下方。我国《铁路避难线设计规则》(TBJ 33—1990)规定，在内燃、电力机车单机牵引地段，相邻两站站坪外区间线路的平均坡度等于或大于17‰时；在内燃、电力机车双机或多机牵引地段，相邻两站站坪外区间线路的平均坡度分别等于或大于25‰、30‰，应根据线路情况，进行列车失控速度的检算，来确定是否设置避难线。

1)避难线的种类及其特点

(1)尽头式避难线。

尽头式避难线如图7-30所示，它主要是依靠逐渐升高的坡度来抵消失去控制的列车的动能。我国目前所修建的避难线几乎都是此种形式。

这种避难线的优点：比较安全可靠，结构简单，容易维修养护，且维修养护时不影响运营。地形条件合适，采用坡度逐渐增大的纵断面能使建筑长度减少。其缺点：在坡度逐渐增大的陡坡上停车，有产生倒溜的危险或发生车轮空转。特别是在站前和区间的避难线，列车倒溜后容易堵塞区间。当上坡道坡度大于30‰，而机车溜入时，将会产生烧毁机车锅炉顶板的情况。

(2)环形避难线。

环形避难线是一种装有弹簧道岔的圆形线路。失控列车在圆形线路作环状运行，主要依

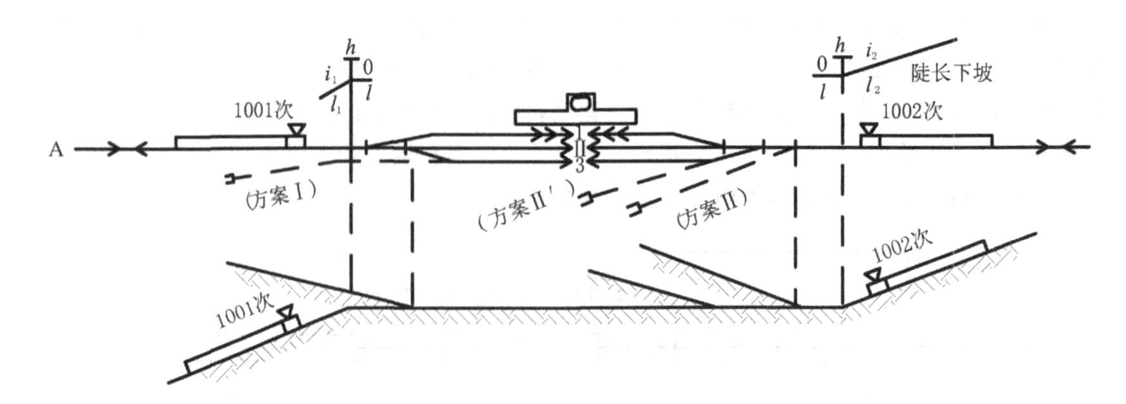

图 7-30 尽头式避难线布置图

靠曲线阻力来抵消失控列车的动能,直至其在圆形线路内完全停车为止。环形避难线如设在出站端时,如图7-31所示。

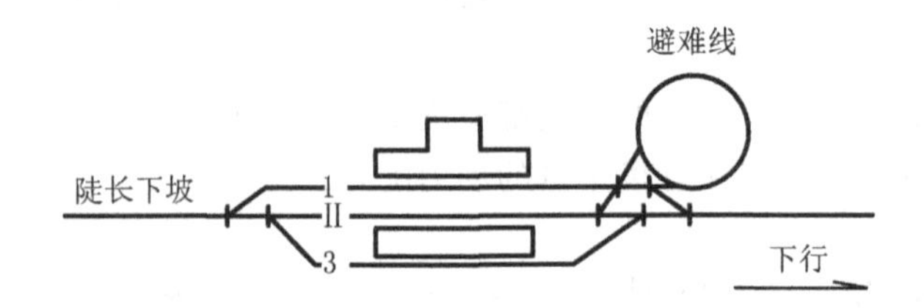

图 7-31 环形避难线布置图

环形避难线的优点:当地形比较平坦时,可根据地面起伏情况设计其纵断面,故可以减少大量的土石方工程;维修养护不影响运营,不致因失控列车进入环线而堵塞区间;纵断面比较平缓。其缺点:建筑长度在任何情况下均不能缩短;维修养护费用较大;曲线半径小,列车速度高,安全性较差,如采用较大的曲线半径,则工程费将更大。

(3)砂道(套线式)避难线。

砂道(套线式)避难线为4轨套线(见图7-32)。这种避难线的钢轨铺在填满小卵石的槽内,槽内两条钢轨头部有10～12 cm厚的卵石掩盖层。它主要依靠砂道阻力来抵消失控列车的动能。

这种避难线的优点是造价低;缺点是对通过能力的影响大,维修养护困难。

2)避难线设置的位置

避难线的位置应根据车站的作业性质,当地的地形条件,区间的通过能力以及失控列车进入避难线的最大速度等综合考虑之。

(1)在出站端设置的位置(见图7-30方案Ⅰ)。

避难线设在出站端,其优点是下坡列车不须站外停车,这样对区间通过能力影响较小,亦可减少一次制动停车后再起动的运营费损失,且一旦列车溜入避难线后,堵塞区间的可能性较小。同时站坪的坡度较缓可抵消失控列车的一部分动能,出站端速度比进站端小,因而避难线较短。但办理由陡长下坡道方向开来的列车时,必须保证通往避难线的接车线路空闲的情况下,方可承认闭塞。因此对通往避难线的线路使用率低,有时影响站内作业。此外站内作业安全性也较差,故在出站端设置避难线多是在作业不繁忙的中小站。

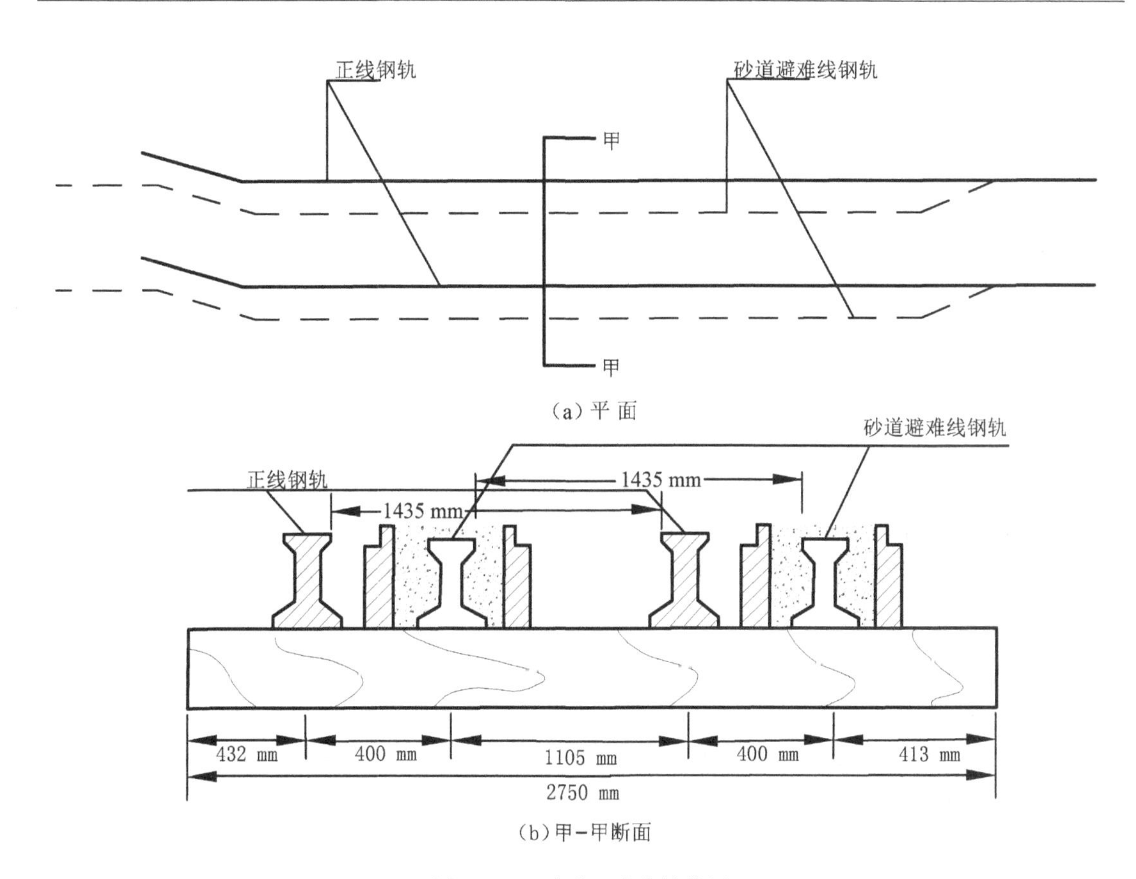

图7-32 砂道避难线结构图

(2)在进站端设置的位置(见图7-30方案Ⅱ)。

避难线设在进站端,其优点是失去控制的列车不易闯进站内,不影响站内作业,车站内作业安全性较高,同时对车站到发线的使用也比较灵活;缺点是因道岔的定位是向避难线开通的,当避难线未装设能自动转换避难线道岔的列车自动测速装置时,下坡列车必须在避难线道岔前一度停车,待到发线进路开通后,方能起动进站,这样不仅影响区间通过能力,增加列车制动停车再起动的运营支出,同时也造成列车在下坡道上所积动能的损失和司机操纵的困难,列车一旦溜入避难线后易堵塞区间。此外,由于失控列车在进站端的速度较大,因而要求避难线较长,增加工程费用。

在进站端设置避难线时,一般宜采用图7-30中方案Ⅱ。因为图7-30中方案Ⅱ′每次由3道接发列车,要比采用方案Ⅱ多增加一次侧向通过道岔,同时溜入避难线的列车,多一次逆向冲击辙叉心。

(3)在区间设置的位置。

在陡长的下坡道上,如列车运行途中有可能在区间失去控制,超过规定的最大运行速度有颠覆的危险时,或由于地形及其他原因,在前方站无适当地点设置避难线时,可在区间内设置避难线(见图7-33)。由 A 站向 B 站运行的列车,均须在避难线出岔点的信号机前一度停车。信号机应设在道岔基本轨端前不少于150 m地点,以防万一列车冒进信号时,不致冲入避难线,避免造成列车在陡坡上退行的困难。D 为失控列车的速度已达到100 km/h的地点。如此处无适合地形,可将避难线向 A 站方向移动,其移动长度不得超过 C 点。C 点系列车一度停车后继续运行，假定中途失效，根据纵断面检算，列车到 B 站能保证停车而不需设置避难线的极限地点。C、B 的距离，可按列车到 B 站时速度为零反求得之。

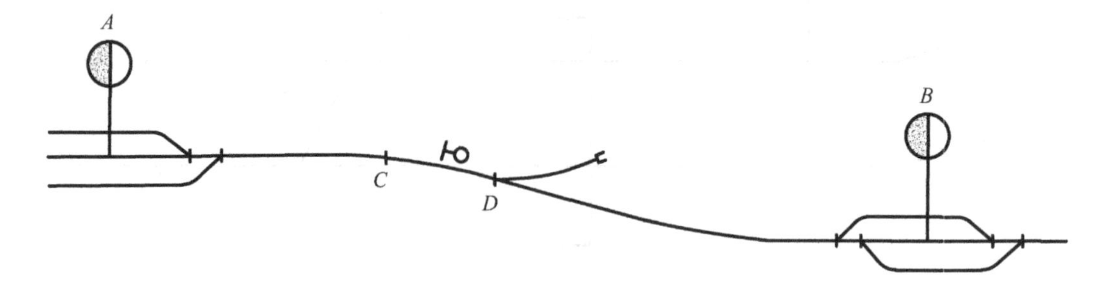

图 7－33 区间避难线的设置

在区间设置避难线不仅影响区间通过能力，增加列车在避难线前一度停车再起动的运营支出，同时还增加定员及维修费用，而且管理也不方便。另外，列车在陡长坡道停车制动也很困难，容易误入避难线，因此在选线和布置车站时，应尽可能避免在区间设置避难线。

2. 安全线

安全线为隔开设备之一，设置安全线是为了防止列车或机车车辆进入其他列车或机车车辆进入的线路，造成冲突事故。安全线的有效长度一般不小于 50 m。其他隔开设备除安全线外，尚有脱轨器、脱轨道岔以及隔开道岔外具有一定有效长度（≥50 m）的空闲线路。

1）安全线的设置条件

有下列情况之一者，应设置安全线。

①在区间内铁路线路平面交叉时；

②在区间内各级铁路线、工业企业线、岔线与正线接轨时；

③各级铁路线、工业企业线、岔线与站内正线接轨时；

④工业企业线、岔线与车站到发线接轨时。

但当工业企业线、岔线与站内正线或到发线接轨时，如在接轨处受地形限制，或向车站方向为平道或上坡道时，也可设置脱轨器或脱轨道岔代替安全线。如工业企业线、岔线与车站到发线接轨，当站内有平行进路及隔开道岔并有联锁装置时可不设安全线。

另外，为使车站能办理相对方向同时接车和同方向同时发、接车，当进站信号机外制动距离内进站方向为坡度超过 6‰的下坡道时，应在接车线末端设置相应的隔开设备——安全线。

2）安全线的设置位置

设置安全线时，应尽量避免将其尽端设在高填方、桥头或设备、建筑物附近，以防发生机车车辆脱线时造成更大的损失。其具体设置位置如图 7－34 所示。

图 7－34(a)为各级铁路线、工业企业线、岔线在区间与正线接轨时设置安全线的方案。图 7－34(b)为各级铁路线、工业企业线、岔线与站内正线接轨时设置安全线的方案。图 7－34(c)为工业企业线、岔线与车站到发线接轨时设置安全线的方案。图 7－34(d)为在单线铁路车站上，进站信号机外制动距离内的换算坡度超过 6‰下坡道时，为使车站能办理相对方向同时接车和同方向同时发、接列车，设置安全线的方案。

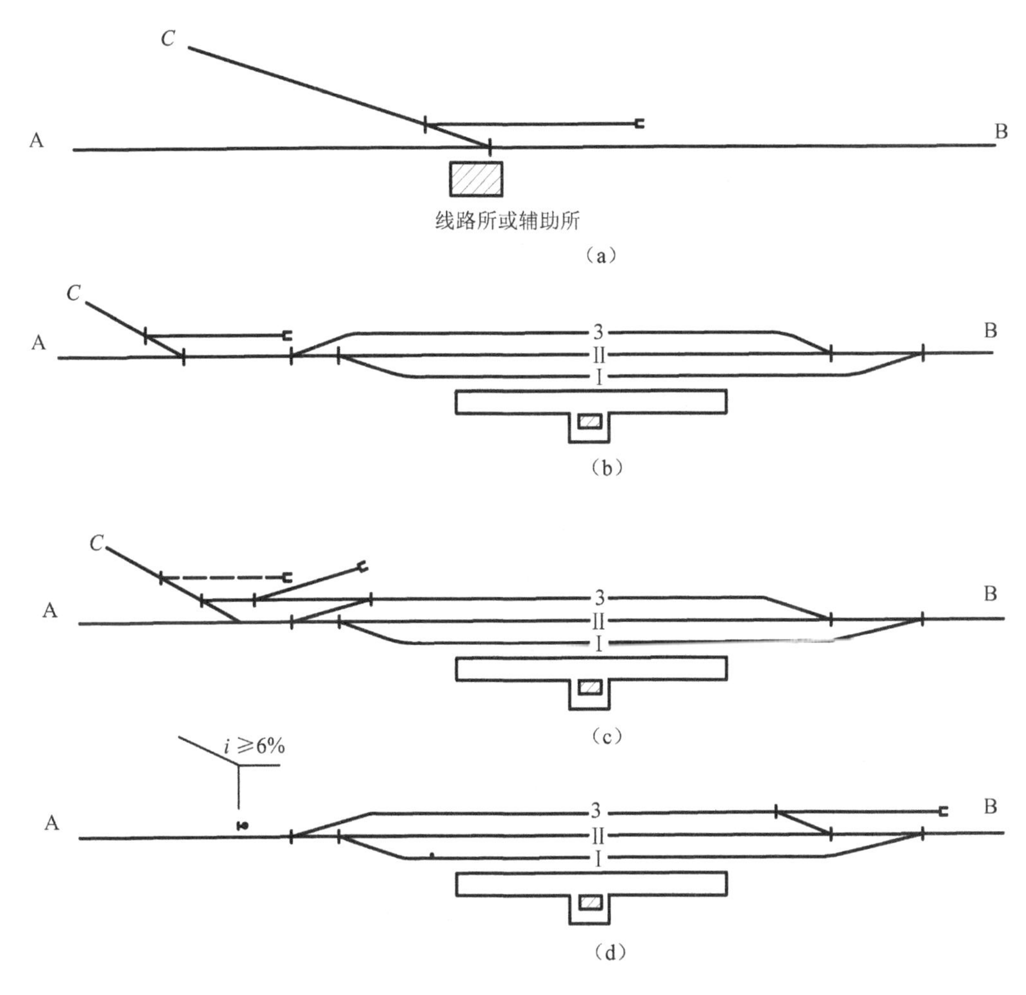

图 7－34　安全线的设置位置

7.7.2　轨道衡线的设置

1. 轨道衡线设置的一般要求

①使称量车作业方便、顺畅，尽量减少因称量造成的折返运输；

②为了使不需称量的列车、车列不在衡器上通过，当衡器检修时不致影响运输作业，应尽量避免轨道衡线与其他线路合用；除复线轨道衡外，在轨道衡线的旁边应设走行线；

③轨道衡线不要设在妨碍车站或其他车间发展的地方；轨道衡不要设在容易变动的线路上；

④轨道衡线路与相邻线路间如设有磅房时，其线间距离不应小于 8.5 m；

⑤轨道衡线为贯通式，在轨道衡及其两端各不小于 15 m 的一段线路应为直线，并严格保持水平。在大组车连续称重的轨道衡，如地形不受限制时，其两端尽可能各设不小于50 m的平直线。

轨道衡和轨道衡线平面图如图 7－35 所示。

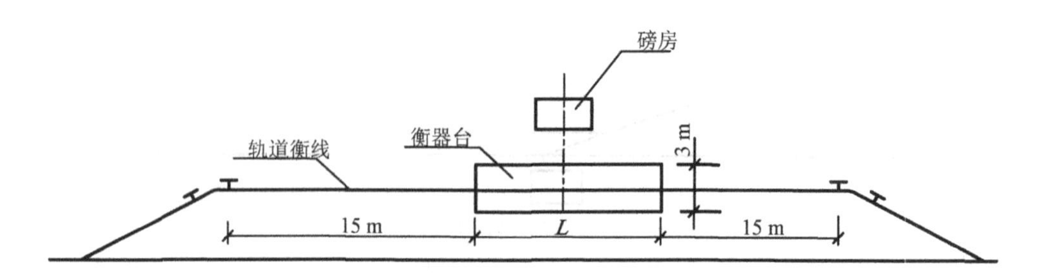

图 7 - 35 轨道衡及轨道衡线平面图

2. 轨道衡设置位置举例

轨道衡的设置要根据工艺要求、站线配置情况进行具体分析确定，现举例如图 7 - 36 所示。

图 7 - 36(a)：轨道衡宜布置在靠近车站一端。

图 7 - 36(b)：此种形式显然对车场的发展不利，只有在预计该车场不再发展的情况下采用，且折返作业较多。轨道衡宜设在靠近牵出线一端，这样走行距离短，也不影响左端咽喉的作业。

图 7 - 36(c)：不影响车场的发展，但折返作业多。

图 7 - 36(d)：不影响车场发展，折返作业较少，但增加了牵出线的长度。因此，此种布置需要地形条件许可。

图 7 - 36(e)：如果设一台轨道衡时，应设在推送线上，线路要求平直。这种布置作业方便，没有折返作业；但所有经驼峰的车辆都要通过轨道衡器，即不需要称量的车辆也要上轨道衡器。

图 7 - 36(f)：只有称量的车辆才通过轨道衡器，不称量的车辆经过走行线 3，作业方便；一端如有两条线接入时，其布置如虚线所示。

图 7 - 36(g)：称量作业繁忙时，两线均设轨道衡，两轨道衡并列布置。磅房设在轨道衡线外侧时，两轨道衡线线间距不小于 4.5 m。

图 7 - 36(h)：轨道衡台数与翻车机台数应相适应，使进翻车机的车辆称量方便。

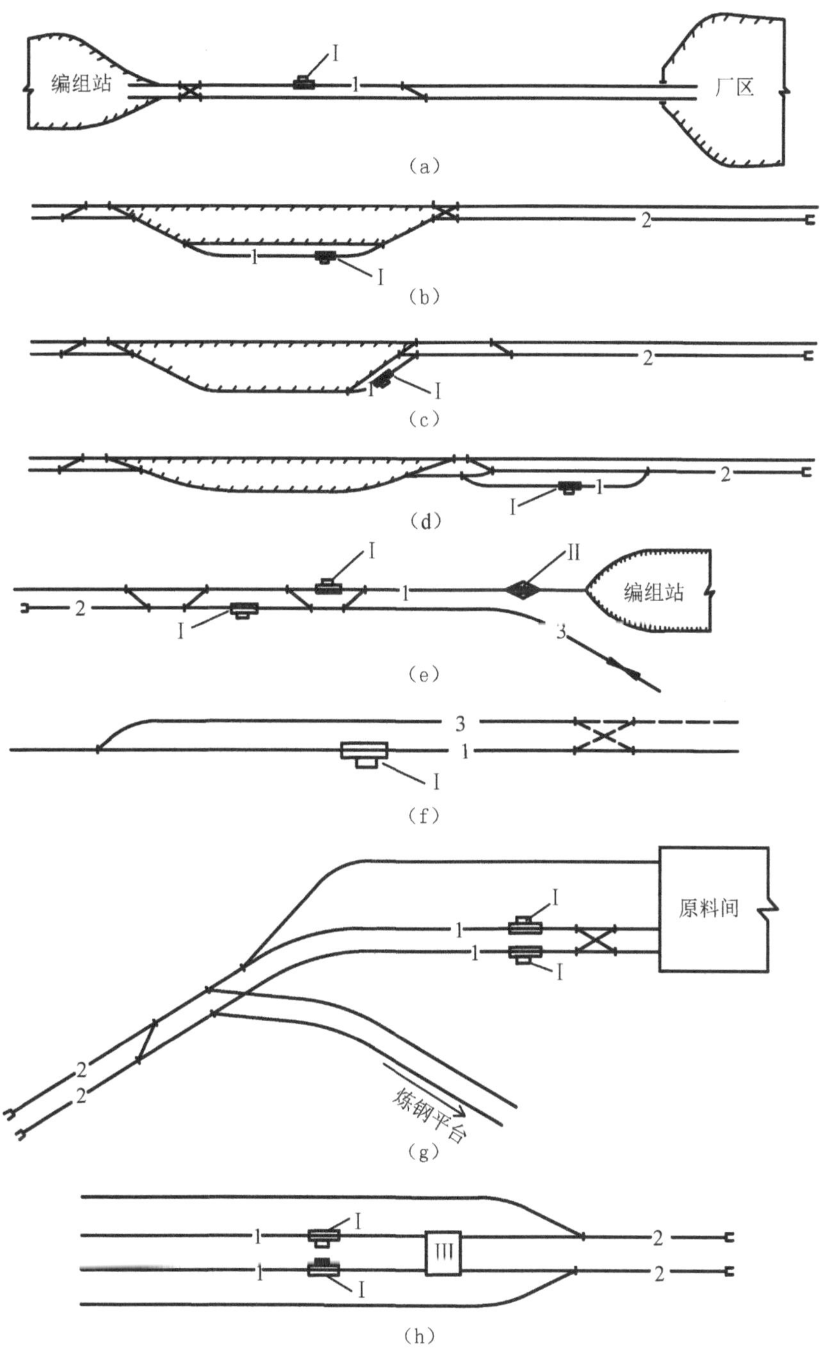

Ⅰ—磅房；Ⅱ—驼峰；Ⅲ—翻车机室；1—轨道衡线或兼推送线；2—牵出线；3—走行线。

图 7-36　轨道衡位置示例

附　录

附表1　单开道岔主要尺寸表

道岔号数	钢轨类型/(kg·m^{-1})	图号	辙叉角度 α	导曲线半径(线路中心) R/mm	道岔全长 L_Q/mm	道岔始端(轨缝中心)至道岔中心距离 a/mm	道岔中心至辙叉跟端(轨缝中心)距离 b/mm	尖轨前基本轨长度 q/mm	辙叉趾距 n/mm	辙叉跟距 m/mm	尖轨长度 l_0/mm	道岔跟端(轨缝中心)至末根岔枕中心距离 L/mm	附注
18	60	GLC(07)02	3°10′47.39″	1100000	690000	31729	37271	1955	4146	11635	21450	9900	
12	50	专线 4257	4°45′49″	350000	37907	16853	21054	3220	2192	3800	13080	10500	
	60	SC330	4°45′49″	350000	37907	16853	21054	3220	2192	3800	12480	11100	
	60	专线 4249	4°45′49″	350000	37800	16592	21208	4395	2038	3954	12400	11100	
9	50	CZ2209A	6°20′25″	180000	28848	13839	15009	2650	1538	2050	6450	8100	
	60	CZ577	6°20′25″	180000	29569	13839	15730	2650	1540	2771	12400	7500	

附表 2 单式对称道岔主要尺寸表

道岔号数	钢轨类型/(kg·m^{-1})	图号	辙叉角度 α	导曲线半径(线路中心)R/mm	道岔全长L_Q/mm	道岔始端(轨缝中心)至道岔中心距离a/mm	道岔中心至辙叉跟端(轨缝中心)距离b/mm	尖轨前基本轨长度q/mm	辙叉趾距n/mm	辙叉跟距m/mm	尖轨长度l_0/mm	道岔跟端(轨缝中心)至末根岔枕中心距离L/mm	附注
(一)标准设计													
6	43	叁标线 5806	9°27′44″	180000	17457	7437	9994	1300	1220	1321	4500	4065	
(二)旧型道岔													
6.5	43	岔 1102	8°44′46.18″	179282.5	20008	8717	11268	1014	1119	1882	4207	5110	
6	43	专线 5800	9°27′44″	180000	17457	7437	9994	1373	1220	1321	6250	3925	
9	43	线 4082-57	5°20′′25″	300000	25354	10329	15009	1280	1538	2050	5500	7335	

附表 3　三开道岔主要尺寸表

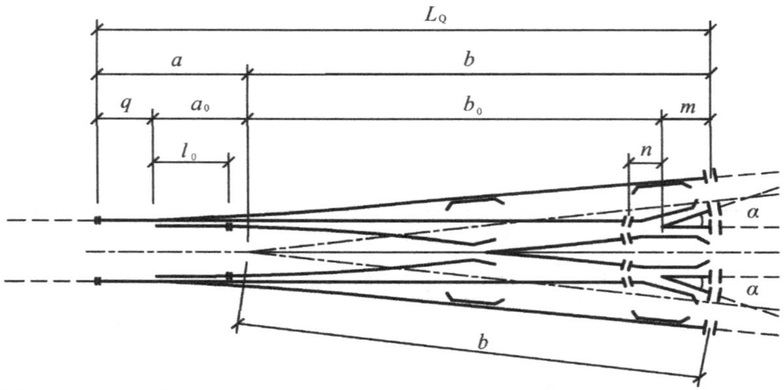

道岔号数	钢轨类型/(kg·m[-1])	图号	辙叉角度 α		导曲线半径(线路中心)R/mm	道岔全长 L_Q/mm	道岔始端(轨缝中心)至道岔中心距离 a/mm	道岔中心至辙叉跟端(轨缝中心)距离 b/mm	尖轨前基本轨长度 q/mm	辙叉趾距 n/mm		辙叉跟距 m/mm		尖轨长度 l_0/mm	附注
			中间	后端						中间	后端	中间	后端		
7	50	专线 8668	16°17′36″	8°07′48″	180000	24150	11465	12685	1125	1172	1496	1914	2676	5230	

附表 4　复式交分道岔主要尺寸表

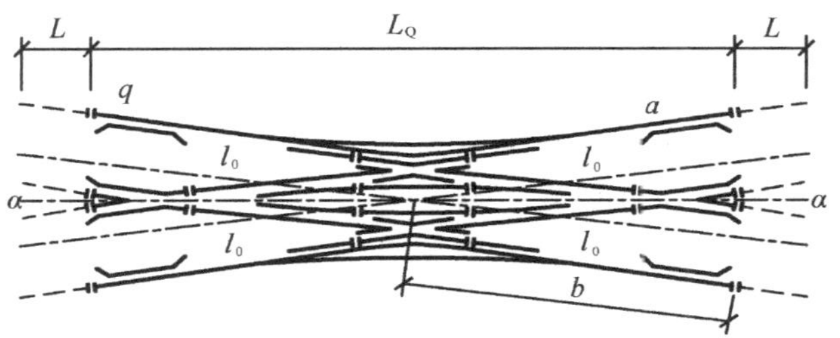

道岔号数	钢轨类型 /(kg·m^{-1})	图号	辙叉角度 α	导曲线半径（线路中心）R/mm	道岔全长 L_Q/mm	道岔中心至辙叉跟端距离 b/mm	尖轨长度 q/mm	可动心轨长度 C_0/mm	道岔跟端至末根岔枕中心距离 L/mm	附注
12	50	叁标 6019	4°45′49″	380000	39950	19962	7400	4200	8940	
	43	叁标线 6025					7405		8875	
9	50	叁标 6016	6°20′25″	220000	30050	15009	5250	3700	6760	
	43	叁标线 6022					5256		6575	

附表 5　不同线间距离的斜边/直边长度表

道岔辙叉号		8		8		9		10		11		12		18	
辙叉角度 α		7°07′30″		7°10′00″		6°20′25″		5°44′00″		5°11′40″		4°45′49″		3°10′12.5″	
斜边/直边长度		X	L	X	L	X	L	X	L	X	L	X	L	X	L
线间距离 S/m	4	32.000	32.249	31.812	31.063	36.000	36.221	39.840	40.041	44.000	44.181	48.000	48.167	72.221	72.331
	5	40.000	40.311	39.765	40.078	44.999	45.276	49.800	50.051	55.000	55.227	60.000	60.208	90.276	90.414
	6	48.000	48.374	47.718	48.094	53.999	54.332	59.760	60.061	66.000	66.272	72.000	72.250	108.311	108.497
	7	56.000	56.436	55.671	56.110	62.999	63.387	69.721	70.071	77.000	77.317	84.001	84.292	126.386	126.580
	8	64.000	64.498	63.624	64.125	71.999	72.442	79.681	80.081	88.000	88.363	96.001	96.333	144.441	144.662
	9	72.000	72.560	71.577	12.141	80.999	81.497	89.641	90.091	99.000	99.408	108.001	108.375	162.496	462.745
	4.30	34.400	34.667	34.197	34.467	38.699	38.937	41.828	43.043	47.299	47.494	51.600	51.779	77.637	77.756
	4.40	35.200	35.474	34.993	35.268	39.599	31.843	43.824	44.044	48.399	48.599	52.800	52.983	79.443	79.564
	4.60	36.800	37.086	36.583	36.871	41.399	41.654	45.816	46.046	50.599	50.808	55.200	55.391	83.054	83.181
	5.20	41.600	41.923	41.355	41.681	46.799	47.087	51.792	52.052	57.199	57.435	62.400	62.616	93.887	94.031
	5.30	42.400	42.730	42.151	42.482	47.699	47.992	52.788	53.053	58.299	58.540	63.600	63.820	95.692	95.839
	5.50	44.000	44.342	43.741	44.068	49.499	49.803	54.780	55.055	60.499	60.749	66.000	66.229	99.303	99.455
	6.45	51.600	52.001	51.296	51.700	58.049	58.406	64.242	64.565	70.949	71.242	77.400	77.668	116.456	116.634
	6.50	52.000	52.404	61.694	52.101	58.499	58.859	64.740	65.065	71.499	71.794	78.000	78.270	117.358	117.538
	7.45	59.600	60.063	59.250	59.716	67.049	67.461	74.202	74.575	81.949	82.287	89.400	89.710	134.511	134.717

线间距离S/m 7.50	60.000	60.467	59.647	60.117	67.499	67.914	74.700	75.076	82.499	82.839	90.000	90.312	135.414	135.621
8.45	67.600	68.126	67.203	67.732	76.048	76.516	84.162	84.585	92.949	93.333	101.400	101.752	152.566	152.800
8.50	68.000	68.529	67.600	68.132	76.498	76.969	84.660	85.086	93.499	93.885	102.000	102.354	153.469	153.704
10.45	83.600	84.250	83.109	83.763	94.048	94.627	104.082	104.605	114.949	115.423	125.400	125.835	188.676	188.965
10.50	84.000	84.653	83.506	84.164	94.498	95.080	105.580	105.106	115.499	115.975	126.000	126.437	189.579	189.870
11.45	91.600	92.313	91.062	91.779	103.048	103.682	114.042	114.616	125.949	126.469	137.400	137.877	206.731	207.048
11.50	92.000	92.716	91.459	92.179	103.498	104.135	114.540	115.116	126.499	127.021	138.000	138.479	207.634	207.952

附表 6 缩短线路终端连接表

S	9 号道岔 $\alpha=6°20'25''$ $R_1=R_2=300$ m $d=10$ m $l=20.009$ m								
	φ	T_1/m	X_1/m	Y_1/m	T_2/m	X_2/m	X/m	L_1/m	L_2/m
6.5	0°57′15″	2.498	22.369	2.486	19.123	53.734	72.857	4.996	38.194
7.00	1°16′49″	3.352	23.218	2.580	19.980	564256	16.236	6.704	39.901
7.50	1°35′41″	4.175	24.036	2.671	20.807	58.683	79.490	8.350	41.548
8.00	1°53′55″	4.971	24.827	2.759	21.607	61.027	82.634	9.941	43.139
8.50	2°11′34″	5.741	25.593	2.844	22.381	63.293	85.674	11.481	44.679
9.00	2°28′41″	6.489	26.336	2.926	23.132	65.489	88.621	12.975	46.173
9.50	2°45′20″	7.215	27.058	3.006	23.863	67.620	91.483	14.428	47.626
10.00	3°01′32″	7.923	27.761	3.085	24.574	69.691	94.265	15.842	49.039
10.50	3°17′19″	8.612	28.446	3.161	25.268	71.708	96.976	17.219	50.417
11.00	3°32′44″	9.285	29.115	3.235	25.945	73.673	99.618	18.564	51.762
11.50	3°47′47″	9.943	29.769	3.308	26.607	75.592	102.199	19.878	53.075
12.00	4°02′31″	10.586	30.408	3.379	21.255	77.466	104.721	21.164	54.361
12.50	4°16′56″	11.216	31.034	3.448	27.890	79.299	107.089	22.422	55.619
13.00	4°31′04″	11.834	31.648	3.517	28.512	81.093	109.605	23.655	56.853
14.00	4°53′31″	13.033	32.840	3.649	29.721	84.569	114.290	26.051	59.248

S	9 号道岔 $\alpha=6°20'25''$ $R_1=R_2=200$ m $d=10$ m $l=20.009$ m								
	φ	T_1/m	X_1/m	Y_1/m	T_2/m	X_2/m	X/m	L_1/m	L_2/m
6.50	1°51′28″	3.243	23.110	2.568	14.333	50.404	64.737	6.485	28.617
7.00	2°16′36″	3.974	23.836	2.649	15.068	52.550	67.618	7.947	30.079
7.50	2°40′45″	4.677	24.535	2.726	15.774	54.609	70.383	8.352	31.484
8.00	3°04′00″	5.354	25.208	2.801	16.455	56.589	73.044	10.705	32.835
8.50	3°26′28″	6.008	25.858	2.873	17.113	58.502	75.615	12.012	34.144
9.00	3°48′12″	6.641	26.487	2.943	17.750	60.340	78.090	13.276	35.408
9.50	4°09′18″	7.255	27.097	3.011	18.369	62.125	80.494	14.504	36.635
10.00	4°29′48″	7.852	27.691	3.077	18.971	63.857	82.828	15.696	37.828
10.50	4°49′44″	8.433	28.268	3.141	19.556	65.537	85.093	16.856	38.988
11.00	5°09′11″	9.000	28.832	3.204	20.127	61.174	87.301	17.988	40.119
11.50	5°28′10″	9.553	29.381	3.265	20.685	68.767	89.452	19.092	41.224
12.00	5°46′42″	10.094	29.919	3.324	21.230	70.322	91.551	20.170	42.302
12.50	6°04′50″	10.623	30.445	3.383	21.764	71.840	93.604	21.225	43.357
13.00	6°22′36″	11.141	30.959	3.440	22.287	73.322	95.609	22.259	44.391

续表

S	9号道岔　$\alpha=6°20'25''$　$R_1=R_2=200$ m　$d=10$ m　$l=20.009$ m								
	φ	T_1/m	X_1/m	Y_1/m	T_2/m	X_2/m	X/m	L_1/m	L_2/m
14.00	6°57′04″	12.147	31.059	3.551	23.302	76.191	99.493	24.264	46.388
15.00	7°30′15″	13.116	32.522	3.658	24.281	78.942	103.223	26.194	48.326
16.00	8°02′19″	14.053	33.454	3.762	25.228	81.591	106.819	28.060	50.102
17.00	8°33′21″	14.961	34.756	3.862	26.146	84.145	110.291	29.866	51.997
18.00	9°03′28″	15.842	35.682	3.959	27.038	86.614	113.652	31.618	53.769
19.00	9°32′44″	16.699	36.483	4.054	27.905	89.002	116.907	33.320	55.425
20.00	10°01′13″	17.533	37.312	4.146	28.750	91.316	120.066	34.977	57.109
21.00	10°28′59″	18.348	38.122	4.236	29.575	93.666	123.141	36.593	58.725
22.00	10°56′05″	19.143	38.913	4.324	30.381	95.752	126.133	38.169	60.301
23.00	11°22′34″	19.921	39.626	4.410	31.170	97.880	129.050	39.710	61.842
24.00	11°48′29″	20.682	40.442	4.494	31.942	99.951	131.893	41.218	33.350
25.00	12°13′51″	21.426	41.114	4.576	32.699	101.972	134.671	42.694	64.852
26.00	12°38′43″	22.160	41.311	4.657	33.443	103.945	137.388	44.140	66.272
27.00	13°03′07″	22.879	42.626	4.736	34.173	105.874	140.047	45.560	67.693
28.00	13°27′04″	23.585	43.327	4.814	34.890	107.757	142.647	46.953	69.085
29.00	13°50′36″	24.279	44.017	4.891	35.596	109.601	145.197	48.322	70.464
30.00	14°13′43″	24.962	44.696	4.966	36.280	111.406	147.696	49.667	71.799

附表7　新建车间站内线路的最小曲线半径表

序号	线路名称	曲线半径			附注
		一般	困难	特别困难	
1	编组站车场间的联络线	≥250 m	≥250 m	≥250 m	
2	配有调机的牵出线	直线	≥1000 m	≥600 m	不得设在反向曲线上
3	货物装卸线	直线	≥600 m	≥500 m	
4	旅客高站台旁的线路	直线	≥1000 m	≥600 m	
5	站内联络线、机车走行线和三角线	≥200 m	≥200 m	≥200 m	
6	道岔后的连接曲线	不应小于相邻道岔导曲线半径			

附表 8 新建车站站内坡度表

<table>
<tr><th rowspan="2">序号</th><th rowspan="2">名称</th><th colspan="3">坡度值</th><th rowspan="2">附注</th></tr>
<tr><th>一般</th><th>困难</th><th>特别困难</th></tr>
<tr><td>1</td><td>办理解编作业的牵出线</td><td colspan="3">面向调车场≤2.5‰的下坡道或平道</td><td>驼峰头部及调车场线路按有关规定办理，坡度牵出线的坡度不在此限</td></tr>
<tr><td>2</td><td>平面调车的调车线在道岔区范围内</td><td colspan="3">面向调车场的下坡道或平道，但不应大于 4‰</td><td rowspan="2">不得设在反向曲线上</td></tr>
<tr><td>3</td><td>仅办理摘挂、取送作业的货场或其他场、段的牵出线</td><td>≤1‰</td><td>≤6‰</td><td>≤6‰</td></tr>
<tr><td>4</td><td>货物装卸线</td><td>平道</td><td>≤1‰</td><td>≤1‰</td><td rowspan="2">装卸线起讫点距离凸形竖曲线始终点不应小于 15 m</td></tr>
<tr><td>5</td><td>危险品及液体货物装卸线和漏斗仓</td><td>平道</td><td>平道</td><td>平道</td></tr>
<tr><td>6</td><td>旅客列车或货车的停放线路</td><td>平道</td><td>≤1‰</td><td>≤1‰</td><td></td></tr>
<tr><td>7</td><td>站修线、洗罐线和建筑物内的线路</td><td colspan="3">平道</td><td></td></tr>
<tr><td>8</td><td>无机车连挂的车辆停放线、机车整备线</td><td>平道</td><td>≤1‰</td><td>≤1‰</td><td></td></tr>
<tr><td>9</td><td>客车车底取送线</td><td>应尽量放缓</td><td colspan="2">≤12‰</td><td></td></tr>
<tr><td>10</td><td>段外机车走行线</td><td colspan="3">应尽量放缓，困难条件下，≤12‰，设立交时，使用内燃、电力机车时不应大于 30‰</td><td>在站、段分界处，应有不小于 2 台机车长度加 10 m的机车停留位置，其坡度不应大于 2.5‰</td></tr>
<tr><td>11</td><td>站内联络线</td><td colspan="3">应符合按机车牵引力所确定的车列重量要求，且不应大于 20‰</td><td>指站内各场、段、所之间的联络线，不包括编组站车场间的转场联络线</td></tr>
<tr><td>12</td><td>曲线范围内的三角线</td><td colspan="3">≤12‰</td><td></td></tr>
<tr><td>13</td><td>三角线尽头线、机待线</td><td>平道</td><td colspan="2">面向车挡≤5‰的上坡道</td><td></td></tr>
</table>

附表 9　警冲标至道岔中心距离

道岔辙叉号	9					12				18	
辙叉角度	6°20′75″					4°45′49″				3°10′47″	
连接曲线半径/m	200	250	300	350	400	350	400	500	600	800	1000
警冲标位置/m	L					L				L	
线间距离 S/m　5.0	38.051	38.437	38.931	39.596	40.425	49.574	49.857	50.560	51.576	73.230	74.007
5.2	37.485	37.825	38.230	38.739	39.404	49.053	49.280	49.825	50.573	72.711	73.254
5.3	37.259	37.575	37.951	38.404	38.991	48.854	49.055	49.544	50.185	72.528	72.983
5.5	36.897	37.166	37.486	37.862	38.320	48.550	48.704	49.090	49.588	72.277	72.581
6.0	36.366	36.520	36.721	36.964	37.254	48.170	48.232	48.415	48.686	72.064	72.126
6.5	36.159	36.227	36.330	36.469	36.648	48.085	48.095	48.148	48.263	72.058	72.058
7.5	36.110	36.110	36.113	36.129	36.166	48.084	48.084	48.084	48.084	72.058	72.058
8.5	36.110	36.110	36.110	36.110	36.110	48.084	48.084	48.084	48.084	72.058	72.058
9.5	36.110	36.110	36.110	36.110	36.110	48.084	48.084	48.084	48.084	72.058	72.058
10.5	36.110	36.110	36.110	36.110	36.110	48.084	48.084	48.084	48.084	72.058	72.058
11.5	36.110	36.110	36.110	36.110	36.110	48.084	48.084	48.084	48.084	72.058	72.058
12.5	36.110	36.110	36.110	36.110	36.110	48.084	48.084	48.084	48.084	72.058	72.058

注：图中 P_1 及 P_2 为警冲标至两侧线中心的垂直距离，均为 2 m，Δ 为曲线内侧加宽。

附表 10　高柱信号机(基本宽度为 380 mm)至道岔中心距离表

道岔辙叉号	辙叉角度	连接曲线半径/m	信号至岔心距离/m	线路使用情况	线间距离 S/m											
					5.0	5.2	5.3	5.5	6.0	6.5	7.5	8.5	9.5	10.5	11.5	12.5
9	6°20′25″	200	L		49.116	46.683	45.902	44.864	43.352	42.645	42.256	42.249	42.249	42.249	42.249	42.249
					62.737	53.517	51.558	49.209	46.697	45.598	44.901	44.859	44.859	44.859	44.859	44.859
					—	—	64.296	55.898	50.464	48.756	47.611	47.485	47.485	47.485	47.485	47.485
		300			51.125	48.284	47.334	45.937	44.033	43.078	42.341	42.249	42.249	42.249	42.249	42.249
					56.635	55.820	53.545	50.789	47.555	46.170	45.062	44.861	44.859	44.859	44.859	44.859
					—	—	68.029	58.155	51.660	19.478	47.869	47.502	47.485	47.485	47.485	47.485
		400			53.967	50.711	49.551	47.759	45.084	43.703	42.550	42.264	42.249	42.249	42.249	42.249
					70.867	58.837	56.369	53.195	48.995	46.979	45.369	44.909	44.859	44.859	44.859	44.859
					—	—	72.129	61.155	53.635	50.596	48.291	47.602	47.485	47.485	47.485	47.485
12	4°45′49″	350	L		62.644	60.200	59.443	58.396	56.990	56.432	56.258	56.258	56.258	56.258	56.258	56.258
					78.894	68.014	65.956	63.594	61.135	60.166	59.739	59.738	59.738	59.738	59.738	59.738
					—	—	81.119	71.269	65.725	64.111	63.253	53.230	63.230	63.230	63.230	63.230
		400			63.452	60.796	59.935	59.743	57.186	56.523	56.258	56.258	56.258	56.258	56.258	56.258
					80.352	68.921	66.754	64.179	61.408	60.314	59.746	59.738	59.738	59.738	59.738	59.738
					—	—	82.514	71.139	66.119	64.327	63.284	63.230	63.230	63.230	63.230	63.230

12	4°45′49″	500	L		65.377	62.301	61.244	59.689	57.663	56.770	56.266	56.258	56.258	56.258	56.258	56.258
					83.408	71.022	68.658	65.664	62.081	60.685	59.794	59.738	59.738	59.738	59.738	59.738
					—	—	85.459	74.223	67.205	64.848	63.396	63.230	63.230	63.230	63.230	63.230
		600			67.587	64.106	62.866	60.977	58.287	57.113	56.317	56.258	56.258	56.258	56.258	56.258
					86.603	73.422	70.846	67.450	63.054	61.166	59.901	59.738	59.738	59.738	59.738	59.738
					—	—	88.557	76.603	68.621	65.550	63.583	63.234	63.230	63.230	63.230	63.230
18	3°10′47″	800	L		91.480	88.448	87.475	86.183	84.745	84.345	84.308	84.308	84.308	84.308	84.308	84.308
					112.207	98.893	96.499	93.559	90.605	89.720	89.528	89.528	89.528	89.528	89.528	89.528
					—	—	115.796	103.831	97.059	95.329	94.756	94.756	94.756	94.756	94.756	94.756
		1000			94.145	90.432	86.160	87.329	85.183	84.482	84.308	84.308	84.308	84.308	84.308	84.308
					116.369	101.915	99.127	95.511	91.337	90.004	89.528	89.528	89.528	89.528	89.528	89.528
					—	—	119.817	106.812	98.412	95.835	94.754	94.754	94.754	94.754	94.754	94.754

注:①图中 P_1 及 P_2 为信号机至两侧线中心的垂直距离。

②P_1 及 P_2 在通过超限货物列车的线路为 2.440+0.190=2.630 m;不通过超限货物列车的线路为 2.150+0.190=2.340 m;

③Δ 为曲线加宽值。

附表 11 矮柱色灯信号机二、三显示并列至道岔中心距离表

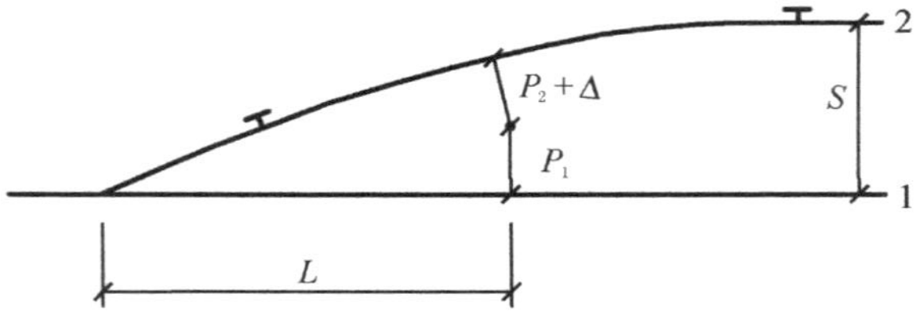

道岔辙叉号	辙叉角度	连接曲线半径/m	信号机至岔心距离/m	线路距离 S/m											
				5.0	5.2	5.3	5.5	6.0	6.5	7.5	8.5	9.5	10.5	11.5	12.5
9	6°20′25″	200	L	43.518	42.402	41.987	41.331	40.343	39.896	39.703	39.703	39.703	39.703	39.703	39.703
		250		44.090	42.853	42.395	41.694	40.587	40.032	39.710	39.703	39.703	39.703	39.703	39.703
		300		44.948	43.499	42.960	42.128	40.880	40.208	39.736	39.703	39.703	39.703	39.703	39.703
		350		46.002	44.350	43.715	42.715	41.225	40.428	39.788	39.703	39.703	39.703	39.703	39.703
		400		47.203	45.355	44.629	43.458	41.636	40.693	39.869	39.706	39.703	39.703	39.703	39.703
12	4°45′49	350	L	56.176	55.085	54.686	54.069	53.218	52.921	52.868	52.868	52.868	52.868	52.868	52.868
		400		56.687	55.440	54.997	54.322	53.351	52.969	52.868	52.868	52.868	52.868	52.868	52.868
		500		58.030	56.417	55.822	54.934	53.689	53.120	52.868	52.868	52.868	52.868	52.868	52.868
		600		59.685	57.734	56.983	55.805	54.133	53.352	52.882	52.868	52.868	52.868	52.868	52.868
18	3°10′47″	800	L	90.948	88.043	87.107	85.862	84.473	84.089	84.056	84.056	84.056	84.056	84.056	84.056
		1000		93.561	89.983	88.752	86.977	84.899	84.211	84.056	84.056	84.056	84.056	84.056	84.056

注:图中 P_1 及 P_2 为信号机至两侧线中心的垂直距离。

参考文献

[1]赵晓光．工业铁路线路[M]．西安:陕西科学技术出版社,1994.
[2]王秋平．工业铁路站场及枢纽[M]．西安:陕西科学技术出版社,2003.
[3]魏庆朝．铁路线路设计[M]．北京:中国铁道出版社,2016.
[4]李东侠．铁路线路[M]．北京:北京理工大学出版社,2012.
[5]中华人民共和国住房和城乡建设部．Ⅲ、Ⅳ级铁路设计规范:GB 50012—2012[S]．北京:中国计划出版社,2012.
[6]国家铁路局．铁路线路设计规范:TB 10098—2017[S]．北京:中国铁道出版社,2017.
[7]国家铁路局．铁路桥涵设计规范:TB 10002—2017[S]．北京:中国铁道出版社,2017.
[8]国家铁路局．铁路路基设计规范:TB 10001—2016[S]．北京:中国铁道出版社,2016.
[9]中华人民共和国铁道部．铁路特殊路基设计规范:TB 10035—2006[S]．北京:中国铁道出版社,2007.
[10]张春民．铁路站场及枢纽设计[M]．北京:人民交通出版社,2014.
[11]马桂贞．铁路站场及枢纽设计[M]．成都:西南交通大学出版社,2004.
[12]魏庆朝．铁路车站[M]．北京:中国建筑工业出版社,2015.
[13]张晓东．铁道工程[M]．北京:中国铁道出版社,2012.
[14]易思蓉．铁道工程[M]．北京:中国铁道出版社,2015.
[15]国家铁路局．铁路轨道设计规范:TB 10082—2017[S]．北京:中国铁道出版社,2017.
[16]国家铁路局．高速铁路设计规范:TB 10621—2014[S]．北京:中国铁道出版社,2014.
[17]国家铁路局．城际铁路设计规范:TB 10623—2014[S]．北京:中国铁道出版社,2014.
[18]国家铁路局．重载铁路设计规范:TB 10625—2017[S]．北京:中国铁道出版社,2017.
[19]国家铁路局．铁路车站及枢纽设计规范:TB 10099—2017[S]．北京:中国铁道出版社,2017.
[20]许佑顶,敖云碧,杨健,等．现代铁路站场规划设计:编组站篇[M]．北京:中国铁道出版社,2017.
[21]国家安全生产监督管理总局．工业企业厂内铁路、道路运输安全规程:GB 4387—2008[S]．北京:中国标准出版社,2009.
[22]国家铁路局．铁路驼峰及调车场设计规范:TB 10062—2018[S]．北京:中国铁道出版社,2019.